대상관계 단기치료

마이클 스타터 지음
이재훈 · 김도애 옮김

한국심리치료연구소

국립중앙도서관 출판시도서목록(CIP)

대상관계 단기치료 / 마이클 스타터 지음 ; 이재훈 ; 김도애 [공]옮김. -- 서울: 한국심리치료연구소, 2006
    p. ;   cm

원서명: Object relations Brief Therapy : the therapeutic relationship in short-term work
원저자명: Stadter, Michael
참고문헌과 색인수록
ISBN 89-87279-45-6 93180 : ₩20000

513.8914-KDC4
616.8914-DDC21   CIP2006000318

대상관계 단기치료

Object Relations Brief Therapy

Michael Stadter

차 례

역자 서문 ……………………………………………… 7
추천의 글 ……………………………………………… 11
감사의 글 ……………………………………………… 15
제1장 서 론 …………………………………………… 18
제2장 단기치료에 대한 저항 ………………………… 31
제3장 대상관계 이론과 단기치료 …………………… 53
제4장 단기치료의 역사: 주요 모델을 중심으로 …… 102
제5장 대상관계 단기치료: 개관 ……………………… 149
제6장 초기단계 ………………………………………… 179
제7장 중간단계1 ……………………………………… 203
제8장 중간단계2 ……………………………………… 227
제9장 종결단계 ………………………………………… 251
제10장 최단기치료 …………………………………… 295
제11장 대상관계 단기치료와 성격장애 환자 1 …… 335
제12장 대상관계 단기치료와 성격장애 환자 2 …… 367
제13장 대상관계 단기치료와 관리의료:
         치료기간의 짧음과 치료의 온전성 …………… 400
제14장 에필로그 ……………………………………… 420
참고문헌 ………………………………………………… 423
색 인 …………………………………………………… 443

역자 서문

 2002년도 7월의 어느 여름밤이었던가, 워싱턴 국제대상관계연구소 여름 컨퍼런스를 마무리하는 종강파티에서 데이빗 샤르프 박사의 소개로 마이클 스타터박사를 처음 만났다. 비교적 훤칠한 키에 깨끗한 피부를 가진 그는 환한 미소로 나를 반겨주었다. 몇 마디 안 되는 짧은 대화를 통해서 나는 그가 훌륭한 대상관계 이론가일 뿐만 아니라 매우 따스하고 친절한 성격의 소유자라는 것을 알게 되었다. 그 자리에서 나는 그의 책을 한국어로 옮기는 것을 제안했고, 그는 나의 제안을 마치 어린아이처럼 흥분하고 기뻐하면서 기꺼이 수락했다. 그후 4년이 지난 지금, 비록 많이 늦어지긴 했지만, 그와의 약속을 지키게 되어 정말 기쁘고 다행스럽게 생각한다.
 이 책의 공동번역에 동참해주신 김도애박사께 그동안의 노고에 대한 치하와 함께 감사를 드린다. 번역과정은 김박사께서 일차로 번역한 것을 내가 이차로 번역하는 식으로 이루어졌다. 그렇게 하는 바람에 이 책의 출간이 일년 이상 지연되기도 했다. 오랜 세월동안 변함없는 신뢰와 인내가 없었더라면, 이 책의 출간은 불가능했을 것이다.

이 책의 출간을 계기로, 우리도 이제 대상관계 개인치료와 대상관계 부부치료에 이어 대상관계 단기치료 분야의 저서를 갖게 되었다. 이제 머지않아 대상관계 가족치료와 대상관계 집단치료 분야의 책들이 출간되면, 우리도 대상관계 심리치료 분야에서 상당한 전문성을 확보하게 될 것이다.

원고를 다듬어준 박영란님과 교정을 맡아준 김주영님과 류승화님께도 감사를 드리며, 이 모든 일을 성원해주신 한국심리치료연구소 가족들에게도 깊은 감사를 드린다.

2006년 2월 25일 이재훈

우선 이 책을 공동으로 번역해주시고 저의 번역에서 오역된 부분들을 꼼꼼히 수정해주신 한국심리치료연구소의 이재훈박사님께 감사드립니다. 저는 영어권의 나라에서 정규교육을 받은 적도 없고, 영어에 자신이 있는 것도 아니었지만, 지난 20여 년간 대상관계 이론을 좋아하고 공부해왔다는 이유만으로 이 책의 번역에 과감하게 뛰어들었습니다. 덕분에 그동안 가지고 있던 지식들이 정리되고 선명해지는 고마운 경험을 할 수 있었습니다.

무엇보다 처음부터 끝까지 저의 번역을 도와주신 이선희님과 황경란님에게 큰 감사의 마음을 전합니다. 이 두 분이 아니었다면 이 일을 해낼 수 없었을 것입니다. 우리 세 사람이 함께 했던 시간들의 즐거움이 이렇게 책으로 탄생된 것에 대해 커다란 보람을 느낍니다.

이 책은 아직 단기 상담이 주류를 이루고 있는 한국의 상담 실정에 맞게 단기 대상관계 심리치료가 구체적으로 어떻게 이루어지는가를 아주 상세하고 구체적으로 설명해주고 있어서 현장에서 일하시는 분들에게 많은 도움이 되리라고 기대합니다.

김도애

추천의 글

데이빗 샤르프 M.D.

　심리치료에서 대상관계 이론의 적용은 장기 심리치료와 정신분석의 영향을 받은 것으로 간주해왔다. 그런가 하면, 정신역동 분야의 어떤 이론가들은 삼각관계나 오이디푸스기를 강조하면서, 대상관계 이론은 두 사람 관계를 중요시하고 있고 생애 초기나 오이디푸스 이전 시기를 주로 다룬다는 점에서, 보다 제한적인 관점이라고 간주해왔다.
　마이클 스타터의 이 책은 비교적 잘 알려져 있지 않은 대상관계를 다루었다는 점에서, 특히 실제 치료에 대상관계 이론을 적용했다는 점에서 매우 환영할 만하다. 대상관계 이론의 확립에 기여한 페어베언, 클라인, 위니캇, 발린트, 비온 등은 모두 예술, 사회정치, 교육, 의료분야에 자신들의 생각을 적용시키는 데 관심을 갖고 있었다. 그들은 심리치료의 다양한 문제를 해결하는 데 대상관계 이론을 적용시켜 왔다—비온의 집단치료에의 적용; 페어베언의 성적 학대, 성범죄, 전쟁 외상에의 적용; 위니캇의 단기 아동상담, 교육, 문화에의 적용; 클라인(Klein)과 그 동료들의 심각한 병리현상에의 적용; 엘리옷 쟈끄(Eliiot Jaques)와 이삽 멘지스 리스(Isab Menzies Lyth)의 사회기관을 위한 체계적 상담에의 적용; 보울비(Bowlby)의 아동발달에의 적용; 발린트(Balint)와 헨리 딕스(Henry Dicks)의 부부 역동과 부부치료에의 적용; 마이클 발린트의 임상 실천, 특히 단기 심리치료에의 적용 등.

"응용 정신분석"의 전통에서 발달해나온 단기 심리치료에 관한 연구는 타비스톡(Tavistock) 임상센터에서 발린트에 의해 그리고 나중에는 데이빗 만(David Mann)에 의해 진행되었다. 그들의 연구 작업은 심리치료 기간의 단축을 요구하는 최근의 경향이 치료자들에게 압력으로 작용하기 이전부터 오랫동안 활발하게 진행되어왔다. 치료 기간의 단축 경향에 관한 이러한 문제는 위니캇에서 시작되었는데, 그것은 "얼마나 많이 행해질 수 있는가?"가 아니라 "얼마나 적게 행해질 수 있는가?"라는 그의 물음에서 표현된 바 있다. 이 물음은 의사, 사회복지사, 보호관찰관, 결혼상담가와 학생생활 지도사, 교사들을 위해 임상감독을 하는 동안 만나게 되는 질문이기도 하다. 그들이 환자와 만날 수 있는 시간은 제한되어 있고, 환자들 역시 십중팔구는 한정된 시간만을 가진 사람들이다. 그래서 오랫동안 우리의 관심사는 시간과 자원이 한정되어 있는 상황에서 대상관계 이론을 어떻게 적용할 것인가 하는 것이었다.

대상관계적 사고를 단기 개입의 다양한 형태로 발전시켜온 곳 중의 하나가 런던에 있는 타비스톡 클리닉이다. 단기치료에 대한 발린트와 말란의 연구 외에도, 타비스톡 청소년 센터는 오랫동안 단기 개입 프로그램을 개발해왔는데, 이 프로그램은 부모 몰래 직접적인 도움을 받고자 하는 청소년들을 대상으로 4회기의 상담을 제공하는 것으로 이루어져 있다.

이러한 전통을 확장시킨 이 책은 매우 시기적절한 공헌으로 보인다. 저자는 신중하고 책임감 있는 단기치료 옹호자로서, 대상관계에 대한 일관되고 논리적인 이론 체계를 제시하는 동시에 자신의 임상작업으로부터 신뢰할 만한 지침들을 이끌어내고 있다. 그는 단기치료 분야뿐 아니라, 전통적인 정신역동과 심리치료의 다른 학파와 관련된 영역에 대해서도 해박한 지식을 갖추고 있음을 보여주었다. 이 책에서 그는 주요 이론가들의 저서들을 고찰하였고, 그들의 공헌들 중에서 가장 유용한 것들을 선택하여 사용하였다. 그는 대상관계 단기치료라는 통일성 있는 실천 방안들을 명료하게 제시하고 있다. 그의 작업 방식은 초점을 가지고 환자의 욕구에 반응하는 것이다. 이것을 위해 그는 단일 회기 사례에서부터 50회기 사례에 이르기까지 다양한 사례들을 사용하고 있다. 그가 사례를 다루는 방법은 환자가 직면한 임상적 문제들에 대한 신중한 평가와, 그러한 문제들의 무의식적인 근원으로 안내하는 전이에 똑같이 강조점을 두는 것이다. 그것은 치료에서 출현하는 문제들과 세력들을 담아내기 위해 치료 구조를 사용하는 것과, 환자와 치료자가 그러한 요소들이 현재의 딜레마를 구성하는 문제들이라는 사실을 이해하게 하는 데 집중되어 있다. 이렇게 공유된 경험은 환자가 이전에는 사용할 수 없었던 지식을 증대시키고 다음 단계로 나아가는 데 필요한 새로운 방법을 제공한다.

스타터 박사는 또 관리의료에서 야기된 문제점들을 살펴보고 단기치료의 한계에 대한 지침들을 제공하고 있다. 관리의료가 심리치료의 전부는 아니지만, 널리 적용되고 있는 심리치료의 한 흐름인 것은 사실이다. 현재의 의료계와 정신보건 분야는 경제적으로 그리고 사회적으로 좀더 빠른 치료적 성과에 대한 요구로 인해 혹독한 압력을 느끼고 있다. 이런 분위기 속에서, 정신보건 전문가들은 짧은 시간 안에 실제로 가능한 것보다 더 많은 것을 하도록 강요받는 실제적인 위험 아래 있다. 이러한 압력은 합리적인 치료의 신뢰성을 위협하고, 단기치료 이외의 다른 치료 양태를 회피하도록 유도할 수 있다. 그러므로 단기치료의 한계에 대한 스타터 박사의 탐색은 이 책에서 특히 중요한 부분이라고 평가된다.

이 책은 많은 것을 제공하고 있다: 이론에 대한 이해와 박식한 관점, 폭넓게 제시된 임상 사례들, 그리고 무엇보다도 이론을 상식 수준에서 창조적으로 적용한 점 등. 환자들을 도우려는 우리의 시도에 대해 점점 더 비호의적이 되는 분위기 속에서, 점점 더 어려운 삶의 문제로 씨름하는 환자들의 노력에 참여하고자 할 때, 이 책은 우리에게 친절한 안내서가 될 수 있을 것이다.

감사의 글

　나는 나의 과거와 현재의 환자들에게 감사하다는 말을 하지 않을 수 없다. 이 책에는 근본적으로 그들에게서 배우고 내재화한 것이 실려 있다. 나는 그들이 알고 있는 것보다 훨씬 더 그들에게 고마워 하고 있다.
　나는 또한 나의 스승들과 임상감독자들 그리고 제자들 모두에게 감사한다. 특히 스승이자 임상감독자로서 1977년 내가 고급 심리치료 훈련 프로그램(Advanced Psychotherapy Training Program)의 학생으로 있을 때 대상관계 이론을 소개시켜준 제랄드 퍼먼(Gerald Perman)에게 감사를 표한다. 그를 만난 이후 내 작업은 완전히 달라졌다.
　내가 감사를 표하고 싶은 다섯 개의 기관들이 있다. 첫째, 과거 20년간 내 전문직의 고향이었던 워싱턴 정신의학교(Washington School of Psychiatry: WSP)에 감사를 표하고 싶다. 나는 그 학교의 학생이었으며, 동문, 치료자, 프로그램 지도자, 교수가 되는 영예를 얻었다. 그곳은 나에게 문제의식을 갖고 스스로 발견하는 과정을 즐길 수 있는 안아주는 환경을 제공해주었다. 나는 함께 연구하고 작업했던 WSP 교수진과 학생들에게 감사를 표한다. 둘째, 미국건강기구(American Health Institute: AHI)의 스티븐 윈터(Steven Winter)와 직원들에게 감사를 표한다. 성격장애자의 단기치료에 대한 생각들(11장과 12장)은 대부분 AHI에서 행한 강의에서 발전된 것들이다. 그들은 이 책에서 그 자료를 사용할 수 있게 허락해주었다. 셋째, 나는 셰퍼드-프랫 고용자 지원국(Sheppard-Pratt Employer Assistance)의 수잔 레이닐즈(Suzanne Reynilds)와 그곳의 직원들에게 감사를 표한다. 나는 그들의 최단기 사례를 자문해주는 기쁨을 누렸고, 매우 짧은 시간 안에 어떻게 의미 있는 심리적 개입을 제공할지에 대한 그들의 기술과 노력에서 많은 것을 배웠다. 넷째, 아메리칸 대학교(American University)의 심리 및 학습 연구센터(Psychological and Learning Service Center)에 있는 디누조(DiNuzzo)와 그곳의 직원들에게 감사를 표한다. 그들은 나의 단기치료 작업을 발전시킬 수 있도록 도왔고, 여러 면에서 나의 저술 작업을 도와주었다. 다섯째, 이 책의 출판사인 제이슨 아론손(Jason Aronson)의 직원들과 편집장 쥬디 코헨(Judy Cohen)의 가치 있고 사려 깊은 지지에 감사를 표한다. 그들과 함께 작업한 것은 나에게 놀라울 정도로 지지적인 경험이었다. 특히 나는 내 원고에 대해 통찰력 있는 언급을 해준 분들과 자신들의 임상사례를 사용할 수 있도록 허용해준 분들에게 감사를 표한다: Lawrence Carroll, Martha Chescheir, Macario Giraldo, Carolyn Johnson, Enid McKitrick, William Menzin, Suzzane Reynolds, Victoria Wilson. 그리고 4장과 5장 내용에 대해 현명하고 상세한 언급을 해준 Dana Blackmer와 특히 꼼꼼하고도

재빠르게 문헌 검색을 해준 나의 대학조교 로렌 힐(Lauren Hill)의 도움에 대해 깊은 감사를 표하고 싶다.

  마지막으로, 나는 데이빗 샤르프(David Scharff) 박사에게 특별한 감사를 표하고 싶다. 나는 여러 해 동안 사범대학에서 그와 함께 작업하면서 대상관계 이론에 대한 지식을 심화시켰다. 이 책을 저술하는 동안 그는 끊임없이 나에게 용기와 지지, 그리고 자극을 주었다. 이 책의 내용은 그의 세심한 관심 덕분에 여러 면에서 충실해졌다. 이론과 임상적 내용에 대한 그의 심오하고 예리한 언급은 이 책을 더 분명하고 흥미로우며 더욱 읽을 만한 것으로 만들어주었다.

1 장

서론

단기치료에 적합한 전형적인 환자가 있는가?

수잔(Susan)

수잔은 어제 주차장에서 그녀의 차와 접촉 사고를 일으켰던 어떤 남자 때문에 여전히 화가 잔뜩 나 있었다. 그녀는 회사 주차장에서 나오다가 다른 운전자와 실랑이를 벌이게 되었는데, 그때 그녀는 차 밖으로 나와 상대방 자동차의 유리창을 주먹으로 치면서, "당신의 그 면상에 주먹을 날려 버릴 거야"라고 소리쳤다. 재미있는 것은, 이런 행동을 하는 그녀가 금융회사의 고객 상담자라는 사실이었다. 그녀는 회사의 피고용인 지원 프로그램(Employee Assistance Program; EAP)의 일환으로 나에게 의뢰되었다. 과거에 그녀는 직장과 다른 장소에서 그녀의 급한 성질로 인해 어려움을 겪은 바 있다고 했다. 나는 그녀를

EAP의 최대 허가 치료 횟수인 3회기 동안 상담했다.

앨런(Alan)

앨런은 18세의 지적이면서도 수줍음이 많은 대학 신입생이었다. 그는 다른 사람들과 눈을 거의 마주치지 않았다. 그는 과 친구들의 따돌림으로 인해 자살충동에 사로잡혀 있었고 실제로도 자살시도를 했었다. 앨런은 심리치료를 받은 적이 없지만, 가능한 한 최단기 동안 치료를 받고 싶다는 바램을 명확히 표현했다. 의존심과 친밀감에 대한 공포가 그의 가장 심각한 문제였다. 그와는 20회기 동안 만났다.

베아(Bea)

베아는 나의 개인 클리닉으로 찾아와 4년 전 이혼한 이후, 다른 사람들과 동떨어진 생활을 해왔다고 자신의 생활을 설명했다. 두 아이를 둔 43세의 그녀는 우울했고 자신의 생활을 통제하는 능력이 아주 부족했다. 몇 년간 심리치료를 했음에도 불구하고 그녀는 적극적으로 일자리를 찾을 수 없었다. 그녀는 특별히 단기치료를 받기 위해 내게 의뢰되었다. 그녀와는 14회 만났다.

다이앤(Diane)

다이앤이 32세였을 때 첫 회기를 시작했다. 그녀는 자신의 네 아이들만 아니었다면 아마도 자살했었을 것이라고 말했다. 그녀는 고용주의 돈을 수 천 달러 횡령한 죄로 체포된 후 지난 두 주일 동안 심각한 자살충동에 사로잡혀 있었다. 역설적인 사실은, 그녀의 남편이 바로 "나쁜 사람을 잡아다 감옥에 보내는 검사"라는 것이다: 그녀는 대체적으로 책임감이 있었지만 때때로 충동적으로 자기 파괴적인 행위를 했었다고 설명했다. 재정 사정이 별로 좋지 않고 보험은—그들의 보험은 HMO를 통한 것이다—나와의 심리치료를 보장하지 못했다. 우리는 총 25회기를 가졌다.

필립(Philip)

최근 대학을 졸업한 23세의 필립에 대한 나의 초기 인상은 까다롭고, 비판적이며, 생색을 내는 사람이었다. 그는 금융 분야에서 직업을 구할 수 없다는 사실에 화가 나 있었다. 그는 일자리 찾는 일에 무력감을 느꼈고 몇 주 동안 아무 일도 하지 않았다. 필립은 많은 도움이 필요하지 않다며 바로 구직활동으로 돌아갈 수 있기를 원했다. 그는 첫 진료동안 끊임없이 나를 비판하는 데 시간을 보냈다. 우리는 10회 만났다.

린다(Linda)

린다는 25분 늦게 내 사무실로 달려 들어왔다. 그녀는 앞서 두 번의 예약을 했었지만 지키지 않았다. 30세의 이혼녀이며 변호사인 린다는 만성적으로 미루는 버릇 때문에 계속 고통을 받고 있었으며 그것은 직장에서 심각한 문제가 되고 있었다. 린다는 "정시에 일을 시작할 수 없는 나를 어떻게 존경할 수 있겠어요?"라며 한숨을 쉬었다. 그러나 그녀는 경박하기보다는 쾌활한 모습을 보였다. 그녀는 전에 심리치료를 받은 적이 있었고, 자신의 문제에 대해 "하는 일에 대해 너무 낙관적임을 알아냈다"고 말했다. 린다는 그런 생각이 정확하지만 도움이 되지는 않는다고 생각했다. 그녀의 고용주는 그녀를 몇 달 안에 다른 도시로 전근시킬 예정이었고 그녀는 그때까지 이 상담을 끝내고 싶어 했다. 우리는 11회 만났다.

단기치료를 위한 요구사항

위의 다양한 사례에서 보듯이, 단기치료에 꼭 맞는 환자란 없다. 다양한 증상과 성격구조를 가진 다양한 사람들이 단기치료를 시작하고 단기치료에서 이익을 얻고 있다. 또한 치료 기간을 한정하는 원인도 아래와 같이 다양하다:

1. 환자의 동기가 제한되어 있음
2. 친밀한 관계에 대한 환자의 두려움
3. 치료자의 이론적 성향
4. 기관 혹은 단체의 방침과 제한
5. 환자 혹은 치료자가 다른 지역으로 이사하는 것
6. 환자 혹은 치료자 쪽의 제한된 치료 목표(예를 들면, 사별의 문제만을 다루기)
7. 고통스러운 자료의 발견과 탐구에 대한 환자의 저항
8. 재정적 자원의 한계

아마도 단기치료에서 현재 가장 커다란 관심의 대상이 되는 것은 마지막 항목일 것이다. 1990년대 미국의 심리치료는 보험회사가 치료를 제한하기 위해 관리의료 전략을 사용하는 것, 정신건강 서비스의 접근을 엄격히 제한하는 HMO의 출현과 보급, 그

리고 정부가 규정한 건강 보험의 조항으로 총 상담료의 제한 규정을 둔 것 등에 의해 특징지어진다. 이 이유만으로도 단기치료는 중요하고 시기적절한 관심사가 될 수 있다. 그러나 문제는 관리의료/총 상담료 제한 규정 때문에, 단기치료를 고려하게 되는 다른 중요한 요소들이 간과될 수도 있다는 것이다. 따라서 단기치료가 무엇이고, 무엇을 포함하는지를 살펴봄으로써 다른 요인들을 인식할 필요가 있다.

단기치료의 보급 현황

사실 미국에서 행해진 대부분의 심리치료는 단기치료이다. 파르데스와 핀커스(Pardes & Pincus, 1981)는 정신병원과 기관에서 행해진 심리치료의 평균 횟수는 3.7회기였다는 것을 알아냈다. 그들은 대부분의 사설 상담소의 상담 치료들이 26회를 초과하지 않았다고 보고했다. 샤흐트와 스트럽(Schacht & Strupp, 1989)은 대부분의 심리치료가 25회 정도이거나 그보다 짧았다는 사실에 주목했다. 스턴(Stern)은 심리치료의 기간에 대한 연구들을 요약했고 평균 치료 기간이 시종일관 6회에서 10회 사이였고 환자들의 75%에서 90%가 25회 이전에 치료를 끝냈다고 했다. 그는 "이 나라에서 행해진 심리치료의 상당 부분이 소위 자연적으로 발생하는 단기치료라고 부를 수 있는 것"이라고 결론지었다(Stern, 1993, p. 169).

이런 현상이 관리의료 또는 총 상담료 제한 규정 때문에 기인한 것이라고 해야 할까? 아닐 것이다. 왜냐하면 보험에 그러한 규정이 생기기 이전의 보고들도 비슷한 경향을 보이고 있기 때문이다. 가필드(Garfield, 1978)는 1948년에서 1970년 사이에 행해진 심리치료의 기간을 조사한 결과 대부분의 환자 치료가 20회보다 짧았다는 것을 밝혔다. 루벤스타인과 로어(Rubenstein & Lorr, 1956)는 전형적인 외래 환자들의 심리치료 기간이 10회 미만이라고 밝혔다.

요약하자면, 비록 많은 치료자들이 단기치료를 기대하지 않을지라도, 단기치료는 예외 없이 있어왔고 지금도 행해지고 있다.

정의

단기치료에 대한 많은 정의들 가운데 나는 벗맨과 거맨(Budman and Gurman, 1988)이 제시한 단순한 정의를 선호한다, "단기치료에 대한 여러 가지 논의들을 정리해보면, 단기치료란 주어진 시간 안에 치료를 종결하는 것이다"(pp. 5-6). 벗맨과 거맨은 단기치료를 단순히 치료 회기의 수로만 정의하는 것은 적절하지 못하다고 하였다. 나는 4장에서 정신역동 단기치료의 모델을 몇 가지 검토할 작정인데, 이 모델들의 치료 기간은 1회에서 40회까지이다. 벗맨과 거맨은 단기치료를 "시간에 민감한(time-sensitive), 시간 효율적인(time-effective), 혹은 비용 효율적인(cost-effective)" 치료라고 정의하였다. 그들은 또한 "계획된 단기치료"와 "치료 중단으로 인한 단기치료"를 구분하는 것이 중요하다고 지적하였다. 시간의 제약에 관심을 두지 않은 치료자에게 환자의 치료 중단은 계획된 것이 아니다. 그러므로 부적절하게도 그런 치료들이 가끔 치료자들에 의해 "조기 종결"로 평가되기도 한다.

그러므로 단기치료는 치료의 횟수보다는 환자와 치료자의 태도와 관련된 것이라고 보아야 한다. 치료자는 치료자와 환자, 그리고 상황의 급박함과 같은 특정 한계 안에서—그것은 많을 수도 적을 수도 있다—우리가 지금 무엇을 할 수 있는가에 대해서 고려한다. 정신역동적으로 훈련받은 치료자들은 그러한 경우 다음과 같은 관점에서 접근할 것이다: "나는 역동적으로 생각하고, 무의식 근저에 자리잡고 있는 요소들을 다루며, 내가 할 수 있는 일을 할 것이다." 치료에 대한 이러한 태도는 위니캇에 의해 예증되었다(1962): "분석에서 치료자들은 얼마나 많은 것을 치료할 수 있는가에 대해 궁금해 하지만, 임상에서 나의 좌우명은 이와 반대로 욕구가 얼마나 적게 충족될 수 있는가이다"(p. 166).

효율성

단기치료가 과연 효율적인 것인가? 이것은 대답하기 매우 어려운 광범위한 질문이다. 그 질문에 대답하기 위해서 우리는 "효율적"이라는 말이 무엇을 의미하는지, 어떤 환자들과의 치료인지, 또한 어떤 특별한 유형의 단기치료인지를 알아야 한다. 이러한 조건들을 고려할 때, 우리는 대체로 단기치료를 받았던 대부분의 환자들이 의미 있는 유익을 얻었다고 결론내릴 수 있다. 크리츠-크리스토프(Crits-Cristoph)는 단기역동 치료의 잘 통제된 열 한 개의 연구결과들을 대상으로 심도 있는 메타-분석(meta-analysis)을 시행하였는데, 대기자 명단에 올라 있는 아직 치료받지 않은 환자들과 비교해볼 때, 단기치료가 다음과 같은 점에서 매우 효율적임을 발견하였다: (1) 특정한 중심 증상의 감소 (2) 일반적 수준의 정신증적 증상의 감소 (3) 사회적 기능의 개선(1992).

스미스와 그 동료들(Smith & colleagues, 1980)은 심리치료의 효율성에 대한 375개 연구들을 재검토한 결과, 대다수 연구들이 심리치료의 효율성을 확인하고 있음을 발견했다. 흥미로운 것은,

이 연구들의 평균 회기가 17회였다는 것이다. 이 연구조사에서 주목할 만한 것은 심리치료가 효과적이라는 것과 이 심리치료의 대부분이 단기치료였다는 점이다. 심리치료 성과에 관한 조사연구는 실제로 단기 심리치료의 성과에 관한 것이다. 물론 이것은 2년 동안 매주 2회씩 진행되는 장기치료보다는 15회 정도의 단기치료를 설계하고 실행하는 것이 더 쉽기 때문이기도 하다.

게다가 단기치료와 장기치료를 비교 연구한 결과에서도 그 둘 사이에 별 차이가 나타나지 않았다. 이 주제에 관해 9편의 연구논문을 발표한 블룸(1992)은 다음과 같이 말한다.

> 실제로, 외래 환자나 입원 환자의 단기치료에 대한 경험적 연구들에서 … 계획된 단기 심리치료는 매우 효율적이며, **대체로 진단이나 치료 기간과는 상관없이 시간-무제한적 치료만큼 효율적이라는 사실이 밝혀졌다**(Koss and Butcher, 1986).
> 아마도 실제로 정신건강 관련 논문 중에서 시간-제한적 치료와 시간-무제한 심리치료의 동등한 효율성에 관한 연구만큼 정기적으로 연구되고 있는 분야는 없을 것이다. [p.9]

그러나 위에서 언급한 내용에도 수정되어야 할 것이 있다. 내 생각에 이러한 연구의 대부분이 장기치료만의 특별한 이점에 대해서는 간과하고 있다. 나는 장기치료가 우리가 일반적으로 단기치료에서 얻을 수 있는 그 이상의 것을 제공해줄 수 있다고 본다.

심리치료에서의 효율성은 무엇을 의미하는가? 하워드(Howard)와 그 동료들은 절충적인 치료에 대한 여러 연구들을 비교하여 치료의 효율성과 치료의 횟수 사이의 상관관계를 연구하였다. 이러한 연구를 통해 환자의 75%가 26회기 안에 증상이 완화된다는 것을 알아냈다. 한편, 콥타(Kopta)와 그 동료들은 다섯 개의 다른 지역에 거주하고 있는 685명의 환자와 141명의 치료자를 대상으로 탁월한 연구를 하였다. 그리하여 그들은 환자의 75%가 매 주 1회씩 58회기의 심리치료 후 증상의 회복을 보였다는 것을 알아내었다. 그들은 하워드의 26회기 치료와 자신들의 58회기 치료에서 나타난 차이를 개선(improvement)과 회복(recovery)의 차이로 해석했다(1994). 하워드와 그 동료들(1986)이 일반적인 증상의 개선을 생각한 반면, 콥타와 그 동료들(1994)은 정상적인 기능 수준의 증상 회복을 생각한 것이다. 이것은 심리치료의 효과를 어떻게 보고 측정할 것인가의 중요성을 보여주는 좋은 예이다. 따라서 콥타와 그 동료들은(1994) "회복을 위해서는 단순한 개선보다 더 많은 치료 기간이 필요하다는 것은 납득할 만하다"(p. 1016)고 결론지었다.

이처럼, 단기치료가 효율적이라는 인상적인 증거들이 있다. 물론 증상 완화란 것은 정신역동 심리치료 모델의 효율성을 측정하는 방법 중의 하나일 뿐이다. 크리츠-크리스토프(1992)의 말처럼, 정신역동 치료가 가장 성공적으로 이루어지는 특정한 영역을 측정하는 방법들은 그리 많지 않다. 그는 정신역동적 갈등들, 전이 주제들, 그리고 관계 패턴들을 열거한다. 정신역동 치료자들이 강조하는 이러한 영역에서의 변화는 단기치료가 끝나고 난 뒤 얼마의 시간이 지난 뒤에만 나타날 수 있고, 또 그것의 극복과정은 보다 많은 시간을 요할 수 있다. 심리치료의 효율성에 대한 대부분의 연구들은 이와 같은 현상을 측정에 포함시키지 않거나 추후 평가를 하지 않고 있다.

단기치료의 효율성에 대한 이해를 돕기 위해 나는 샤흐트와 스트럽(1989)의 단기 정신역동적 치료에 대한 연구결과를 결론으로 제시해보겠다.

1. 정신분석 치료의 기본 원리는 단기 개입에도 적용된다.
2. 신경증적 문제와 성격적 문제는 이전에 믿어왔던 것보다 더 짧은 시간 내에 효율적으로 치료될 수 있다.
3. 단기 정신역동 치료는 성격구조의 지속적인 변화를 이끌어낼 수 있다.

이 책의 관점

단기치료의 관계를 강조한다

흥미롭게도(그리고 불운하게도), 관계 문제는 단기치료 문헌에서 별로 주목을 받지 못했다. 반면, 대상관계 이론과 자기심리학 이론이 점차적으로 수용됨에 따라, 집중적 장기 심리치료 문헌들은 관계 문제를 더 많이 고려하기 시작했다. 어쨌든, 단기 심리치료 저술에서 가장 많이 강조된 것은 기법들이다. 쿠퍼스(Kupers, 1986)는 단기치료의 바로 이러한 면이 치료자를 탐구자라기보다는 기술자로 만들고 역전이를 거의 고려하지 않게 만들고 있다는 염려를 표현했다.

많은 단기치료 저술가들이 명확하고 상세한 치료 도구와 조사 방법을 사용하여 그들의 접근을 기록하려는 시도를 해왔다(예를 들면, Davanloo, 1980, Mann, 1973, Mann & Goldmann, 1994, Sifneos, 1987, Strupp 과 Binder, 1984). 이것은 일반적으로는 심리치료에, 특별하게는 단기치료에 크게 공헌을 하였다. 말란(1976)과 대번루(1980)를 읽는 것보다 정신역동적 기법을 더 잘 배울 수는 없을 것이다.

어쨌든, 나는 기법에 대한 지나친 강조로 인해 환자와 치료자 사이의 관계의 중요성이 단기치료 저서에서 적절히 고려되지 못했다고 본다. 최근 일련의 심포지움들에서, 단기치료의 지도적인 실천가 중 한 사람이 청중으로부터, 긍정적 치료 결과에 영향을 주는 치료자와 환자 사이의 관계를 중요하게 여기는지에 대해 질문을 받았다. 그의 대답은 "전혀" 그렇지 않다는 것이었다. 그는 단기치료 접근의 성공 여부는 거의 전적으로 신중한 환자 선택과 치료자의 기법에 달려있다고 말했다.

나는 그의 대답에 무척 놀랐다. 나는 특별한 기법이나 개입이 효율적이 되기 위해서는 치료자와 환자 간의 관계적 맥락이 결정적으로 중요하다고 여기고 있기 때문이다. 관계적 맥락이란 환자와 치료자 사이에 형성되는 상호주관적 공간, 치료자에 의해 환자가 심리적으로 안겨있다고 느끼는 방식, 치료자가(의식적으로 그리고 무의식적으로) 치료의 역동적 자료를 담아내는 방식 등을 말한다. 뛰어난 임상가의 치료장면을 보여주는 비디오 테입을 보거나 상담일지를 읽는 것은 매우 고무적이고 교육적일 수 있다. 그러나 그들이 "행했던" 것을 자신의 치료에서 똑같이 "행하는" 것은 불가능하다. 설령 두 명의 치료자가 같은 환자를 같은 기법으로 상담한다 하더라도, 그 결과는 근본적으로 다를 수 있다 왜냐하면 관계적 맥락이 다르기 때문이다.

게다가 모든 치료적 관계는 유일무이하게 독특한 것이다— 이것은 치료 기간의 어떤 특정 시점에서 환자와 치료자 사이에 발달된 상호주관성을 기반으로 하기 때문이다. 그러므로 경험과 훈련은 치료자의 중요한 몫이지만 치료자는 치료적 만남에서 이전에 보지 못했던 새로운 것에 대해 열려 있어야 한다.

대상관계 이론의 개념적 틀을 사용한다

대상관계 이론만큼 치료적 관계를 강조는 심리학 이론도 없다. "실제" 관계, 전이와 역전이, 투사와 내사, 투사적 동일시에 대한 주목, 그리고 "배경"으로서의 치료자뿐만 아니라 대상으로서의 치료자 등은 모두 단기치료에 적용되는 결정적인 치료적 개념들이다. 이 책의 11장에서 논의되듯이, 대상관계적 접근은 성격장애 환자들과의 작업에 특히 도움이 된다. 나는 영국의 초기 대상관계 이론가들(Klein, Fairbairn, Guntrip, Winnicott)뿐만 아니라 최근의 이론가들(Bollas, Ogden, D. and J. Scharff)에 대해서도 다룰 것이다.

이론과 기법에서 융통성 있고 절충적인 입장에서 치료에 접근한다

5장에서 대략 설명되듯이, 나는 이 책에서 단기치료의 새로운 모델을 발전시키려고 시도하지 않는다. 그보다는 치료적 관계를 강조하는 관점을 설명하고 이전에 있던 모델들과 현재 모델들의 몇몇 저술에 대해 묘사한다. 나는 벗맨과 거맨(1988), 말란(1976) 그리고 특별히 스트럽과 빈더(1984)의 연구에서 도움을 받았다. 이러한 정신역동 모델들에서 선택한 몇몇 원리들을 빌려와 치료를 강화시키려고 시도했다. 또한 몇몇 선택된 비정신역동적 기법들을 가끔 활용하였다. 그것은 내가 임상가의 관점에서 단기치료를 바라보기 위해서였다. 그렇게 함으로써 나는 광범위한 성격과 증상들을 고려할 수 있었고 각기 다른 환자들과 고유한 관계들을 진전시킬 수 있었다. 다양한 이유들로 인해 나는 내담자를 한 번이나 세 번 혹은 스물다섯 번 또는 몇 년 동안 만나기도 했다. 앞에서 주목했듯이, 나의 접근방식은 역동적으로 사고하고, 가능하다면 그러한 역동적 문제들에 관해 다루면서, 내가 할 수 있는 것을 하는 것이다.

2장

단기치료에 대한 저항

금세기 초반 프로이트가 우연히 선택했던 갈림길로 인해 심리치료의 미래가 매우 불행해졌다는 것은 명확히 언급될 필요가 있다. 그의 선택으로 인한 가장 뚜렷한 결과는 치료 기간이 매우 길어진 것이다.

데이빗 말란(David Malan), 1980

내가 이 단기치료 세미나에 참석한 것은 관리의료 체제 하에서는 단기치료만 할 수 있기 때문이다.

단기치료 세미나에서, 1992

우리는 세미나와 컨퍼런스에서 치료자들로부터 단기치료에 대한 부정적인 말들을 많이 듣게 된다. 그런 부정적인 반응은 가벼운 회의에서부터 노골적인 적개심에 이르기까지 다양하며 그러한 반응으로 인해 단기치료의 능력과 전망에 대해 깊이 살펴보는 것이 어렵다. 이러한 반응은 특히 정신역동적 훈련을 받았거나 그런 배경을 가진 치료자들에게서 많이 나타난다. 이것은 매우 불행한 일이다. 왜냐하면 정신분석이 단기 접근으로 시작되었고 프로이트의 매우 유명한 몇몇 사례들 역시 단기치료(4장을 보라)였기 때문이다. 또 어떤 치료자들은 단기치료가 관리의료의 제한과 밀접히 연결되어 있다고 생각하여 "어떻게 단기에 치료를 온전하게 진행할 수 있단 말인가?"하며 의심한다.

말란(1963)은 이런 주제에 대한 유용한 설명을 제공하고 있다. 그는 단기치료가 치료를 길게 하는 요인들을 공략하고 있으며, 치료를 장기화하는 가장 중요한 원인은 치료자의 수동성이라고 말한다. 그가 나열한 요인들을 간략히 설명하면 다음과 같다.

저항: 환자들이 자기 인식의 변화에서 오는 고통을 피하기 위해 인식을 거부하는 강력한 방어를 사용한다는 사실.

다중적 원인의 중첩: 환자의 문제들과 증상들이 다중적인 요인들에 의해 야기된 것이라는 사실.

극복과정의 필요성: 변화가 항구적인 것이 되기 위해 반복적인 개입과 자료의 지속적인 내적 처리과정을 거치는 것이 필수적이라는 점.

부정적 전이: 중요한 타자들로부터 전이되어 온 감정에 기초해서 치료자에게 부정적 반응(예컨대, 증오나 분노)을 보이는 환자와 작업해야 한다는 사실.

무시간성의 감각: 치료자와 환자 모두가 치료 작업을 할 수 있는 시간이 무제한적일 것이라고(종종 무의식적으로) 생각한다는 점.

치료의 완벽주의: 환자의 증상과 성격적인 문제들을 완벽하게 다루려는 치료자의 욕망(무의식적인 욕구?).

더 깊은 초기 문제에 대한 몰두: 오이디푸스 이전의 성격적인 문제를 다루려는 경향성.

재정적인 고려: 장기간 동안 환자를 보는 치료자(특히 사설 상담 센터)의 재정적 이익이 걸려 있다는 사실.

치료자가 단기치료를 꺼리는 요인들

단기치료가 관리의료(managed care)와 같은 것이라는 생각

불행하게도 많은 치료자들이 단기치료의 주장을 공정하게 들어주지 않는다. 왜냐하면 그들은 정서적으로 단기치료를 정신보건 서비스의 관리의료 모델과 같은 것이라고 여기기 때문이다. 확실히 관리의료 모델이 갖고 있는 문제에 대한 비난들은 정당하다. 그리고 이러한 모델은 단기치료를 그리고 가끔은 최단기치료를 장려한다. 그러나 1장에서 제시한 바와 같이, 단기 개입은 수 십년간 미국에서 지배적인 심리치료로 자리잡아왔다. 많은 치료자들이 스스로를 집중적인 장기 심리치료자로 여기고 있지만, 사실을 말하자면, 그들 사례의 상당 비율이 단기치료 사례들로 구성되어 있다(대부분이 단기치료를 계획한 것은 아니었다 할지라도).

단기치료와 관리의료는 전혀 별개의 것이다. 단기치료는 장기치료보다 훨씬 더 빈번하게 사용되는, 매우 효과적인 다양한 치료들을 일컫는 용어이다. 단기치료는 그 자체로서 주의 깊게 평가될 필요가 있다. 관리의료는 환자에게 제공되는 심리치료의 시작과 진행과정을 검토함으로써, 비용을 낮추고 서비스의 질을 높이기 위해 제 삼의 지불인이나 대표자의 영향을 받는 체계이다.

관리의료가 단기치료 계약에 영향을 미친다는 것은 명백하다. 이것은 13장에서 다룰 것이다. 어쨌든 치료자가 단기치료를 제공하고 단기치료를 가치있게 여긴다고 해서 자신을 관리의료의 지지자라고 느낄 필요는 없다.

분열: 장기치료는 좋고 단기치료는 나쁘다는 사고방식

치료자들 사이에 다음과 같은 사고방식이 존재한다.

"진실로, 환자를 위한 근본적 변화를 일으키는 유일한 방법은 장기간의 종결 개방형 심리치료이다. 이 접근법은 환자가 자신의 진도에 맞게 진행하도록 허용하며, 서두르지 않고 충분히 경청되고 있다고 느끼도록 하며, '존재'에 대한 경험을 참을성 있고 심도 있게 시험해볼 수 있도록 허용한다. 치료가 곤경에 처할 때, 그것을 깨뜨리는 방법은 더 많은 치료—더 잦은 회기 그리고/혹은 치료 기간의 연장—이다. 그러나 단기치료는 '행동'에 초점을 두고 있고, 환자들이 서둘러 자신의 문제점들을 다루게 함으로써 '거짓자기' 경험을 하게 한다. 단기치료는 단지 증상 완화를 추구하는 지지적 기법에 지나지 않으며, 피상적이고, 일시적인 완화만을 제공한다. 그것은 환자들에게 어떻게 더 충일하고 효율적으로 살아야할지를 가르치지 못한다."

이러한 사고방식은 분열이라는 심리적 방어기제를 예증하는 것으로서, 심리치료에 대한 이해가 장기치료는 좋고, 단기치료는 나쁘다는 두 가지 형태로 분열되고 있음을 보여준다. 나는 그런 사고방식에 열거된 어떤 문제에 대해서는 실제로 동의하기도 한다. 그리고 그것은 단기치료에 필요한 몇 가지 주의사항을 말해주고 있다. 어쨌든, 분열은 왜곡을 통해 세상을 너무 단순화하는 경향이 있다. "좋은" 정신역동 치료들은 그 접근이 장기이든, 단기이든, 일회기이든 많은 공통점을 가지고 있다. 정신역동적 단기치료는 종종 단순한 증상 완화를 넘어 지속적인 변화를 만들어내고 있고, 몇몇 사례들은 성격의 변화까지 보여주고 있다 (Schacht and Strupp, 1989).

장기간의 집중적인 심리치료가 늘 좋은 것은 아니고 해로울 수도 있다(Frances & Clarkin, 1981). 우리는 대체로 유아기적 의존성 문제들을 근저에 가지고 있는 환자들이 치료에 대한 개인의 책임을 무의식적으로 부인하면서 치료에 임하고 있고, 따라서 실제적인 치료는 이루어지지 않으면서 몇 년 동안 치료를 계속할 수 있다는 것을 알고 있다. 그러한 사례에서, 치료적 편안함과 그들의 문제를 다루기 위해 그것이 도움이 된다는 생각은 망상(환자와 치료자의)에 속하는 것이며, 그것은 실제로 환자 개인의 성장을 방해하는 것일 수도 있다. 만(Mann, 1973)은 다음과 같이 말했다. "정신분석이든 심리치료든 간에, 치료과정에서는 시간이 더 이상 환자를 돕고자 하는 치료자의 편이 아닌 순간이 그리고 시간이 환자의 유아적 만족을 위해서만 사용되는 순간이 찾아온다"(p. xi).

치료자의 자기애

위에서 기술된 바와 같은 사고방식을 가진 치료자라면 자신을 단기치료자로 여기지 않을 것이라는 것은 놀랄 일이 못된다. 말란(1963)은 치료를 연장하는 요인으로서 치료자의 완벽주의와 함께 치료자의 자기애를 꼽았다. 많은 환자들이 개인적 한계를 수용하고 다루는 데 많은 어려움을 가지고 있다. 치료는 종종 기존의 확고한 지식과 가능성에 대한 비전 사이에서 발생하는 역동적 긴장을 포함한다. 물론 한계를 다루는 문제는 치료자에게도 어려운 것이다. 환자가 심각한 혼란에 직면해 있고 어려움과 기능장애로 고통받을 때, 낙관적인 치료자들의 공통된 반응은 "이건 끔찍하지만, 우리에겐 시간이 있어, 충분한 시간이. 우리는 그것을 다룰 수 있을 거야"일 것이다.

사실 이것은 망상일 수 있다. 치료를 무한정 연장하는 모델은 시간이 우리 모두에게 한정되어 있다는 사실과, 종종 시간이 흘러도 환자의 변화는 보이지 않을 때 현실적으로 우리에게 허용된 대안이 많지 않다는 고통스러운 인식을 치료자가 회피하도록 만들 수도 있다. 만약 치료가 무한정 계속된다면, 우리는 '바람과 함께 사라지다'라는 영화에 나오는 스칼렛 오하라처럼 미해결된 문제는 내일 다룰 수 있다고 생각하면서, "좋아, 환자는 아직 해야 할 작업이 많아, 그래서 치료는 계속되어야 해!"라고 말할 것이다. 현실과 제한된 시간을 수용하는 것은 인간이 다루어야 할 가장 고통스런 실존적 문제 중의 하나이며(Mann, 1981), 그것은 치료자와 환자 모두에게 어려운 문제이다.

장기치료가 환자와 치료자에게 치료 결과와 시간의 한계를 모호하게 하는 경향이 있는 반면, 단기치료는 환자와 치료자 모두에게 그 한계를 직면시킨다. 나는 4장에서 만(1973)이 말하는 무한하고 영원한 것인 아동의 시간 개념을 다룰 것이다: "치료 기간의 한계가 애매할수록 무의식적 소원과 기대에 대한 아동의 시간이 갖는 영향력은 더 커진다. 치료 기간의 한계가 명확할수록, 환자는 더 빠르고 적절하게 현실과 치료 작업에 적응한다"(p. 11). 만은 여기서 치료 시간의 제한이 환자에게 미치는 효과를 강조하고 있지만, 치료자에게도 비슷한 효과를 가질 수 있다.

요약하면, 치료자에게 치료 결과와 시간의 한계를 직면케 함으로써, 단기치료는 치료자에게 자신의 한계에 대해 그리고 전문가로서의 자기 이미지에 대해 도전한다.

장기치료는 치료자의 경제적 관심에 더 많이 부합된다

많은 치료자들은 그들의 치료가 짧아질수록 수입이 줄어드는 것을 본다. 예를 들면, 당신이 서른 명의 환자를 평균 2년 동안 치료한다면, 당신은 개인 심리치료 클리닉을 유지하는 데 일년에 15명의 새로운 환자만을 필요로 할 것이다. 그러나 당신이 30명의 환자를 평균 6개월에 걸쳐 치료한다면, 당신은 해마다 60명의 새 환자를 필요로 할 것이다. 설령 당신의 수입이 감소하지 않는다고 해도, 새로운 환자의 유입을 보장하기 위해서 당신은 보다 많은 시간을 치료의 진전을 위해 투자해야만 할 것이다. 대부분의 치료자들은 매우 윤리적이어서, 적어도 의식적으로는 필요 이상으로 치료 기간을 늘리려 하지 않을 것이고, 더 많은 돈을 벌기 위한 특별한 치료 철학에도 동의하지 않을 것이다. 어쨌든, 무의식을 공부한 사람으로서 우리는 무의식적인 힘이 우리에게 영향을 주기 때문에 그것을 인식하고 다룰 필요가 있음을 알고 있다.

단기치료에 대해 저항하는 이유 중의 하나는 그것이 사업상 불리할 수도 있다는 생각과 관련되어 있다. 다른 한편, 병원과 관리의료 조직 쪽에서는 장기간의 치료가 "사업상 불리하다"는 이유로 장기치료에 대해 비현실적으로 부정적인 반응을 보이고 있다. 즉, 장기치료가 비용이 더 들거나, 최소한 단기적으로는 그렇게 보인다는 것이다.

치료가 계속되어야만 중요한 변화가 일어난다는 믿음

몇몇 치료자들은 실제적이고 지속적인 치료적 변화를 위해서는 단기치료가 아닌 계속적인 장기치료가 필요하다고 진심으로 확신한다. 그러나 이러한 신념은 현실과 맞지 않는다. 수 차례에 걸쳐 지적했듯이, 단기치료의 의미있고 지속적인 효과를 증명해주는 많은 연구결과들이 있다. 또한 주로 장기치료를 하는 치료자들의 임상 경험도 보통 때로는 단기치료에서 시작된 극적이고 지속적인 변화를 포함하고 있다(예컨대 Oremland, 1991). 그런 사례들을 전이 치료(transference cure)라고 말하는 것은 사려깊지 못한 것이다(비록 그것들 중 일부는 전이 치료일 수 있지만). 분명히 어떤 환자들은 지속적인 장기치료의 안아주기와 담아주기의 기능을 필요로 한다. 그러나 많은 환자들은 치료과정 밖에서 혹은 치료 후에 그들 스스로 그런 치료과정을 계속한다. 벗맨과 거맨(1988)에 따르면, 효과적인 단기치료자는 치료 후에도 변화는 일어나기 때문에 변화를 일으키기 위해서 치료자가 반드시 그 자리에 있어야 할 필요는 없다는 생각을 갖고 있어야 한다.

변화를 위해 환자와 함께 있고 싶은 욕망

장기치료에서 치료자에게 주어지는 선물 중 하나는 환자가 치료에 의해 변화하고 성장하여 삶이 풍부해지는 과정을 치료자가 실제로 지켜볼 기회를 갖는 것이다(물론, 치료가 잘 진행되지 않을 때 이것은 스트레스가 된다). 환자와 함께 치료 작업을 하고 있는데, 환자가 그것을 실제로 사용하여 성장하고 있는지를 알 수 없다는 것은 물론 실망스러운 일이다.

나는 결혼 결정에 도움을 얻고자 온 폴라와 닐을 만났다. 두 사람 모두 의식적으로는 결혼을 원하고 있었지만, 그들 스스로는 결혼 여부를 결정할 수 없었다. 7회기에 걸쳐 우리는 닐의 친밀함에 대한 공포를 살펴보았다—그는 폴라가 보여주는 긍정적인 애정표현에 감정적으로 그리고 신체적으로 위축되곤 했다. 우리는 또 그녀의 표면적 분노 아래에 놓여 있는 근원적인 상처와 공포를 보았다—폴라는 "나는 문제가 뭔지 정확히 알아요. 닐은 머저리예요!"라는 말로 첫 회기를 시작했다. 또한 우리는 그들 각자의 부모의 결혼 패턴이 어떻게 재연되고 있는지도 살펴 보았다. 그들은 치료에 대한 회의감과 재정적인 문제를 들어 단기치료를 요구하였고, 나는 가장 짧은 7회기를 권하였다. 7회기 말에도, 그들은 여전히 결혼을 할것인지 말것인지 결정하지 못했고(그것은 나에게 놀랍지 않았다), 치료가 막연하게나마 도움이 됐지만 좀더 명확하지 못한 것이 실망스럽다고 말했다. 나 역시 실망스러웠다. 나는 그들에게 추가 10회기를 더 권했지만 그들이 거절했고, 따라서 나는 치료에 대한 그들의 회의를 충분히 다루지 못했다고 느꼈다. 게다가, 치료는 여러 가지로 경험적 작업의 성격을 갖지 못했기에 치료가 그들에게 의미있게 진행되지 못했다는 회의가 들었다(나와 커플 모두가 회의감과 실망감을 가졌다는 것에 주목하라). 1년 후 의뢰인에게서 그들이 결혼했고, 치료가 도움이 되었다는 말을 들었을 때 기뻤지만 놀랍기도 했다. 의뢰인이 덧붙여 한 말에 따르면 그들은 내가 예상했던 것보다 치료를 더욱 많이 활용했던 것으로 보인다.

대체로 나는 환자들에 대한 추후 정보를 얻지 못한다. 그리고 이와 같은 단기 계약은 치료 효과에 대해 알 수 있는 경우가 없어서 종종 실망스럽다.

단기치료가 더 어렵다는 생각

많은 장기치료자들은 단기치료가 더 어렵다는 말에 동의하지 않을 것이다. 분명히 각각의 접근은 그 자체의 독특한 도전과 어려운 점을 가지고 있다. 그렇지만, 나 자신의 경험에 의하면 단기치료가 장기치료보다 힘들었다.

지금 이 책을 쓰면서, 나는 50년의 생애 동안 파편화된 성격구조로 고통을 겪으면서 나와 함께 8년 이상의 심리치료를 하고 있는 문제가 매우 많은 여자 환자를 생각하고 있다. 어제 그녀는 자신이 얼마나 우울하며 절망적으로 느끼고 있는지 그리고 자신이 얼마나 쓸모없고 다른 사람과 단절되어 있는지 자세히 말했다. 그녀는 헴록 소사이어티(Hemlock Society: 자살 실행에 대한 정보를 제공하는 조직)로부터 설명서를 받았고 자살 방법의 선택에 대해 자세히 알아보고 있는 중이라고 말했다. 그녀의 이러한 말을 들은 나는 왜 그녀가 이 시점에서 이런 감정을 특별히 강하게 느끼는지 혼란스러웠다. 나는 그녀의 삶 속에서 고통스러웠던 다양한 상실에 대해 살펴보았다. 그리고 그것들 중에 어떤 것이 그녀의 최근 경험에 의해 활성화된 것이 아닌가 하는 의문을 가졌다. 나는 최근에 재발한 그녀의 깊은 공허와 고독 상태에 나 자신까지 슬퍼지는 것을 느꼈다. 나는 또 그녀가 최근의 몇몇 경험으로 인해 그녀가 좀더 긍정적인 대인관계 패턴을 가지게 되었다고 생각했었는데 다시 이런 국면으로 되돌아간 것에 대해 화도 났다. 나는 현실적으로 이루어질 수 있는 것보다 더 많은 진전을 기대하는 나 자신에 대해 약간 비판적이 되었고, 내가 과연 그녀에게 도움이 되고 있는 것일까 하는 의구심이 수천번도 더 들었다. 나는 그녀가 자살 설명서를 자세히 읽고 있다는 것에 불안을 느꼈지만, 그녀와 몇 년에 걸친 심리치료 경험에 토대해서 그녀가 그렇게 행동하지는 않을 것이라고 생각했다. 나는 나의 화난 감정으로 돌아가서, 그녀가 이 시점에서 내게 자살 이야기를 한 것은 그녀가 다른 사람들과 심각하게 단절되었다고 느끼는 순간에 나와 보다 강렬한 연결을 얻고자 하는 시도라고 생각했다. 나는 위기 자체가 그녀와 삶을 그리고 의미 있는 타인들을 연결시켜 주었던 과거의 몇몇 상황을 기억해냈다. 그리고 나의 반응은 그렇게 계속되었다.

 이와 같이 환자들과 함께 하는 작업에서 나는 자주 공허감, 절망, 불안에 대한 원시적인 경험을 담아주어야 하고, 가끔 자기-패배적이고 자기-파괴적인 상황에 개입해야 할 때도 있다. 장기치료의 환경은 이러한 어려움들을 더욱 잘 담아주고 참아낼 수 있게 하는 세 가지 요소를 갖고 있다. 첫째, 장기치료는 자료에 반응하고 그것의 실존적 의미를 잘 이해할 수 있는 심리적 공간을 허용한다. 둘째, 장기치료는 치료자가 전후 관계 속에서 자료를 잘 사용할 수 있도록 더 많은 정보를 갖고 있다. 내가 제시한 예에서, 나는 환자의 개인력과 되풀이되는 부적응적인 상호작용 패턴에 대한 풍부한 지식에서 도움을 받았을 뿐만 아니라, 치료관계 안에서 그녀와의 직접적인 경험들로부터도 도움을 받았다. 셋째, 치료 시간이 늘어남에 따라 환자와 치료자 모두 상호 신뢰와 한계의 문제를 바라볼 수 있기 때문에 치료관계는 모두에게 고통스러운 경험을 더욱 확고하게 안아주는 환경을 제공한다.

 만약 15회기의 치료 계약 중 10회기에서 위와 같은 자료들이 나타난다면, 그것을 다루는 데는 훨씬 더 많은 어려움이 있을 것이다. 단기치료의 맥락 안에서, 나는 빨리 치료동맹을 발전시킬 것이고, 자살 문제를 포함한 임상적 자료들을 가능한 한 상세하게 작업할 것이다. 그런 임상적 자료의 의미를 이해하는 것은 훨씬 더 만만치 않은 일일 것인데, 나는 자살의 위험을 어떻게 평가할 것인지 그리고 어떻게 개입할 것인지의 문제로 씨름할 것이다. 또한 나 자신의 역전이 반응(불안, 실망, 짜증, 자기-비난 등)의 의미를 숙고해보는 것이 매우 유용할 것이지만 단지 5회기만이 남아 있다는 제한은 그것을 훨씬 더 어렵게 할 것이다. 나는 또 그녀와 나의 반응이 지닌 상호주관적인 의미를 파악하기 위한 정보를 훨씬 적게만 얻을 수 있을 것이다. 나는 환자가 무언가 의미 있는 성과를 얻었다는 느낌과 함께 더 많은 회기를 가져야 한다는 강렬한 갈망 없이 치료를 떠나도록 허용하는 방식으로 치료를 종결하려고 애쓸 것이다(아래에서 서술되고 있는 내용과 다음 장에 설명되고 있는 흥분시키는 대상에 대한 경험을 참고하라). 환자에게 뿐만 아니라 치료자에게도 이것은 상당한 부담을 주는 일이 아니겠는가! 이런 종류의 부담으로 인해 많은 치료자들은 단기치료를 복잡하고, 실제적인 인간적 만남으로 접근하기보다는 단순히 기법적인 개입으로 접근하려고 한다.

나는 단기치료가 치료자에게 부가적인 부담을 느끼게 하는 또 다른 몇몇 방식들이 있다고 생각한다. 게다가, 만약 치료자가 환자를 더 짧은 시간동안 만난다면, 그는 더 많은 수의 환자를 보아야 할 것이며, 많은 환자들의 개인적인 이야기들을 담아주어야 할 뿐만 아니라 더 많은 사람들과 진정으로 개방적이고 친밀한 관계 안에 머물러 있어주어야 할 것이다. 과연 치료자의 한계는 어디까지인가?

단기치료로 가는 경향성은 빠른 욕구충족과 친밀성의 회피를
추구하는 우리 사회의 병리를 나타내는 증상이라는 생각

불행하게도, 이러한 믿음에는 약간의 진실이 있다. 우리는 패스트푸드, 한 시간 안에 사진을 뽑고 안경을 새로 맞추며, 모든 것을 매시간 텔레비젼을 통해 볼 수 있는 사회에 살고 있다. 따라서 사람들이 더 빠른 치료법을 찾는다는 것은 전혀 이상한 일이 아니다. 또한 나는 일반적인 문화 안에 친밀한 관계와는 반대되는 편집적이고 분열적인 과정이 증가하는 몇몇 신호들이 있다고 생각한다(이 경험 양태는 3장에서 서술되고 있다). 어쨌든, 단기치료의 현재의 경향과 관심은 보다 많은 사람들에게 경제적이고 효율적인 심리치료를 제공하는 것을 포함하는, 다른 많은 요인들에 의해 야기된 것이다.

만약 우리의 문화가 빠른 만족을 추구하고 진정한 친밀감을 회피하는 것에 고착된다면, 심리치료는 그것이 단기이든 아니면 그밖의 어떤 것이든, 치료자와 환자 사이의 관계의 질을 진지하게 생각하고 존중하며 심지어 강조하는 방식으로 이루어져야 할 것이다.

주의사항들과 한계들

지금까지 우리는 단기치료에 저항을 불러일으키는 다양한 요소들과 태도에 관해 논의해왔다. 그러나 우리는 그것의 한계와 특성을 고려할 필요가 있다.

수용할 수 있는 공간의 제한

볼라스(1987)는 치료자가 지닌 수용능력, 즉 "내면으로부터 오는 뉴스"에 귀를 기울일 수 있는 상태의 중요성에 대해 말했다. 이것은 미묘한 전의식적인 내적 정보들이 출현하도록 허용하는 고요한 성찰의 상태인데, 이런 정보들은 회기 중에 나타나는 보다 지배적인 자극과 주제들로 인해 쉽게 상실될 수 있다.

이러한 능력이 현존할 수 있으려면, 치료자와 환자가 미묘한 내적 경험들을 분별할 수 있도록 허용하는 심리적 공간을 창조해야 한다(그리고 이것은 얼마의 시간을 요한다). 위기관리 중이나 치료자와 환자가 직접적으로 특정한 문제에 초점을 맞추고 있는 동안에는 이러한 공간이 발생하기 어렵다. 그것은 시간제한의 압력, 빨리 목표를 달성하려는 욕구, 그리고 초점에 집중해야 하는 필요성으로 인해 단기치료자(와 환자)가 수용능력을 창조하고 보호할 수 있는 심리적인 공간을 허용하지 못하기 때문이다. 단기치료에서 발생하는 잦은 역전이 반응은 조바심이다. 이로 인해 치료는 효율적이고 실용적이기보다는 서두르는 것이 되고 표면적인 것이 된다. 확실히, 많은 환자들은 단기치료의 시간제한에 대한 반응으로 그리고 수용능력이 활성화될 때 출현할 수 있는 고통스러운 경험에 대한 방어로, 이러한 역전이를 일으키는 경향이 있다.

단기치료에서 시간이 가장 중요한 요소이기는 하지만, 치료가 표면적인 것이 되지 않으려면 치료자와 환자 모두에게서 수용능력을 불러일으키는 것이 결정적으로 중요하다. 더욱이, 치료자가 매우 한정되고 집중적인 방식으로 치료를 한다면, 그 치료는 이전의 비공감적 관계에 대한 또 다른 재연일 수 있다. 따라서 치료자의 수용능력에 대한 이러한 문제는 단기치료자가 특별히 고도로 전문화되고 훈련되어야 한다고 주장하는 많은 이유들 중의 하나이다.

흥분시키는 대상 경험으로서의 치료

페어베언(1952)은 그의 성격 이론에서 흥분시키는 대상의 개념에 대해 서술했다(3장을 보라). 이것은 흥분시키지만 결국은 실망을 주는 타자(처음에는 엄마)와의 경험에서 형성된 성격의 한 부분을 가리킨다. 소망과 기대가 일어나지만 만족이 없이 결국 좌절의 경험으로 끝난다. 이것은 욕구를 자극하여 애를 태우게 하지만 그 욕구는 불만족 상태로 남겨진다.

단기치료에서는 시간과 목표가 제한적이기 때문에, 환자는 실제로 얻을 수 있는 것보다 더 많은 것을 기대하기가 쉽다. 단기 접근, 특히 비정신역동적인 접근의 몇몇 "마케팅"은 장기치료에서 행해지는 많은 것들이 단기치료에서도 가능하다는 생각을 부추기는 경향이 있다.

치료가 이렇게 흥분시키는 대상이 될 가능성은 환자가 원시적인 의존 욕구를 가지고 있을 때 더욱 두드러진다. 이것은 또한 치료가 특별히 좋은 예후를 보이며 시작되는 경우 더욱 두드러지게 나타난다. 예를 들면, 환자가 위기의 순간에 치료를 받으러 와서 매우 빠르게 기분이 나아지는 것을 느끼기 시작한다. 또한 예전에는 결코 경험해보지 못했던, 자신이 진정으로 이해 받고 있다는 느낌을 갖는다. 환자는 자신의 과거 경험과 성격구조에 따라, 치료와 치료자를 이상화하고 치료 계약의 한계 안에서 실제로 가능한 것보다 더 많은 것을 기대할 수 있다. 그런 기대가 충족되지 못한 채 종결이 다가오게 될 때, 환자는 속았다는 기분과 갈망을 느끼게 되고 매우 실망할 것이다.

지나친 기대에 뒤따라오는 이런 실망의 과정은 어느 정도까지는 치료의 정상적인 과정에 속하는 것이고 종종 이것 자체가 치료 작업의 중요한 목표가 된다. 어쨌든, 단기치료의 빠듯한 시간은 흥분시키는 대상 경험이라는 문제를 악화시킬 수 있다. 기업과 정부의 고객 서비스 프로그램들은 모두 "적은 약속에 넘치는 이행"이라는 모토를 갖고 있다. 이것은 단기치료에서도 유용한 지침이 될 것이다. 이것을 이행할 수 있는 주요 방법은 합의된 치료 목표나 초점에 반복적이고 지속적인 관심을 갖는 것이다. 이렇게 함으로써 환자(그리고 치료자)는 심리치료에서 무엇을 할 수 있고 무엇을 할 수 없는지를 직면하게 된다. 단기치료가 비생산적인 흥분시키는 대상 경험이 될 수 있다는 이 문제는 경계선 성격과 의존적 성격구조를 가진 환자들에게는 특별히 중요한 문제이다(11장을 보라).

퇴행을 적절히 담아주지 못하는 문제

단기치료의 제한된 시간과 구조는 환자에게 더욱 압축된 담아주기와 안아주기를 제공한다. 따라서 치료과정에서 환자가 원시적인 정동 상태나 부적절하고 비효율적인 기능 상태로 퇴행할 때 단기치료의 제한된 자원으로 인해 그것들을 다루기가 매우 어려울 수 있다. 문헌에 등장하는 단기치료의 주의사항들 대부분은 깊은 퇴행이나 악성 퇴행의 경향성이 있는 환자들을 치료에서 배제하라는 것이다(Balint, 1968). 예를 들면, 말란(1976)은 자신의 단기치료 모델에서 배제시켜야 할 대상들로 심각한 자살시도 경력이 있거나, 장기간의 입원경력이 있거나, 무능력화된 만성적 강박장애들 또는 공포증 증상을 지닌 사람들을 꼽았다. 대번루(1980)는 주요한 정서장애들, 심리적 붕괴 그리고 생명을 위협하는 정신신체적 증상들을 가진 사람들을 자신의 모델에서 배제하였다. 어쨌든 앞장에서도 언급한 바와 같이, 단기치료의 시간 제한과 초점적 접근은 치료과정의 퇴행적 힘을 줄이는 역효과를 가지고 있다.

종결에 임박해서 출현하는 핵심적 역동 자료

이 문제는 퇴행을 제한적으로만 담아주는 문제와 비슷하다. 단기치료 작업에서 환자는 치료자와 자신이 창조한 공간의 안전함으로부터 그리고 치료과정의 탐구작업으로부터 유익을 얻는다. 그때 더 새롭고, 더 깊은 자료들이 인식되고 치료 관계의 일부분이 되기 시작한다. 그것을 성취하는 데 단기치료 계약의 거의 모든 시간이 사용될 수도 있다. 그러면 무슨 일이 일어나는가? 명확한 대답은 또 다른 단기치료를 시작하거나 장기치료를 시작한다는 것이다. 그러나 단기치료가 선택되는 이유 중의 하나가 재정적 자원의 한계 때문이기 때문에 그 문제가 항상 그렇게 단순한 것만은 아니다.

치료자는 20대의 미혼 여성 환자를 의뢰받았다. 그녀는 직장에서 동료들과 상사에게 직접적으로 분노를 폭발하는 문제로 고용주에 의해 EAP로 의뢰되었다. 환자는 관리의료 보험에 들어 있었고 10회기의 심리치료가 허용되었다. 그녀와 치료자는 몇몇 실천적인 행동주의적 개입(예, 분노 형성에 관한 인식의 확장과 그런 상황을 만들지 않거나 반응을 지연시키는 전략들)과 학대하는 아버지에 대한 그녀의 무의식적 동일시를 인식하면서 상당한 진전을 이끌어내었다. 8회기 때, 그녀는 상담실에 들어와 심란해하면서 자신의 아버지에게 당한 성적 학대의 기억을 떠올리며 울었다. 건강보험에서는 몇 십 년 전에 발생한 성적 학대의 문제는 단기치료에 대한 그들의 규정에 맞지 않는다고 부가적인 치료를 허가하지 않았다.

치료자는 치료를 계속하기 위해 치료비를 낮추어주겠다고 했지만 그녀는 그것조차도 받아들일 수 없다고 말했다. 치료자는 그녀도 알고 있는, 비용이 저렴한 사설 상담소의 치료자를 소개해주었다. 그녀는 계획대로 10회기의 치료를 끝냈고 그녀의 분노 조절 능력은 개선된 것으로 보였다. 그러나 그녀는 소개해준 다른 치료자에게는 가지 않았다.

이것은 예외적인 경우가 아니다. 지난 4년 동안 미국의 많은 도시들에서 가르치면서, 나는 이 예를 사용했다. 청중들 중에 많은 사람들은 이와 비슷한 자신들의 경험을 자진해서 말하곤 했다. 그것은 치료자들에게 윤리적인 문제를 발생시킨다. 치료 계약 종반에 뜻하지 않게 심각한 자료가 드러난다면, 그 환자에 대한 치료자의 책임은 어디까지인가? 나는 이 치료자가 기꺼이 치료비를 줄인다던지, 비용을 감당할 수 있는 치료를 조심스럽게 의뢰함으로써 윤리적이고 책임 있는 행동을 했다고 생각한다.

그러나 환자는 그 의뢰를 수용하지 않았고, 치료자는 환자의 강렬한 자료를 작업하지 못한 채 남겨둔 것에 대해 상당한 죄책감을 느꼈다. 치료자는 이것이 환자에게 해로운 흥분시키는 대상 경험이라는 느낌이 들었다—환자는 치료자를 믿었고, 점점 더 취약한 상태가 되었는데, 그때 치료자가 그녀를 "버렸다." 비록 환자가 치료를 더 이상 허용하지 않는 보험사를 향해 강한 분노를 표현했을지라도, 치료자는 환자에게서 이 사실을 직접 확인할 수 없었다. 치료자는 이것이 환자가 받았던 학대를 전이에서 재연한 것으로 경험되는 것이 아닐까 하고 걱정했다. 여기서 우리가 분명히 알아야 할 것이 있다. 환자가 자신의 외상적 기억을 떠올려도 안전하다고 여길 만큼 좋았던 치료 관계는 종결과정에서 환자에게 분노와 버려진 느낌을 갖게 했고, 앞으로는 누구도 신뢰하거나 도움을 청할 수 없을 것이라는 느낌이 들게 했다.

내가 방금 단기치료자(그리고 환자)가 직면해야 하는 심각한 문제에 대해서 이야기하였지만 그러한 상황에서는 다른 역동들도 중요한 영향을 미칠 수 있다. 학대의 자료가 더 일찍 나타나지 않은 이유는 그것이 출현하고 치료자와 공유되기 위해서는 더 오랜 시간의 치료과정이 필요했기 때문일 것이다. 결국, 8회기는 억압된 외상적 자료들이 출현하기에는 너무 짧은 시간이다—그것이 모두 출현하기 위해서는 때로는 여러 해가 걸리기도 한다. 하지만, 그것은 또한 그 문제를 다룰 시간이 거의 없고 환자가 진정으로 그것을 드러낼 준비가 되어 있지 않았기 때문에, 출현한 것일 수도 있다. 이것은 왜 그녀가 치료비를 줄여주겠다는 치료자의 제안에 동의하지 않았고 왜 의뢰에 따르지 않았는지에 대한 답이 될 것이다. 그녀가 떠나기로 예정되어 있을 때에만 그녀는 말을 해도 된다는 안전감을 느끼고 치료자와 그것에 대해 이야기를 했을 수도 있다는 것이다. 그녀가 경험했던 고통을 처리하는 일은 이제 치료자의 몫이 되는데, 이것은 단기치료를 더욱 힘든 것으로 만드는 것의 일부이다.

피상적일 수 있는 단기치료

개인의 변화 과정은 매우 다양한 속도로 일어난다. 안전과 신뢰의 적절한 감각을 발전시키는 데 걸리는 시간 또한 사람마다 다르다. 특정 단기치료의 제한된 시간 안에서, 진정한 변화를 만들어낼 수 있는 자료가 아직 나타나지 않았거나 안전감과 신뢰감을 줄 수 있는 적절한 시간이 아직 제공되지 못했을 수도 있다. 그런 상황에서 치료는 전적으로 지지적인 치료 경험으로 끝날 수 있다. 물론 지지적인 치료의 가치가 축소되어서는 안된다―인간 고통의 빠른 완화는 그 자체로도 가치 있는 목표이고 많은 환자들이 원하는 것이기도 하다. 그러나 많은 경우, 치료가 좀더 오랫동안 계속되었다면, 지속적인 개선을 가져오는 더 근본적인 변화들이 일어났었을 것이다. 단기치료가 여러 차례에 걸쳐 이루어질 경우,―연쇄적인 단기치료(5장과 9장을 보라)―단기치료가 처음에는 지지적인 것이었을지라도 나중에는 심리 내부의 더 깊은 부분과 접촉하는 심층적인 것이 될 수 있을 것이다.

극복과정과 새로운 변화를 지지해줄 수 있는 기회가 제한됨

치료적 변화는 종종 치료 종반부에서 일어난다―거기에 이르는 데 그만큼의 시간이 걸린다. 새로운 성장은 깨지기 쉽기 때문에 그것이 환자의 성격과 행동의 일부분이 되기 위해서는 어느 정도의 돌봄과 보호가 필요하다. 계속되는 치료는 이미 변화된 환자의 내면 세계를 더욱 공고화하는 극복과정의 기회를 제공하고, 환자의 외적 행동의 변화를 지지해주는 기회도 제공한다. 그러나 단기치료에서의 안아주기 환경은 그렇게 많은 것을 제공하지 못할 것이다.

50대의 기혼 여성 제인은 그녀의 아이들이 모두 자라 집을 떠난 이후 삶의 의미를 잃어버린 일로 심리치료를 시작했다. 그녀는 오로지 자신이 다른 사람들에게 어떻게 도움이 될 것인가에 따라 자신의 인생을 규정하며 살아왔고, 행동하고 결정할 때에도 남편, 아이들, 친구들에게 맡기는 경향이 있었다. 3개월에 걸친 치료 기간 동안 제인은 자신의 욕구와 열망을 좀더 깨닫고 존중할 수 있게 되었고 약간의 독립적인 발걸음을 내딛게 되었다(일자리를 찾고, 대학을 진학함으로써). 그녀는 스스로를 다르게 보기 시작했고 자신의 인생을 좀더 자율적으로 살기 시작했다.

그러나 심리내적인 수준에서는, 스스로에 대한 이러한 새로운 이미지가 아직 견고하게 뿌리내리지 않았다. 스트레스와 절망의 압력 아래에서는 취약한 새로운 자기-이미지는 자기-가치를 거의 전적으로 다른 사람의 욕구에 맞추려는 상태로 퇴행했다. 대인관계 수준에서, 제인은 그녀의 순종적인 스타일에 익숙해져 있던 의미 있는 타인들로부터 그녀의 새로운 독립을 거부하는 약간의 저항을 경험하고 있었다. 계속되는 치료는 "네가 다른 사람들을 돌보지 않는다면, 너는 아무것도 아니야," "너는 이기적이야," 등의 내적 대상과 자기 독백에 대한 작업으로 이루어졌다. 치료 작업은 또한 다른 사람들로부터 오는 비난과 그것에 대한 분노를 다루도록 그녀를 지원하는 것이었다. 다시 말해서 새롭지만 아직 확고하지 않은 변화에 역행하려는 내적 및 외적인 힘들이 치료를 계속하면서 다뤄질 수 있었다. 그러나 단기치료가 몇 주안에 끝날 것이라는 사실은 중요한 순간에 이러한 지원을 철회하게 만들었다.

내 생각에, 이것은 단기치료의 중요한 한계이다. 그것을 다루는 한 가지 방법은 다시 나쁜 상태로 돌아갈 수 있는 가능성에 대해 종결 기간 동안 솔직하게 말하는 것이다. 다른 전략은 약간의 시간이 지난 후에 이런 비치료적인 힘을 처리할 수 있도록 추후 회기를 갖는 것이다.

위에 제시된 예는 단기치료의 한계들에 대한 서술이었지만 그것은 또한 단기치료의 강점에도 뿌리를 두고 있다. 제인은 발달적인 위기 단계에 처해 있었다―이것은 흔히 개인의 변화를 위한 비옥한 시간이 되기도 한다. 이러한 발달적 위기는 그녀의 다소 긍정적인 개인력 및 재능과 짝을 이루어 그녀를 단기치료의 좋은 후보자가 되게 만들었다. 그녀에게는 무한정 치료자에게 의존할 수 없는 긍정적인 요소가 있었다. 그녀는 여러 해동안 끝없이 나를 만날 수 없다는 사실을 다루어야 했고 새로운 관계와 접촉을 찾아내야만 했다. 이것은 그녀가 성장한 자식들을 떠나보내고 그녀 자신을 위한 새로운 삶을 찾으려는 그녀의 욕구와 궤를 같이하는 것이었다. 마찬가지로, 나도 진전이 제한되어 있고 그녀의 변화가 새로운 것이라서 아직 깨질 우려가 있고 아직도 해야 할 치료 작업이 많다는 걸 알고 있으면서도, 그녀를 보내는 데 따른 불안감을 감수해야 했다.

3 장

대상관계 이론과 단기치료

> 환자와 치료자 사이에 치료적 관계가 형성되어 환자가 자신을 드러낼 수 있을 때에만, 치료기법은 환자가 자신의 문제를 탐색하는 데 도움을 준다.
>
> 해리 건트립(Harry Guntrip), 1969

　본 장에서는 대상관계 이론 전반에 대해 다루면서, 다음 장들에서 다루어질 주요 개념들을 소개할 것이다. 본 장의 내용은 대상관계 이론에 익숙하지 않은 치료자들에게 그 이론을 소개하는 것으로 구성되어 있다. 이 이론에 대해 더 깊이 알고자 하는 독자들은 샤르프 부부(1992)의 대상관계 이론 입문서와, 그린버그와 미첼(Greenberg & Mitchell, 1983)의 대상관계 이론서를 참고하기 바란다.

　대상관계 이론에는 실제로 여러 개의 이론들이 있기 때문에 개관을 제시한다는 것은 쉬운 일이 아니다. 따라서 여기서 언급하는 개관은 포괄적이기보다는 선택적일 수밖에 없는데, 주로 실제 임상현장에서 활용할 수 있는 개념들을 선택하였다.

파인(Pine, 1990)은 수많은 정신분석 이론들을 각각 인간 경험에 대한 독특한 견해를 지닌 네 가지로 분류할 수 있다고 주장했다. 욕동이론(drive theory)은 복잡한 심리적 징후들을 나타내는 생물학적 욕동(성욕과 공격성)을 강조하고 있다. 자아 심리학(ego psychology)은 인간의 자아가 내부 욕동의 요구와 외부 현실의 요구를 다루는 방법을 중점적으로 다루고 있다. 자기 심리학(self psychology)은 인간의 자기 자신에 대한 지속적이며 주관적인 경험에 초점을 두고 있다. 대상관계 이론(object relations theory)의 핵심은 인간관계이다—이러한 관계는 인간의 심리를 구성하는 내재화된 관계와, 현실 세계의 외적 관계를 모두 포함한다. 인간 경험이나 심리치료에 대한 접근들 중에 정신병리학과 치료적 변화를 설명하는 데 있어서 대상관계 이론만큼 인간의 관계 욕구와 그것의 역할에 중점을 두는 접근법도 없다. 대상관계에 생소한 치료자들은 가끔 관계를 강조하는 이론이 대상관계 이론이라고 불리는 것에 대해 당혹스러워 한다. 이 이론의 강조점은 프로이트가 말하는 욕동에서 욕동의 대상(가장 중요하게는 다른 사람들)으로 바뀌었다.

대상관계적 사고의 출발점은 관계에 대한 인간의 욕구이다. 인간은 미숙하고, 의존적인 존재로 태어나기 때문에 육체적 및 정신적 생존을 위해서는 반드시 타인의 도움을 필요로 한다. 그러므로 인간 실존의 가장 근본적인 문제는 처음에는 신체적 및 정신적 생존을 위해서, 그 다음에는 심리적 건강을 위해서 서로에게 의존한다는 것이다. 이러한 기본적인 사실이 인간의 성격을 형성하며, 따라서 자신의 의존 욕구를 다루는 방식이야말로 심리적 건강과 질병을 결정하는 가장 핵심적인 문제이다. 페어베언

(1952)과 같은 이론가들은 의존을 핵심적인 심리적 문제로 보았다.

대상관계 이론은 단순히 심리에 관한 이론이 아니라 심리치료 작업을 실행하는 방법에 관한 이론이기도 하다. 이것은 관계방식을 통해 관계를 이해하는 데 집중한다(Scharff and Scharff, 1991). 따라서, 이 접근은 전이와 역전이 같은 치료적 관계를 강조한다. 더 나아가, 치료적 관계와 그것에 대한 이해가 성장과 변화를 촉진하는 가장 중요한 요소라고 본다.

비록 대상관계 개념이 프로이트에게까지 거슬러 올라가는 것이기는 하지만—그의 논문, '애도와 우울(1917)', '자아와 원본능(1923)'을 보라—최초의 대상관계 이론가는 자주 클라인(Klein)으로 언급되고 있다. 대상관계 이론의 발전에 공헌한 초기 학자로는 페어베언, 건트립, 위니캇, 비온, 발린트가 있다. 지금도 활동을 계속하고 있는 현대 대상관계 이론가들로는 옥덴, 샤르프 부부, 컨버그, 매스터슨 등이 있다.

인간의 정신에 대한 우리의 견해가 클라인의 저서(1964, 1975)를 접하게 되면서 근본적으로 바뀌게 되었다고 말하는 것은 전혀 과장이 아니다. 프로이트는 인간의 성격을 본능적 긴장과 현실에 대한 반응으로, 원본능과 자아 그리고 초자아(1923) 사이에서 발생하는 역동적 상호작용이라는 관점에서 바라보았다. 그러나 클라인은 심리내적 요소에 대한 강조를 '대상과 자기'(그녀는 self가 아니라 ego라는 용어를 사용했다) 사이의 역동적 상호작용에 대한 강조로 바꾸었다. 이러한 변화는 결정적으로 중요한 것이었다: "그녀는 대상관계를 자신의 이론적, 임상적 저술의 중심에 두었다. 대상관계의 조직과 내용들 특히 유동적이고 복잡한 내적 대상세계와의 관계는 인간의 경험과 행동을 결정하는 주된 요인이라고 보았다"(Greenberg and Mitchell, 1983, p. 145). 그러나 그녀는 이러한 내적 세계를 프로이트의 욕동이론의 관점에서 연

구하였다: 내적 대상들은 생명 본능과 죽음 본능의 세력에서 생겨나는 무의식적인 환상과 연결되어 있다. 그녀와는 대조적으로, 페어베언(1952)은 자기와 대상 사이의 차이와 다양성을 강조함으로써 관계 모델로 완전히 옮겨왔는데, 그의 이론에 대해서는 본 장의 후반에서 설명될 것이다.

내적 자기와 대상표상

모든 사람의 내면에는 자신의 자기에 대한 경험과 관계에 대한 경험들로 구성된 자기와 대상표상의 수많은 쌍들이 있다. (나는 뜻을 분명하게 하기 위해 클라인, 페어베언과 같은 영국학파 이론가들이 사용하는 내적 대상(internal object)이라는 용어보다는 미국학파 이론가들이 선호하는 표상(representation)이라는 용어를 사용할 것이다). 이러한 내적 표상들은 생애 초기부터 현재까지의 의미 있는 타인들(정확히 말하면, 어머니 또는 최초의 양육자)과의 경험에서 유래한 것이다. 대부분의 대상관계 이론들은 인간 발달에 기여하는 생애 초기의 몇 년을 크게 강조하고 있다. 그러나 여러 대상관계 이론가들(Bowlby, 1969, Mitchell, 1988)은 일생동안 계속되는 성격 형성과정에 관계가 지속적으로 중요한 역할을 한다고 강조하고 있다. 대상관계 이론의 관점에서 보면, 치료란 치료적 관계를 기반으로 하여 변화된 관계 경험을 제공하는 것이다. 5장과 9장에서는 평생에 걸쳐 이루어지는 단기치료(연쇄적인 단기치료)의 역할에 대해 설명하고 있다.

내적 자기와 대상표상은 다음과 같은 특징을 가지고 있다: 첫째, 이것들은 개인의 삶에서 의미 있는 타인에 대한 경험(대상표상) 그리고 그 대상과 상호작용하는 자기에 대한 경험(자기표상)

으로 구성되어 있다. 둘째, 표상은 의식적일 수도 무의식적일 수도 있다. 치료자들은 자주 환자가 내적 표상들을 보다 잘 인식할 수 있도록 도와주고자 노력한다. 셋째, 이러한 내적 표상들은 단순히 하나의 생각이 아니라 특정한 방식의 생각, 느낌, 행동을 불러일으키는 인지와 정서의 복합체이다. 성격에는 자기와 대상으로 이루어진 많은 쌍들이 포함되어 있다. 이러한 표상들은 치료나 다른 경험에 의해 오랜 시간에 걸쳐 수정될 수 있다. 그러나 정신병리에서 그것들은 "폐쇄 체계"(Fairbairn, 1958)를 형성하고 있어서 경험이 내적 세계에 영향을 미칠 수 없고, 성장과 변화를 촉진하는 치료적 시도에 저항하기도 한다.

임상 사례: 폴(Paul)

다음은 하나의 쌍을 이루고 있는 자기와 대상을 설명하기 위한 임상 사례이다.

폴은 30대 후반의 기혼남으로서, 성공한 변호사이다. 그의 아버지는 엄하고 비판적이었고, 폴이 한 행동에 대해 결코 만족하지 않는 것처럼 보였다. 어린시절 폴이 어느 날 방청소를 했다면, 그것은 어제 했어야만 하는 것이었다. 그리고 폴이 A 학점을 받아오면 A+를 받았어야만 했다. 세월이 흐르면서, 폴은 아버지와의 이러한 상호작용 즉 대상관계를 내재화했다.

어떤 것들이 내재화 되었을까? 세 가지 요소가 그의 내적 세계의 일부가 되었다. 첫째, 폴은 자신을 대하던 아버지의 방식—비판적이고, 실망하고, 심판하는 측면—을 내재화하였고, 둘째, 그는 아버지와의 상호작용을 통해 겪은 자신의 경험—일을 수행하는 데 미숙하고, 항상 충분치 못하고, 염려스러운 면—을 내재화 하였다. 셋째, 자기와 대상표상 사이의 복잡하고, 때로는 이해하기 어려운 역동적인 관계와 상호작용으로 인한 고통스러운 감정들을 내재화하였다.

그러므로 이러한 자기와 대상의 쌍은 폴의 성격의 일부가 되어 그 자신과 세계를 바라보는 방식에 무의식적으로 영향을 끼쳤다. 이 세 가지 방식의 내적 대상관계는 다른 사람과의 관계에도 영향을 끼쳤을 것이다.

내면 세계를 외부세계로 투사하기

폴은 디너파티에서 새로운 사람들을 만났다. 그는 무의식적으로 그의 아버지에 대한 대상표상을 파티에 참석한 다른 사람들에게 투사하여 그가 자신의 아버지를 경험한 것과 비슷하게 그들을 경험하였다. 그는 그들이 심판적일 것이며, 자신이 어떤 중요한 점에서 부족하다는 것을 알아차릴 것이라고 생각했다. 그 파티에서 그의 자기에 대한 경험은 아버지와의 관계에서 경험한 것과 유사한 것이었다. 그는 자신이 부족하다고 느꼈고, 불안했으며, 결국 다른 사람들을 실망시킬 것이라고 확신했다. 이처럼 사람들은 때때로 자신의 내적 대상표상을 외부세계로 투사한다.

이와는 반대로, 자기표상이 다른 사람에게 투사되기도 한다. 기억할 것은 이 모든 것들이 대체로 무의식적으로 발생한다는 점이다. 그런 경우에, 그는 파티에서 만난 다른 사람들을 마치 예전에 자신을 바라보던 아버지처럼 바라보았다. 그는 파티에 도착하자마자 사람들에게 실망을 느꼈고, 여러 면에서 단점이 있다고 느꼈으며, 파티에 참석한 것이 시간 낭비라고 느꼈.

설령 이런 내적 대상의 영향이 없었더라도 폴은 파티에 참석한 사람들에게 실망감을 느꼈을 수 있고, 또 그들 역시 그에게 실망감을 느꼈을 수 있다. 여기에서 중요한 점은, 폴의 내적 대상세계가 그로 하여금 어떤 상황을 특정 방식으로 경험하게 하고 왜곡하게 만든다는 것이다. 그러므로 폴은 디너파티에 온 사람들과의 현재 경험에서 상호작용을 하지 못하고, 과거 경험을 계속해서 되풀이하면서 과거 속에서 살고 있었다. 그는 무의식적으로 자신의 아버지와 가졌던 상호작용과 유사한 것을 디너파티에서 찾고 있었을 것이다.

위의 예에서도 드러났을 수 있지만, 내가 말하고자 하는 것은 전이, 즉 현재 관계에 과거의 관계가 투사되어 발생하는 왜곡에 관한 것이다. 대상관계 용어 중에, 전이란 자기와 대상표상들을 다른 사람에게 투사하는 것으로 이해된다(Ogden, 1986).

외부세계에서 타인을 선택하기

외부세계의 경험을 왜곡하는 것 외에도, 사람들은 내면 세계의 영향으로 인해 현재에서 과거에 중요했던 타인과 비슷한 사람들을 무의식적으로 선택하게 된다. 이런 일은 과거에 관계하던 사람과 전혀 다른 사람을 만나려고 의식적으로 노력하는 상황에서도 자주 발생한다. 심지어 과거의 관계가 고통스럽고 만족스럽지 못했음에도 불구하고, 같은 유형의 사람에게 무의식적으로 끌리게 된다. 왜냐하면 그에게는 그것이 익숙한 관계이며, 또한 실패한 그 관계를 만회하고 싶은 욕구가 있기 때문이다. 이것은 프로이드(1920)의 반복강박 개념과 유사한 것으로서, 사람들이 왜 그토록 고통스러운 경험과 자기-패배적인 관계에 집착하는지를 설명해준다. 페어베언(1952, 1958)의 설명에 의하면, 개인은 무의식적으로 나쁜 관계를 유지하거나 나쁜 내적 대상을 붙들고 있는 것이, 관계나 대상이 전혀 없는 것보다 더 낫다고 믿는다.

폴은 배우자를 선택할 때에도, 자신이 아버지와의 상호작용에서 느꼈던 것과 유사하게 자존감이 매우 낮고, 스스로 부족하다고 느끼는 여자와 결혼하였다. 따라서 아버지가 그에게 그랬듯이, 폴은 가끔 아내에게 실망감을 느꼈고, 다른 사람들 앞에서 끊임없이 그녀를 비난했다는 것은 결코 놀랄 일이 아니다. 역으로, 폴이 아버지처럼 엄격하고 비판적인 아내를 선택하여 과거의 패턴을 무의식적으로 반복하고자 했을 수도 있다. 그때 폴 자신은 실망스러운 아들(남편), 즉 부적절한 자기의 역할에 머무르고 싶었을 것이다.

다른 사람이 내적 표상처럼 행동하도록 영향력을 행사하기

외부세계를 왜곡하거나 과거 대상과 유사한 사람을 의미 있는 타인으로 선택하는것 외에도, 내면 세계의 힘은 또 다른 방식으로 발휘된다. 사람들은 때때로 무의식적인 단서를 주는 과정을 통해 다른 사람에게 과거 대상의 역할을 하도록 무의식적인 압력을 행사한다.

예컨대 폴은 후배 변호사와 함께 일한 적이 있었다. 그녀와 힘께 일을 시작하자마자, 폴은 그녀가 매우 부족하다고 느끼기 시작했다(이것은 그의 아버지가 그를 바라보던 방식과 같다). 그는 그녀가 능력 있는 동료가 될 수 없으리라 확신했으면서도, 그녀가 다른 동료들과의 업무 수행에서는 아주 우수했고 그들에게서는 호평을 받고 있다는 것을 인정해야만 했다. 그렇다 할지라도 그가 보기에, 그녀는 말도 어눌한 것 같았고 변호사로서 일반적 업무 자질에 적합하지 않는 사람이며 특히 다른 동료와의 관계에서도 실수를 많이 하는 것으로 보였다. 결국 그녀는 다른 법률 회사로 자리를 옮기기로 했고, 사임 인터뷰에서 폴과 일하는 동안 위협받는 느낌이 많았으며, 그와 하는 일에서 이상하게 자신이 무능하다는 느낌을 많이 받았다고 말했다.

우리는 이것을 대상관계 관점에서 어떻게 이해할 수 있을까? 폴은 자신의 내적 세계로 인해 그녀에 대한 견해가 왜곡되어 실제 증거가 없이도 그녀를 부족하게 여겼다고 볼 수 있다. 그녀에 대한 생각과 반응은 그가 자신의 아버지와 가졌던 과거의 대상관계를 반복한 것이었으며,. 그녀에게 그의 자기 표상을 투사한 데 따른 것이었다. 이것이 전부가 아니었다. 그녀의 행동과 정동은 폴과의 상호작용에 실제로 영향을 받아(그녀는 폴이 그녀에게 투사했던 것을 무의식적으로 동일시하게 되었다), 그녀는 그와 일할 때면 이상하게도 늘 무능해지곤 했다. 다시 말하면, 실제로 그녀는 폴의 내면 세계가 기대하는 것—실망스럽고, 무능하며, 충분히 좋지 못한 사람일 것이라는—에 따라 행동했다. 이것은 본 장의 후반에서 언급될 강력한 투사적 동일시 과정에 따른 현상이다.

요약

환자의 성격과 문제는 과거에 뿌리를 둔, 현재에서 재연되는 내적 드라마를 통해서 이해된다. 실제 상황이나 관계에 따라 현재의 경험이 결정되는 것과는 대조적으로, 병리는 현재의 경험이 내적 자기와 대상의 쌍에 의해 어느 정도로 영향을 받는가에 따라 결정된다. 병리의 성질과 정도는 또한 재연되는 특정한 내적 드라마에 의해 결정되기도 한다. 예를 들면, 심한 학대 드라마는 일시적인 부적절감의 역동보다 더 심각한 것이다. 단기치료든 장기치료든, 심리치료는 근본적으로 환자가 치료적 관계 안에서 치료자와 함께 이러한 내적 드라마를 재연하는 것을 통해서 이루어진다. 치료자와 환자는 투사와 내사의 과정을 통해서 서로 영향을 주고받는다.

치료자가 매번 드라마의 어느 부분이 재연되고 있는지를 이해하는 것은 매우 유용하다. 이것을 이해하는 방법 중의 하나는 하이만(Paula Heiman)이 자신에게 슈퍼비젼을 받는 사람에게 제안했던 두 개의 간단한 질문을 사용하는 것이다(Bollas, 1987 재인용): "누가 말하고 있는가?"—특정 순간 환자의 내적 세계의 어느 부분이 표현되고 있는가? "그 사람은 누구에게 말하고 있는가?"—그 순간 환자의 내적 세계의 어느 부분이 치료자에 의해 대표되고 있는가?

샤르프 부부(1991)가 지적한 바와 같이, 대상관계 치료자들은 환자와 관계맺는 것을 통해서 환자의 관계를 이해한다. 따라서 환자와 치료자는 다양한 관계 요소들, 즉 전이, 역전이, 치료 동맹, 실제 관계 등을 사용하여 자주 그리고 협력적으로 치료 작업을 수행하는 것이 이상적이다. 단기치료에서 얼마나 많은 것들이 분명하게 다루어질 수 있는가는 특정 상황에 크게 달려있다. 그렇지만 설령 치료자가 환자와 함께 그 문제들에 관해 직접적으로 논의하지 않을 때조차도, 임상적 만남의 이 차원에 관심을 기울이는 것은 치료의 효과를 향상시키는 결과를 가져온다.

경험의 양태

우리가 환자와 맺는 관계를 이해하기 위해 우리는 개인이 심리적 경험을 어떻게 만들어내고 조직하는지를 알아야 한다. 클라인(Klein, 1964, 1975)은 두 가지 심리적 자리, 즉 편집-분열적 자리와 우울적 자리를 제시하였다. 옥덴(1989, 1994)은 그녀의 연구와 최근의 다른 이론들을 통합하여, 인간 경험의 세 번째 자리, 즉 자폐-접촉적 자리를 덧붙였다. 나는 가장 기본적이며 미 발달된 경험 양태(자폐-접촉)로부터 시작해서 가장 발달된 경험 양태(우울)에 이르는 순서를 따라 이 양태들을 설명해보겠다.

이 경험 양태들은 초기 유아기의 발달과정부터 시작되며 어른이 된 후에도 계속해서 세상을 경험하는 방식으로 작용한다. 옥덴(1994)은 다음과 같이 강조한다.

세 양태는 어느 것도 다른 것들로부터 고립되어 존재하지 않는다. 하나가 생성되고 보존되면, 변증법적으로 다른 하나는 소멸된다. 각 양태는 그 자체의 독특한 형태의 불안, 방어 유형, 주관성의 정도, 대상관계 형태, 내재화 과정의 유형 등에 따라서 독특한 경험 상태를 생성한다. [pp. 139-140]

한 개인이 위의 세 가지 경험 양태 중 어떤 하나로 기능하고 있다는 증거를 보인다면, 그 특정 순간에 어떤 양태가 나타나는지, 어떤 양태가 그의 세계에 대한 경험을 지배하는지, 그들 사이의 내적 관계는 어떤 것인지에 주목하는 것이 유용하다. 경험의 각 유형들은 때로 병리적인 것이거나 건강한 것 또는 둘 다일 수도 있다.

이 세 가지 차원의 경험 양태를 <표 3-1>에서 정리해보았다.

편집-분열적 양태와 우울적 양태는 클라인(1948. 1958)의 발달적 자리 개념에 기초한 것인 반면, 옥덴의 자폐-접촉적 양태는 빅(Bick, 1986), 멜쩌(Meltzer, 1975), 터스틴(Tustin, 1986)의 공헌을 확장한 것이다.

자폐-접촉적 양태

이 개념은 옥덴이 현대 정신분석학에 끼친 가장 중요한 이론적 공헌이다. 자폐-접촉적 양태는 가장 원시적인 경험 양태로서, 이 양태에서 자기 자신과 외부세계는 최초의 비상징적 형태인, 감각 수준의 기본 조직을 통해서 경험된다. 이 조직에는 두 가지 중요한 차원이 있는데, 하나는 피부 표면이고 다른 하나는 리듬감이다. 개인은 피부 표면에 닿는 감각을 통해서 자기 존재의 경계를 경험하고, 이것을 통해 응집적 존재로서의 자기를 알게 된다. 몸 흔들기와 콧노래 같은 리듬 활동은 사람에게 "함께 머무르는" 경험과 비슷한 기능을 한다. 이런 행동들은 특히 불안하거나 괴로울 때 강화되거나 명백해진다.

자폐-접촉적 양태에서의 주된 불안은 해체되고 용해되는 것에 대한 불안이다. 예를 들면, 이 양태로 기능하는 환자는 무감각하고 둔한 마비 상태의 블랙홀로 떨어지는 것과 같은 끔찍스런 공포를 느낀다. 그는 집안에서 항상 텔레비전을 켜놓거나 음악을 틀어놓고, 차안에서는 라디오를 켜놓음으로써 소리라는 "제 2의 피부"(Bick, 1986)를 유지하고자 하며, 상담 중의 어떤 침묵도 참기 힘들어 하는 모습을 보인다. 다음의 예들은 자폐-접촉적 행동들에 관한 것이다:

〈표 3-1〉 옥덴의 세 가지 경험 양태

	자폐-접촉	편집-분열	우울
경험	감각 층	파편화와 축출	연결됨과 주체성, 양가감정
불안	해체, 누수, 용해	파편화하는 공격, 멸절	상처받았거나 제거된 대상
대상	자폐대상	분열과 부분 대상	전체 대상
전이	신체 감각 상황적 반응	경험의 재창조	경험의 재획득
주체	피부 표면과 리듬을 통해 확인하는 자기	대상으로서의 자기	주체로서의 자기

* 이것들 중 어떤 양태도 고립되어 존재하지 않는다. 그것들은 서로 창조하고 부정하며 보존한다. 옥덴 1989, 1994.

치료자의 사무실에 대한 감각 인상을 강조하기: "여기가 참 따뜻하고 안전하게 느껴지네요." "카펫을 비추는 햇볕이 나를 참 평온하게 만들어요." "오늘은 의자가 조금 불편하네요."

자신을 어루만지기, 머리카락을 가지고 장난하기

의자나 탁자를 문지르거나 밀어내기

피부의 끝부분을 자르기, 다른 신체 부위를 손상하기

강박적인 접촉 행위, 예를 들면, 손 씻기나 출입시 문틀을 반복해서 만지기

"왜 나지? 어째서? 어째서?" "나는 괜찮아, 괜찮아, 괜찮아" 등의 강박적 사고의 반복

이러한 모든 행동은 자폐-접촉적 양태에서 경계감과 응집성의 느낌을 유지하려는 시도이다. 내적 대상은 앞의 사례에서 설명한 방식으로는 경험되지 않는데, 이것은 자폐-접촉적 양태에서는 상

징화할 수 있는 내적 공간이 거의 없기 때문이다. 대신에 거기에는 사물에 대한 촉감으로 채워져 있다. 자폐-접촉적 양태의 내적 세계는 두 가지의 경험 양태, 즉 "자폐 형태"(autistic shapes) 경험과 "자폐 대상"(autistic objects) 경험으로 이루어져 있다. 자폐 형태는 천을 덧씌운 의자, 담요, 침대 등과 같이 부드러운 사물에 대한 감각 경험을 말한다. 자폐 형태와 관련된 감각은 안전감, 관련성, 평안함을 들 수 있다. 자폐 대상은 벽, 책상, 침대 난간처럼 모서리가 있고 딱딱한 사물에 대한 감각 경험을 말한다. 이 자폐 대상과 관계된 감각으로는 보호용 갑옷의 느낌, 분리됨, 단단함을 들 수 있다. 자폐-접촉 양태에서 이러한 내적 "대상들"은 우리가 전형적으로 생각하는 내적 세계를 구성하는 것은 아니지만, 그래도 여전히 내적 세계의 중요한 일부분이다. 내적 세계 안으로 받아들여지는 것은 자폐 형태나 자폐 대상이 아니라, 형태나 대상에 대한 촉감 경험이며 그것과 부딪치는 데서 확인받는 자기의 경험이다.

자폐-접촉적 양태에서도 심리적 변화가 일어날 수는 있지만, 그것은 동일시와 내사를 통해서 일어나는 것이 아니다. 이런 과정들은 보다 더 발달되고 구조화된 내적 세계를 필요로 한다. 대신에 그런 개인은 다른 사람을 단순히 모방하는 방식으로 변한다. "외부 대상을 모방함으로써 그 대상의 질적 요소가 자신의 표면을 변경시키는 것으로 느끼고, 따라서 대상에 의해서 형성되거나 대상의 속성을 갖고 있도록 허용한다"(Ogden, 1994, p. 141). 예컨대, 환자는 자신의 치료자처럼 옷을 입기 시작할 수 있다.

내 환자 중의 한 사람인 배리는 예전에 나의 강의에 참석하면서 알게 된 교사인데, 그는 치료자인 내가 그와 관계하는 것처럼 자신의 학생들과 관계한다고 말했다. 그는 또한 나의 사무실에서의 느낀 감각적 경험에 대해서 자주 말하곤 했다(의자의 감촉, 햇볕의 따사로움 등). 모방에서 시작하여, 자신의 수업시간에 일어난 일을 말로 표현할 수 있을 정도로 자기 성찰이 가능해진 것은 그가 본 장의 후반에서 설명될 또 다른 경험 양태인 우울적 양태에 도달했음을 의미한다. 모방은 매우 단순하지만 의미 있는 방법으로, 단기치료를 포함하여 치료에서 환자의 자아감을 형성하도록 도와줄 수 있다. 특히, 배리의 경우처럼 강한 긍정적 전이가 일어난다면, 모방은 단기치료에서 변화를 이끌어내는 데 중요한 역할을 할 것이다.

편집-분열적 양태

클라인은 이 편집-분열적 양태를 그녀의 이론에서 가장 기초적인 자리라고 보았지만, 이 양태는 자폐-접촉적 양태보다 조금 더 발달된 양태에 속한다. 여기에는 자폐-접촉적 양태보다는 내적 공간이 더 많고, 좀더 조직되어 있으며, 자기 표상과 대상 표상에 관한 부분에서 설명한 내적 대상들이 내적 세계의 일부를 구성하고 있다. 그러나 경험은 보다 협소하고 굳어진 범주들로 조직된다. 여기에 중간 지대란 없다: 편집-분열적 자리에서는 분열이 가장 중심적인 심리적 기제이다. 대상과 자기는 전부 또는 전무로 경험된다—즉, 좋음 아니면 나쁨, 만족 아니면 불만족, 수용 아니면 거절이라는 극단적인 형태로 경험된다. 이런 양태에는 강렬한 공포나 흥분 상태가 포함되어 있다.

이 양태에서 세계, 타인, 그리고 자기는 사랑과 미움, 삶과 죽음, 창조와 파괴 같은 이분법적인 세력 사이의 전쟁터로 여겨진다. 어떤 환자가 나에게 "나는 나 자신이 매우 대단한 존재이던지 아니면 아주 시시한 존재라고 느껴요"라고 말했다. 분열은 이런 대립적 세력을 분리된 채로 유지하는 과정이며, 자폐-접촉적 양태에서 감각 층이 제공하는 것 이상으로 존재의 혼돈 상태에 얼마의 질서를 제공한다. 편집-분열적 양태에서의 가장 주된 불안은 떨어져나가 파편화되는 것에 대한 멸절 불안이다.

여기에서 타인에 대한 진정한 공감은 없다; 편집-분열적 경험에서 타인의 경험에 대한 인식은 존재하지 않는다. 타인을 해치는 것에 대한 염려나 죄책감도 없다. 타인을 공격하면서 느끼는 고통은 피해자가 보복하거나 타인에게서 얻은 것들을 상실할지도 모른다는 공포 때문일 뿐이다.

자폐-접촉적 경험과 마찬가지로, 편집-분열적 경험은 현재 이 순간에 대한 것뿐이다. 여기에는 시간의 연속성이 없으며, 과거의 사건들과 연결되지 않은 순간적인 직접성의 감각만이 있을 뿐이다. 이러한 이유로, 편집-분열적 양태에서 주로 기능하는 환자는 이번 주에 만난 치료자와 그 전 주에 만났던 치료자를 다른 사람으로 경험한다. 실제로 환자가 지난 치료회기와 치료자를 기억한다 하더라도, 그것은 심리적 실재를 갖고 있지 않으며 치료자를 마치 다른 사람인양 기억하고 있는 것이다. 게다가 환자는 그 기억을 자기 마음대로 바꾸고 있을 수도 있다("그때는 당신이 나에게 정말로 관심을 가지고 있는 것 같았는데, 이제 보니 그것은 가짜였다는 것을 알겠어요"). 이 양태에서는 자기에 대한 경험 역시 비연속적인 것이다. 지난 주에 회사의 제품 설명회를 성공적으로 마친 일로 매우 신이 나있던 환자가, 오늘은 상사와 논쟁을 하고 나서 비참한 실패감을 느낀다. 하나의 순간이 전체 현실인 것처럼 경험되고, 과거에 일어났던 일과 그때 자신이 가졌던 느낌이 지금의 것과는 전혀 별개인 것처럼 느껴진다.

여기에서 자기는 감각에 매어있는 자폐-접촉적 양태 수준을 넘어 "대상으로서의 자기"로 지각된다. 옥덴(1994)에 따르면, "이러한 경험 상태에서는 자기 자신이 생각과 느낌을 만들어낸 사람이라는 인식이 거의 없다. 대신에, 생각과 감정들이 자신을 점령하고 폭격을 가하는 힘이나 물리적 대상으로 경험된다"(p. 141). 이 양태의 주된 과정은 투사와 투사적 동일시이다. 환자는 "그가 나를 화나게 만들었다," "나는 그럴 수밖에 없었다," "스트레스가 너무 심해서 술을 마시지 않을 수 없었다"와 같은 방식으로 자신의 경험들을 이야기한다. 자기 자신이 주체라는 감각이 결여되어 있으며, 따라서 자신을 통제하고 폭격하며 압박을 가한다고 느껴지는 외부의 힘 앞에 무력해지는 경향이 있다.

이 세 가지 경험 양태는 모든 사람들에게서 나타난다. 자폐-접촉적 기능과 편집-분열적 기능은 특히 스트레스나 외상이 극심할 때 나타난다. 자폐-접촉적 징후들은 자폐증 환자나 정신증 환자들에게서 특별히 두드러지게 드러나기도 한다. 경계선과 자기애적 상태의 환자에게서는 편집-분열적 기능이 흔히 주된 양태로 드러난다.

우울적 양태

이것은 가장 성숙한 양태이다. 이 양태 안에는 보다 상징적이고 추상적인 사고 능력이 존재한다. 앞의 두 양태와는 달리, 이 양태는 다양하고 복잡한 것들을 하나로 연결시킬 수 있는 능력을 지니고 있다. 편집-분열적 양태의 내적 세계가 분열된 부분대상으로 구성되어 있는 반면에, 우울적 양태의 내적 세계는 전체 대상으로 구성되어 있다. 다시 말해서, 자신과 타인을 긍정적인 것과 부정적인 상태가 혼합된 존재로 경험한다. 내적 대상 또는 외적 대상과의 관계는 양가적인 측면을 포함하고 있다. 즉, 자기와 다른 사람을 사랑하면서도 증오하고, 좋아하면서도 미워하기도 한다. 이러한 감정들은 자기나 타인과의 관계에서도 마찬가지이다. 이 양태는 이런 상반된 감정을 가진 채로 관계를 유지할 수 있다.

나에게서 몇 년 동안 치료를 받고 있는 빅터는 여덟 번이나 화를 내며 치료를 중단한 적이 있다. 그러나 며칠 또는 몇 주가 지나면 그는 매번 되돌아오곤 했다. 그것은 그때마다 그의 편집-분열적 양태가 주로 작동했기 때문이다: 즉, 그가 나에 대해 화가 났을 때, 그에게 나는 전적으로 나쁜 사람으로 여겨져서 나를 떠나는 것 외에는 다른 것을 생각할 수 없었다. 시간이 지나고 난 뒤, 나에 대한 이미지가 지닌 "나쁨"이 줄어들면 그는 다시 돌아왔다. 그러나 그때에도 그는 자신의 필요에만 관심이 있을 뿐 내가 얼마나 좌절했는지에는 전혀 관심이 없다. 최근 그는 우울적 양태에 자주 빠지는 것 같았는데, 여러 번 나에게 화를 낼 수 있는 상황이었음에도 불구하고, 나를 부분적으로 좋은 대상으로 인식할 수 있었기 때문에 우리 관계를 지속할 수 있었다.

우울적 양태에서 개인은 과거와의 연결을 유지한다. 현재의 경험이 과거와 별개로 인식되는 것이 아니라, 과거에 일어났던 일과 미래에 일어나기를 바라는 일의 맥락 안에서 인식된다. 시간이 흐르면서 자기와 타자의 다중적인 부분들이 연속성을 형성하게 되며, 그 결과 자기 자신을 안정성과 응집력을 가진 존재로 인식한다. 환자들은 "나를 떠난 아내가 미워요. 그러나 다른 여자들은 나를 그렇게 형편없다고 하지는 않아요"; "어제 내가 아이들에게 폭발하기는 했지만, 나는 여전히 꽤 좋은 부모예요"라는 식의 감정을 표현하곤 한다.

이 양태에서 자기는 "주체로서의 자기"이다. 자기의 외부에 있는 강력한 힘에 압도되는 느낌보다는 삶을 조절하고 책임을 지는 자기인 것이다. 옥덴(1994)에 의하면, 이 양태에서 "개인의 사고와 감정은 자신의 창조물로서 경험되며, 생각할 수 있고 살아낼 수 있는 것으로서, 즉각적으로 행동을 통해서 방출되거나 전능 환상 안에서 축출되어야 하는 것이 아니다"(p. 143).

우울적 양태의 경험에는 공감능력이 포함된다. 타인이 단순한 사물이 아니라 내적 경험 세계를 가진 또 다른 인간 존재임을 알게 된다. 그리고 타인에 대해 관심을 가짐으로써 그에게 상처를 입힌 것에 죄책감을 느낀다. 우울적 양태에서의 주요 불안은 다른 사람을 해치거나 쫓아버리지 않을까 하는 두려움이다. 그러나 그 개인은 또한 그러한 손상을 현실적으로 보상하고자 하는 바램과 가능성에 대한 생각과 소망을 가지고 있다.

앞에서도 말했듯이, 어떤 순간에 어느 한 양태가 우세할지라도 다른 양태들 역시 존재하며 그 사람의 생각과 기능에 영향을 미친다. 옥덴은 어떤 양태가 특정 순간에 작용하는 것은 일관된 무의식적 선택에 따른 것이라기보다는 그 양태들 사이에 역동적이고 변증법적인 상호작용에 따른 것이라고 보았다.

앞에서 설명한 양태들 간의 상호 관계를 설명하기 위해, 내게 화를 내고서 떠났다가 돌아오기를 반복했던 빅터의 사례를 다시 살펴보자. 최근의 상담에서 그는 나의 해석을 자신에 대한 비난으로 받아들여 크게 화를 내었다. 분노를 참을 수 없게 된 그는 자신이 나를 증오하고 있고, 내가 형편없는 치료자라고 말했다(편집-분열적 경험). 그가 나를 공격하는 동안, 그는 의자 옆에 있던 90도 각도의 벽에다 손을 문지르고 있었다. 내 생각으로, 그는 자신의 격앙된 감정에 의해 그리고 나에 의해 공격을 받고 있는 것으로 느끼고 있었다. 그는 자신을 자제하기가 너무 힘든 것 같았다. 벽에다 신체적 접촉을 하는 것은 그가 심리적으로 붕괴되는 것을 막아주는 자폐-접촉적 기능 때문으로 보였다. 이것은 자폐적 대상과의 관계를 보여주는 것으로서, 자신이 보호 받고 있으며, 경계안에 있다는 느낌을 얻기 위한 것이다. 빅터는 주체할 수 없이 화가 났음에도 불구하고, 치료의 종결을 선언하고 사무실을 나가려는 충동을 참으면서 화난 말투로 말했다. "당신은 지금까지 나에게 너무나 많은 도움을 주었어요. 그런데 왜 이런 어리석은 짓(나의 해석)을 해야 하죠?" 빅터가 이렇게 나를 비난하면서도 "나의 좋음"을 유지할 수 있다는 것과 밖으로 나가려는 충동을 참을 수 있다는 것은 그가 편집-분열적 양태에서 우울적 양태로 옮겨가고 있음을 보여준다.

자폐-접촉적 양태에서 편집-분열적 양태로, 그리고 우울적 양태로 이동하는 것은 확실히 더 세련되고 성숙한 기능으로 발달해가는 것이라고 할 수 있다. 그러나 자폐-접촉적 양태와 편집-분열적 양태는 나쁘고 우울적 양태는 좋다는 식의 생각은 잘못된 것이다. 뿐만 아니라 그것은 분열적 사고에 해당하는 것이다. 각 양태는 모두 독특한 장점과 단점을 동시에 갖고 있다. 자폐-접촉적 양태와 편집-분열적 양태가 갖고 있는 한계들은 분명하다. 그러나 긍정적인 측면을 살펴보면, 자폐-접촉적 양태는 사람의 신체적, 감각적 경험의 바탕이 되고, 편집-분열적 양태는 삶의 매 순간에서 강렬함과 활기를 강화한다는 것을 알 수 있다. 물론 가장 성숙한 양태는 가장 커다란 유익을 가져다준다. 그러나 우울적 양태의 경험에 사로잡혀버리면, "신체감각으로부터 그리고 삶의 경험의 직접성으로부터 고립되게 하고, 그 결과 자발성과 생동감이 결여되는 상태로 이끌 수 있다"(Ogden, 1989, p. 46).

투사적 동일시

이것은 대상관계 이론의 개념들 중에서 가장 유용하면서도 가장 난해한 것 중의 하나이다. 클라인이 처음 이 개념을 소개한 후로 후배 학자들이 계속 발전시켰다. 이 개념은 초기 유아-엄마 사이의 상호작용으로 거슬러 올라가서, 내적 세계가 대인관계의 세계에 어떤 영향을 끼치는지를 다룬다. 여기서 제시되는 논의는 투사적 동일시에 대한 하나의 견해이며, 다른 견해들도 있음을 기억해야 한다. 투사적 동일시에 대해 탁월한 연구를 한 사람들로는 그로슈타인(Grotstein, 1981), 옥덴(Ogden, 1982), 샤르프(J. Scharff, 1992)를 꼽을 수 있다.

정의

투사적 동일시란 한편으로 투사하는 동시에 다른 한편으로 동일시를 한다는 것이다. 이것은 편집-분열적 양태의 일부분으로서, 기본적으로 무의식 수준에서 일어나는 현상이다.

투사

한 사람이 자신의 내적 세계의 일부분을 다른 사람에게 보내는 것을 가리킨다. 이러한 행동에 대한 복잡한 동기와 기능은 조금 뒤에 논의할 것이다.

내사적 동일시

다른 사람의 투사를 무의식적으로 받아들이고 동일시함으로써, 한 개인안에 그것에 따라 행동하려고 하는 무의식적이고 미묘한 대인관계의 압력이 발생하는데, 이 과정이 내사적 동일시이다.

투사적 동일시

개인이 자신이 다른 사람에게 투사한 것을 무의식적으로 동일시하는 것을 말한다. 옥덴(1982)은 "투사한 사람은 자신이 방출한 감정, 생각, 자기-표상에 대해 투사를 받은 사람과 똑같은 감정을 경험한다"고 설명하였다(p. 34).

임상사례: 재닛(Janet)

자그마한 여성인 재닛이 첫 상담을 위해 내 사무실을 방문했을 때, 그녀는 거의 눈을 마주치지도 않았고 말도 없었다. 그녀에게 말을 시키려고 노력했지만, 그녀는 상담 시간 내내 철수된 상태로 거의 말이 없었다. 그녀가 제시한 자료는 불안이나 다른 정동 장애를 드러내지는 않았다. 그녀가 한 몇마디 말에서 그녀와 함께 생활하는 친구가 전날 저녁 일찍 귀가했을 때, 손목을 그은 재닛을 발견했었다는 것을 알 수 있었다. 그 친구가 재닛을 병원 응급실로 데려 갔고 그곳에서 그녀는 자살은 하지 않을 것이라는 정확한 평가를 받았다. 그래서 나에게 그녀가 의뢰되었고, 나는 초기 평가를 위해 그녀를 만나게 되었다. 자신에게 일어났던 모든 것을 아무 감정없이 보고하면서, 그녀는 아주 담담하게 과거에 자살을 시도해본 적이 없고, 현재에도 죽고 싶은 마음이 없지만, 어쩌면 미래에는 자살할 수 있을지도 모르겠다고 말했다. 상담 중에 나는 두 가지 강렬한 감정을 느꼈다. 하나는 심한 불안이었는데, 그러한 불안은 그 상황에서 적절치 못한 것이었다.

왜냐하면, 그녀 자신이 자살하려고 했던 것이 아니었다고 하고, 그녀의 상처도 심각한 것이 아니었으며, 그녀가 기꺼이 외래환자로서 심리치료를 받겠다는 말을 아주 조용하고도 담담하게 이야기했기 때문이다. 나는 전에 손목에 더 심한 상처를 낸 환자를 만났을 때에도 그토록 심한 불안 반응을 느끼지는 않았었다. 재닛의 경우, 나는 그녀를 입원시킬까, 그날 다시 내 사무실로 오라고 할까, 그날 저녁에 내게 전화를 하라고 말할까, 약을 복용하게 할까 등의 생각들을 해보았다. 이 모든 것은 상황에 비해 지나친 것이었다. 두 번째 감정은, 나 자신이 불안감으로 인해 마음이 불편했음에도 불구하고 내가 일상적으로 환자들과의 첫 만남 이후에 느끼는 것 이상으로 그녀를 치료하기를 원하고 있다는 느낌이었다.

이러한 두 가지 역전이 반응은 나 자신의 어떤 내적인 문제뿐만 아니라 투사적 동일시 과정 때문에 생긴 것이었다. 여기에서는 투사적 동일시 측면에 중점을 두겠지만, 어떤 사람이 특정한 투사를 받아들이는 역가(Bion, 1961)나 경향성이 있다는 것에 주목하는 것도 역시 중요한 일이다. 나는 여기서 투사적 동일시 과정의 각 단계들과 그것들과 관련된 나의 반응들을 대략적으로 설명해보겠다.

당시 재닛의 내적 상태가 어떠했는가에 대한 설명은 그 이후의 상담 회기에서 획득된 것이다.

나의 불안과 관련해서

투사

앞에서도 말했듯이, 재닛이 불안하다는 것을 나타내는 표시는 거의 없었다. 그녀의 불안은 너무 압도적인 것이었고, 그래서 그것을 나에게 투사했으며, 그 결과 내가 그녀를 대신해서 그 불안을 느끼게 되었다(잠시 후에 나오는 담아주기에 대한 설명을 참고하라). 이것은 무의식적인 과정임을 기억하라. 그녀는 그렇게 자신의 불안을 제거했으므로 편안하게 느낄 수 있었다.

내사적 동일시

나는 무의식적으로 그녀가 나에게 투사한 불안을 동일시했고, 나의 불안 수준을 "과도하게 높여 놓았다." 나는 최근에 자해 환자를 본 일로 인해 다소 불안을 느낀 적은 있지만, 이 상담에서 나의 불안은 그녀의 불안과 겹쳐졌기 때문에 아주 극심한 것이 되었다. 그 순간에 나는 불안을 행동화하고 싶은 강한 충동을 느꼈으며, 불안하고 침범적이며 겉도는 치료자가 되고 싶어 했다. 나중에 안 사실이지만, 이것이 바로 그녀가 자신의 어머니로부터 경험한 것이었다.

만약 치료자가 그 상황에 일어난 일상적이지 않은 특이한 반응을 알아차린다면, 그것은 아주 중요한 신호가 될 것이다. 그것은 원시적인 투사적 동일시 과정이 발생하고 있음을 가리키는 것일 수도 있다. 그러나 그렇다고 해서 그것이 반드시 투사적 동일시라고 단정해서도 안 될 것이다. 그것은 예컨대 환자와의 상호 주관적인 관계와는 거의 상관없이 치료자 자신의 내적 세계에서 유래한 것일 수도 있다. 그러나 그런 반응이 아주 강렬한 것일 경우, 그것은 투사적 동일시를 나타내는 것일 가능성이 더 많다.

투사자 동일시(projector identification)

재닛은 그녀가 나에게 투사했던 불안을 무의식적으로 동일시 했다. 내가 그녀의 불안감과 그녀의 겉도는 엄마와의 경험에서 유래한 내적 대상을 안아주자 그녀는 나와 융합되었다는 느낌을 갖게 되었다.

그녀를 치료하고 싶어 하는 나의 바램과 관련해서

투사

그녀는 자신의 돌보는 능력과 치료받고 싶은 욕망을 나에게 투사하였다. 나중에 알게 된 것이지만, 그때 그녀는 스스로 돌보는 것을 거의 포기한 상태였다. 그녀는 자신의 좋음을 압도하는 내적인 나쁨만을 느끼고 있었다. 따라서 그녀는 무의식적으로 자신의 좋음을 안전하게 지키기 위해 나에게 그 좋음을 투사했다. 이러한 과정과 재닛의 생각이 바로 편집-분열적 양태가 지닌 분열 세계와, 좋음과 나쁨이 서로 싸우고 있는 성격의 세계를 보여주고 있다. 또한 이러한 투사는 파괴적이고 나쁜 내적 요소로부터 좋음의 요소를 보호하기 위해 성격의 부정적인 측면뿐만 아니라 긍정적인 측면까지도 투사된다는 사실을 보여준다.

내사적 동일시

나는 재닛이 나에게 투사한 돌보는 능력을 무의식적으로 동일시하였고 따라서 평상시 환자들에게 가졌던 마음보다 훨씬 더 강하게 그녀를 치료하고픈 욕망을 가지게 되었다. 나는 점점 더 잘 보살펴주는 좋은 치료자가 되어야 한다는 압력을 느꼈다. 이 불안은 나의 불안과 겹쳐지면서 더욱 강렬한 것이 되었고, 그래서 나는 그녀를 "보살피는" 데 적절하다고 판단되는 것 이상으로 그녀에 대한 관심에 사로잡혔다(입원, 약물 처방, 전화걸기 등에 대한 생각). 이것은 내가 걱정이 많고 겉도는 그녀의 엄마와 일부 동일시하고 있었기 때문이다. 압력과 강요를 받는다고 느끼는(나 자신을 힘을 가진 외부적 대상으로서 느끼는) 이러한 나의 경험이 바로 편집-분열적 양태에서의 경험임을 주목하라.

투사자 동일시

재닛은 그녀가 나에게 투사했던 돌보는 능력과 동일시했다. 어떤 점에서, 나는 그것을 그녀 스스로가 감당할 수 있을 때까지 대신 담아주고 있었다. 이러한 무의식적 동일시 덕분에 그녀와 나는 분노와 좌절의 시간이었던 후속 상담에서도 관계를 유지할 수 있었다.

투사적 동일시의 기능

옥덴(1982)은 이 과정의 네 가지 기능을 다음과 같이 정리하였다.

  1. 방어: 개인은 고통스러운 정동에서 벗어나기 위해서 또는 자기의 기능을 조절하기 위해서 투사적 동일시를 사용한다. 이 현상은 재닛의 사례에서도 뚜렷이 드러나고 있다.
  2. 의사소통: 투사적 동일시는 비언어적, 무의식적 의사소통의 한 방법이다. 타인에게 자신의 내면 세계를 말로 설명하기보다

는 그것을 경험하게 만든다. 재닛도 자신의 극한적인 불안을 설명할 수 없었기 때문에 투사적 동일시를 통해 내가 그것을 느끼도록 만들었다. 이것은 우리가 역전이 반응에 관심을 갖고 그것을 이해할 수만 있다면, 환자에 관해 더 많은 유익한 정보를 얻을 수 있음을 보여준다.

3. 대상-관계 방식: 투사적 동일시는 비록 원시적인 것(편집-분열적인)이기는 하지만, 다른 사람과 관계하는 방식을 가리킨다. 그것은 재닛이 나와의 관계를 시작하는 무의식적인 방법이었다. 샤르프 부부(1991)에 의하면, 투사를 받는 사람은 분리된 요소와 미분화된 요소가 혼합된 무의식적 상태를 경험한다. 투사를 받는 사람은 투사를 받을 정도로 충분히 분리되어 있지만 (재닛은 그녀 자신의 일부를 나에게 집어넣는 것을 통해서 제거해버렸다), 약간의 오해가 생길 정도로도 미분화되어 있다—나는 무엇을 느끼고 있었는가? 그것은 누구의 불안이며 누구의 돌보는 능력인가? 이러한 혼란스러움은 관련된 사람들 사이의 연결과 일체감을 증진시킨다.

4. 심리적 변화를 위한 통로: 투사적 동일시는 심리적 성장이나 손상을 촉진할 수 있다. 개인의 변화는 투사, 내사 등의 순환을 통한 관계에서 발생한다. 건강하고 긍정적인 관계 안에서, 투사된 부분은 무의식적으로 수정되고, 좀더 긍정적인 부분이 되어 투사했던 사람에게로 다시 내사된다. 재닛의 불안은 압도적인 것이었으며 그녀는 이것을 나에게 투사하였다. 나는 압도적인 불안을 느꼈지만, 그녀에 대한 나의 불안한 반응은 조금 조절된 상태로 수정되었다. 시간이 지나면서 그녀의 불안에 대한 이와 같은 "신진대사 작용" 덕분에 그녀는 스스로 불안을 수용하고 견딜 수 있게 되었다. 그러나 만약에 환자와 치료자 사이의 관계가 부정적인 것이라면, 투사를 받는 사람이 투사된 내용

을 해로운 방향으로 바꿀 수도 있는데, 그럴 경우에 투사자는 더 불안한 정신 내용을 되돌려 받게 된다. 그때 치료자와 환자 사이에는 불안이 증폭되고 가학적인 배우자와 피학적인 배우자 사이의 폭력과 격렬함이 반복된다

투사적 동일시에 관한 부가적 내용

투사적 동일시는 양 방향 과정이다

나는 간결한 설명을 위해서, 재닛의 사례에서 나에 대한 그녀의 투사에만 초점을 맞출 것이다. 그러나 사실 투사적 동일시는 양 방향으로 진행되는 과정이다: 환자에게서 치료자로 그리고 치료자에게서 환자로. 치료 관계 안에서 다른 관계와 마찬가지로 우리는 투사적 동일시라는 과정을 통해서 서로 영향을 주고받는다. 긍정적인 투사적 동일시 과정의 가장 흔한 예로는, 치료자가 환자에게 희망을 투사한 결과, 환자가 자신의 미래에 대해 보다 현실적인 희망을 갖게 되는 경우를 들 수 있다. 부정적인 예로는, 단기치료에서 흔하게 나타나는 것으로서, 치료자가 환자에게 치료적 제한에 대한 실망감을 투사한 결과, 환자가 자신이 이룬 치료적 진전을 평가절하고 폄하하는 경우를 들 수 있다.

투사적 동일시는 심리내적 요소와 대인관계적 요소의 관련성을 강조한다

투사적 동일시 개념이 가진 특별히 강력한 측면은 한 사람의 내면 세계가 외부세계의 두 사람(또는 그 이상) 사이에서 어떤 역할을 하는지를 보여준다는 것이다. 사실 두 사람이 논쟁한다는

것은 그 두 사람 각자 안에서 발생하는 내적 갈등과 충돌이 외재화된 것이라고 할 수 있다. 투사적 동일시는 심리내적 요소와 대인관계적 요소 사이에서 교량 역할을 한다.

투사적 동일시는 투사자가 의식적으로 원하는 것과 반대되는 효과를 야기할 수 있다

부부인 앤과 알리, 두 사람 사이의 역동을 살펴보자. 나는 그들을 치료하면서, 가장 일반적인 파괴적 대인관계 패턴 안에서 상호 투사적 동일시라는 기제가 작용한다는 것을 알게 되었다. 앤은 알리와 더 나은 정서적 친밀감을 나누기를 원했다. 그러나 알리는 혼자 있고 싶어 하는 자신의 욕구를 앤이 존중해주기를 바랬다. 그 결과, 앤이 알리의 거리두기를 비판하면 알리는 냉정하게 철수해 버리곤 하는 순환이 반복되었다. 알리가 철수하면 할수록 앤은 더욱 더 알리를 공격하였고, 앤이 공격하면 할수록 알리는 더욱 더 깊이 철수했다. 이러한 대인관계 패턴은 투사와 내사의 상호 과정에 의해서 만들어지고 있었다. 알리는 의식적으로는 앤이 "자신의 얼굴 앞에서 보이지 않기"를 원했고, 앤은 의식적으로는 알리에게 "그녀에게 말을 걸어주고, 함께 있어주기를" 원했다. 그러나 그들의 행동은 자신들이 원하는 것과는 정반대의 결과를 초래했다. 남편과 아내, 또는 치료자와 환자가 그들 자신의 이러한 패턴을 알아차리기 전에는 이 과정을 바꾸기가 참으로 쉽지 않다.

**자기와 대상의 부분들이 투사되듯이, 투사를 받는 사람 또한
자기와 대상의 부분들을 동일시한다**

앞의 폴의 사례에서도 말했듯이, 사람들은 타인에게 자기와 대상의 부분들을 투사한다. 마찬가지로, 투사를 받는 사람도 자신에게 투사된 자기와 대상의 요소들을 동일시할 수 있다. 랙커(Racker, 1968)는 치료자의 역전이에서 나타나는 무의식적인 동일시에 대해 상술하였다. 그는 치료자가 환자의 자기 요소를 동일시하는 것을 일치적 동일시로 그리고 환자의 대상 요소를 동일시하는 것을 상보적 동일시로 명명했다. 폴의 치료과정에서 나는 폴에게 충분히 좋은 사람이 되어주지 못하는 부족한 사람이라고 느꼈다. 그것은 엄하고 비판적인 아버지와의 관계에서 폴이 경험했던 것을 내가 동일시하고 있었기 때문으로 보인다(일치적 동일시). 또 다른 때에, 나는 그에게 실망감을 느꼈으며, 그는 관계를 성공적으로 이끌어나갈 수 있는 자질이 부족하다고 생각했다. 이것은 폴과의 관계에서 내가 그의 내재화된 아버지를 동일시하고 있었기 때문으로 보인다(상보적 동일시).

재닛의 경우, 나의 극심한 불안은 일치적 동일시와 상보적 동일시 양쪽 모두에서 생겨난 것이었다. 나는 재닛이 느끼고 있던 자신의 나쁨과 무기력함에 대한 압도적인 내적 공포를 느끼고 있었던 것으로 보인다(일치적 동일시). 이때 나의 불안은 걱정 많고, 참견 잘하며, 겉도는 그녀의 엄마의 요소를 내가 동일시했기 때문에 증폭된 것으로 보인다(상보적 동일시).

투사적 동일시는 단일 기제가 아니라 발달적 연속체이다

나는 설명을 목적으로 재닛의 사례에서 발생한 비교적 원시적인 투사적 동일시를 예로 사용하였다. 그러나 투사적 동일시는 원시적인 수준에서부터 성숙한 수준에 이르기까지 다양한 범위 안에서 작용하는 과정이다. 원시적인 수준의 극단에서, 자기와 대상은 혼동되어 있고, 강렬하며, 내적 세계의 많은 부분들이 투사된다. 성숙한 수준의 극단에서, 자기와 대상은 충분히 분화되어 있고, 투사는 덜 강렬하고 덜 포괄적이다. 가장 성숙한 투사적 동일시는 공감이다("내가 그의 입장에 서보는 것이다").

안아주기와 담아주기

대상관계 심리치료에서 가장 중요한 치료적 패러다임은 어머니-아이의 양자관계이다. 어머니가 아이와의 관계를 통해 아이의 성장과 발달을 촉진시키듯이, 대상관계 심리치료에서도 치료자는 환자와의 관계를 통해 환자의 발달을 촉진시킨다. 마찬가지로 유아가 어머니의 영향을 받는 것처럼, 환자 역시 치료자에게 영향을 받는다. 물론 그 둘 사이에는 중요한 차이점들이 있지만, 깊이 있고 진정한 인간적인 만남, 공감, 만족, 좌절을 포함하고 있다는 점에서 그 둘은 공통점을 가지고 있다.

안아주기와 담아주기는 모성적 기능의 기능의 두 가지 측면뿐 아니라 치료적 기능의 두 가지 측면을 말해주고 있다. 안아주기는 어머니와 아이 사이의 상호작용 측면에 관한 것이고, 담아주기는 그들 사이의 내적 상태에 관한 것이다. 안아주기란 위니캇(1945)이 사용한 용어로서, 어머니와 유아 사이의 관찰 가능한 실제적인 양육관계와 그 사이에서 전달되는 정서적인 안아주기를 말하는 것이다. 예를 들면, 어머니는 큰소리에 놀라 울어대는 아기에게 달려간다. 아기는 몹시 놀라서 어머니의 노력에도 불구하고 몇분간 진정하지 못한다. 어머니는 이런 아기를 안아 얼러주면서 조용히 노래를 불러준다(자폐-접촉적 양태). 그러자 아기가 진정되기 시작한다. 안아주기란 어머니가 아이의 성장과 발달을 촉진시키기 위해서 육체적 환경을 제공해주는 것을 설명할 때 일반적으로 사용하는 용어이다. 마찬가지로 치료자는 환자에게 조용하고 편안한 사무실, 존중하는 태도, 일관성 있는 상담의 틀, 공감적 해석과 같은 환경을 제공하는 것을 통해서 환자를 안아준다(치료자가 환자를 신체적으로 안아주어야 한다는 의미가 아니다).

담아주기(Bion, 1967)는 내적 상태에 관한 것으로서, 어머니가 아기 스스로는 담아낼 수 없는 경험(불안, 좌절)을 대신 흡수하여 견뎌주는 특별한 상태를 말한다(Bion은 이러한 심리 상태를 환상 reverie이라고 불렀다). 아기의 이러한 부분을 내사한 어머니는 그것을 수정하고 보다 덜 위험한 것으로 만든 다음 그것을 아이가 담아낼 수 있도록 돌려준다. 몹시 놀란 아기의 사례에서, 어머니는 위에서 말한 외적 안아주기 이상을 아기에게 제공하고 있다. 아기가 불안에 휩싸여 있는 동안에 어머니는 원초적인 불안을 같이 느끼고(동일시하고), 그것을 자신의 내부에 담은 채로 아기와 공감하는 상태에 머문다. 이때 어머니는 그 불안을 담아주면서 소화해낸다; 그때 아기는 비교적 덜 공포스러운 형태로 변화된 그 정신 내용을 다시 받아들인다(내사한다). 긍정적이고 촉진적인 어머니-유아 사이의 상호작용에 대해 말하면서, 효율적인 양육이란 어머니의 외부적 행동(안아주기) 뿐만 아니라 어머니의 내적 반응(담아주기) 또한 포함된다고 강조하고 싶다.

나는 앞에서 투사적 동일시를 설명하면서, 치료자가 환자의 투사물을 동일시하고 그것을 담아내어 수정하면, 환자는 좀더 참을 수 있는 형태로 된 그것을 다시 받아들이는 담아주기 과정에 대해서 언급하였다. 마치 어머니가 아이의 심리적 고통을 받아들여 담아주듯이, 치료자 역시 치료 기간 동안 환자의 고통을 받아들여 담아준다. 치료자는 가끔 이 시점에서 이렇게 자문한다. "내가 담아낸 것을 가지고 무엇을 할 것인가?" 담아주기 과정은 치료자에게 환자에 대한 부가적이고 경험적인 통찰을 가져다주며 무엇을 할 것인가에 대한 정보를 주기도 한다. 그러나 엄격히 말해서, 담아주기는 행동에 관한 것이 아니라, 존재에 관한 것, 즉 고통스러운 환자의 내적 세계 안에 함께 있어주는 것에 관한 것이다. 이것은 어머니와 치료자가 된다는 것이 상당히 힘들고 부담스러운 일이라는 사실을 말해준다. 그것은 또한 역전이 고통의 필요성과 유용성에 대해서도 말해준다. 때로는 치료자가 환자와 함께 있어주면서 환자의 분노, 불안, 절망감을 담아주고, 고통을 피하지도 않고, 학대나 공격을 허용하지도 않는 것이 치료자가 해야 할 모든 것일 수도 있다.

환경 어머니와 대상 어머니: 환경적 전이와 초점적 전이

위니캇(1945, 1963)은 어머니와 아이 사이의 상호작용을 두 부분으로 설명하였다. 하나는 환경 어머니에 관한 것으로서, 이는 앞에서 설명한 안아주기에 해당하는 것이다. 이는 모성적 돌봄의 배경을 구성하는 요소로서, 성장과 발달을 위해 적절하게 안전한 환경을 제공하는 것을 가리킨다. 이것은 쉽게 간과되는 그러나 결정적으로 중요한 모성적 돌봄의 측면이다.

이것이 적절하지 못하다면, 아이는 물론 어떤 좋은 것도 경험할 수 없다. 이것은 관계를 위한 맥락을 제공하는 것으로서, 마치 어머니가 팔로 아이를 감싸주는 것과 같은 것이다(Scharff and Scharff, 1991).

다른 하나는 대상 어머니에 관한 것으로서, 아이가 어머니가 제공하는 환경이 아닌 대상으로서의 어머니를 직접적으로 경험하는 것을 말한다. 이때 어머니는 아이에게 사랑과 미움, 애정과 공격의 직접적인 대상이다. 이것은 "눈빛으로 서로 마주치는," 또는 "주체가 주체와 만나는" 인격적인 관계에 관한 것이다(Scharff and Scharff, 1991).

이러한 두 가지 관계 경험에 따라 두 가지 전이가 발생한다(Scharff and Scharff, 1991, J. & D. Scharff, 1992). 환자는 환경 어머니와의 경험(실제 어머니에 대한 경험과 그 이후의 관계 경험)에 기초해서 치료자의 사무실과 태도에 대해서 특정 반응을 하기도 하고, 치료자와의 직접적인 관계와 상관없이 자신이 어떤 방식으로 취급될 것이라고 기대하기도 하는데, 샤르프 부부는 이것을 환경적 전이라고 불렀다. 이 전이는 치료의 초기에 두드러지게 나타나고, 단기치료에서는 치료과정 내내 두드러지게 드러나기도 한다. 초점적 전이에서 환자의 반응은 과거의 대상 어머니(그리고 다른 사람과의 강렬한 관계)와의 경험에 기초해 있다. 초점적 전이에서 치료자는 환자의 생각과 감정에 좀더 직접적으로 초점을 두게 된다. 초점적 전이 반응은 환자의 내적 대상세계가 지닌 고유성에 대해서 더 많이 알게 해주는데, 그 이유는 그것이 치료자의 인격과의 관계 안에서 환자의 내적 구조가 어떻게 작용하는지를 보여주기 때문이다.

나의 경험에 의하면, 환경적 전이가 주로 발생하는 단계 동안에는 치료과정은 보통 언어적인 해석을 통해 이루어지지 않는다.

초점적 전이를 다루는 단계에 들어섰을 때 치료과정은 좀더 해석을 중심으로 진행되는 경향이 있다. 앨런(Alan)의 사례는(5장을 참고하라) 주로 환경적 전이가 발생한 단기치료에 관한 것인 반면, 로널드(Ronald)와 다이앤(Diane)의 사례들(6, 8, 9장을 참고하라)은 보다 초점적 전이에 관한 것이다.

페어베언의 심리내적 체계

페어베언은 성격과 심리내적 기능과의 관계를 가장 이해하기 쉽고 포괄적으로 설명한 탁월한 대상관계 이론가로 간주된다. 그는 심리적 에너지(리비도)가 근본적으로 쾌락을 추구한다는 프로이드의 생각과는 다른 전제에서 자신의 사고를 전개했다. 리비도는 근본적으로 관계를 추구한다는 것이 그의 전제였다. 이것은 인간의 심리발달과 역기능을 이해하는 데 있어서 중심적인 위치를 차지해오던 질문을 변화시켰다. 욕동 모델이 가지고 있던 질문인, "쾌락을 추구하고 긴장을 감소시키려는 인간의 노력이 심리적 건강에 어떤 영향을 미치는가?"는 더 이상 중심적인 것이 아니다. 그보다는 "관계성에 대한 욕구를 다루는 인간의 노력이 심리적 건강에 어떤 영향을 미치는가?"라는 질문이 중심적인 것이 되었다.

페어베언은 사람들은 세 부분의 자아와 대상으로 구성된 심리내적 체계를 가지고 있다고 보았다. 이 구조들 사이의 상대적 힘이나 관계성(서로에 대한 공격성과 친밀감 정도)은 그 사람의 과거력에 의해 결정된다. 도표 3-1은 이 체계를 도표화한 것이다. 각 부분 대상은 자아의 특정 부분과 관련되어 있다(페어베언은 자기[self]가 아니라 자아[ego]라는 용어를 사용하였다). 각각의

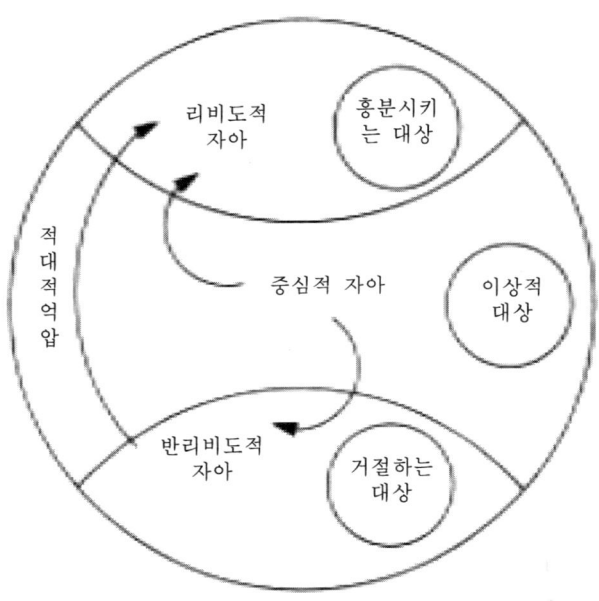

〈그림 3-1〉 페어베언 모델의 심리지도
출처: 샤르프 1982

쌍들은 외부세계에서 다른 유형의 관계를 맺는 데 결정적인 역할을 담당한다. 그의 이론에서 관계는 중심적인 것이며, 모든 자아는 필연적으로 특정 내적 대상과 연결되어 있다. 위니캇이 어머니가 없이는 아기도 없다고 말했듯이(양육하는 개인이 없다면 아기는 생존할 수 없으므로), 페어베언 이론에서 대상 없는 자아란 있을 수 없다.

중심 자아-이상적 대상

이것은 초기 발달에서 좋고, 만족스러운 측면에 의해 형성된 성격의 한 부분이다. 이상적 대상은 발달하는 유아의 욕구를 적절히 충족시켜 주는 어머니에 대한 경험들을 나타낸다. 이것은 주로 중심 자아와 연결되어 있고, 외부세계와의 효율적인 상호작용에 관심을 갖는다. 이러한 자기의 부분은 프로이트의 자아(ego) 개념과 비슷하다. 이것은 외부세계에서 자신의 욕구를 충족시키도록 집행하는 역할을 하는 성격의 일부분이다. 중심 자아가 만족스러운 대인관계 경험을 나타내는 대상과 주로 연결되어 있다는 점에서, 그것이 외부세계와의 관계를 지향하는 것은 당연한 것으로 보인다. 이상적 대상관계와 관련된 지배적인 정서는 편안함, 안전감, 만족감 그리고 긍정적 관계 등이다. 중심 자아-이상적 대상은 세 개의 자아-대상 쌍들 중에서 가장 의식적인 내용으로 구성되어 있다. 다른 두 개의 쌍은 어머니와의 관계에서 겪은 불만족스러운 좌절 경험들에 의해 생겨난다.

반리비도적 자아-거절하는 대상

성격의 이 영역은 어머니가 유아의 욕구를 충족시켜주지 못한 결과, 유아가 자신은 쓸모없고, 버려졌다고 느끼고, 분노와 좌절감을 경험하는 것을 통해서 형성된다. 이것은 또한 거절하는 대상에 대한 주된 정동을 나타낸다. 관계를 발달시키려는 시도를 공격하는 이러한 반리비도적 자아에 대한 페어베언의 초기 용어는 내적 파괴자(internal saboteur)였다. 반리비도적 자아가 관계를 공격하는 것은 그것이 거절하고, 유기하며, 좌절을 주고, 불만족스러운 내적 대상과 연결되어 있기 때문으로 볼 수 있다.

리비도적 자아-흥분시키는 대상

성격의 이 부분은, 그것의 명칭과는 달리, 역시 나쁜(불만족스러운) 대상관계 패러다임을 형성하고 있다. 리비도적 자아는 관계에서 만족을 갈망하고 추구한다. 그러나 이것은 관계 욕구가 철저하게 좌절되었던 순간에 만족스러운 관계를 희망했던 초기 경험에 의해 형성된 것으로서, 대상을 지속적으로 갈망하는 자아의 일부이다. 이것은 또한 아이가 욕구를 느끼기도 전에 만족을 주는 어머니의 과잉 돌봄에 의해 발생하기도 한다. 어머니는 또한 일관성이 없거나 불안한 대상 경험을 야기할 수 있는데, 그런 경험은 만족스러운 상호작용에 대한 아이의 기대를 채워주지 못하게 된다. 이런 대상의 경험은 감질나게 하고 유혹적이지만 종국에는 거절받는 경험으로 드러난다. "약속은 계속되지만, 그 약속은 성취되지 않는다"(Greenberg and Mitchell, 1983, p. 166).

흥분시키는 대상관계는 종종 거절하는 대상관계보다 더 힘든 경험으로 드러난다. 거절하는 대상관계는 고통스럽기는 하지만, 거기에는 거절에 대한 명료성과 궁극적인 예측성이 있다—관계 안에서 자신이 어디에 서있는가를(아주 고통스러움에도 불구하고) 분명히 알고 있다. 흥분시키는 대상관계에서 고통은 실망이 점점 커짐으로 인해서 극심해진다. 희망과 바램은 쌓아올려졌다가 무너져 버린다. 그러므로 흥분시키는 대상관계의 경험은 충족되지 못한 욕구와 절망적인 갈망에 대한 경험이다. 2장에서 언급했듯이, 단기치료는 환자에게서 흥분시키는 대상관계를 자극할 수 있는 위험을 지니고 있음을 치료자는 알고 있어야 한다.

관계의 특징을 이상적 관계, 거절하는 관계, 그리고 흥분시키는 관계라고 특징화할 수 있지만, 사실 관계란 그보다 훨씬 더 복잡한 것이다. 그리고 이 세 가지 관계 패러다임들은 서로 뒤섞

이기도 한다. 다음의 단기치료 사례는 이 점을 잘 보여준다.

임상사례: 리타(Rita)

리타는 말을 조리있게 잘하는 삼십대 초반의 이혼한 대학 강사로, 매우 의욕적이고 희망적이며 협조적인 태도로 치료를 시작하였다. 그녀는 자신의 7살 난 아들이 그의 아버지와 갖는 관계와, 그녀 자신의 외로움에 대해 다루기를 원했다. 그녀가 몇 달 후 다른 도시로 이사를 가야했기 때문에 우리는 9회기 동안만 상담을 할 수 있었다. 4회기 동안에, 우리는 이 두 가지 초점들을 아주 생산적으로 다루었다. 이 기간 동안에 우리의 관계는 이상적 대상과의 관계였다. 그녀는 내가 그녀를 도와줄 수 있으며, 우리가 상호작용하면서 효율적으로 협력할 수 있을 것이라는 현실적인 낙관론을 가지고 있었다 — 중심 자아-이상적 대상 상호작용.

5회기가 되자, 그녀는 전에는 결코 누구에게도 말한 적이 없던 비밀을 나에게 안심하고 털어 놓았다. 그녀는 성인이 된 후 성적으로 매우 난잡한 생활을 하고 있으며, 그러한 비도덕적이고 충동적인 행동에 대해 수치심을 느끼면서도, 한편으로는 그러한 생활을 끝내지 못할 것이라는 두려움을 느끼고 있었다. 상담을 마칠 무렵, 그녀는 이러한 것을 나와 나누게 된 것에 대해서 감사와 안도감을 표현했다. 그러나 그 다음주 그녀가 나에게 와서 몹시 화를 내면서 우리 관계는 어긋나버렸다. 그녀는 내가 그녀로 하여금 그런 비밀을 말해도 안전할 것이라고 느끼도록 만들어 자신이 그런 것들을 말하게 했다고 했다. 그녀가 상담이 끝난 뒤에 어째서 자신이 치료자인 나에게 비밀을 말해야 한다고 느꼈는지에 대해 생각하게 되었고, 자신이 털어놓은 비밀에 대해 내가 실제로 비판적이고 경멸적이었다는 것을 깨닫게 되었다고 말했다. 내 입장에서는 그러한 반응을 전혀 느끼지 않았고, 그녀가 원할 경우에만 그것을 말할 수 있도록 최소한의 격려 말고는 해준 것이 없었다. 더구나, 그녀는 나에게 비밀을 털어놓았던 어리석은 자신을 공격하기 시작했고, 나는 그녀가 너무 감정적이어서 계속 침묵만 지켰다.

처음 4회기 동안의 이상적 대상과의 상호작용은 흥분시키는 대상과의 상호작용에, 그 다음에는 거절하는 대상과의 상호작용에 그 자리를 내주었다. 내 생각에, 나의 도움에 용기를 얻은 그녀는 내가 자신의 비밀을 수용해주고(내가 할 수 있었던 것), 그로 인해 입었던 자기감의 손상을 해소시켜줄 수 있으리라는(짧은 시간 때문에 내가 할 수 없었던 것) 희망을 갖게 되었던 것으로 보인다. 그러나 이것은 리비도적 자아 기능에 해당되는 것이었다. 처음에는 자신의 고백에 대해서 좋게 느꼈지만, 나중에 우리의 상담이 불완전한 것이라는 것을 감지하면서, 리타는 자신과 나를 의심하기 시작했던 것이다—나는 흥분시키고는 좌절을 주는 대상이었다. 그래서 그녀는 나를 거절하는 대상으로 보기 시작했다. 즉 그녀를 나쁘다고 비판하는 사람으로 나를 보았다. 나에 대한 그녀의 공격은 그녀의 반리비도적 자아가 거절하는 대상을 공격한 것이었고, 그녀 자신에 대한 공격은 나와 깊은 관계를 맺으려는 리비도적 자아를 반리비도적 자아가 공격한 것이었다.

다행스럽게도, 치료 초기에 매우 도움을 주었던 중심 자아 기능이 그녀로 하여금 이러한 고통을 견디게 해주었고, 나와 함께 그것을 처리해 나가도록 도와주었다. 우리는 그녀의 남자들과의 관계가 어째서 대부분 흥분시키는 대상관계이었는지를 알게 되었다. 그녀의 난잡한 성관계는 단순한 성적인 외도가 아니라, 남자와 더욱 깊고 긍정적으로 연결되고자 하는 노력이었던 것이다. 그녀는 격정적인 관계를 맺는 아주 잠시동안만 행복했을 뿐, 점점 더 늘어나는 고통스러운 갈망을 겪었다. 결국에 그녀의 인생에서 대부분의 남자들은 그녀 곁을 떠났고, 그녀는 그들에 대해 그리고 그들을 믿었던 자신에 대해 심하게 분노했다. 그녀에게 있어서 그들은 단순히 거절하는 대상들이었다. 분명한 것은, 이 역동적 패턴이 나에게도 반복되었으며, 우리는 몇 회기 동안에 걸쳐 이것에 대해 탐색할 수 있었다. 리타는 자신의 이러한 패턴에 대해 알지 못했기 때문에 그것을 나와 함께 경험한 것은 그녀에게 매우 충격적인 것이었다. 우리는 그녀가 거의 3년 넘게 살고 있는 이 지역을 떠나기에 앞서 치료를 시작한 이유에 대해서도 깊이 살펴보았다. 정해진 짧은 치료 기간이 그녀로 하여금 흥분시키는 대상 경험을 더욱 자극한 것으로 보였다. 나는 그녀에게 새로 이사한 곳에서 기간을 정하지 않은 채 치료를 받을 것을 권했고, 2달 후에 그녀로부터 그렇게 하고 있다는 전화연락을 받았다.

위의 사례는 단기와 장기치료 모두에서 가장 흔하게 일어나는 현상을 보여준다. 환자는 치료자와 좋은 관계를 유지하다가도, 다음 순간에 갑자기 화를 내면서 환자 자신이나 치료자 또는 양쪽 모두를 공격하는 모습을 보인다. 페어베언의 심리내적 체계는 이러한 임상적 현상을 이해하는 데, 즉 리비도적(갈망하는) 관계와 반리비도적(거절하는) 관계 사이의 복잡하고 역동적인 상호작용을 이해하는 데 유용하다.

퇴행한 리비도적 자아

건트립(1961, 1969)은 페어베언의 심리내적 체계를 더욱 발전시켜, 성격의 더 깊은 층에 존재하는 리비도적 자아로부터 분리된 부분에 대한 이론적인 설명을 제공했다. 그는 이것을 퇴행한 리비도적 자아라고 불렀는데, 이것은 내적 대상과 관계하지 않는 유일한 자기의 부분을 가리킨다. 그는 분열적인 개인이 외적 대상관계 세계가 너무 위협적이라고 느껴서 다른 사람과의 상호작용에서 철수하듯이, 퇴행한 자아 역시 내면 세계를 너무 위협적이라 여겨 내적 대상에게서 철수한다고 보았다.

퇴행한 자아에는 두 가지 측면이 있다: 그것은 무덤과 자궁으로 기능한다. 무덤과 자궁으로의 후퇴를 통해서 관계나 삶과는 관련이 없는 성격의 부분이 발생한다. 그런 점에서 퇴행한 자아는 무덤이다. "그것은 소진과 피곤, 강박적인 수면, 광장공포증과 폐쇄공포증, 자궁회귀 환상, 실제 삶으로부터의 은둔과 현실 도피적 환상 등의 수동적이고 퇴행적인 모든 현상의 진정한 원천이다"(Guntrip, 1961, pp. 432-433).

퇴행한 자아에는 또 하나의 측면이 있다. 그것은 재성장을 위해 자궁의 상태와 같은 고립과 안전으로 후퇴한다는 측면이다. 건트립(1961)은 "정신의 다른 모든 부분은 방어적 구조로 경직화되는 경향이 있는 반면에, 퇴행한 리비도적 자아는 일단 두려움에서 벗어나기만 하면 자발적이고 힘찬 성장을 위한 일차적 능력을 보유하고 있으며 여기에 심리치료의 궁극적 희망이 있다"고 서술했다(p. 433). 이 점에서, 건트립은 퇴행한 자아를 위니캇(1960)의 참 자기 개념과 유사한 것으로 보았다.

건트립(1969)은 "근본적인" 변화—성격의 변화—를 가져오기 위해서는 심리내적 구조의 모든 수준들을 다뤄야 한다고 말한다:

1. 보다 깊은 수준의 문제를 다루고 있는 동안에도 일상생활에서의 환자의 자아 기능(중심 자아)에 대한 지원이 제공되어야 한다.

2. 나쁜 대상들(반리비도적 자아-거절하는 대상, 리비도적 자아-흥분시키는 대상)의 내면 세계에 대한 분석이 이루어지고 퇴행한 자아에 대한 탐색이 이루어져야 한다.

3. 환자가 정신을 재통합하고 서서히 성장을 향해 나아가려고 노력함에 따라, 치료자는 퇴행한 자아를 위한 "안전한 상징적인 자궁"으로서 기능해야 한다.

단기치료에서는 퇴행한 자아의 수준까지 도달하는 것이 불가능하므로, 환자와 치료자는 덜 근본적인 변화에 만족해야 한다. 앞에서 언급한 리타의 사례에서, 나는 그녀가 비밀을 말한 것을 자아가 퇴행한 데 따른 현상으로 보았다. 그녀는 나와 함께 있는 것이 안전하다고 느꼈으므로("상징적인 안전한 자궁"), 비밀을 가지고 대상세계로 나온 것이다. 그리고 난 뒤 그녀 자신이 너무 멀리 나온 것 같고, 나를 믿을 수 없을 것 같기도 하고, 내가 자신의 이러한 사적인 영역을 공격할까봐 걱정하기 시작한 것이다. 이 퇴행한 리비도적 자아를 보여주는 자료와 나에 대한 그녀의 후속 경험(흥분시키고 거절하는 대상)은 매우 의미 있는 것이었지만, 그 부분을 실제로 충분히 다룰 시간은 우리에게 없었다. 그녀가 다른 치료자와 그 작업을 계속하길 바랄 뿐이었다. 다음은 퇴행한 자아 현상을 좀더 상세히 보여주는 장기치료 사례이다.

임상사례: 도널드(Donald)

도널드가 치료를 시작했을 때 그는 애정관계에 있어서 절망적이라고 말했다. 27된 이 자기애적인 변호사는 아주 까다로운 여자들을 사랑 대상으로 선택하고는 그들로부터 거절을 당하곤 했다. 아주 가끔은 자신을 좋아해주는 여자를 만나기도 했는데, 이런 관계가 안정되면 그는 이내 그녀를 불만족스럽게 느끼기 시작했다. 이 두가지 패턴으로 인해 그는 여자와의 관계를 지속시킬 수가 없었다. 3년 간의 치료 기간 중 이년 째 되던 해에 그는 꿈을 가져왔는데, 그 꿈을 다루기 전에 먼저 그의 배경을 설명해보겠다. 그는 어려서부터 아주 수치심이 많은 아이였다. 집에 있을 때에도 당황스러우면 벽장 안으로 숨어들었고, 그 수치심이 사라지고 나서야 밖으로 나와 다시 활동하곤 했다. 벽장은 그의 퇴행한 자아를 나타내는 것이었다. 그는 자주 벽장에 혼자 있는 꿈을 꾸었는데, 다음 꿈을 꾼 이후로 변화가 발생했다:

"나는 다시 벽장 안에 있었어요. 그런데 이번에는 예전과 달리 수잔이 그곳에 같이 있었어요. 그래서 벽장 안이 편하지 않았어요. 누군가가 우리를 공격할 것 같았어요. 그 사람이 누구인지는 모르겠어요. 우리는 선반을 떼어내려고 애를 쓰고 있었어요. 그 벽장 안에 선반이 있었거든요. 그리고 나니까 조금 움직일 수 있게 되었지요. 이제 누군가가 공격해와도 대응할 수 있을 것 같았어요. 그런데 수잔이 방해를 했어요. 그녀는 전혀 나를 도와주지 않았죠. 맙소사!! 우리는 곧 죽을 것 같았어요. 모든 것이 그녀 탓이예요. 나는 그녀에게 매우 화가 났고 몹시 놀랐어요. 그리고는 꿈에서 깨어났죠."

도널드가 그 꿈을 꾸었을 때는 수잔과 데이트를 시작한지 4개월 되었을 때였다. 그는 안정감을 느끼며 그녀에게 이해 받고 있다고 느끼고 있었음에도 불구하고, 그녀가 도널드 자신과는 어울리지 않는다는 자신만의 생각을 가지고 있었다. 어쨌든 그는 그녀와 헤어지려는 충동에 저항하고 있는 중이었다. 그의 꿈은 그의 퇴행한 자아가 내적 및 외적 대상세계와 다시 연결되기 시작했음을 보여주는 것이었다. 그러나 그는 자신의 "자궁"이 침범 당하는 것을 두려워 하면서, 살아남지 못할까봐(그의 퇴행한 자아나 참 자기가 살아남지 못하게 될까봐) 두려워 하고 있었던 것이다. 그는 수잔과의 관계를 지속하기 위해 노력했으며, 자신의 다른 부분은 물론 다른 사람과의 관계에서도 연결을 보다 잘 유지할 수 있었다. 마침내 그는 그녀와 결혼했다.

이 꿈은 치료자인 나와 가까워지는 것에 대한 그의 투쟁을 나타내는 것으로도 볼 수 있다. 그는 (여자친구와의 관계에서와 마찬가지로) 처음에는 나를 이상화했다가 그 다음에는 실망하는 과정을 반복했다. 그러나 그는 보다 깊고 사적인 부분까지 다룰 수 있을 정도로 우리의 관계가 충분히 안전하다는 것을 마침내 깨달을 수 있었다.

단기치료에서는 퇴행한 리비도적 자아가 직접적으로 드러나는 경우가 흔치 않지만, 리타의 치료에서는 이따금씩 그것이 나타났다. 그 부분이 나타날 때, 그것은 비밀이나 환상을 드러내는 형태를 띠는데, 이것은 관계성으로부터 가장 고립되거나 분리된 성격의 일부분이 의사소통을 시도하는 것이라는 점에서 아주 조심스럽게 다루어야 한다. 때로 그 부분이 표면에 나타나지 않는다 하더라도, 단기치료자는 퇴행한 리비도적 자아가 그 환자의 성격의 일부분을 구성하고 있음을 알고 있는 것이 아주 중요하다. 첫째, 이 개념에 주의를 기울일 때 치료자는 단기치료든 장기치료든 환자를 위한 안전한 공간을 만들어내는 일에 보다 민감할 수 있게 된다. 둘째, 퇴행한 리비도적 자아 개념은 치료자로 하여금 우리가 단기치료에서 작업하는 것이 완전한 것이 아님을 상기시킨다(이 점은 장기치료에도 마찬가지로 적용된다). 우리는 항상 복잡한 성격의 극히 일부만을 다루고 있을 뿐이다.

대상관계 이론에서의 자기 개념

건트립의 퇴행한 리비도적 자아라는 개념은 성격 안에서 그리고 관계 안에서 자기의 문제를 다루고 있다. 내가 앞에서도 말했듯이, 건트립은 자신의 이러한 개념이 자기의 또 다른 개념화, 즉 위니캇(1960)의 참 자기 개념과 매우 비슷하다고 여겼다. 자기 (self)는 흔히 사용되는 용어이다. 이것은 마음속에 있는 생각의 무리, 경험, 사람이 하는 어떤 것, 마음의 구조 등을 가리킨다 (Mitchell, 1993). 밋첼은 자기 심리학을 주창한 코헛(Kohut, 1977)도 자기라는 개념을 정의하는 데 어려움을 겪었다고 말한다.

자기라는 개념은 지난 몇 십 년간 정신분석 이론에서 가장 중심적이고 중요한 위치를 차지해왔다. 현대 정신분석적 사고에서 자기의 개념이 지닌 가장 놀라운 특징은, 자기에 대한 중심적인 관심에 비해 그 용어의 의미에 대한 일치된 견해조차도 없을 정도로 엄청나게 다양한 개념적 이해가 대조를 이루고 있다는 점이다(Mitchell, 1993, p. 99).

지난 몇 년 동안 정신분석 영역에서 이루어진 가장 중요한 발전은 대상관계학파 학자와(Ogden, 1994, D. E. Scharff, 1992, J. S. Scharff, 1994) 자기심리학파 학자(Stolorow and Atwood, 1992)들이 자기 개념이 관계적이고 상호주관적인 맥락에 영향을 받는다는 점을 중심으로 결합했다는 사실이다. 물론 이 두 관점 사이에는 많은 차이점이 있지만, 이러한 합의 덕분에 관계속의 자기(self-in-relationship)에 대한 더욱 풍부한 관점을 가질 수 있게 되었다.

대상관계 관점에서는 자기가 관계적 상황 안에서 복잡한 과정을 거쳐 발달하는 것으로 본다. 자기 표상과 대상 표상이라는 한 쌍의 표상은 성격의 기본 단위를 구성한다. 건트립(1961, 1969)의 퇴행적 자아와 위니캇(1960)의 참 자기는 관계 안에서 발달하고, 안전을 위해서 대상관계로부터 후퇴한다. "역설적이게도, 우리가 가장 사적일 때 그리고 우리 자신과 가장 깊이 만나고 있을 때, 우리는 어떤 점에서 타인들과 가장 깊이 연결되어 있다는 느낌을 갖고, 그 타인들을 통해서 우리 자신이 되는 법을 배운다"(Mitchell, 1993. p. 112).

나는 대상관계 이론에서는 자기를 특정 상황과 다양한 관계 상황 안에서 다중적이고, 비연속적이며, 변화하며 발달하는 것으로 본다는 미첼(1993)의 견해에 동의한다. 나는 내가 누구와 함께 있는가에 따라 즉 내가 함께 있는 사람이 아내인가, 친구인가, 리타인가, 도널드인가에 따라 나 자신에 대해 다르게 경험하며, 혼자 있을 때에도 다르게 경험한다. 나는 또한 나 자신 마이클 스타터(Michael Stadter)를 구성하는 연속성을 경험하는데, 이 연속성은 복합적인 자기와 대상의 쌍들에 대한 나의 집합적 경험으로 구성되어 있다.

티벳 승려들의 우화에서 이 자기 개념을 찾아볼 수 있는데, 여기서는 개인을 군중이 모인 마을 모임으로 비유하고 있다.

마을 모임에서 누군가가 일어나 연설을 하고, 어떤 행동 방침에 따라 그 집단을 이끌어나간다. 가끔은 그들이 생각하는 목적이 모두 달라서 격렬한 논쟁을 벌이기도 한다. 때로는 그 무리의 구성원들이 떠나기도 하고, 쫓겨나기도 하고, 죽거나 그들의 영향력을 잃기도 한다. 새로운 사람이 무리에 들어와 점차 대담해져서 영향력을 발휘하기도 한다. 심지어 어떤 사람들은 자신들이 나머지 구성원들을 위한 지도자라고 스스로 칭하기도 한다. 종합해보면, 그들은 매 순간마다 어떤 순서에 관계없이 전체로서의 한 인격을 구성한다[Anderson, 1990, p. 215].

단기치료에 대한 접근에서 나는 환자의 자기에 대한 경험에 관심을 기울인다. 이 점은 심지어 치료자와 환자가 비교적 한정된 증상을 다룰 때도 마찬가지다. 5장에서는 환자가 자신의 자기를 다루는 방법을 이해할 수 있도록 돕기 위한 해석 기법을 설명할 것이다.

수용능력

치료자는 어떻게 자신에 대해서, 환자에 대해서, 그리고 환자와의 관계에 대해서 알게 되는가? 환자는 어떻게 자신에 대해서 그리고 자신의 관계(치료자와의 관계를 포함해서)에 대해서 깊은 수준의 통찰에 도달하는가? 볼라스(Bollas, 1987)는 치료자(그리고 환자)의 수용능력에 관해 관심을 기울이고 있다. 이러한 능력을 위해 필요한 것은 특별한 마음의 상태인데, 그런 상태 안에서 직접적이고 목적적인 사고는 "소음"으로 간주된다. "자기의 내면으로부터 새로운 무언가가 도착하기" 위해서는 수용적이며 적극적이지 않은 마음의 상태를 필요로 한다(p. 239). 여기에는 환자의 이야기를 어떤 형태로 조직하여 다양한 해석과 다른 개입의 가능성이 만들어지기 전에 곰곰이 생각해볼 수 있도록 허락하는 시간과 공간이 있다. 수용능력은 "앎"의 상태에 앞서는

"존재와 경험의 상태"를 가리킨다. "여기에 역설적인 의미가 있다. 정신생활은 평온함을 가질 때 활성화된다. 내면으로부터(예를 들면, 꿈과 환상의 형태이든, 영감을 통한 자기 관찰이든 간에) 오는 새로움에 대한 수용은 긴장한 상태가 아닌 편안한 마음의 상태에서만 가능하다"(Bollas, 1987, p. 239). 이러한 수용능력은 치료자와 환자를 미묘한 전이와 역전이 상태 그리고 다른 경험들에 조율할 수 있게 한다. 진정으로 새로운 소식은 기존의 정보에서가 아니라 환자와 치료자가 새롭게 발견하는 것에서 오기 때문이다.

볼라스는 정신분석가들이 너무 해석에 매달리거나 너무 열심히 무언가를 하려고 하지 않는 것이 필요하다고 말한다. 이러한 활동이 분석가의 수용능력을 제한하거나 없애 버릴 수 있다는 것이다. 단기치료에서 이 문제는 훨씬 더 어려운 문제일 수밖에 없다! 단기치료에서 통찰력 있는 치료적 도움을 제공하기 위해 이 문제는 더 큰 중요성을 갖는다! 단기치료의 시간적 제약은 환자와 치료자 모두에게 조급한 마음을 불러일으키기 쉽고, 따라서 치료가 피상적으로 흘러갈 수도 있다. 단기치료는 전형적으로 하나 또는 몇 개의 문제에만 초점을 맞춘다. 이런 초점을 결정하고 그것에 머무르는 것도 가치 있는 일이지만, 그렇게 하면 환자와 치료자 모두가 자기로부터의 새로움을 받아들이는 일에 방해받을 수도 있다. 단기치료에서도 앎이 시작되기에 앞서 존재하고 경험하는 시기를 갖는 것은 결정적으로 중요하다.

4장

단기치료의 역사:
주요 모델을 중심으로

> 값진 삶이란 얼마나 오래 살았는가가 아니라 시간을 어떻게
> 사용했는가에 달려있다. 인간은 오래 살았어도 실은 조금밖에
> 살지 못했을 수도 있다.
> 미셸 드 몽떼뉴(Michel de Montaigne), 1994

 삶을 바라보는 몽떼뉴의 시각은 심리치료에서의 시간 사용에도 적용될 수 있을 것이다. 단기 정신역동 심리치료는 프로이트에게서 시작된 이래로 다양하고 복잡한 발달을 거쳤다. 이런 발달 역사를 포괄적으로 다루는 것은 이 책의 범위를 넘어서는 일이 될 것이기 때문에, 나는 단기역동 심리치료를 대표하는 몇 가지 주요 모델들에 대해서만 다룰 것이다. 그리고 크리스-크리스토프와 바버(Cris-Christoph & Barber, 1991)의 방식을 따라 역동적 단기치료 모델을 1세대, 2세대, 3세대로 구분할 것이다. 그 외

에도 나는 실용주의 모델로 불리는 최근의 두 모델에 대해서 살펴볼 것이며, 또한 발린트와 위니캇의 독창적인 공헌에 대해서도 살펴볼 것이다. 그리고 본 장의 끝부분에서 환자 선택에 관한 주제를 다룰 것이다.

1세대 단기치료자들: 프로이트, 알렉산더, 프렌치

프로이트는 최초의 역동 심리치료자인 동시에 최초의 단기치료자였다. 정신분석이 상대적으로 단기 형식의 치료로 시작되었다는 것은 사람들 사이에서 쉽게 잊혀지고 있다. 나는 2장에서 정신분석과 심리치료의 장기화에 대한 여러 이유들을 살펴보았다. 프로이트의 「히스테리 연구」(Breuer and Freud, 1895)에는 5회기에서 10회기의 다섯 사례가 포함되어 있다. 프로이트의 가장 칭송받는 몇몇 사례들은 최단기에 이루어진 것들이었다. 악단의 지휘자였던 브루노 월터(Bruno Walter)는 오른 팔의 만성적 근육경련으로 6회기동안 치료를 받았고, 작곡가였던 구스타프 말러(Gustav Mahler)는 강박신경증과 부부문제로 당일 회기로 4시간 동안의 치료를 받았다(Jones, 1955). 늑대인간(wolf man)의 분석에서 프로이트(1918)는 어떤 환자들은 한정-회기 치료가 더 유익하다고 기술했다. 프로이트는 "치료란, 환자가 치료받기를 원할 때, 환자가 치료받기 원하는 만큼 이루어지는 것이다"라고 설명한다(Eisenstein에 의해 인용됨 1980, p. 31). 프로이트의 초기 작업은 단기치료의 특색을 가지고 있지만, 후에 분석 기간이 점점 길어졌다.

프로이트가 장기치료로 옮겨간 반면, 그의 몇몇 동료들은 단기치료의 가능성을 연구했다. 페렌치(Ferenczi, 1926)는 직접적인 기법을 포함하는 "적극적인(active)" 치료를 권고했는데, 그가 제안한 적극적인 치료 기법들은(예를 들면, 환자를 안아주고 키스해주기) 지금도 여전히 논쟁의 주제가 되고 있으며 대체로 평가절하되고 있다. 그러나 공포증 환자들에게 공포증의 대상을 직면하도록 돕는 지지 기법과 지금-여기에서의 전이 해석은 그의 공헌으로 간주되고 있다. 랑크(Rank, 1929) 또한 지금-여기에서의 해석 기법을 지지했고, 치료의 종결날짜를 정해 놓는 것의 이점에 대해 말했다. 페렌치와 랑크는 모두 현재의 경험을 강조하면서, 반드시 환자의 과거를 깊이 있게 분석하고 파헤쳐야 한다고는 생각하지 않았다.

프로이트, 페렌치, 랑크 세 사람 모두가 각기 나름대로 단기치료의 발달에 공헌했음에도 불구하고, 이 분야를 공부하는 대부분의 사람들은 단기역동 치료에 관한 최초의 저서는 알렉산더와 프렌치(Alexaner & French, 1946)의 「정신분석 치료」로 알고 있다. 그 책에서 알렌산더와 프렌치는 정통 정신분석 기법의 몇 가지 원리에 대해 직접적으로 의문을 제기하면서 기법의 수정을 제안했다. 그들이 제안했던 핵심적인 개념 중의 하나는 교정적 정서경험인데, 이것은 분석에서 지금 여기에서의 정서적 경험을 강조하는 것이다.

아이젠스타인(Eisenstein, 1980)은 알렉산더의 업적에 대한 서술에서, 교정적 정서경험에 대한 통찰력 있으면서도 간결한 설명을 제공하였다.

그[Alexander]는 환자가 어린시절에 부모와 가졌던 관계와 현재 치료자와 환자 사이의 관계의 차이가 치료의 중심 요소라고 생각했다. 치료에서 환자의 느낌에 대한 치료자의 반응은 환자의 어린시절에 있었던 부모의 반응과는 전혀 다르다. … 이러한 차이점들을 통해 환자는 자신의 갈등의 원인을 이해하게 된다. 보다 중요한 것은, 환자가 자신의 정서적 경험이 부적절하다는 것을 깨닫게 되는 것이다. 말하자면 환자의 자아에게 두 번째 기회가 주어지는 것이다. 이를 통해 변화된 상황에 적응하고 완전히 새로운 현실 상황에 맞출 수 있게 되는 것이다[p. 29].

알렉산더와 프렌치(1946)는 환자가 부모와의 과거 경험에 비추어 기대하는 것을 치료자가 다시 확인시켜주지 않도록 교정적으로 행동해야 한다고 말한다. 이렇게 하면, 적절한 정서적 경험은 더 자주 그리고 더 빠르게 일어날 수 있다. 이것은 지금도 여전히 논쟁이 되고 있는 기법이다. 과거 경험으로부터 기대되는 것과 현재 실제로 경험되는 것의 차이를 직면하는 경험적인 힘을 우리는 부정할 수 없다. 그렇지만, 현재 많은 치료자들은 치료자가 의식적으로 환자의 과거의 대상과 다른 방식으로 행동한다는 이 개념은 치료과정을 조종하는 것이며 진실되지 못하다는 생각을 가지고 있다.

알렉산더와 프렌치(1946)의 저서와, 알렉산더(1956)의 저서를 훌륭하게 정리한 아이젠스타인(1980)의 글을 살펴보면, 그들이 단기치료 실제에 얼마나 많은 근본적인 공헌을 하였는가를 알 수 있다. 그것들은 다음과 같이 요약될 수 있다.

  1. 환자의 의존 욕구에 대한 적극적인 분석. 그들은 환자의 의존성을 직면시키기 위해 치료자가 가끔 회기 수를 줄일 것을 권고한다.
  2. 환자가 종결에 대해 어떻게 대처할지를 결정하기 위해 치료를 "일시적으로 중단하는 실험을 하기"
  3. 현재를 강조하면서 환자의 내력이 갖는 중요성을 인식하기

4. 전이에서 환자의 퇴행을 제한하기
5. 단기치료에서 역전이 반응의 중요성
6. 치료 외적인 요소에 대한 치료자의 계획
7. 환자가 갈등을 직면하도록 직접적인 지지를 제공하기
8. 드러난 증상보다는 자아의 힘에 근거한 환자 선택의 기준

이런 많은 점들이 오늘날 단기치료 실제에서 지속적으로 타당성을 확인받고 있다.

2세대 단기치료자들: 말란, 대번루, 시프노스, 만

이들 네 사람이 제시한 모델들은 모두 같은 시기에 발전하였다. 말란, 대번루, 시프노스의 공통된 특징은 생동감 있는 해석과 엄격한 환자 선택을 위한 기준, 고전적 정신분석 개념의 이용 그리고 자신들의 접근법을 폭넓은 연구에 적용하여 인상적인 성과들을 얻은 것 등이다.

말란의 집중적인 단기 심리치료

말란은 런던에 있는 타비스톡 클리닉(Tavistock Clinic)에서 초점적 심리치료 개념(Balint et. al., 1972)을 연구했던 발린트 그룹의 한 구성원이었으며, 단기 심리치료 모델에 대한 두 권의 책을 출판했다(1963, 1976). 1976년에 출판된 「단기 심리치료의 선구자」라는 책은 단기역동 심리치료와 일반적인 특정 사례들의 심리치료 기법 그리고 그 심리치료 성과에 대한 연구결과에 통찰력을 제공해주는 고전서이다. 발린트와 말란은 공동작업을 통해

시너지 효과를 거두었다. 발린트는 환자와의 짧은 만남에 대해 직관적으로 뛰어난 접근법을 제시하였고, 말란은 정밀하고 체계적인 연구 및 특정 요소까지 설명할 수 있는 정교한 모델을 만들었다(Gustafson, 1981). 단기치료에 대한 발린트의 업적은 본 장의 후반에서 다룰 것이다.

말란의 모델은 무엇보다도 환자 선택에서의 신중함, 치료의 초점과 계획의 세심한 전개와 실행, 그리고 치료적 변화를 가져오는 요인으로서의 해석을 강조한다. 그에게 있어서 잠정적 해석은 평가과정의 중요한 부분이다. 적절한 초점, 강한 동기, 그리고 환자 자신의 내면 세계에 대한 호기심 등은 매우 바람직한 것으로 간주된다. 초점은 대개 전통적 정신분석의 주제에 맞추어져 있고, 치료자들은 그것을 지표로 삼고 있으면서도 환자들과 그것에 대해 공개적으로 논의하지는 않는다. 초점에 관한 예로는, 부모에 대한 공격적 감정 때문에 느끼는 죄책감, 오이디푸스적 승리에 대한 두려움, 통제되지 않는 공격적 또는 성적 충동에 대한 공포로 인해 나타나는 수동성, 외로움과 우울에 대한 방어 등이 있다.

치료자는 한정된 특정 갈등들을 극복하는 것을 목표로 삼는다. 이 특정 갈등에 대한 성공적인 작업이야 말로 직접적으로 다뤄지지 않은 다른 문제에 대해서도 긍정적이고 지속적인 효과가 있는 치료과정을 시작할 수 있음을 보여주는 지표이다. 나는 환자가 특정한 초점적 영역에서 변화를 이룩할 뿐만 아니라 그것을 내재화하여 삶의 다른 영역에도 적용하는(의식적이거나 무의식적으로) 전반적인 변화를 이룩하는 일이 가능하다고 본다. 어떠한 경우에도, 치료자의 목표는 결코 가벼운 것일 수 없다. 즉, 치료자의 "목표는 환자의 중심적인 문제, 또는 적어도 그의 정신병리의 중요한 양상을 실제로 해결하는 것이다"(Malan, 1976, p. 248). 이 치료는 매우 집중적이다: "매 회기의, 매 순간의 목표는 환자가 감당할 수 있을 만큼의 진정한 감정과 접촉하게 하는 것이다"(Malan, 1979, p. 74).

말란은 메닝거(Menninger)의 초기 작업에 자극을 받아 제한된 시간 내에 환자의 초점적 문제들을 해결하기 위한 해석 도식을 개발했다. 이것은 5장에서 다루는 두 개의 삼각형을 연결시켜주는 내용들을 포함하고 있다. 대번루(Davanloo, 1980)도 도식을 사용했는데, 그는 두 개의 삼각형을 제안하면서 하나는 갈등의 삼각형으로 그리고 다른 하나는 사람의 삼각형으로 불렀다. 갈등의 삼각형은 충동, 불안, 방어 사이의 연결에 초점이 있는 반면, 사람의 삼각형은 치료자, 중요한 과거 대상(특히 부모), 의미 있는 현재의 관계들과 같은 환자의 대인관계 패턴에 초점이 있다. 그룹스(Groves, 1992)는 말란 연구소의 치료자들이 의존성과 우울의 주제를 강조하는 경향이 있으며, 충동보다는 반복되는 대상관계 패턴에 더 초점을 두고 있다고 지적했다. 말란은 해석의 가장 강력한 유형은 환자와 부모 사이의 관계와 관련된 전이가 수반되는 것이라고 보았다(7장을 참고하라).

말란은 회기의 횟수보다는 종결날짜를 미리 정해 놓을 것을 권고했다. 그는 노련한 치료자에게는 20회기의 치료가, 그리고 훈련중인 치료자에게는 30회기의 치료가 합리적이라고 제안했다. 그는 종결 문제에 융통성 있게 접근했으며, 상실과 우울(치료사의 상실을 포함해서)의 문제를 효율적으로 다루는 것이 성공적인 결과를 가져오는 요소임을 발견했다.

대번루의 집중적인 단기 역동 심리치료

맥길(McGill) 대학에서 활동한 대번루(1978, 1980, 1991)는 욕동이론에 기초한 정신분석적 심리학의 기본 개념을 연구해왔다. 그의 접근은 말란의 접근과 마찬가지로 주의 깊은 환자 선택, 매우 해석적인 접근, 그것의 효율성에 대한 철저한 연구를 특징으로 한다. 그의 접근법은 다양한 환자들에게 적용되며, 그의 해석 기법은 훨씬 더 강력하고 지속적이다. 이것은 가장 활발하고 역동적인 단기치료이다. 비판가들은 그의 접근이 인정사정 보지 않는(remorseless), 환자를 괴롭히는(bullying) 것이라고 비판했다(Hildebrand, 1986). 그러한 비판에 대한 대번루의 반응은 다음과 같다. (1) 평가과정은 이 모델을 감당할 만한 자아의 힘이 없는 환자를 걸러내는 작업을 포함한다. (2) 이 연구는 선택된 환자들의 높은 치료 성공률을 보여준다. (3) 강력한 직면과 도전 및 해석에도 불구하고 대부분의 환자들은 치료를 지지적인 것으로 경험한다. 대번루의 지지자들은 단기역동 집중치료에서 무자비하게 저항을 직면시키는 것이 장기치료를 받으면서 수년간 고통을 겪게 하는 것보다 덜 잔혹한 것이라고 말한다. 이 접근법은 확실히 대부분의 환자에게 정서적으로 강렬한 경험을 제공하는 것으로 보인다.

평가과정은 6시간이 걸리고 대개 하루에 이루어진다. 평가의 주된 특징은 환자가 해석을 감당할 수 있고 이용할 수 있는지를 알아보기 위해서 잠정적인 해석을 사용하는 것으로 이루어져 있다. 대번루(1980)는 "이러한 초기 면접 기법은 실질적인 예비치료(trial therapy)로서, 환자의 반응을 알아볼 수 있는 유일하고도 믿을 만한 방법"(p. 47)이라고 말한다. 평가과정에서 초점이 결정되는데, 그 초점은 환자에게 직접적으로 제시되고, 지속적으로 유지된다. 초점 영역을 검토하는 것에 대한 저항은 적극적으로 다루어지고 해석된다. 대번루가 말하는 초점에는 환자의 수동성, 친밀한 관계의 회피, 억압된 분노, 그리고 환자가 스스로 "불구"(그가 많은 환자들에게 사용한 것으로 보이는 용어인)가 되는 방식

등이 포함된다. 치료자는 신속한 치료를 위해서뿐만 아니라, 강력한 의존적 전이의 형성을 막기 위해서 치료 초기부터 자주 전이에 대한 해석을 제공한다. 말란의 접근처럼, 대번루의 해석적 접근도 갈등 삼각형과 사람 삼각형이라는 두 개의 도식을 통해 설명한다.

치료의 목표는 환자의 "무의식을 여는 것"이며, 치료자의 역할은 끊임없이 환자의 저항을 직면시키고 해석하는 것이다.

환자의 저항은 오랫동안 자아 동조적 성격 패턴 안에 숨어있던 자기 파괴성을 노출시킴으로써, 심리내적인 위기를 발생시킨다. 이 위기는 강력한 정서를 발생시키는데, 그 정서는 무의식적 사고, 기억, 감정들의 저장소와의 접촉을 가져오고, 무의식적 동맹을 활성화시킨다. 또한 이 역동적 흐름은 분석과정을 촉진시키고 단축시킨다(Lakin et al., 1991, p. 83).

치료 회기의 수는 환자의 정신병리의 정도와 진행과정에 따라 결정된다. 단일한 오이디푸스적 초점을 가지고 있으면서 높은 수준의 동기를 지닌 환자의 경우에는 보통 1~10회기가 적절하다. 복합적인 오이디푸스적 문제를 가지고 있으면서 어느 정도 저항을 하는 환자의 경우는 보통 10~20회기가 일반적이다. 만연된 성격병리와 신경증을 가지고 있으면서 저항이 심한 환자들에게는 20~30회기가 필요하다. 뚜렷한 자아 동조적 성격 병리를 가지고 있으면서 매우 강력하게 저항을 하는 환자들에게는 30~40회기가 요구된다. 여기에서 대번루가 정신역동적 진단에 강조점을 두고 있음을 주목하라.

대번루는 종결이란 대부분의 사례에서 한 두 회기 정도만 필요한 매우 간단하면서도 단순한 과정이라고 설명하고 있다. 좀더 복잡한 사례의 종결에서는 3~5회기가 필요할 수도 있다. 어쩌면 대번루의 접근은 말란의 접근보다 더 야심적인 것일 수 있다. 그는 "치료자들은 환자의 핵심적인 신경증을 완전히 용해시키는 것을 목표로 하며 … 치료과정의 경험들은 매우 강렬한 것이므로 신경증을 용해시킨다"라고 말한다(Davanloo, 1980, p. 70). 대번루가 단기치료 이론가들 중에서 가장 낙관적인 사람 중 한 사람이란 것은 분명하며(Horowiz et al., 1984), 그와 그의 동료들은 심각한 성격병리 환자에게서도 상당한 성격적 변화를 성취할 수 있었다고 보고해왔다.

시프노스의 불안-조절을 통한 단기 심리치료

불안에 대한 관리는 시프노스가 보스턴(Boston) 시의 베스 이스라엘(Beth Israel) 병원에서 발전시킨 단기치료 연구의 중심적인 주제이다(1972, 1987). 그 연구는 욕동 중심 정신분석 이론의 토대 위에서 행해졌다. 시프노스는 환자의 불안 수준이 치료에서 변화를 촉진시키는 데 있어서 가장 중요한 요소라고 보았다. 치료에서, 어떤 환자는 불안을 감소시킬 필요가 있는가 하면, 어떤 환자는 불안을 증가시킬 필요가 있다. 그는 이러한 두 그룹의 환자들에게 필요한 두 가지 유형의 치료, 즉 불안-억제 치료와 불안-유발 치료를 발전시켰다: 가장 혁신적인 모델은 불안-유발 치료이며, 여기서는 이 모델에 대해 간략히 설명하겠다.

이 모델은 모든 단기 역동치료 모델 중에서 가장 선택적인 모델로서, 일반적인 임상환자의 2~10%만이 이 기준에 맞는다(Flegenheimer, 1982). 이 유형의 치료에 적합한 환자는 오이디푸스 콤플렉스 수준의 갈등이나 단순한 우울 반응을 지닌, 힘있는 자아를 소유하고 있고 치료적 동맹을 빠르게 형성할 수 있는 사람들이다. 치료자는 임시 해석을 활용해서 환자가 정신역동적 작업을 할 수 있는지를 탐색한다. 이러한 선택을 위한 패러다임은 본 장 후반부에서 환자를 선택하는 유일한 학파의 예로써 자세히 다루어질 것이다.

이 치료에서 처음부터 치료 횟수나 종결 날짜가 정해지는 것은 아니며, 대부분 치료 횟수는 7~20회기 정도이다. 치료자와 환자는 논의를 통해 오이디푸스 역동과 관련된 치료의 초점에 동의하고, 구체적인 치료 목표들을 확정한다. 초점의 예로는 삼각관계가 반복되는 문제이거나, 오이디푸스적 승리에 대한 공포 그리고 "이기주의"에 대한 죄책감 때문에 자기주장적이지 못하는 (unassertiveness) 문제 등을 들 수 있다. 시프노스의 기법은 전이 (긍정적인 전이의 느낌을 포함하는)와 저항에 대한 적극적인 초기 해석이 특징을 이루는 것이다. 치료자는 환자에게 지속적으로 초점적 문제인 오이디푸스적 상황을 직면시키지만, 성기기 이전의 문제(예를 들면, 나르시즘, 의존성)를 다루는 것은 피한다. 치료자의 역할에는 교육도 포함되는데, 치료자가 제공하는 재교육은 치료적 만남의 강렬한 정서적(그리고 경험적) 분위기 안에서 이루어지기 때문에 단순한 지적 교육보다 더 효율적이다.

치료의 목표는 환자가 과거에 회피해 왔던 자료들을 치료과정에서 직면하는 것을 통해서 심리내적 갈등을 해결하는 데 있다. 종결 날짜는 개선되었다는 뚜렷한 증거가 드러날 때 정해진다. 진전의 신호에는 증상의 완화, 편안함의 증가, 초점 영역에서의 변화, 그리고 다른 영역에서의 몇몇 일반적인 개선 등이 포함된다. 만(Mann)의 접근과는 달리, 종결시의 이별과 상실은 강조되지 않고, 대신 치료자는 환자가 치료에서 무엇을 성취했는가에 초점을 맞춘다.

만의 한정 회기(Time-Limited) 심리치료

만의 모델만큼 시간이 인간의 경험과 정신병리에 미치는 영향을 강조하는 단기역동 모델은 찾기 힘들다. 만이 발전시킨 한정-회기 접근은(Mann, 1973, 1991, Mann and Goldman, 1994) 시간, 부정적 자기-이미지, 분리/상실의 경험을 중점적으로 다룬다. 사람들은 시간을 두 가지 방식으로 경험한다: 사실적(categorial)시간과 실존적(existential)시간. 사실적 시간은 현실에 기초를 두고 있고, 시작과 끝이 있으며, 시계나 달력 또는 나이를 먹는 것을 통해 측정될 수 있다. 이것은 어른의 세계에서 시간을 경험하는 방식이다. 반면에 실존적 시간은 단순히 경험했거나 "살았던 시간(lived-in)"이다: 그것은 초기 아동기의 시간으로서, 무시간적이거나 끝 또는 한계가 없는 시간이다. "우리의 현재 삶은 과거에 대한 기억과 미래에 대한 기대로 이루어져 있다. 즉 그것은 무한한 어린시절의 시간과 유한한 성인의 시간이 섞여 있다. 그러므로 우리는 죽음이라는 현실과 그것을 부정하는 불멸에 대한 기대 사이에서 끊임없는 갈등에 사로잡혀 있다"(Mann and Goldman, 1994, pp. 2-3).

장기 역동 심리치료와 한정-회기 치료는 다른 유형의 시간 경험을 발생시킨다. 장기치료에서, 종결 시기에 대한 개방성과 치료자의 절제가 실존적 시간 또는 아동기 시간의 발생을 촉진시킨다. 그 결과 퇴행과 전이가 촉진된다. 이와는 대조적으로, 한정-회기 단기치료는 환자로 하여금 사실적 시간 또는 성인기 시간을 지향하게 만들고 퇴행을 감소시키는 경향이 있다. "치료기간이 더 구체적일수록 아동기 시간은 더 빨리 실제 시간과 현실적인 과제에 직면하게 된다(Mann, 1991, p. 24). 본 장의 후반부에서 단기치료에서의 시간 개념을 더 자세히 설명할 것이다.

만은 치료회기를 12회기로 한정하였고, 치료 초기에 환자에게 이 사실을 알려준다. 그 다음에 이어지는 평가과정은 보통 3회기가 소요된다. 평가 단계 동안의 중심적인 문제(치료의 초점)는 환자와의 논의를 거쳐 결정한다. 그것은 전형적으로 환자가 문제로 제시하는 것과는 다른 것이다. 중심적인 문제는 환자의 자기-이미지와 관련된다. 치료자는 환자의 이야기가 전개됨에 따라 환자의 자기-표상이 어떤 것인가에 대한 명확한 견해를 얻고자 노력해야 하고, 그 이야기속의 사건들이 발생했던 당시에 환자가 자신을 어떻게 경험했는가를 반복해서 자문해야 한다. 중심적인 문제를 이런 측면에서 언급하는 것은 환자의 과거, 현재, 미래를 직접적으로 연결시켜준다. 즉 환자의 개인적인 시간의 흐름과, 기억, 퇴행, 환상, 발달정지 등에 수반되는 정동들, 그리고 새롭게 분출되는 요소들―마침내 말로 표현되지 않은 고통스런 자기-이미지로 출현하는―을 연결시켜준다. 환자는 이처럼 시간에 묶여있는(time-bound) 자기 이미지 때문에 치료자에게 도움을 받으러 온다(Mann and Goldman, 1994, pp. 23-24).

　만의 한정-회기 심리치료에서 중심적인 것은 환자의 자기 개념이며, 그 치료의 목표는 환자의 자기 부정적 이미지를 감소시키는 것이다. 이 모델은 정신역동적이고 해석적인 기법을 사용하지만, 그것의 목표는 일차적으로 무의식을 의식화하는 데 있는 것이 아니라, 환자의 자존감 결함의 의미와 범위를 명료화하는 데 있다. 이 모델에서는 치료 초기에 중심 문제를 정하고 치료의 종결 시기를 결정하는 것이 치료적 변화를 가져오는 요인이라고 믿는다. 어떤 구체적인 요소들이 환자의 중심 문제로 정의되던지 간에, 치료자는 또한 시간과 분리라는 핵심 개념들에 관심을 기울여야 한다. 만(1991)은 이런 작업이 필수적이라고 믿었는데, 그것은 환자의 자기 이미지는 인간 형성의 중심적인 부분인 분리와 상실에 의해 상당 정도 형성된다고 보았기 때문이다.

그러므로 이 접근에서는 치료의 종결과 그로 인한 치료자의 상실을 처리하는 과정이 결정적으로 중요한 부분으로 간주된다. 쿠퍼스(Kupers, 1988)는 만의 접근을 한 마디로 종결-국면 심리치료라고 묘사했다. 이 접근의 종결은 치료가 12회기를 넘지 않아야 하고 치료 종결 후 다시 치료에로 돌아올 수 없다는 점에서, 융통성이 없는 것이다(Mann and Goldman, 1994). 그렇게 하지 않는다면, 그것은 더 많은 시간을 사용할 수 있음을 암시하는 것이 될 수 있고, 따라서 환자가 성인기 시간을 다루지 못하도록 방해할 수 있다. 다른 어떤 모델도 종결의 확실성에 대해서 이렇게 강조하지는 않는다. 나는 나중에 이 접근에 대한 찬반 의견에 대해 알아볼 것이다. 나는 환자가 치료를 위해 치료자에게 되돌아가는 것(연쇄적인 단기치료)이 더 유익하다고 생각을 하지만, 종결에 관한 만의 접근이 가진 힘 또한 부정할 수 없다고 본다.

3세대 단기치료자들: 호로위츠와 그 동료들, 스트럽과 빈더

스트레스 반응 증후군에 대한 호로위츠와 그 동료들의 단기 역동치료

호로위츠와 그의 동료들은 캘리포니아 대학의 랭글리 포터 정신의학 연구소(Langley Poerter Psychiatric Institute)에서 절충주의 단기치료 모델을 발전시켰는데, 이 모델은 만의 한정-회기 심리치료와 마찬가지로 12회기로 구성되어 있다(Horowitz, 1986, 1991, Horowitz et al., 1984). 그들은 이 한정-회기 치료에다 급성 스트레스 반응에 대한 지식, 환자의 다양한 성격에 맞추는 접근

방식, 다양한 모델을 만들어낼 수 있는 인지 기능과 과정에 관한 이해 등을 첨가하였다. 게다가 호로위츠(1991)는 이 모델의 효능에 대해서 체계적으로 연구하였고 요약 정리하였다.

이 접근은 사랑하는 사람의 죽음이나 실직 같은 심각한 스트레스 상황을 겪는 환자들을 위해 고안된 것이었다. 이 모델의 주요 장점은 초점—스트레스를 주는 사건에 대한 반응과 그 반응의 극복과정—을 아주 명확하고 쉽게 확인할 수 있다는 것이다. 게다가 치료상황에서 환자가 주관적으로 경험하는 찌르는 듯한 고통은 다른 문제들(자존감, 대인관계)에까지 영향을 미칠 수 있고, 그 결과 치료 동기를 더욱 유발시킬 수 있다. 그러므로 그러한 심각한 사건과 반응을 경험하고 있는 사람은 개인적이고 정서적인 변화를 이룰 수 있는 상태, 즉 방어기제가 "흔들려지는" 상태에 있다고 할 수 있다.

이 접근은 하나의 정신역동적 단기치료로서 환자의 스트레스 반응의 특정한 형태와 강도가 환자의 독특한 심리내적 문제와 관련되어 있다고 본다. 이 모델은 최근의 스트레스 사건을 다루고자 하는 환자를 주 대상으로 하는 것이지만, 호로위츠는 다른 상황들에도 적용할 것을 권하고 있다. 치료자의 활동은 심리 기능에 대한 아래의 세 가지 이론에 바탕을 두고 있다(Horowitz, 1988).

마음의 상태에 관한 이론(states of mind theory)은 스트레스 사건 전후의 심리적 상태가 어떻게 다른가를 살펴본다. 그 예로, 정서에 압도되거나 마비되거나 무감각해진 감정 상태를 들 수 있다.

개인적 도식에 관한 이론(person schemas theory)은 자기와 타인에 관한 지속적이며 천천히 변화하는 견해와 관련되어 있으며, 자기와 타인의 상호작용에 관한 각본과 관련되어 있다 (Horowitz, 1991, p. 169). 스트레스 사건, 특히 외상적인 사건을 다룰 때, 환자들은 새로운 현실에 적응하는 데 도움이 되는 도식을 갖고 있지 않을 수 있으며, 따라서 자기와 타인에 대한 새로운 또는 수정된 도식을 발달시킬 필요가 있다.

통제 과정에 관한 이론(control process theory)은 사람들이 기존의 도식들과 새로운 외상적 상황 사이의 갈등에 대한 의식적 인식이나 의사소통을 촉진하거나 억제하기 위해 다른 통제 유형들을 사용한다고 제안한다. … 치료자는 환자가 사용하고 있거나, 사용할 수 있거나, 배울 수 있는 통제 유형이 무엇인가에 따라 치료 기법을 선택한다(Horowitz, 1991, p. 170).

치료자는 위의 세 이론을 바탕으로 하여, 환자의 독특한 심리 기능 양태에 따라 자신의 접근 방식을 결정해야 한다. 이러한 사고를 갖고 있는 호로위츠와 그의 동료들(1984)은 환자의 특정 성격 유형에 따라 기법을 수정하려고 노력하였고, 그 결과 4가지 성격 유형—히스테리, 강박, 자기애, 경계선—의 단기치료 기법을 제안할 수 있었다. 치료자들의 목표는 최소한 환자가 이전의 기능 수준을 회복하도록 돕는 것이었다. 좀더 야심적인 목표로는, 환자로 하여금 극복 작업을 통해 근저의 심리기제를, 즉 내적 모델을 수정하도록(예컨대, 도식과 통제 과정을 변화하도록) 돕는 것이었다. 12회기 모델의 전형적인 진행 과정은 <표 4-1>에 요약되어 있다. 이 개요는 관계 문제에 명백한 관심을 기울이고 있음을 주목하라. 그러나 대부분의 단기치료 모델과 마찬가지로, 이 모델에서도 기법이 강조되고 있다(호로위츠의 연구에서는 상세한 개념적 틀을 형성하는 것에도 강조점이 주어지고 있다). 또한 역전이가 관계에 미치는 영향에 대해서는 별로

〈표 4-1〉 스트레스 장애 환자를 위한 12회기 역동 치료

회기	관계 문제	환자 활동	치료자 활동
1	조력자에 대한 최초의 긍정적 느낌	환자가 사건에 대해 이야기 하기	예비적인 초점 논의하기
2	긴장감 완화로 인한 평안한 상태	현재의 사건을 과거의 삶과 관련짓기	정신병력 조사하기 환자의 증후군에 대한 현실적인 평가 제시
3	환자가 다양한 관계적 가능성을 위해 치료자를 시험하기	환자가 사건의 확장된 의미를 알려주는 연상을 추가하기	초점 재조정하기: 스트레스와 관련된 주제를 숙고하는 것에 대한 저항 해석하기
4	치료 동맹의 심화	현재의 사건이 내포하고 있는 내용 숙고하기	방어와 방어된 내용을 해석하고, 스트레스 사건과 반응에 연결하기
5		회피해왔던 주제에 대해 작업하기	두려운 주제에 적극적으로 직면하게 하기
6		미래를 숙고하기	종결시기에 대한 논의
7-11	전이반응을 해석하고 그것을 다른 심리적 구성물과 연결하기: 임박한 분리 인식하기	중심 갈등과, 삶의 사건에 대한 반응과 관련된 종결 문제에 대한 계속되는 극복과정	중심 갈등, 종결, 미해결된 문제, 제안들을 모두 명료화하고 해석하기
12	작별인사	환자 스스로 지속해야 할 일과 미래의 계획들을 논의하기	환자가 치료를 통해 얻은 성과와 미래에 환자 스스로 해야 할 과제에 대해 확인하기

출처: 호로위츠(1986)

강조되지 않고 있다. 전이에 대한 해석이 사용되고는 있지만, 그 것은 어린시절 부모와의 경험보다는 일차적으로 스트레스에 대한 반응과 관련되고 있다. 치료의 종결 단계 동안에 치료자는 환자의 또 하나의 상실에 주의를 기울여주며, 환자로 하여금 다른 자료들의 맥락 안에서 그 상실의 의미를 볼 수 있도록 돕는다. 이 접근은 부가적 회기를 갖는 문제나 치료자와의 재접촉의 문제에 있어서 만의 접근에 비해 훨씬 더 탄력성을 갖고 있다.

스트럽과 빈더의 한정-회기 역동 심리치료

스트럽과 빈더(Binder and Strupp, 1991, Strupp, 1993, Strupp and Binder, 1984)의 모델은 본 장에서 조사한 모든 단기치료 모델들 중에서 치료적 관계를 가장 강조하는 모델이다. 이것은 대부분의 단기치료 모델과는 달리, 스트럽과 빈더의 이론이 대인관계 이론 (Sullivan, 1953)에 기초를 두고 있는 것이라는 점에서 그리 놀랄 일이 아니다. 게다가, 호로위츠의 모델과 마찬가지로, 그들의 접근은 심리치료 연구로부터 나온 통찰에 의해 깊은 영향을 받았다. 스트럽은 지난 몇 십 년 동안 가장 존경받는 국제적인 심리치료 연구자 중의 한 사람이다. 그들이 내쉬빌(Nashville)에 소재한 밴더빌트(Vanderbilt) 대학에서 발전시킨 이 모델은 "신중한 모니터링, 탐구, 치료적 관계를 기법적 전략 그 자체라고 강조함으로써 소위 관계 요인들을 기법에 결합시켰다"(Strupp, 1993, p. 432). 실험연구 배경에서 나온 이 접근은 기법에 대한 분명한 정의, 측정과 관찰이 가능한 성질의 치료 목표를 특징으로 갖고 있다.

환자를 선택하는 과정은 대번루나 말란의 모델만큼 정교하지는 못하다. 이 모델에서는 일반적으로 90분 동안의 단일 회기 동안에 평가 작업이 이루어지는 것으로 보인다. 환자를 선택하는 과정을 거친 후에, 환자가 제기한 문제를 대인관계적 용어로 개념화한 다음에 초점, 즉 순환성 부적응 패턴(Cyclical Maladaptive Pattern—CMP)이 어떤 것인지를 결정한다. 이것은 관계를 방해하고 환자의 자기-이미지에 영향을 미치는 대인관계 상호작용의 순환 패턴을 말한다. 초점의 예로는 스스로 희생자가 되는 것, 과도하게 수동적이고 의존적으로 되는 것, 비판적이 되는 것, 감정적으로 거리를 두는 것 등이 있다. 한정-회기 역동 심리치료의 목표는 대인관계의 기능을 개선시키는 것이지만, 스트럽과 빈더는 다른 영역들(증상, 자존감)에서도 광범위한 변화가 일어난다는 것을 발견했다. 일단 CMP가 선택되면, 종결 날짜를 확정하게 되는데, 치료 기간은 일반적으로 25회기로 한다.

이 접근은 각 환자의 개별성을 강조한다. 스트럽과 빈더는 단일한 특정 치료적 개입으로는 지속적으로 가장 좋은 효과를 거둘 수 없다는 것을 발견했다. 하지만 이 모델은 대인관계적 측면에서 개념화된 전이와 역전이의 분석을 강조한다. 치료자가 자신의 역전이에 주목하는 것이 강력하고 생산적인 치료작업의 한 부분으로 간주된다. 스트럽과 빈더(Binder & Strupp, 1991)는 치료과정을 네 가지 요소로 정리했다. 첫째, 치료자는 환자 자신의 문제인 상호작용 패턴이 출현할 수 있도록 허용하는 안전한 환경을 조성하려고 노력한다. 둘째, 그 패턴은 치료 관계 안에서 나타나고, 환자와 치료자 모두는 그것을 경험한다. 셋째, 치료자는 그 패턴이 나타날 때 환자가 그 패턴에 주목하도록 이끌어준다. 넷째, 환자로 하여금 부적응 대인관계 패턴과 관련된 자신의 내적 신념을 탐색하고 살펴보도록 이끈다. 치료자는 각 회기마다 CMP와 관련된 주제를 보여주며, 특히 치료적 관계 안에서 드러나는 그 징후들을 강조해서 보여준다.

이 모델이 가져다 준 부가적 기여 중의 하나는 치료 장면에서 환자와 치료자 모두의 적대감이 갖는 역할에 주의를 기울인 것이다. 이와 관련된 연구를 정리하면서, 스트럽(1993)은 "부정적, 적대적, 저항적"인 태도로 치료를 시작하는 환자들은 대체로 치료효과가 적었다고 보고했다. 더욱이, 그런 환자들과 작업하는 치료자들에게서 무의식적 행동화가 자주 발생하는 것을 주목했다. 스트럽과 빈더(1984)는 치료 초기에 부정적 전이 반응을 직면시킬 것을 제안하며, 치료자 스스로(동료와의 논의나 슈퍼비전을 포함하여) 부정적인 역전이를 관리하고 담아낼 것을 권고한다.

스트럽과 빈더의 모델은 나의 접근과 많은 공통점이 있기 때문에 그들의 연구결과는 이 책에서 자주 언급되고 있다. 치료적 관계와 관련된 단기치료 모델에 대해 더 알고 싶은 독자들은 구스타프슨(Gustafson, 1986)과 루보르스키(Luborsky, 1984, Luborsky and Crits-Christoph, 1990, Luborsky and Mark, 1991)를 참고하라.

실용주의 모델: 블룸, 벗맨과 거맨

블룸의 초점적 단일-회기 치료

블룸(Bloom, 1981, 1992)이 단일-회기 치료 모델로 뛰어든 이유는 매우 실용적인 것이었다: 외래 진료에 오는 많은 환자들이 1회기만 오기 때문이었다. 한 회기만으로 의미 있는 개입이 가능하도록 치료의 형태를 바꿀 수는 없는 것인가? 그는 단일-회기 치료에 대한 자신의 이러한 생각이 "말도 안 되는" 것으로 보일 수 있다는 것을 알고 있었다. 하지만, 많은 다른 모델들에서도 매 회기를 하나의 작은 치료(micro-therapy)로 개념화할 것을 권고하고 있고, 단일 회기만으로 치료가 성공적이었다는 일화적 보고들(프로이트까지 거슬러 올라가는)이 적지 않은 것도 사실이다. 보울더(Boulder)에 위치한 콜로라도 대학에서 연구활동을 한 블룸은 자신의 치료가 두 가지 중요한 원리를 따르고 있다는 점에서 정신 역동적 치료라고 간주했다. 첫째, 이 모델은 환자로 하여금 과거의 무의식적인 정신내용을 의식화하는 것과 둘째, 종결 후에 계속해서 심리적 건강을 증진시키는 과정을 돕는다.

단일 회기는 두 시간에 걸쳐 진행되며, 초점을 확인하는 것이 매우 중요하다. 회기에서 개인력을 조사하는 것은 그다지 생산적인 것으로 간주되지 않는다. 블룸이 말하는 초점의 예로는, 환자의 불만족스런 결혼생활의 원인이 환자 자신의 자존감 부족에 있음을 깨닫게 하는 것, 학생의 학업부진의 원인이 자신을 충분히 지원해주지 못하는 부모에 대한 분노에 있음을 깨닫게 하는 것 등을 들 수 있다. 치료자는 또한 한 회기 동안 관심을 가지고 경청하는 사람과 함께 자신의 고통스러운 경험을 나눌 수 있는 환자의 능력을 존중해주어야 한다.

블룸의 단일회기 접근에 대한 몇 가지 지침들은 다음과 같다.

1. 너무 많은 것을 얻으려 하지 마라. 치료자는 한 가지 혹은 두 가지 문제에 대해서만 초점을 두고, 그것을 단순화시켜야 한다. 블룸은 자신의 지침은 열 마디 이하로 말하는 것이라고 설명한다.

2. 신중하게 행동하라, 특히 회기의 후반부에서.

3. 깊이 탐색하고 난 후에 잠정적인 해석을 제시하라.

4. 감정 표현을 격려하라. 그렇게 하기 위해서 치료자는 먼저 환자의 감정 상태에 대해 분명히 알고 있어야 한다.

5. 시간의 흐름을 주목하라.

6. 사실에 관한 질문은 최소한으로 하라.

7. 문제 상황을 촉발시킨 사건에 너무 관심을 두지 마라.
8. 우회하지 마라, 치료자는 초점을 유지해야 한다.
9. 환자의 자기-인식을 과대평가하지 마라.
10. 문제-해결 과정을 시작하기 위해 면담을 활용하라.
11. 환자가 지닌 긍정적인 요소를 과소평가하지 마라.
12. 사회적 지원을 동원하도록 도우라.
13. 정보 부족으로 보이는 환자에게는 교육을 하라. 강의는 유용한 것으로 보이지 않지만, 짧은 설명(예컨대, 스트레스가 심리적 기능에 미치는 영향)은 크게 도움이 될 수 있다.
14. 추후 확인(follow-up)을 위한 계획을 세우라. 만약 환자가 전화하지 않는다면, 치료자가 하라. 필요하다면, 환자에게 후속 상담을 할 수 있도록 격려하라. 이 접근이 1차 의료기관의 의사들이 사용하는 방법과 얼마나 비슷한가에 대해 생각해보라.

블룸과 그의 추종자들(Budman and Gurman)이 제안하는 실용주의 모델들의 주요 지침들은 그 회기 안에서 실질적으로 이루어진 것에 대해 강조하는 반면, 환자에 대한 이론적 개념화를 강조하지는 않는다. 나는 최단기 치료에 관한 장에서 단일-회기 치료를 더 깊이 다룰 것이다. 나는 블룸의 접근이 시간의 부족 때문이라는 것을 이해하지만, 사실적이고 주관적인 내력과 촉발 사건에 대한 관심이 부족한 부분에 대해서는 의문을 갖고 있다. 내 경험에 의하면, 이러한 것들은 종종 환자의 문제를 이해하기 위한 실마리를 제공한다. 사람들은 자주 불행해하고 고통스러워하지만, 특정한 순간에만 치료를 시도한다. 그 순간이 왜 지금인가? 이것은 매우 중요한 문제이다.

벗맨과 거맨의 I-D-E 치료

벗맨과 거맨(1988, 1992)의 모델을 특징적으로 가장 잘 표현하는 말은 유연성과 절충주의(electivism)이다. 그들의 모델은 보건관리기구(HMO 특히 Havard Community Health Plan)에서의 작업을 통해 발전되었다. "우리는 단기치료를 행하고 있는 대부분의 치료자들이 순수한 이론가이거나 기법가가 아니라고 확신한다. 그들의 방법과 기법은 통합적인 것은 아니더라도 실용주의적이거나 절충주의적이다"(Budman and Gurman, 1988, p. ix). 그들은 많은 다른 단기치료들의 유용한 요인들을 사용하여 자신들의 패러다임을 발전시켜왔다: "그러므로 어떤 면에서, 여기에 제시된 치료 모델은 특별히 고유한 것이라기보다는 효율적인 단기치료에서 가장 자주 사용되고 있는 필수적이고 공통적인 요소들을 반영하는 것이다. 그것은 비록 그 치료자들이 명확하게 표현하지 않은 측면이라고는 해도, 우리가 효율적이라고 생각하는 단기치료의 핵심내용을 정리한 것이다"(Budman and Gurman, 1988, p. ix). 그들의 접근은 근저의 정신역동적 문제를 다루고는 있지만, 해석을 강조하지는 않는다. 기법상의 유연성, 다양한 상담횟수, 다양한 상담기간, 종결 후 재치료를 허용하는 점 등을 고려할 때, 벗맨과 거맨의 단기치료 모델은 만의 것과는 상당히 다르다는 것을 알 수 있다.

이 모델은 접근 방식이 특정 환자에 따라 개별화되어 있기 때문에 환자를 선택하는 문제는 주요 고려대상이 되지 않는다. 블룸의 모델과는 달리, 이 모델은 왜 환자가 이 특별한 시점에 치료를 받으러 오는가, 즉 왜 지금인가? 라는 점을 주요 고려사항으로 취급하면서, 단기치료의 공통적인 초점을 다섯 가지로 제시했다: 상실, 발달상의 불일치(생애 주기에 따른 삶에서 벗어났다는 환자의 느낌), 구체적 증상, 대인관계 문제, 성격장애. 이 주제들이 그들의 1988년도 책의 12개 장 중에 7개의 장을 차지하고 있는 것을 보면, 그들이 이 초점들을 얼마나 중심적으로 다루었는지를 알 수 있다(이것들은 6장에서 논의되고 정의될 것이다). 그 다음에, 치료자와 환자는 선택된 초점에 관해 다음의 세 가지 기준에 따라 탐색한다: 환자를 고통스럽게 하는 대인관계적(interpersonal) 요소, 발달(development) 단계, 그리고 증상들과 상황이 갖는 실존적인(existential) 의미. 그들은 이것을 I-D-E 접근(6장을 보라)이라고 불렀다.

이 접근에서 치료 기간은 매우 다양하지만, 대개는 12회기에서 40회기 내에서 이루어지며, 기법적으로는 다양한 학파의 심리치료 기법들이 사용된다. 벗맨과 거맨은 최면술을 사용하기도 하고 개인치료에 가족 구성원을 참여시키기도 하며, 또한 인지를 재구조화하고 재구성하는 기법도 자주 사용한다. 치료의 종결 역시 유연하며, 필요하다면 앞으로 재치료를 할 수 있다고 환자에게 말해준다. 그들은 치료에서 "종결의 마지막이란 실제로 신화에 불과하며, 환자들은 결국 다시 돌아온다"고 말한다(9장을 보라): 많은 환자들은 추후 작업을 위해 인생의 다른 시점에서 치료를 받으러 되돌아 온다. 그들은 치료 바깥의 상황에서 성장하고 변화할 수 있는 환자의 능력에 대해서 크게 강조한다.

그들은 최근 저술에서(1992) 치료를 위한 환자의 준비성, 환자의 이야기를 다시 쓰기, 그리고 통제 이론의 사용(환자가 자신의 기대를 맞는 것으로 또는 틀린 것으로 확인하기 위해 어떻게 치료를 사용하는가?)이라는 문제를 중심으로 자신들의 모델을 좀 더 정교하게 다듬었다.

발린트와 위니캇의 창조적인 단기치료 스타일

발린트와 위니캇의 공헌을 다루지 않고서는 단기치료와 대상관계 개념을 적절히 논의하기란 불가능하다. 탁월한 영국 대상관계 이론가인 이 두 사람은 장기치료 임상의 대가일 뿐만 아니라 단기치료에도 중요한 통찰을 제공한 사람들이다. 나는 그들의 독특한 임상방식과 뛰어난 재능을 강조하기 위해 의도적으로 스타일이라는 용어를 사용한다.

발린트

발린트가 단기치료 분야에 기여한 공헌은 다음의 세 가지로 요약될 수 있다. 첫째, 그는 타비스톡 연구소에서 초점적 단기 심리치료에 대한 연구를 시작했는데, 이것이 그의 첫 번째 공헌이었다(Balint et al., 1972). 말란의 집중적인 단기 심리치료 모델은 그 연구에서 나왔다.

둘째, 그는 일차 진료기관의 의사들을 대상으로 단기 심리치료 혹은 상담 기법을 훈련시켰다(Balint, 1957). 그의 연구에서 의사-환자 상호작용은 대인관계의 일부로 개념화되었다. 그들 사이의 상호작용은 매우 짧을 수도 있지만, 그들의 관계는 오랜 시간동안 지속될 수도 있다. 이 상호작용 안에는 환자가 제시한 무언가(증상)에 대해 치료자가 다시금 무언가를 제시하는(치료) 역동이 포함되어 있다. 그는 의사가 단순히 전통적인 방식대로 약(약물이나 다른 처방)을 제공할 것이 아니라 환자의 질병을 더 깊이 이해하기 위해 환자로 하여금 자신의 증상 경험을 이야기하도록 격려해야 한다고 생각했고, 그런 방식대로 의사들을 훈련시켰다. 치료자와 환자 사이의 이러한 논의는 더 길어질 수도 있지만, 대개는 5분에서 15분 정도로 매우 짧은 것이었다. 사실, 발린트는 이때 의사가 평균적으로 환자를 만나는 시간인 6분간의 상호작용에 대해 집중적으로 연구했다(Balint and Norell, 1973).

이 연구에서 "순간 치료"(flash) 방법이 나왔다. 순간 치료 방법은 환자가 치료를 원하는 바로 그 고통스런 순간에 치료자가 환자로 하여금 자신의 고통에 대하여 이야기하도록 초대하는 방법이다. 이렇게 빠르고 강렬한 상호작용 덕분에 의사는 매우 효율적이고 강력한 의견을 제시할 수 있다. 이렇게 짧은 만남에서 의사가 시도하는 것은 환자에게 통찰과 함께 무언가 새로운 것을 제공하는 것이다.

셋째, 발린트는 단기치료 사례에 대해 언급하면서, 인간 경험의 고유한 대인관계적 요소들을 강조했다. 스튜어트(Stewart, 1993b)의 설명에 따르면, 발린트의 치료는 "환자의 개성에 따라 치료자 자신을 적응시킨다"는 점을 특징으로 한다. 발린트는 "단기치료에서 환자가 새로운 종류의 인간관계를 제공받아야 한다"(Gustafson, 1981, p. 120)고 말한다. 발린트(Balint et al., 1972)는 치료에서 일어나는 변화는 단순히 해석에 의해서가 아니라 환자가 치료자와 새로운 관계를 경험하는 것에 의해서 이루어진다고 보았다. 이것은 다음 장에서 다루게 되는 "과거의 경험에 대한 새로운 종결" 개념과 비슷하다.

위니캇

위니캇의 연구도 개별 환자의 고유성을 존중하는 것으로 특징지을 수 있다. 소아과 의사로서 어린이와 성인을 분석했던 위니캇은 건전한 자기감이 출현할 수 있는 필요 조건들에 관심의 초점을 두었다. 치료에서 그는 환자의 발달장애에 대해 그리고 환자가 지닌 고유한 힘과 생명력에 관심을 두었다. 흥미로운 점은 그의 가장 인상적인 사례들 중 얼마는 단기치료라는 점이다. 예컨대, 그의 가장 유명한 사례들 중의 하나인 어린 소녀 "피글"(The Piggle) 사례는 단지 14회기로 이루어진 것이었다(Winnicott, 1977).

영국 국립 건강 서비스(British National Health Service)의 고문이었던 그는 일반 임상가들과 소아과 의사들을 위해 많은 자문을 제공했다. "그는 단 1회의 치료만으로도 발달을 방해하는 걸림돌을 제거하기도 했다. 그는 「그림놀이를 통한 어린이 심리치료, Therapeutic Consultations in Child Psychiatry」(1971)에서 1회기, 2회기 또는 3회기만으로도 장애를 극복하고 정상적인 발달을 재개하도록 도움을 줄 수 있다는 사실을 보여주었다"(Groves, 1992, p. 53).

위니캇의 단기치료가 지닌 두 가지 측면은 특별히 언급할 만한 가치가 있다.

첫째, 그는 매우 짧은 개입을 통해서 환자로 하여금 스스로 자신을 성찰할 수 있는 심리적 공간을 창조해낼 수 있도록 도왔다. 그의 단기치료에 관한 서술은 매우 여유로운 것이었고, 그 점에서 신선한 충격을 주는 것이었다. 위니캇의 저술에는 역설이 자주 등장하는데, 그것은 한정된 시간(Mann의 현실적 시간)동안 치료자와 환자가 "놀이"하고 탐색할 수 있는 무한하고 경계 없는 공간(Mann의 실존적 시간)을 창조해내는 방식이기도 하다. 그의 치료에서 놀이는 핵심적인 개념인데, 이것은 환자와 치료자가 의도와 목적을 가지고 무엇인가를 해야 한다는 생각에서 벗어나 다양한 관점에서 경험을 바라보는 개방된 상태에서 자신과 서로를 발견하고 경험하는 것을 말한다. 놀이는 환자와 치료자가 자신들의 수용능력을 사용할 때 일어난다. 위니캇의 작업은 단기치료가 결코 서두르거나 시간에 쫓기는 치료가 아님을 우리에게 상기시켜준다.

둘째, 만약 자주 치료 회기를 가질 수 없다면, 환자가 필요로 하거나 요구할 때 즉각적으로 행해져야 한다고 주장한 점이다 (Winnicott, 1971). 치료는 환자가 치료받을 준비가 되어 있고 또 강한 동기를 가지고 있을 때에만 효과적일 수 있다는 것이다.

단기 정신역동 치료 모델들의 공통점들

다양한 단기 정신역동 치료 모델들 사이에는 많은 차이점들이 있음에도 불구하고, 거기에는 다음과 같은 공통점들이 존재한다.

초점

단기치료는 단기간에 수행되는 치료이다. 제한된 시간을 효율적으로 이용하기 위해서, 치료자와 환자는 모든 주제를 느긋하고 탐색적인 태도로 다룰 수는 없다. 모든 주제를 다룬다는 것은 어쩌면 어느 하나도 충분히 다루지 못한다는 것을 의미할 수 있다. 하나의 초점이 전개되는지 아니면 여러 초점들이 전개되는지는 단기치료와 장기치료를 구분하는 문제이다. 정신역동 모델이든 다른 모델이든, 모든 단기치료 모델들은 특정한 문제를 중심으로 작업할 것을 요구한다. 초점은 두드러진 증상, 선택된 심리내적 갈등, 역기능적 대인관계 패턴, 혹은 다른 주제들이 될 수 있다. 초점을 전적으로 증상에만 두는 치료는 표현적 치료가 아닌 지지적 치료에 속한다.

초점은 역동 치료자 개인에 따라 다르게 개념화될 수도 있지만, 환자의 무의식적인 역동에 초점을 둔다는 점은 동일하다. 시프노스는 신경증 수준의 오이디푸스 갈등에, 대번루는 종종 분열된 분노 또는 적대감과 공격성의 회피 노력에, 말란은 의존성 문제에, 스트럽과 빈더는 대인관계적 패턴과 역동에, 만은 종종 분리-개별화 문제를 중심으로 한 여러 문제들에, 벗맨과 거맨은 이미 언급된 바 있는 다섯 가지 범주에 초점을 두었다.

단기치료에서 초점에 관한 보다 폭넓은 논의는 5장과 6장에서 다룰 것이다.

단기치료에서 시간이 갖는 고유한 의미

단기치료에서는 치료 시간이 짧기 때문에 환자들은 시간을 독특한 방식으로 경험한다. 물론 그 방식은 환자에 따라 다르다. 마찬가지로, 치료자들도 자신들의 치료 경험을 다르게 서술한다― 어떤 사람은 긍정적으로, 어떤 사람은 부정적으로.

논의를 시작하면서, 나는 종결 개방형 치료에서의 첫 10회기와 10회기로 한정된 치료에서의 10회기는 매우 다르게 경험될 것이라고 제안한다. 다음의 예를 살펴보자.

내가 처음 재키를 만났을 때, 그녀는 35세의 인적 자원 관리자였는데, 나는 그녀에게 주 1회 종결 개방형 심리치료를 권했다. 그녀는 두 번째 결혼의 파국과 일련의 남자 관계들에 대해 도움 받기를 원했다. 그녀는 치료에 사로잡힐까봐 두렵다고 하면서(그때 그녀는 다른 남자들과 사귀고 있었다) 10회기만을 원했다. 이렇게 함으로써 그녀는 치료를 통제할 수 있다고 느꼈으며, 치료자인 나에게 너무 깊이 의존할지도 모른다는 두려움을 다룰 수 있었다. 단지 10회기 만을 한다는 것이 그녀를 좀더 안전하고 덜 구속된다고 느끼게 했고, 따라서 그녀는 다루기 힘들어 했던 친밀한 관계와 자아 존중감의 문제들을 좀더 집중적으로 다룰 수 있었다. 아홉 번째 회기에서 그녀는 우리가 함께 이룬 진전에 대해 크게 기뻐하면서 다시금 10회기의 치료를 계약했다. 열아홉 번째 회기에서 그녀는 또 한번의 10회기 계약을 했고, 결국 우리는 30회기 후에 주 1회의 종결 개방형 치료를 시작했다. 나는 그녀를 4년 동안 치료했다. 많은 다른 환자들처럼(5장에서 앨런을 보라) 재키의 사례도 치료를 단기로 설정하는 것이 치료를 시작하는 데 따르는 불안을 줄여주고 환자가 안전하게 느끼도록 해주는 데 도움이 된다는 것을 말해준다. 물론, 어떤 환자들에게는 단기치료의 짧음이 치료가 곧 끝나고 다시 더 고통받을 것이라는 생각 때문에, "진정으로 치료에 몰입하는 것"에 방어적이 되고 저항하기도 한다.

빈더(Binder, 1977)는 환자와 치료자가 시간이 많지 않다는 것을 아는 것이 치료에 긍정적인 영향을 미친다고 주장한다.

이러한 인식은 환자와 치료자로 하여금 목표를 향해 더욱 노력하게 하고, 더욱 정서적으로 친밀한 관계를 형성할 수 있게 하는데, 이것은 장기치료에서는 발생하지 않을 수도 있는 것이다. 환자와 치료자 간의 강렬한 정서는 발생론적 연결을 갖지 못한 해석들의 치료적 효과를 높여주고, 극복과정을 위한 기회를 제공한다. 그러한 정서는 치료자로 하여금 환자에게 더욱 친밀하게 접근하는 데 필요한 공감능력을 갖게 하고, 환자의 보다 강렬하고 유동적인 정서상태에 접근할 수 있게 하며, 환자로 하여금 치료자를 좋은 대상으로 내재화하여 새롭고 영구적인 자기-대상 구성물로 삼도록 허용한다[p. 240].

만(1973)은 누구보다 강력하게 단기치료에서 시간이 갖는 고유한 의미에 대해 언급했다. 그는 단기치료라는 경험이 환자와 치료자 모두에게 시간, 상실, 이별과 관련된 힘들고 복잡한 느낌들을 불러일으킨다고 강조했다. 이러한 강력한 회상들은 치료적 변화와 그것에 대한 저항 모두에서 핵심적인 요소로 작용할 수 있다.

엥겔만(Engelman)과 그 동료들(1992)은 한정-회기 치료를 장기치료로 바꿀 때의 시간이 갖는 속성에 대해 그리고 단기치료가 임상 자료를 제한하는 방식에 대해 사려깊은 조사를 수행했다. 그들은 다양한 유형의 시간에 대해 언급했다. 연속적인 시간(sequential time)은 과거, 현재, 미래가 있으며 시계와 달력으로 측정된다. 이것은 만의 사실적인 시간과 비슷하고 하나의 방향으로 진행된다. 다른 두 유형의 시간은 연속적 시간을 변형시킨 것이다. 비선형적 시간(nonlinear time)은 상징을 사용하여 연속적 시간을 압축하고 확장시킨 것이다. 여기에서는 과거가 현재로 들어가기도 하고(전이를 통해), 현재가 과거로 들어가기도 한다(기억된 경험의 질을 변화시킴으로써). 따라서 비선형적 시간은 다방향적이다.

엥겔만과 그 동료들(1992)은 신기원적 시간(epochal time)이라는 또 하나의 시간의 유형을 제안했는데, 이것은 개인이나 문화 전체에 극적인 효과를 주는 사건들이나 신기원이 형성되는 시간으로 정의된다. 신기원적 시간은 연속적 시간의 경험을 변형시키고 초월한다—과거와 미래는 신기원적 시간에 의해 변화된다. 예컨대, 역사적인 예수의 탄생은 서구 문명에 커다란 영향을 미쳐 시간의 흐름을 표시하는 이정표가 된 사건이었다(B.C.와 A.D.). 개인 삶에서의 신기원적 시간에 대한 예로는, 분리-개별화 과정, 형제 또는 자매의 탄생, 오이디푸스적 사건, 상실 등을 들 수 있다. 외상적 사건들 또한 연속적 시간을 신기원적 시간으로 전환시키기도 한다. 예를 들면, 한 환자가 12세 때 어머니가 자신 앞에서 권총 자살을 했던 "통한의 시간"(a tear in time)에 대해 이야기했는데, 그 환자는 자신의 삶을 그 시간 이전과 이후로 구분하고 있었다. 그에게 이 두 영역에 속한 시간은 아주 다른 것으로 보였다.

엥겔만과 그 동료들(1992)은 "한정-회기 치료가 연속적 시간에 대한 순응을 강화시키는 반면, 시간의 이러한 측면들(비선형적이고 신기원적인)에 의해서 일어날 수 있는 치료적 경험의 다른 차원을 경험하고 탐색할 수 있는 능력을 가로막는다"는 점을 관찰했다(p. 124). 그들은 한정-회기 치료에서는 신기원적 및 비선형적 시간에 충분히 접근할 수 없기 때문에 전이가 전면에 드러나는 일은 드물다고 말한다. 그들은 치료가 단기에서 장기로 전환될 때 전이 탐색을 위한 가능성이 훨씬 더 커진 몇몇 사례들을 제시하고 있다.

단기치료에서 시간이 갖는 고유한 의미가 치료과정을 촉진하기도 하고 저해하기도 한다는 것은 분명한 사실이다. 나는 단기치료에서 시간의 경험이 어떤 방식으로 환자에게 영향을 미치는지를 제시해보겠다. 이것들 중 몇몇은 다음 장에서 더 깊이 다루게 될 것이다.

긍정적 영향

1. 시간의 촉박함을 알고 있는 환자는 자신이 힘들어 하는 문제를 빠르게 드러내고 보다 적극적인 자세로 그것을 다루려고 시도하는 경향이 있다.

2. 치료 과정이 더 집중적이 되기 때문에 치료는 더욱 강렬한

정동적 색조를 띨 수 있다.

3. 환자와 치료자는 인생이 그러하듯이 치료 상황에서도 시간이 한정되어 있음을 부인하는 데 공모할 가능성이 적다(이것이 만의 강조점이다).

4. 재키의 사례에서처럼, 단기치료는 환자로 하여금 더욱 안전감을 느끼게 할 것이고, 따라서 환자의 개인적 심리 공간이 침범 당하거나 충족될 수 없는 강렬한 의존적 욕구를 야기할 가능성이 적다.

5. 악성 퇴행(Balint, 1968)이 발생할 수 있는 가능성이 적다. 유아기의 의존적 상태로 되돌아가려는 환자의 바램은 치료자가 초점의 구조를 유지하고 임박한 종결에 대해 언급해주는 것을 통해서 좌절된다. 이것은 자주 병리적 퇴행을 막아줌으로써 성격장애 환자들의 치료를 가능하게 한다. 예컨대, 경계선적 성격장애 환자들은 장기치료보다 단기치료에서 퇴행과 행동화가 적었다.

부정적 영향

1. 치료자와 환자 모두 짧은 치료 시간에서 오는 압박감 때문에 드러난 문제에만 초점을 두게 되고, 그 결과 비선형적 사고(예를 들면 수용 능력)를 위한 충분한 공간을 허용하지 못할 수 있다. 그 치료는 지나치게 연속적 시간을 중심으로 해서 이루어지게 된다.

2. 자료수집도 즉각적이고 표면적인 문제들에 집중되기 쉽다. 단기치료의 제한된 시간과 공간은 환자에게 충분히 안아주는 환경의 부족으로 경험될 수 있다. 따라서 비선형적 시간과 신기원적 시간에서의 작업이 부족할 수 있다. 치료를 위해 필요한 퇴행이 더 적게 일어날 수 있다. 전이는 제한되거나 혹은 다른

방식(예를 들면, 흥분시키는 대상이나 거절하는 대상 경험)으로 변형될 수 있다. 환자는 치료에 꿈을 가져오지 못할 수 있다.

 3. 치료자와 환자는 서로의 조급한 마음을 의사소통하기 때문에 수용능력이 제한될 수 있다.

 4. 치료는 주로 인지적이 되고, 환자와 치료자 간에 정서적 접촉은 거의 일어나지 않을 수 있다.

시간에 대한 논의를 마무리하면서, 나는 단기치료자는 시간의 사용에 있어서 보다 창의적이어야 한다고 주장한 벗맨과 거맨(1988)의 도전에 동의한다. 그들은 이와 관련된 알렉산더와 프렌치(Alexander & French, 1946)의 새로운 실험에 주목했으며, 치료자는 사례마다 치료를 강화하기 위해서 치료의 기간과 간격의 변화를 숙고하라고 권고했다.

더 활발한 치료자의 활동

전형적으로, 단기치료의 사례보고는 단기치료자들이 장기치료자들보다 더욱 활발한 활동을 한다는 사실을 보여준다. 내가 알고 있는 장기와 단기 두 가지 치료를 모두 수행하는 치료자들도 자신들이 장기치료보다 단기치료에서 더욱 많은 활동을 한다고 밝히고 있다. 이것은 내게도 마찬가지로 적용된다. 단기치료자들은 문제가 전개되기를 기다릴 수 있는 시간적 여유가 없으며, 따라서 단기치료자는 치료를 빠르게 진행시키기 위해 보다 활발한 활동을 하게 된다. 하지만 보다 활발한 치료자의 활동이 치료자가 더 지시적이란 의미로 해석되어서는 안 된다. 치료자의 활발한 활동은 지시적이기보다는 해석, 직면, 공감적 성찰 그리고 명료화의 형태를 취한다.

치료자쪽에서의 계획

초점과 시간 제한이라는 두 가지 요인은 단기치료자로 하여금 치료 회기 막간에 치료상황을 조직적으로 검토할 것을 요구한다. 단기치료자는 주기적으로 초점적 문제의 상태를 점검해야 한다. 즉, 초점적 문제의 진전 상황, 그것의 변화 양상, 그러한 변화의 의미, 그러한 의미가 갖는 지속적인 관련성 등을 살펴보아야 한다. 또한 치료자는 이 단기치료 계약이 환자의 인생주기 중 어느 시점에서 발생했는가? 인생에서 남아 있는 시간은 얼마나 되는가? 그래서 현실적으로 무엇을 시도할 수 있는가? 등을 인식할 필요가 있다. 유능한 장기치료자들이 자신들의 사례를 주기적으로 점검하듯이, 단기치료자들도 이 두 가지 문제를 특별히 신중하게 살펴볼 필요가 있다. 초점과 관련해서, 나는 초점적 문제를 적어놓고, 진행에 따라 수정하며, 회기를 시작하기 전에 항상 그 문제를 검토한다. 시간 제한과 관련해서, 나는 회기를 시작하기 전에 남은 회기가 얼마나 되는지를 살펴본다. 한정-회기 치료가 아닌 다른 단기치료에서도, 나는 정기적으로 지금까지 해온 것과 관련해서 앞으로 사용되어야 할 시간이 얼마일지를 대략적으로 추정해본다.

이와 관련된 흥미로운 질문은 단기치료는 환자에게 치료과정 밖에서 더 많은 것을 요구하는가이다.

나는 아마도 그럴 것이라고 생각한다. 치료 기간이 밀도 있는 것이라는 점에서, 환자가 회기들 사이에 아래의 노력들을 한다면, 크게 도움이 될 것이다.

1. 꿈, 환상, 자유연상 등의 역동적 자료들에 대한 수용능력을, 특히 그것들이 치료의 초점과 관련된 것일 경우, 유지하라.

2. 일상생활에서 발생하는 상호작용의 패턴과 증상의 변화를 인식하라.

3. 가능하다면, 치료 상황 밖에서 새롭게 반응하기 위해 노력하고, 그것을 치료자와 의논하라.

나는 때때로 환자들에게 우리의 탐구에 최고의 우선권을 부여하기 위해 우리가 사용할 수 있는 길지 않은 시간을 정신에 대한 "집중적인 돌봄"에 맡기는 기간이라고 생각할 것을 제안하곤 한다.

더 큰 기법적 탄력성

비록 변화의 정도와 유형은 상당히 다를지라도, 대부분의 단기 역동 치료자들은 장기치료 기법을 변형하여 적용하는 것에 관해 말하고 있다. 대번루(1991)는 적극적으로 직면시키는 해석 기법을 설명하면서 그 지침을 조심스럽게 체계적으로 따라야 한다고 강조했다. 다른 한편, 벗맨과 거맨(1988)은 특정 치료자의 기법 중 어느 것을 사용해도 된다는 입장에서 절충주의적인 접근을 주장했다.

다음 장에서 살펴보겠지만, 내가 받은 훈련에는 행동주의, 인지주의, 게슈탈트 접근이 포함되어 있으며, 따라서 나는 많은 단기 환자들에게 비역동적 기법을 혼합해서 사용한다. 특히 최단기 치료(10장을 보라)일 경우, 나는 "역동적으로 생각하고 할 수 있는 것을 하라"는 원칙을 따른다. 절충적인 접근이 지닌 문제는 치료가 응집력을 지닌 통합적이고 역동적인 것이기보다는 전혀 다른 여러 방향으로 분산되는 것이 되기 쉽다는 것이다. 치료자는 언제, 왜 다른 개입을 사용하는지 그리고 그것이 치료적 관계에 어떤 영향을 미치는지에 대해 깊이 생각해보아야 한다.

환자 선택의 문제

어떤 환자가 단기 정신역동 치료에서 유익을 얻을 수 있으며 어떤 환자가 그렇지 않은가? 만약 단기 접근을 적용한다면, 환자에게 어떤 접근을 할 것인가? 지지적 접근인가? 아니면 표현적 접근인가? 어떤 환자들이 단기치료에서 배제되는가? 어떤 유형의 환자들에게 어떤 모델이 더 효율적인가? 환자 선택의 문제는 매우 논쟁적인 것이고, 사용된 치료 모델과 치료자에 따라 그 대답도 다르다.

일반적으로, 여기에는 크게 두 개의 견해가 있는데, 그 중 하나는 다양하고 제한적인 기준에 맞추어 환자를 선택하는 매우 배타적(exclusive)이고 제한적인 모델을 사용한다. 물론, 이러한 모델들 각각의 배타적인 정도는 다양하다. 또 다른 견해는 포용적(inclusive)인 것으로서, 단기치료가 비록 모든 환자들은 아닐지라도 대부분의 환자에게 효율적이라고 보는 견해이다. 표 4-2는 앞에서 언급한 모델들의 위치를 요약한 것이다. 알렉산더와 프렌치(1946)는 환자 선택의 문제에 대해 직접적으로 다루지는 않았지만, 그들의 저서를 살펴보면 그들의 접근방식은 포용적인 견해에 가깝다는 것을 알 수 있다.

배타적 학파

정신분석에 기반을 둔 몇몇 치료자들은 단기치료를 단지 지지적인 도움을 주는 것으로서, 미해결된 애도, 부적응 및 어떤 외상이나 외상 이후 스트레스 반응에만 적용이 가능한 것으로 본다. 앞에서 논의된 모든 모델들은 이런 견해보다는 환자들의 범주를 넓게 보고 있지만, 그것들 중 몇몇은 여전히 매우 제한적이다. 논

〈표 4-2〉 환자 선택: 배타적, 포용적 학파들

배타적	포용적
말란	알렉산더와 프렌치
대번루	호로위치와 그 동료들
시프노스(불안-자극)	스트럽과 빈더
만	블룸

의된 모델들 중에서 가장 배타적인 것은 대체로 강력한 해석을 추구하는 모델이다—말란, 대번루, 시프노스의 모델들. 이들 단기치료자들은 강도 높은 해석과 불안을 자극하는 작업을 견디낼 수 있는 환자만을 선택하는 것이 중요하다고 주장한다. 만의 접근은 환자 선택이라는 측면에서 보면 덜 제한적이지만, 외래 환자들이나 개인면담을 받으러 오는 환자들 중 많은 사람들을 배제시킨다.

나는 우선 시프노스의 환자 선택 패러다임을 살펴보겠다. 왜냐하면 그것이 지금까지 언급한 것들 중에 가장 제한적이기 때문이다. 플레겐하이머(Flegenheimer, 1982)는 외래 환자들 중에서 2~10%만이 시프노스의 환자 선택 기준에 부합했다고 평가하고 있다. 시프노스의 환자 선택 요건은 아래의 다섯 가지 측면을 포함하고 있다(Neilson and Barsh, 1991).

1. 환자는 자신의 초점적인 문제를 설명할 수 있어야 한다.
2. 어린시절에 적어도 한 가지 이상의 "의미 있는" 관계를 가졌어야 한다.
3. 회기 안에서 환자는 정동을 경험하고 표현할 수 있는 능력이 있어야 하며, 그런 방식으로 치료자와 상호작용해야 한다.

4. 환자는 자신의 심리적 상태를 드러내 보여야 한다.
5. 환자는 증상 완화의 수준을 넘어 변화하고자 하는 동기를 가지고 있음을 보여주어야 한다.

환자는 초기 면접에서 이 다섯 가지 기준을 모두 만족시켜야만 선택될 수 있다. 그것들 중에도 다섯 번째 기준이 가장 중요한데, 이것은 다시 일곱 개의 세부사항으로 분류된다(Neilson and Barsh, 1991).

1. 자신의 증상이 심리적 요소와 관련되어 있다고 보는가?.
2. 정직하게 자료를 제시하는가?
3. 초기 면접에 적극적으로 참여하는가?.
4. 자기 자신에 대해 호기심을 보이는가?
5. 치료자가 제시한 새로운 생각을 수용하는가?
6. 현실적인 치료 목표를 가지고 있는가?
7. 치료 계획과 치료비 지급 문제를 치료자와 합리적으로 조정하는 것을 통해서 자신이 적절한 동기를 가지고 있음을 보여주는가?

환자는 일곱 가지의 하위기준들 중 적어도 다섯 가지 기준에 부합되어야 한다. 대부분의 환자들이 선택과정에서 탈락되리라는 것과, 이 기준을 통과한 환자들은 강하게 직면시키는 시프노스식의 해석을 잘 견뎌냈으리라는 것을 우리는 쉽게 알 수 있다(1972, 1987).

말란(1976)의 신중한 환자 선택과정(철저한 심리검사를 포함하는)은 시프노스의 것보다는 넓은 범주의 환자들을 받아들이고 있지만, 대번루의 것보다는 더 제한적이다(아래를 보라). 말란은 그의 환자 선택과정에서 다음과 같은 환자는 제외시킨다.

1. 과거에 심각한 자살시도가 있었던 사람
2. 약물 혹은 알코올 중독자
3. 장기 입원환자
4. 전기치료를 받고 있는 환자
5. 무기력한 만성적 강박증 혹은 공포증 환자
6. 심하게 파괴적이거나 자기-파괴적인 행동을 하는 사람

그는 또한 환자에게 단기치료가 효율적인지 알아보기 위해 6회기 이상의 예비 치료가 필요한 경우라면 그 환자를 선택해서는 안 된다고 한다. 그런 환자를 우선적으로 고려 대상에서 제외시키고 나서, 초점적인 문제에 관해 설명할 수 있고 긍정적으로 반응하며 동기가 충분한 환자인가를 판단해야 한다고 지적한다. 말란(1976)의 공헌 중 하나는 그가 실패한 사례를 공개한 것이다(환자 선택에서의 실수, 환자에 적합하도록 기법을 유연하게 수정하지 못한 문제 등).

대번루(1978, 1980, 1991)의 모델은, 앞에서 언급한 바와 같이, 오이디푸스 갈등과 관련된 단일한 초점을 가진 환자에서부터 자아 동조적인 성격병리를 지닌 저항이 심한 환자에 이르기까지 보다 폭넓은 범주의 환자를 선택한다. 외래 환자의 30에서 35%가 그의 선택 기준에 부합되는 것으로 평가되었다(Flegenheimer, 1982). 라이켄(Laiken)과 그의 동료들(1991)은 이 접근을 표준진단편람(DSM)에서 말하는 성격장애 B집단에 속하는 히스테리 성격장애뿐만 아니라 C집단에 속하는 회피적, 의존적, 강박-충동적, 수동-공격적 성격장애들에도 적용할 만하다고 제안한다. 이 모델에서 제한하는 것은 주로 정동장애, 심리적 붕괴 경향성, 경

계선 성격장애, 심각한 약물남용, 심각한 반사회적 성향, 생명을 위협하는 정신신체적 상황 등이다. 그러나 대변루는 자신의 기법을 수정하여 몇몇 경계선 환자들에게 적용할 수 있음을 보여주었다.

만과 골드먼(Mann and Goldman, 1994)은 자신들의 환자 선택 기준이 "말란-시프노스 기준보다 낮은 것이며, 어떤 점에서는 아주 많이 낮은 것"이라고 말했다(p. 26). 만과 골드먼은 변화를 위한 강한 동기를 그리 중요한 고려사항으로 여기지 않았는데, 그것은 치료 기간 동안 치료자가 환자의 불안을 인식하고 그것을 담아주는 것에 의해 치료 동기가 달라질 수 있다고 보았기 때문이다. 그들이 제시한 치료 결과에 가장 큰 영향을 주는 변수는 신속하게 정서적으로 참여하는 능력과 상실을 견뎌내는 능력(자아 강도의 정도)이었다. 그들은 자신들의 접근이 정신증 환자들이나 경계선 환자들, 원시적 의존성의 문제나 자기애적 문제를 가진 환자들에게는 적합하지 않다고 느꼈다. 또한 심각한 심인성 신체질환(psychosomatic) 환자도 선택하지 않았다. 만(1991)은 효율적인 신경증적 방어를 가진 경계선 환자들의 경우, 그의 접근에 의해 도움을 받았다고 보고했다. 그러나 그는 종종 그런 종류의 환자들이 장기치료로 의뢰되었다는 사실도 밝혔다. 만과 골드먼은 다른 배타적 학파에서 받아들이지 않았던 많은 환자들을 받아들였지만, 여전히 상당히 많은 부류의 환자들이 그들의 한정-회기 심리치료에서 제외된 것으로 보인다.

포용적 학파

스트럽과 빈더(1984)는 단기역동 치료는 그동안 예후가 가장 좋은 환자들을 주로 선택하고 나머지 다수는 치료에서 제외시켰음을 주목하였다. 이것은 전문가의 사회적 책임이라는 측면에서 중요한 문제이다. 실제로 정서장애가 있는 환자들 대다수가 장기치료보다는 단기치료를 더 많이 받은 것으로 드러나고 있다. 물론 다른 이유들도 있지만, 중요한 이유 중 하나는 그러한 환자들 대부분이 손상된 대상관계의 문제를 가지고 있기 때문인 것으로 드러나고 있다(11장을 보라). 이와 관련해서 스트럽과 빈더는 다음과 같은 결론을 내리고 있다: "심리치료가 사회적 요구뿐만 아니라 환자들의 욕구를 보다 적절하게 충족시켜주기를 원한다면, 단기 심리치료에 적절하지 못하다고 거절당한 환자들에게 주목해야 하며, 그러한 환자들이 한정-회기 접근 방법에 의해 보다 효율적인 치료를 받을 수 있도록 환자 선택의 범위를 체계적으로 탐구하는 것이 필요하다"(p. 276).

포용적 학파는 환자 선택에 있어서 다양하면서도 다소 느슨한 기준을 적용한다. 다양한 범주의 환자를 포함시키려는 경향이 최근의 단기치료 문헌에서 발견되고 있다. 이러한 다양성은 다음과 같은 요인들 때문이다: (1) 단기치료에 대한 관심의 증가 (2) 보다 어려운 환자들에 대한 성공적인 치료 경험과 연구결과 (3) 단기 역동 치료 방법의 진전. 이것은 집중적인 정신분석 심리치료의 발전을 반영하는 것으로서, 초기 사례에 비하여 훨씬 더 많은 환자들에게 활용되고 있음을 보여준다. 본 장에서 설명한 주요 모델들처럼, 단기 역동 치료는 단일한 치료적 접근이 아니다. 그것의 다양한 모델들 간에는 명백한 차이점들이 있다. 그러므로 어떤 모델에서는 당연히 환자 선택 기준이 다른 모델에서보다 더 중요하게 취급된다. 어떤 환자가 어떤 모델에 맞는가와 관련된 물음은 연구를 심화시키고 진전시키는 자극제가 되었다(Groves, 1992, Piper et al., 1990, Steenbarger, 1994). 하지만 이 모든 것보다도 특정 시간에 특정 환자와 특정 치료자가 발전시킨 고유한 관계안에서 이루어지는 만남의 효율성이 더 중요한 요소이다.

단기 모델들 중에서, 알렉산더와 프렌치, 호로위츠와 그 동료들, 스트럽과 빈더, 블룸, 그리고 벗맨과 거맨의 접근은 포용적 학파로 분류된다. 알렉산더와 프렌치(1946)는 그들의 선구자적인 연구에서 환자 선택 기준의 방향을 정하지 않았다. 그들은 환자가 삶에서 잘 적응해온 것이 치료를 위한 긍정적인 전조가 아니며 적절한 지능의 소유 여부도 고려될 필요가 없다고 보았다. 그러나 감각장애, 심한 신경증, 심각한 신체 상태 그리고 고령의 환자는 자신들의 치료 모델에 적합하지 않다고 보았다.

호로위츠와 그 동료들(1984)은 스트레스 반응 증상을 보이는 환자들을 위한 접근방법으로 자신들의 모델을 고안해냈다. 스트레스 반응이 문제일 경우, 심리치료에서 유익을 얻을 수 있는 대부분의 비정신증적 환자들이 그들의 12회기 치료 모델에 수용될 수 있다. 이미 설명했듯이, 그들은 확실하게 성격장애 환자들을 치료 대상에 포함시켰다. 그렇지만 최근의 저서에서 호로위츠(1991)는 경계선 성격장애 환자들을 배제하는 것을 선호하고 있다. 뿐만 아니라, 그의 접근법으로 만성적이고 지연된 스트레스 반응 패턴을 보이는 환자를 치료할 수는 있지만, 그럼에도 불구하고 그들을 위한 최선의 치료는 장기 심리치료라고 밝혔다.

스트럽과 빈더(1984)는 일단 심각한 병리를 지닌 환자를 제외시키고 난 후에, "다른 모델들이 보기에 기능이 너무 손상되었다고 생각되는 수준의 환자들까지도 수용하는 쪽으로 허용범위를 확장하는 것"을 선호한다(p. 58). 사실, 빈더(1979)는 몇몇 초기 저서에서 자기애적 성격장애 환자와의 단기치료 경험에 관해 서술하기도 했다. 그들은 환자가 감정표현 능력이나 치료자와 "좋은" 관계를 맺을 수 있는 능력을 가지고 있다는 것을 증명할 필요는 없지만, 이 두 가지 자질은 치료에 매우 유용한 것이라고 보았다. 그들은 자신들의 접근에서 대인관계 패턴에 초점을 두면서, 효율적인 관계를 가로막는 장애물들을 신중하게 탐색한다. 버틀러와 그의 동료들(1992)은 이러한 접근이 대인관계 패턴과 갈등으로 인해 고통을 받고 있는 환자들에게 매우 성공적이었다고 밝히고 있다. 한편 스트럽과 빈더(1984)는 환자 선택에 있어서 배타적 학파만큼은 아니지만, 여전히 그 환자가 치료에 적합한지를 가늠하기 위해 아래와 같은 요인들에 관심을 둔다.

1. 정서 불안
2. 기본적 신뢰
3. 갈등을 대인관계적 측면에서 생각해보려는 자세
4. 감정을 검토하려는 자세
5. 성숙한 관계를 맺을 수 있는 능력
6. 치료를 받고 싶어하는 동기 [pp. 57-58]

블룸(1981)은 환자 선택 기준을 따로 제시하지는 않았지만, 환자가 초점적 문제에 대해 작업할 수 있는 능력과 "적절한" 자아의 힘을 가지고 있어야 한다고 말했다. 그는 또한 심각한 우울증 환자들은 단일회기 치료로는 효과를 얻을 수 없다고 말했다.

벗맨과 거맨(1988)의 접근에서 강조되는 절충주의와 유연성은 환자 선택에 대한 그들의 견해에서 잘 드러나고 있다. 그들은 단기치료에 부적절하다고 간주되는 많은 환자들도 환자와 치료자 그리고 단기치료의 양태라는 세 가지 요인들이 조화를 이룬다면, "훌륭한 치료 효과를 얻을 수 있다"고 주장해왔다. 그들은 단기치료에 적합하지 않은 환자들의 목록에 동의할 수 없다고 하면서, 다음과 같이 자신들의 생각을 정리하고 있다.

환자 선택에 대해서 우리가 제안하는 것은 다음의 세 가지이다: 예비 치료에서 환자가 보이는 반응을 검토할 것; 필요하다면 기법을 창조적으로 수정할 것(그 수정에는 환자를 다른 치료자에게 보낼 것인가, 가족을 개입시킬 것인가 등의 문제가 포함될 수 있다); 종결-개방 유형의 치료를 포함하여 다른 대안을 사용할 것[p. 25].

환자 선택에 대한 결론적 언급

우리는 환자 선택에 관한 이렇게 다르고 복잡한 생각들을 어떻게 하나로 묶을 수 있을까? 바버와 크리츠-크리스토프(Barber and Crits-Christoph, 1991)는 환자 선택에 대한 다양한 견해들을 요약하면서, 다수의 환자를 위한 가장 중요한 기준은 협동적인 치료 관계를 형성하는 환자의 능력이라고 결론을 내리고 있다. 그들의 결론은 몇 가지 점에서 흥미롭다. 첫째, 대부분의 단기 모델에서 관계의 능력을 중심적인 선택 기준으로 간주하고 있으면서도 일단 그 점을 언급하고 나면, 대부분의 이론가들은 환자-치료자 관계에 대해서 거의 말하지 않거나 간접적으로만 말을 할 뿐이고, 그보다는 기법적 개입이나 이론적인 개념화만을 강조하기 때문이다. 대부분의 이론가들은 관계에 대해서 논의할 때조차도 그것을 살아 있는 전이-역전이의 모체로서보다는 정적인 실체(static entity)로서만 제시한다. 스트럽과 빈더는 이 점에서 예외에 속하는 것으로 보인다.

둘째, 많은 환자들이 심각한 어려움을 겪고 있는 문제가 바로 그들이 다양한 종류의 협동적인 관계를 형성해내는 영역에 있다는 점이다. 설령 환자가 협력적인 관계를 형성할 수 없다 하더라도, 그러한 어려움을 극복하기 위한 작업 그 자체가 중요한 인간의 경험이 될 수 있다. 그 작업은 단순히 치료자가 치료의 한계를 확실히 해주고 따뜻하면서도 확고한 치료자의 역할을 유지하는 것일 수도 있다. 또는 치료의 시작은 불안정한 것이었지만, 치료자와 환자는 차츰 어려움을 발생시키는 반복되는 패턴에 포함된 전이와 역전이의 존재와 그것들의 의미를 탐색하고 해석하게 될 수 있다. 대상관계적 관점은 이 영역에서 특별한 가치를 지닌 것으로 드러나고 있다.

바버와 크리츠-크리스토프(Barber and Crits-Christoph, 1991)는 단기치료에 적합한 환자의 자질로서 가장 많이 강조되는 요소들을 다음과 같이 요약하고 있다.

1. 좋은 관계를 가졌던 이력(적어도 하나 이상의)
2. 심리적 감수성의 정도
3. 증상 완화의 수준을 넘어 변화하고자 하는 동기
4. 치료자의 잠정적 해석에 대한 좋은 반응

그들은 대부분의 단기 역동적 모델들은 약물 혹은 알코올 남용, 심각한 성격장애, 정신증적 상태로의 경미한 퇴행, 혹은 빈번한 행동화 경향이 있는 환자들을 위해 고안된 것이 아니라고 결론짓는다.

파이퍼(Piper)와 그 동료들(1985)은 단기치료를 위한 환자 선택 기준에서 자주 사용된 15개의 변인들을 연구했다. 그들은 방어유형과 대상관계의 질적 요인이 치료 결과를 예상할 수 있는 두 가지 중요한 변인임을 발견했다. 예상되는 바와 같이, 더욱 성숙한 방어유형과 더 좋은 질의 대상관계들은 긍정적인 치료 효과들과 관련성이 있었다. 그렇지만, 이 분야의 문헌에서 보편적인 것으로 취급되는 다른 변인들—환자의 호소 안에 초점이 있는가의 문제, 심리적 감수성, 동기의 수준—은 치료 결과와 별로 상관관계가 없는 것으로 판명되었다.

    나의 임상경험과 임상감독자로서의 경험에 비추어 볼 때, 초점의 문제, 심리적 감수성, 동기의 수준 등의 문제는 치료 결과를 결정하는 주요한 요인이라고 여겨진다. 어쨌든, 우리의 치료 작업에서 "자명한" 것으로 보이는 것의 "진실"에 대해서 계속해서 질문하는 것은 매우 가치 있는 일이다. 사실, 성공적인 단기치료의 기록 자체가 일반적인 심리치료 실제에서 이루어지는 기본 가정들에 대한 도전이며 질문이 아니겠는가? 나는 치료 초기의 상황을 다룬 6장에서 환자 선택에 대한 나 자신의 접근법을 제시할 것이다.

5 장

대상관계 단기치료: 개관

> 나는 "단기" 심리치료가 시간의 활용성을 개선할 수 있다는 견해를 유지해왔다. 어떤 원칙 없이 "자유 연상"과 같은 애매한 기법에만 의존해서 치료를 수행한다면, 단기 심리치료는 마냥 길어질 수 있을 것이다. 그러나 치료를 중요한 사람들과의 관계에서 반복되는 제한된 어려움에 초점을 두고 수행한다면, 비교적 짧은 시간에도 좋은 성과를 거둘 수 있을 것이다.
>
> 해리 스택 설리반(Harry Stack Sullivan), 1954

내가 1장에서 논의했듯이, 이 책의 목적은 새로운 단기 정신역동 치료 모델을 제시하는 것이 아니다. 이미 충분히 인상적인 많은 단기 역동 모델들이 나와 있고, 그 모델들 중의 많은 요소들은 선택적으로 다른 모델과 함께 사용됨으로써 상승효과를 얻을 수도 있다. 본 장에서 나는 아래의 네 가지 요소들을 결합시킨 단기치료 접근에 대해 개괄할 것이다. 이 접근에 대한 상세한 설명은 이어지는 장들에서 제시될 것이다. 나는 이 접근법이 환자들을 더 폭넓게 선택할 수 있다고 생각한다. 그 요소들은 다음과 같다:

1. 대상관계 이론의 관점에서 본 인간 경험에 대한 깊은 이해
2. 현실적인 요소들과 전이, 역전이 요소들을 포함하는 치료 관계에 대한 통찰과 경험에 주의를 기울이기
3. 단기치료 저자들에 의해 연구되고 묘사된 정신역동 기법의 효과(특히 Davanloo, 1978, 1980, 1991, Horowitz et al., 1984, Malan, 1963, 1976, Strupp and Binder, 1984)
4. 비정신역동적 개입들을 사려깊게 선택하여 적용하는 절충적인 접근의 유연성

대상관계 관점

3장에서 나는 대상관계 이론의 핵심 개념들과, 그 개념들이 단기치료에 어떤 관련성을 갖는지를 제시했다. 중심적인 논점들은 다음과 같다:

1. 특정한 치료 관계가 고유하게 갖고 있는 안아주고 담아주는 기능에 대한 관심은 치료 효과를 높이는 데 도움이 될 수 있다.
2. 이것은 "좋은" 단기 치료 환자로 간주되지 않는 저항이 심한 어려운 환자들과의 치료에서 특히 그러하다.

3. 최단기치료(1회기에서 3회기)에서조차도 치료자가 치료적 관계를 인식하고 사용하는 것이 중요하다.
4. 단기치료 기법에 관한 문헌들은 대체로 치료에서 관계의 중요한 역할을 간과하고 있다.

임상 사례: 앨런(Alan)

18세의 대학 신입생인 앨런이 스스로 학생 건강 클리닉에 찾아왔을 때, 그의 옷차림은 대학생치고는 유행에 뒤떨어져 있었고 말투는 딱딱하고 어색했다. 그는 자신의 상황을 마치 녹음된 일기예보 방송을 틀어주듯이 밋밋하고 무감각하게 표현했다. 그는 거의 눈을 맞추지 않았다. 그와 마주 앉아 있는 동안 나는 전형적인 컴퓨터 광을 연상했고, 약간 불편하게 느꼈다.

앨런은 밋밋하고 사무적으로 자신이 지난 2주 동안 자살을 심각하게 고민하여 치료를 받으러 왔다고 했다. 그는 기숙사방에서 룸메이트가 없는 동안에 실제로 자살을 시도했었다. 나는 그의 이야기를 들으면서, 불안함과 "속히 뭔가를 해야 한다"는 압박감을 느꼈다. 나는 또한 지루하게 말하는 그의 이야기 방식과 그가 묘사하고 있는 내용의 긴박함 사이의 불균형으로 인해 다소 혼란스러웠다.

그는 다른 학우에게 점심을 같이 먹자고 제안했다가 거절당했을 때 자살충동을 심하게 느꼈다고 말했다. 그는 친구가 전혀 없었고 함께 놀 수 있는 유일한 동년배 친구는 자신의 두 형제들뿐이었다(그는 둘째였다). 자신의 제의를 거절한 그 학우가 자신과 기꺼이 점심을 함께 먹을 것이라 생각했던 것과, 자신이 그것을 즐거워할 것이라 생각했던 것 때문에 강렬한 수치감을 느꼈다. 나중에 그는 자신이 친구들과 밥먹는 것을 즐기지 않고 실제로 가족 외에는 사람들을 좋아하지 않는다고 말했다.

그가 학우에게 거절당한 뒤 얼마 지나지 않아서 자살충동을 느꼈음에도 불구하고, 그는 이 두 가지 사건이 서로 연결되어 있다고 생각하지 않았다. 그는 단지 막연하게 자신이 불안을 많이 느끼고 있고 자기-처벌적이라고 알고 있었다. 한편으로 그는 자신의 삶이 무의미하다고 느꼈고, 현재 느끼고 있는 이 고통이 끝나기를 바랐다. 그러나 또 한편으로, 그는 살아야 할 이유가 많이 있다고 느꼈다—직업적으로(물리학 분야에서) 큰 성공을 거둘 수 있으리라 믿었다.

앨런은 많은 사람들이 몇 년씩 심리치료를 받는다고 책에서 읽었는데, 자신은 그렇게 하고 싶지 않다고 말했다. 그는 자신의 자살충동을 조절하기 위해 가능한 한 최단기치료를 원했고 그렇게 해줄 수 있느냐고 물었다. 나는 그럴 수는 있지만, 실제로 치료 기간이 얼마나 걸릴지는 알 수 없다고 했다. 그는 반복해서 장기치료는 원치 않는다고 말했다.

나는 자살충동과 밋밋한 정서를 동시에 가지고 있는 이 젊은 이가 몹시 걱정되었다. 그는 잘 짜여진 자살 계획과 방법들을 생각했고 실제로 시도하기도 했었다. 나는 첫 면담을 하면서 그가 나에게 온 것이 나의 불운이라고 생각했다—왜 다른 사람이 아닌 나였을까! 나는 당장 그를 입원시켜야 한다는 생각이 떠오르는 것을 느꼈다. 나의 이러한 불편한 역전이 반응은 다른 사람들이 자주 그에게 보이는 반응들—나의 반응은 상보적 동일시였다—이었다는 점에서 주의 깊게 주목해야 할 것이었다.

앨런은 종종 사람들을 불편하게 만들고, 자신을 피하도록 만들거나 자신을 조종하도록 만드는 것 같았다. 그의 아버지는 대체로 그에게 무관심했지만, 어느날 갑자기 그의 삶을 조종하려고 밀어붙였던 것 같았다.

그가 자신의 자살충동에 저항하기 위해 치료자인 나와 기꺼이 동맹을 맺으려는 의지(그에게 그런 능력이 있기를 바랐다) 덕택에, 나의 불안은 완화되었다. 그러한 정신분열증적인 사람이 자발적으로 치료를 받기 위해 왔다는 것 자체가 긍정적인 예후를 보여주는 신호였다. 나는 그에게(합리적인 선택으로 보였음에도 불구하고) 입원을 제안하지 않았다. 왜냐하면 그가 나와 기꺼이 치료동맹을 맺으려고 하는 것 외에도, 그가 강요 당하고 조종받는 것에 매우 민감해 보였기 때문에 그 면을 존중해주고 싶었고, 그가 철수하지 않도록 하고 싶었기 때문이었다.

따라서 나는 앨런과 외래 환자 자살-방지 치료 계획을 세웠다. 나는 앨런을 그 다음날을 포함한 치료 첫 일주일 동안은 세 번, 그 다음 두 주 동안은 두 번씩 총 네 번, 그 이후에는 매주 한 번씩 총 20번의 치료회기를 가졌다. 또한 나는 그에게 병원 응급실 전화번호도 주었다. 거의 모든 회기에서 그는 가능한 한 빨리 치료를 끝내려는 자신의 열망을 반복해서 내비쳤고, 나는 매 회기마다 그것이 마지막이 될까봐 불안했다.

그의 자살충동은 빠르게 사라졌고, 이제는 자신의 자살충동 위기를 자극했던 학우들로부터 거절당한 경험에 대해 살펴보고 싶어 했다. 그는 또한 자신이 실제로는 다른 사람들과의 관계를 원하고 있다는 생각을 어느 정도(전적으로는 아니지만) 받아들였다. 19번째 회기에서, 앨런은 치료에서 자신이 원하는 바를 얻었고 그것에 대해 치료자인 나에게 감사한다고 하면서, 이제는 치료를 그만두고 싶다고 말했다. 나는 그에게 계속적인 치료를 권했지만 그의 결심이 확고해 보여 너무 강요하지 않는 것이 최선이라고 생각했다. 그때 나는 적어도 한 회기 더 만나자고 권했고 그는 동의했다. 나중에 살펴보겠지만, 그것이 마지막 치료는 아니었다.

앨런은 분명히 치료가 필요한 젊은이었고, 이 20회기의 치료에서 도움을 얻었다. 나는 그를 좋아했고 그가 보이는 분열적 양태를 존중했다. 이런 요소들과, 내가 그의 요청을 따라 작업한 것, 그리고 경계가 침범당하는 것에 민감하게 반응하는 그를 보호한 것이 상대적으로 안전한 상호 주관적 공간을 창조하는 데 결정적인 역할을 했고, 이것이 다시 긍정적인 치료 결과를 만들어냈다고 생각된다. 나는 앨런이 치료 기간 동안 치료자인 나를 덜 거절하는 대상으로 그리고 어느 정도 신뢰할 수 있는 사람으로 보게 되었다는 인상을 받았다. 요약하면, 앨런에게 가장 도움이 되었던 것은 내가 사용한 특정한 기법적 전략이라기보다 치료적 관계의 경험이었다고 생각된다.

이중 초점: 증상과 역동

치료 초점을 맞추는 것은 단기 역동 심리치료와 장기 역동 심리치료 사이의 가장 중요한 차이점이다. 여러 유형의 초점들이 설정될 수 있다. 예를 들면, 샤흐트(Schacht)와 그 동료들(1984)은 아래의 목록들을 초점으로 제시하였다:

1. 주요 증상
2. 특정한 심리내적 갈등
3. 발달상의 어려움
4. 자기(self)에 대한 부적응적 신념
5. 해석의 본질적인 주제
6. 완강한 대인관계의 딜레마
7. 적응적이지 못한 기능 패턴[p. 66]

같은 임상자료에 대해서도 다른 치료자들은 자신들의 치료적 훈련과 경험 그리고 다른 변수들에 따라 서로 다른 초점을 제시한다. 나는 초점을 드러내놓고 환자와 논의하기 때문에, 특정 초점에 대한 치료 작업에 협조하고자 하는 환자의 의식적, 무의식적 자발성이 중요하다고 본다. 그리고 치료 기간의 한계도 초점 선택에 영향을 준다. 예를 들면, 25회기 치료의 초점은 3회기 치료의 초점과 다를 것이다.

나는 두 가지 수준에 초점을 맞춘다—증상 초점과 역동 초점. 증상 초점은 전형적으로 심리적 고통이나 기능 장애를 다룬다. 때로는 이것만 다룰 수도 있다. 그러나 가능한 한, 나는 환자의 근본적인 정신역동 구조를 중심으로 하는 역동 초점을 다루고자 노력한다. 항상 명백하지는 않지만, 보통 역동 초점과 증상 초점은 서로 연결되어 있고, 역동에 초점을 두는 작업은 증상에 초점을 두는 작업에 도움을 준다. 치료자는 적어도 증상 초점과 환자의 역동 사이의 연결을 이해하기 위해 노력해야 한다. 만약 적절한 역동 초점이 발견되지 않는다면, 치료는 보통 표현적 치료를 통한 개입보다는 지지적 치료를 통한 개입으로 제한된다(6장을 보라).

임상 사례: 앨런(Alan)

앨런의 치료 초점은 자살충동을 일으킨 불안을 감소시키고 자살충동을 조절하는 것이었다. 나는 그의 치료가 전적으로 증상 초점을 가지고 있었다는 점에서 지지적 치료의 예라고 생각한다. 앨런이 활기를 되찾고 자살충동에서 벗어나 치료를 종료한 것은 기쁜 일이었지만, 근저의 문제들을 거의 다루지 못했다는 점에서는 실망스러웠다. 그 이유는 다루지 못한 그 역동적 문제들로 인해 언젠가 다시 어려움을 겪게 될 것이라는 생각 때문이었다.

따라서 18개월 후 앨런이 나에게 상담 약속을 위한 전화를 했을 때 나는 매우 고무되었다. 앨런이 불행하게도 다시 급성 우울증에 빠졌다는 것이 나에게는 그다지 놀랍지 않았다. 우리의 마지막 만남 이후, 그는 우울해져서 대부분의 시간을 자신의 방에서만 보냈다. 그의 부모는 가족 주치의로부터 치료자를 소개 받았지만, 앨런은 그 치료가 잘 진행되지 않았다고 말했다. 그 치료자는 앨런이 매우 심각하게 혼란스러워졌기 때문에 적어도 일주일에 두 번씩 6개월 이상은 치료를 해야 한다고 했다. 앨런 자신은 단지 기분이 좋아지기만을 원하고 있고 빨리 치료를 끝내고 싶다고 말했지만, 그 치료자는 단호하게 "당신에게는 이 정도의 기간이 반드시 필요합니다"라고 말했다. 앨런은 그 치료자를 몇 달 동안 만났지만, 불안이 증가하고 그가 자신을 조종하려 하고 사기꾼―그가 자신을 좋아하는 것처럼 행동했지만 실제로는 자신을 좋아하지 않았기에―이라는 느낌을 받았다고 말했다.

나는 그에게 치료에서 종종 그러한 느낌이 들기도 하는데, 그것이 꼭 치료가 형편없다는 것을 의미하는 것이 아니라는 것과, 그러한 느낌을 치료 상황에서 논의할 수만 있다면, 그것이 고통스러운 것임에도 불구하고 매우 유용한 것이 될 수 있다고 말해주었다. 그가 강경하게 그 치료자에게는 결코 돌아가지 않겠다고 해서, 나는 매주 한번 그를 만나기로 했다. 그는 이번에도 가능한 한 빨리 치료를 끝내고 싶어 했기 때문에 우리는 10회기 동안 만나기로 했다.

이 기간 동안, 불안의 감소라는 증상 초점 외에도 역동 초점에 대해서도 다룰 수 있었다. 다른 치료자에게 압도당하고 거의

"침범 당했던" 그의 경험에 대한 이야기를 나누자 그의 불안은 상당히 빠르게 감소했다. 그는 짤막한 글들을 나에게 가져왔다. 그것들은 대인관계에서의 갈등을 주제로 하고 있었고, 압도당하고, 거절 당하고, 통제 당하며 자신의 정체성을 잃는 것에 대한 두려움을 묘사하고 있었다. 동시에 거기에는(덜 직접적으로) 관계에 대한 그의 열망이 표현되어 있었다. 그 글들은 그의 표현 방식과는 대조적으로 깊은 고통의 느낌을 담고 있었다. 역동 초점은 사적인 관계에 대한 그의 갈등, 특히 통제 당하고 자신을 잃을지도 모른다는 두려움과 그렇게 되리라는 믿음이었다.

첫 번째 회기에서, 앨런은 가능한 한 치료를 짧게 하고 싶다고 분명히 표명했다. 아홉 번째 회기에서 그는 나의 도움에 감사를 표하면서 이제는 치료를 끝내고 싶다고 말했다. 내가 그에게 빨리 치료를 그만두고 싶어 하는 것이 아마도 친밀함에 대한 불안과 치료자인 나에게 지배당하는 것에 대한 불안과 관련되어 있을지도 모른다고 하자, 그는 조용히 아니라고 하면서, 나와의 치료는 뚜렷한 목표가 있고, 이제 그 목표가 달성되었다고 말했다. 아마도 우리 두 사람의 말이 다 맞는 것이었을 것이다. 앨런과의 작업에서 나로 하여금 좌절감을 느끼게 했던 요인들 중 하나는 그가 나의 해석을 계속해서 거절한 것이었다. 그렇지만 나는 그가 통제 당하고 침범 당하는 것에 대해 매우 예민하다는 것을 알고 있었기 때문에, 그에게 계속 치료를 받으라고 강요하지 않았다. 나는 우리가 그의 대인관계 갈등의 근본적인 문제점들을 드러내놓고 다루기 시작했다는 점에서 이번 종료에 대해서 좀더 다행스런 느낌이었다. 그러나 나는 그가 갑작스럽게 내게로 되돌아와 집중적으로 작업하고는 홀연히 떠나는 것에 대해 약간 좌절스러웠다. 나는 이것이 투사적 동일시이며, 그가 아버지에게서 느꼈던 것을 나 역시 느끼고 있다고(일치적 동일시) 생각했다. 아마도 나는 갑자기 가까워졌다가 갑자기 떠나는 우리의 관계로 인해 앨런이 아버지와의 관계에서 느꼈던 것처럼, 희망이 실망으로 변하는 것을 느꼈던 것 같다.

앨런이 치료를 위해 돌아와, 우리가 더 깊은 작업을 할 수 있었던 것은 이전의 20회기 치료에서 해석되지 않았던 안아주기와 이해해주기가 근본적인 영향을 미쳤다는 것을 보여준다. 어린시절 성장을 위한 유아의 불안한 첫걸음을 바라보면서 그 불안을 담아주는 어머니처럼, 치료 초기에 나는 해석하지 않은 채 문제들과 불안을 담아주면서 나중에 앨런이 그것을 사용할 수 있기를 바랐다. 분명히 그는 후에 그것을 사용할 수 있었다.

해석의 강조

정신역동 심리치료에서 핵심적인 기법은 해석이다. 랑스(Langs, 1973)는 해석을 "환자가 가지고 있는 무의식적인 자료를 환자에게 정서적으로 의미있는 방식으로 의식화하기 위한 언어적인 개입"(p. 451)으로 정의한다. 샤르프 부부(1992)는 해석을, "변화를 가져오기 위해 치료자가 환자와 이해를 공유해가는 과정에서 단순한 언급으로부터 복잡한 이론적 언급에 이르는 다양한 언급을 통해 지속적으로 개입하는 것"(p. 113)이라고 정의했다. 그렇다면, 무엇이 해석되는가? 그것은 치료자의 이론적 배경에 따라 달라진다. 역동 단기치료자들 사이에서 발견되는 몇 가지 차이점들에 대해서는 4장에서 이미 논의된 바 있다. 이 점에 대해 샤르프 부부(1992)는 대상관계 이론의 관점에서 다음과 같이 서술한다:

해석은 과거에 환자에게 일어났던 일들이 현재 관계에서 생긴 어려움에 어떻게 영향을 미치고 있는지를 이해하기 위해서 가능한 모든 방법들을 서로 연결하고 명료화하는 것에서부터 시작된다. 가장 효율적인 해석은 전이와 역전이에서 재연되는 것에 대한 이해로부터 시작하여 차츰 억압된 내적 대상관계들의 재건을 향해 나아가는 해석이다[p. 114].

가장 기본적인 해석은 단순히 환자가 치료자와 어떻게 관계하고 있는지를 지적하는 것일 수 있다. 더 나아가, 치료자는 환자의 내적 표상들/혹은 그 반응들 사이를 다양한 방식으로 연결하고자 시도할 수 있다. 나는 이렇게 연결시켜주는 해석들을 아래에서 간략하게 그리고 7장에서 보다 자세하게 다룰 것이다.

갈등의 삼각형

말란(1976)은 해석에 대한 생각을 명료화하는 데 유용한 개념적 모델을 제시했다. 대번루(1980)도 자신의 접근에서 이 모델을 사용했다. 말란의 해석 도식<그림형 5-1>은 두 개의 삼각형으로 구성되어 있는데, 치료자는 각 삼각형의 세 꼭지점들을 연결하려고 시도한다.

대번루(1980)가 "갈등 삼각형"이라고 불렀던 첫 번째 삼각형은 고전적인 욕동이론에 근거한 것으로서, 충동(또는 욕동)과 욕동에서 생긴 불안과, 그 불안에 대한 방어로 구성되어 있다.

예컨대, 40대 초반의 기혼 남자인 로버트는 여자 동료인 진에게 무의식적으로 강한 성적 매력을 느꼈다. 이것은 불안을 야기했고, (다음과 같은 무의식적인 사고 때문에: "그녀는 나를 거절

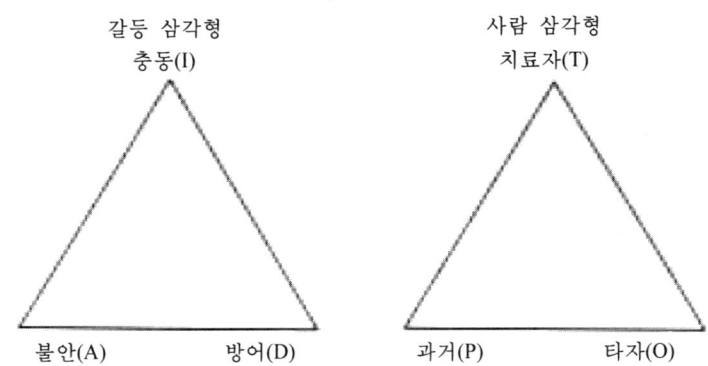

<그림5-1> 말란의 해석 도식. 출처: 말란(1976).

할거야." "그녀는 접근 금지야." "나는 결혼했어") 로버트는 무의식적으로 그녀에게 화를 내는 것으로 이 불안에 대해 방어했다.

다음은 치료자가 갈등 삼각형의 꼭지점들을 연결한 해석을 보여주는 예이다:

I-A 해석: "당신이 말한 것을 살펴보면, 당신은 진에게 매료되어 있는 것 같습니다[I: 욕동]. 그러나 이것은 당신을 불편하게 만들었습니다[A: 불안]."

I-D 해석: "나는 당신의 분노[D: 방어]가 당신으로 하여금 진의 매력을 느끼지 못하게 가로막고 있다고 생각합니다[I: 충동]."

A-D 해석: "나는 진이 몇 가지 이유로 당신을 불편하게 했고[A] 그 때문에 당신은 그녀에게 매우 화가 나있다고[D: 방어] 생각합니다."

I-A-D 해석: "우리가 나눈 이야기에서, 진에 대한 당신의 강한 느낌[I]이 몹시 불편했기 때문에[A] 당신은 자신도 모르는 사이에 그녀에게 자주 싸움을 걸었다[D]는 것을 알 수 있습니다."

사람(person) 삼각형

갈등 삼각형은 환자의 어려움에 대한 생각을 정리하는 데 매우 유용할 수 있다. 그러나 나의 작업은 환자의 삶에서 재연되는 대상관계를 강조하는 것인데, 이것은 두 번째 삼각형의 영역에서 취급된다. 이것을 메닝거(Menninger)는 통찰의 삼각형이라고 불렀고(Malan, 1976), 대번루는 사람 삼각형이라고 불렀다(Davanloo, 1980). 이 삼각형은 치료자(T); 주로 부모로 드러나는 과거의 중요한 인물(P); 현재 혹은 최근의 과거에서 다른 사람(O)에 대한 환자의 느낌들과 행동들을 연결시켜준다.

40대 중반의 과부인 신디는 10대 초반까지도 아버지에게 반복적으로 성적 학대를 당했다. 그녀는 남자들이 자신을 조종할까봐 두려워하면서도, 일단 남자와의 관계가 시작되면, 매우 순종적이 되었다가 자신을 부적절한 방식으로 특별 대우를 해줄 것을 요구하는 일을 번갈아 가면서 반복했다.

다음은 사람 삼각형을 사용한 해석의 예이다:

T-P 해석: "당신이 아버지에게 받은 학대는 동시에 당신으로 하여금 특별함을 느끼게 했습니다. 치료자인 나와 성적 관계를 갖고 싶어 하는 당신의 열망[T: 치료자]은—당신이 아버지에게 그랬던 것처럼[P: 과거]—특별한 사람이 되고 싶다는 당신의 자연스러운 욕구에서 나왔다고 보입니다. 그러나 그것은 동시에 당신을 학대하는 것으로 나타나고 있습니다[P]."

P-O 해석: "당신이 아버지에게 싫다고 하지 못했던 것처럼[P], 남자친구인 닐에게 싫다는 말을 할 수 없다고 느끼고 있는 것

같습니다[O: 중요한 타인].”

    T-O 해석: "내가 오늘 5분 늦었을 때, 당신은 내가 당신에게 싫증이 났기 때문이라고 느꼈습니다[T]. 그것은 닐이 당신에게 이틀 동안 전화하지 않았을 때 당신이 묘사했던 닐에 대한 불안과 비슷한 것입니다[O]."

    T-P-O 해석: "닫힌 문 뒤에서만 특별했던 당신의 이런 상처는 실제로 전적으로 당신 아버지에게로 거슬러 올라갑니다[P]. 당신은 내가 개인적으로 만날 때와 집단에서 만날 때 당신에게 다르게 반응한다고 느꼈습니다[T]. (그녀는 내가 이끌고 있는 집단치료에도 참가했다) 그것은 토요일에 당신이 닐의 친구들과 있었을 때 닐에게 도외시 되었다는 느낌이 아니었을까 생각됩니다[O]."

자기(self)와 사람 삼각형

    내가 3장에서 다루었듯이, 자기는 정신분석 이론의 중심 개념이다. 치료자와 환자는 **환자가 자신의 자기를 대하는 방식**에 주목해야 한다. 그러므로 치료자는 또한 자기의 취급과 관련된 이러한 현상을 해석하고 그것을 과거, 다른 사람, 치료자에 관한 자료들과 연결시켜주어야 한다. 그 다음에는, 사람 삼각형에다 환자 자신이 자기를 취급하는 방식이 다른 대상들과의 관계에 어떻게 연결되는지에 대한 해석을 덧붙여야 한다. 사람 삼각형에 대한 나의 추가사항은 <그림 5-2>에 제시되어 있다.

    기혼인 40대 중반의 제임스는 매우 성공한 CEO로서, 작은 사업체의 소유주였다. 그는 동업자와의 관계에서 생기는 어려움 때문에 치료받으러 왔다. 그는 자신과 타인들에게 높은 기준을 가지고 있는 문제로 인해 사람들에게 자주 실망하곤 했다. 그의 아버지는 칭찬에 인색했으며, 그가 잘하는 것을 당연하게 여겼던 것으로 보였다. 따라서 제임스는 자주 아버지가 자신에게 실망했다고 느꼈었다.

다음은 그림 5-2에서 자기(self)와 연결시킨 해석 도식을 사용한 예이다:

T-S 해석: "당신은 치료자인 내가 별로 도움이 되지 못한다고 느끼고 있군요—더 좋았어야 하는데[T: 치료자]. 이것은 종종 당신이 자신에 대해 느끼는 것이기도 합니다[S: 자기]."

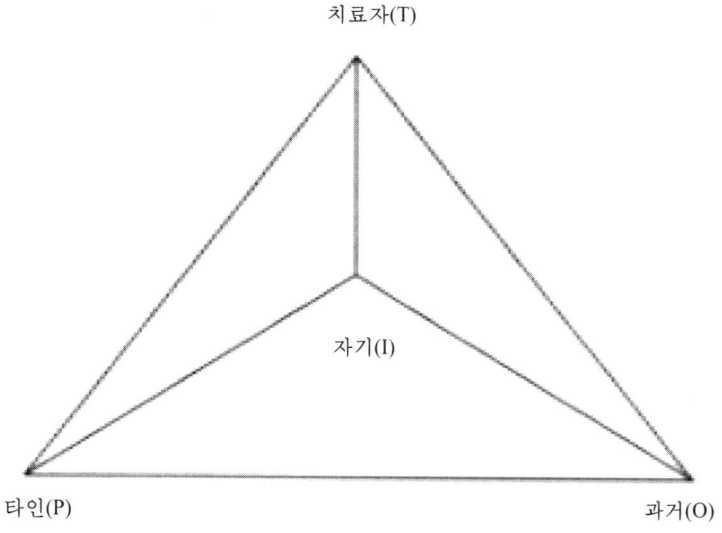

〈그림5-2〉 자기와의 연결이 포함된 해석 도식

P-S 해석: "당신은 그와 같은 큰 계약을 체결했음에도 불구하고 스스로를 별로 인정하지 않는 것이 인상적입니다[S]. 당신이 스스로를 대하는 방식은 마치 당신의 아버지가 당신을 대했던 것과 같은 것으로 보입니다[P: 과거]."

O-S 해석: "당신은 자신이 어떤 일을 하던 간에, 충분하지 않다고 느끼는군요[S]. 당신이 목요일 회의에서 동업자들 중 한사람인 렌(Len)이 전보다 훨씬 더 많이 타협적이었는데도 여전히 그에게 실망하고 핀잔을 주었다고 말했을 때, 이런 생각이 들더군요[O: 타인]."

과거 경험의 새로운 결말

많은 환자들, 특히 성격장애 환자들은 실제로는 현재에 살고 있지 않다. 그들의 삶은 다른 사람들을 있는 그대로 진정으로 만날 수 없는 무능함에 의해 제한되어 있다. 그들은 왜곡된 과거 경험의 프리즘을 통해 사람들을 경험한다. 그들은 또한 무의식적으로 친구들이나 배우자도 과거의 중요한 사람들과 닮은 사람을 선택한다. 다른 사람들과 과거의 관계를 무의식적으로 재연하는 것은 환자들의 삶을 제한하고 힘들게 한다. 치료에서 이러한 점을 인식하고 새로운 관계양태를 실험하는 것은 이러한 환자들의 치료에서 가장 중요한 부분을 차지한다.

환자가 치료자와 과거의 경험을 되풀이하고자 하기 때문에, 단기치료자는 과거의 중요한 대상과는 다른 태도로 반응해야 한다. 이러한 방식으로 환자는 과거의 것과는 다른 새로운 경험을 할 수 있다. 건트립(1969)은 "치료자는 환자의 초자아 안에 있는 좋

제5장 대상관계 단기치료: 개관 / 165

은 요소들이 투사된 것 이상의 존재이다. 치료자는 실제 인간으로서 환자가 전에 경험하지 못했던 새로운 것을 경험하게 해주어야 한다"라고 말한다(p. 346).

　린다는 이혼한 30대의 변호사로서, 심각한 경계선적인 특성을 보였다. 그녀는 미루는 버릇 때문에 오랫동안 불편을 겪어왔다. 그녀의 개인력은 그녀가 학대를 당하거나 학대하는 것으로 그리고 드물게는 누군가가 위기 상황에서 그녀를 극적으로 구출하는 식의 관계로 점철되어 있었다. 초기의 몇 차례 회기에서 이러한 것들이 드러났다. 그녀는 매우 매혹적이고 유혹적인 여성이었고, 나는 치료 회기가 성적인 분위기를 띠게 되는 것을 발견했다. 나 역시 그녀가 지각하는 것과 결석하는 것 그리고 치료 시간 몇 분전에 취소하는 것 등에 의해 학대 당한다는 느낌을 받았다. 어쨌든, 나는 그녀가 치료에 오는 것이 힘들고, 그녀의 불규칙성을 참아야 한다고 생각했다. 마침내, 나는 자신의 업무를 잘 수행하지 못하는 그녀의 무능력을 지나치게 동정하여 그녀의 고용주와 그녀의 업무에 대해 중재하는 상상을 하는 나 자신을 발견했다(예를 들면, 고용주에게 그녀의 심리적 스트레스를 설명하고 그녀가 담당한 업무를 감면해주도록 권고하는 편지를 보내는 것).
　이러한 반응들은 그녀의 내면 세계를 극적으로 보게 해주었지만, 그것은 그녀가 자신의 삶에서 이전의 사람들(특히 남자)과 경험했던 것들을 반복하는 것이었다. 그렇다면 회기중에 일어난 과거 경험들에 대해 새로운 결말이 가능하도록 치료자가 어떻게 그녀에게 반응해야 할까? 나는 "그녀를 학대하거나 그녀에게 학대 당하지 않고 혹은 그녀를 구출하지도 않으면서, 내가 그녀에게 어떻게 도움이 될 수 있을까?"를 생각했다.

이런 치료적 입장의 뿌리는 알렉산더와 프렌치(1946)의 단기치료에까지 거슬러 간다. 그들은 잘 알려져 있지만 충분히 이해되지 못한, "교정적 정서경험"이라는 개념을 제시했다. 환자는 과거의 괴롭거나 외상적인 사건들로 고통받고 있으며, 그러한 경험들은 전이의 과정을 통해 치료자와의 관계에서 재연되는데, 그때 치료자는 환자의 과거 대상관계와는 다르게 반응함으로써 교정적 정서경험을 이끌어낼 수 있다는 것이다. 이 개념은 알렉산더와 프렌치의 적극적이고 다소 조종적인 접근으로 인해 정신분석 분야에서 불신을 받고 있다. 알렉산더와 프렌치는 치료자가 환자의 초기 삶에서 발생한 양육과 공감의 실패를 치료에서 보완할 수 있다고 제안했지만, 현재의 심리학적 지식에 의하면, 어린시절 심각한 외상이나 부모의 결손은 치료자와 아무리 좋은 관계를 가져도 충분한 보상이 불가능한 것으로 간주되고 있다.

어쨌든, 치료자가 특정한 방식으로 반응할 것이라는 (무의식적 혹은 의식적인) 환자의 믿음을 확인해주지 않는다면, 그것은 매우 치료적인 경험이 될 수 있다. 그런 경험을 하고 나면 환자는 자신이 지금까지 경험한 것과는 다른 유형의 관계가 가능하다는 것을 믿을 수 있게 된다. 더 나아가, 그런 관계에서 환자가 경험한 자신의 모습은 과거의 관계에서 경험한 자신의 모습과는 많이 다른 것일 수 있다. 구스타프슨(1981)은 말란의 단기치료 모델에 대한 글에서 치료자의 이러한 다름의 요소가 어떻게 "교정적인" 것이 될 수 있는지에 대해서 아래와 같이 말했다:

> 사실, 우리는 실패(부모의 부적절한 양육)를 만회할 수 없다. 그러나 우리는 환자로 하여금 자신이 바라는 것을 경험하게 하고, 불가능한 것을 포기하게 하며, 삶이 제공할 수 있는 만족을 추구하도록 도와줄 수는 있다. 좋은 치료자는 환자가 원하는 만

큼 양육을 제공하는 데 실패한다. 그때 치료자는, 부모와 달리, 이런 실패를 기꺼이 직면하며 환자가 그것을 견디도록 돕는다는 의미에서 "교정적"이 된다[p. 106].

비정신역동 기법의 사용

대상관계 단기치료를 실행하기 위해서, 치료자는 해석, 침묵, 직면, 꿈 해석 등과 같은 정신역동적 치료기법만 사용할 필요는 없다. 사실, 최면술, 인지주의 기법들, 게슈탈트, 행동주의 치료와 같은 다른 기법들의 도입은 정신역동적 조망을 보완해줄 수 있다. 벗맨과 거맨(1988)의 절충적인 접근은 다른 심리치료 학파들의 기법을 적극적으로 도입한다. 스트럽과 빈더(1984)는 그들의 단기치료에서 인지적 재구조 기법과 비슷한 기법들을 자주 사용한다고 언급했다. 호로위츠와 그 동료들(1984)의 접근도 인지치료 기법과 비슷한 기법들을 포함하고 있다.

물론, 치료자는 환자에게 직접적인 지시를 할 때 발생하는 역할 변화의 효과에 대해 인식할 필요가 있다. 예를 들면, 치료자가 환자에게 근육이완법을 통해 빠르게 불안을 감소시킬 수 있는 방법을 가르친다는 사실이 전이에 어떤 영향을 미치는가? 치료자가 치료의 어느 한 시점에서는 죄책감에 대한 처방으로 인지적 기법을 권하고, 또 다른 시점에서는 환자가 죄책감에 "머물러 있도록" 허용한다면, 환자는 어떻게 느끼겠는가?

위의 예들은 다른 치료적 접근을 적용할 때 치료자가 항상 염두에 두어야 할 질문들이다. 나의 경험에 따르면, 비정신역동적 접근과 정신역동적 접근의 통합적 사용은, 그것이 충실하게 행해지기만 한다면, 대체로 치료작업을 강화시키는 결과를 가져온다. 비정신역동적 개입은 증상과 특정한 문제에 관한 치료를 신속하게 진행시키는 효과를 가져오는 데 주목하는 반면, 역동적 관점은 한 개인의 특정한 인격이라는 맥락 안에서 환자의 고통과 증상의 의미를 주목한다. 그리고 그것은 환자의 저항의 본질에 관한 지식을 제공한다.

　모든 형태의 치료에서 저항의 문제는 매우 중요하다. 행동주의 치료자들이 자신의 이전 환자를 나에게 의뢰하면서 종종 했던 말은, "이 환자가 치료 과제를 제대로 수행했더라면, 행동치료에서 많은 효과를 보았을 텐데 …"라는 것이었다. 그러나 이러한 치료 과제의 불이행과 관련된 환자의 무의식적 역동에 대한 이해 또한 효율적 치료를 위한 필수 조건이라고 할 수 있다. 많은 환자와의 작업에서, 변화를 촉진시키기 위해서는 전이, 역전이, 그리고 무의식 과정에 대한 지식이 요구된다. 치료자들은 행동주의적 기법을 사용할 때조차도 내면 세계에 대한 질문들을 간직하고 있어야 한다는 하이만(Heimann)의 말을 기억해야 한다: "누가 말하고 있는가?"—환자 내면 세계의 어떤 부분이 이 특정한 순간에 표현되고 있는가?; 그리고 "그 사람은 누구에게 말하고 있는가?"—환자 내면 세계의 어떤 부분이 이 특정한 순간 치료자에 의해 표현되고 있는가?(Bollas, 1987)

　6장, 8장, 9장에서 제시된 로널드의 치료에는 불안을 감소시키기 위해 사용된 행동주의 기법(긴장완화 훈련, 불안감소 훈련)과 인지주의 기법(인지적 도전, 인지적 재구성, 삼단 기법)이 포함되어 있다. 그는 불안으로 인해 법대생으로서 적절히 기능을 할 수 없었고 성적도 뒤쳐졌다. 그러나 만약 치료자가 그의 근본적인 자기애의 문제와 그것이 드러나는 방식에 주목하지 않았다면, 그런 기법들은 성공할 수 없었을 것이다.

연쇄적인 단기치료

종종 단기치료 계약은 단순히 초점이 되고 있는 문제를 해결하기 위한 고립된 개입으로 간주된다. 나는 단기치료 계약을 전체 치료과정의 일부로 여기는 것이 더 유용한 관점이라고 제안한다. 단기치료는 계약이 종결된 후에도 환자 내부에서 계속될 뿐 아니라 언젠가 필요할 때 환자가 치료를 다시 시작할 수 있도록 허용한다. 사실, 많은 환자들이 이전의 치료 작업에서 자극받은 성장을 계속하기 위해 여러 차례 다시 단기치료를 받는다 (Budman and Gurman, 1988).

단기치료자는 현재의 치료 작업에 대해서 뿐만 아니라, 이런 경험이 환자의 성장과 발달을 지속시키는 데 어떤 영향을 미칠 것인가에 대해 고려할 필요가 있다. 그리고 역동의 초점에 주의를 기울이는 것은 그것이 특정한 단기치료 계약의 보다 제한된 초점을 너머 잠재적인 주제나 문제에 대해 작업한다는 점에서 매우 유용하다. 이러한 견해에서 본다면, 개별적인 단기치료 작업은 훨씬 더 커다란 변화과정의 일부분이며, 이 변화과정에는 일생 동안 이루어지는 연쇄적인 단기치료가 포함된다. 성공적인 단기치료에서 환자는 믿을 만한 좋은 대상과의 관계를 통해 괴로울 때 도움 받을 수 있음을 경험한다. 환자는 매번 독특한 관계상황 안에서 변화의 과정을 경험한다. 이런 경험을 한 환자가 미래의 어려운 시기에 치료자에게 또는 치료과정으로 돌아오는 것은 당연하지 않겠는가? 이런 식으로, 새로운 단기치료는 그 이전의 치료를 바탕으로 이루어질 수 있으며, "전체가 부분의 합보다 더 크다"는 말처럼 전체 치료과정은 각각의 단기치료를 넘어서는 강력한 힘을 발휘할 수 있다.

이 견해는 모든 환자들은 아니지만 많은 환자들에게 연쇄적인 단기치료들이 필요하다는 생각을 견지한다. 이 견해는 관리의료와 양립할 수 있다는 이점을 갖고 있다. 호이트(Hoyt, 1990)는 주기적인 단기치료 계약들을 설명하기 위해 연쇄적인 단기간 치료(serial short-term therapy)라는 용어를 사용했는데, 나는 그것을 연쇄적인 단기치료(serial brief therapy)라는 비슷한 명칭을 사용하고 있다.

정신역동적으로 훈련받은 치료자들은 이와는 다른 견해를 가지고 있다. 정신역동 치료자들은 지속적으로 장기간에 걸쳐 환자와 집중적으로 작업하도록 훈련받았다. 중요한 역동들이 완전히 분석될 때까지 치료를 끝내서는 안 된다는 것이다. 그러나 과연 그러한 역동들이 완전히 분석될 수 있는 것인가? 커밍스와 반덴보스(Cummings and VandenBos, 1979)는 이 문제에 관한 저서에서 다음과 같이 설명했다: "이전의 정신건강 문제로 환자가 다시 찾아오면 '재발'로 분류되고, 이전의 치료가 실패했거나 불완전했다는 증거로 보는 경향이 있다 … 건강에 관한 다른 어떤 영역에서도 이와 같이 생각하지는 않는다"(p. 433). 다시 치료받으러 오는 것은 나쁘며, "재발"이라는 치료자들의 잘못된 생각은 무의식적으로 환자들에게 의사소통될 수 있고, 그들이 더 깊은 작업을 위해 치료자에게 되돌아오는 것을 방해할 수 있다. 이러한 생각이 무의식적으로 의사소통될 때, 환자는 치료자를 다시 만나는 것을 수치스럽게 느끼고 다른 치료자를 찾게 될 것이다.

다른 저술가들은 연쇄적인 단기치료와 유사한 과정에 대해 설명하고 있다. 벗맨과 거맨(1988)은 "단기치료의 종결불가능성"에 대해 언급했고, 같은 환자를 정기적으로 여러 해에 걸쳐 만났다고 보고했다:

환자들은 그들 인생의 다양한 시점에서 치료로 되돌아온다.

치료자가 환자에게 "완벽한" 치료를 제공할 수 있다(혹은 제공해야 한다)는 것을 당연시하는 것은 교사가 완벽한 수업을 제공해야 하고, 의사가 완벽한 항생물질을 제공하거나 여행사가 완벽한 휴가를 제공하는 것이 당연하다고 여기는 것과 같다[p. 248].

환자가 다시 치료받는 것에 관해 베넷(Bennett, 1989)은 다음과 같이 말했다:

이러한 견해는 환자가 인생의 과도기에 치료자를 시간을 두고 반복적으로 사용한다는 사실에 부합된다. 발달상의 준비에 따른 그리고 환자의 환경 안에 내재된 변화-촉진적인 요소들에 근거한 치료적 일화들은 연속적인 것이기보다는 불연속적인 것이고, 산만한 것이기보다는 간결한 것이며, 작은 범위 내에서 이루어질 것이다[p. 352].

폴락(Pollack)과 그 동료들(1991)은 단기치료에 대한 그들의 접근(단기 적응적 심리치료)이 자기애적 성격과 경계선 성격 같은 다루기 힘든 환자들에게 단기간의 치료를 비치료 기간과 교대로 사용함으로써 효과를 볼 수 있다고 주장했다.

정신역동적으로 훈련된 치료자들은 이와는 다른 견해를 갖겠지만, 같은 환자가 장기간에 걸쳐 일정치 않은 간격으로 치료를 받기 위해 돌아오는 일은 임상에서 흔히 있는 일이다. 치료를 받기 위해 되돌아오는 환자들의 다양한 유형들을 구분하기 위해, 그 원인들을 다음과 같이 목록화할 수 있다(종종 환자들은 한 가지 이상의 원인으로 재치료를 받는다):

1. 환자는 자신이 이전에 받은 치료에서 도움을 받지 못했다고 느꼈다. 다행히도, 많은 환자들은 부정적이거나 비생산적인 치료경험에도 불구하고 치료를 포기하지 않는다. 때로는 과거의 만족스럽지 못한 패턴을 반복하면서, 때로는 더욱 긍정적인 성과(과거 경험과는 다른 새로운 결말)를 만들어내는 데 협조하면서 다시 치료를 시도한다.

2. 환자의 증상 완화에도 불구하고, 근저의 문제들이 아직 다루어지지 않았다. 증상 완화는 그 자체만으로도 훌륭한 치료목표일 수 있다. 그러나 치료가 단지 고통의 경감만을 가져오고 인격의 변화를 가져오지 못한다면, 환자는 새로운 위기나 문제가 나타날 때마다 되풀이해서 치료를 받아야 할 것이다. 환자들 중에는 오랫동안 비슷한 문제로 반복해서 치료를 받으러 오면서도 그런 문제들을 좀더 효율적으로 다루는 방법을 배우지 못하는 사람들이 있다. 환자들 중에는 20년 동안 치료를 반복하면서 매번 몇 회기 내에 고통은 경감되었지만 자신들의 삶을 더 잘 다루는 법은 배우지 못한 사람들이 있다. 그 환자들은 20년 동안 150회기 이상의 치료를 받았다. 만약 이 환자들이 초기에 보다 장기간의 치료를 통해서 역동의 문제들을 이해하고 대처기제들을 배울 수 있었더라면, 결국 치료 기간은 더 짧아졌을 것이다.

이것은 많은 관리의료 조직이 정신 건강의료를 지휘하고 있다는 점에서 중요한 문제이다. 치료의 강조점이 **즉각적인** 비용억제와 **빠른** 증상 완화에 너무 치우쳐 있기 때문에 환자들이 자신들의 인생을 더 잘 관리하는 방법을 배우지 못한 채 반복적으로 재치료를 받게 되는 것이 지금의 현실이다.

3. 환자는 자신의 인생에서 새로운 문제, 위기, 발달적 도전에 직면한다.

4. 환자는 이전에 다룬 역동적 주제들을 더 깊이 다루고자 한다. 이미 이룩한 진전을 더욱 촉진시키기 위해 도움을 얻고자 한다.

5. 환자는 새로운 역동 문제에 대해 작업하기를 원한다. 치료란 이전 치료에서의 초점적 문제들을 효과적으로 다루는 과정이라는 것을 발견한 환자는 이제 다른 근저의 주제들을 다루기 위해 치료를 재개한다.

환자가 이전 치료에서 도움을 얻지 못해서 다시 치료를 받으러 왔을 경우(원인 1), 이것은 치료자가 자축할 일이 아니다. 마찬가지로, 지지적 치료를 통해 환자의 고통이 경감된 것에 약간은 만족할 수 있지만(원인 2), 더 지속적으로 작업을 할 수 있었던 것은 아닌지 스스로 점검해보아야 한다. 어쨌든, 환자가 긍정적이지만 제한적인 변화 후에 치료로 되돌아오는 것(원인 4와 5)이 종종 치료의 실패로 간주되는 것은 주목할 만하다. 이것은 빈번히 치료자의 자기애 때문이다. 치료자는 환자의 호전이 제한적이라는 데 실망한다. 그것은 또한 치료(그리고 삶?)란 환자가 실제로 치료의 목표에 도달하고 완벽하게 분석되거나 완전한 발달을 이룩하는 것이라는 생각과 관련되어 있다. 치료는, 인생이 그러하듯이, 도달하는 과정(arriving process)이라기보다는 되어가는 과정(becoming process)이다.

한 차례의 단기치료에 이어 더 심층적인 치료를 위해 환자가 되돌아오는 사례들은 장기치료 지지자들에 의해 단기치료의 상대적인 부적절성을 뒷받침하는 증거로 인용되는 경향이 있다. 그렇지만, 집중적인 심리치료나 정신분석에 이어 부가적인 치료가 수행되는 것 또한 일반적인 현상이다. 하트롭(Hartlaub)과 그 동료들(1986)은 덴버 정신분석학회(Denver Psychoanalytic Society)

의 회원들의 경험을 조사한 결과, 치료에 성공한 환자들의 2/3가 종결 후 3년 안에 다시 이전 분석가와 상담을 받았다는 것을 발견했다. 그들의 연구는 그 기간 동안에 얼마나 많은 환자들이 다른 정신건강 전문가들과 상담했는지에 대한 증거를 제공하지는 못했지만, 유사한 다른 종류의 부가적 접촉들이 있었음을 추측할 수 있게 해주었다.

임상 사례: 앨런(Alan)

앞에서 나는 18개월 만에 두 번째 치료 작업을 위해 돌아온 앨런에 대해 언급했는데, 그와는 8년에 걸쳐 총 50회기의 면담을 가졌다. 20회기, 10회, 3회기, 5회기, 12회기의 단기치료를 총 다섯 차례에 걸쳐 수행했다. 개인적 관계에서의 갈등이라는 역동적 초점 그리고 신뢰 문제와 자신이 통제되고 있다는 공포 및 상실되는 것에 대한 공포의 문제가 이 기간 내내 계속 중심적인 과제였다. 나는 세 차례의 후속 치료에 대해서 간략히 서술해보겠다.

두 번째 단기치료를 종결한 지 2년이 되었을 때, 앨런은 위기를 맞아 치료로 되돌아왔다. 그는 엄격한 계율을 따르는 부모님의 종교를 신봉하게 되었고, 그와 동시에 자신에게 강한 성적 느낌들이 존재한다는 사실을 인식하게 되었다. 그 종교는 결혼하여 출산을 목적으로 하는 것 외에는 어떠한 형태의 성행위도 금지했다. 그는 자신은 성적 느낌을 행동화할지도 모른다고 두려워한 나머지 성기를 절단하거나 자살하는 것을 고려했다. 그는 이것을 아무 느낌 없이 이야기했고, 나를 만나러 온 목적은 이것(자살 혹은 성기 절단)에 대한 조언을 얻기 위해서라고 말했다.

물론, 두 번째 회기에서 나는 그에게 그 어느 것도 하지 말라고 조언했다. 그는 이 상담에 대해 감사했고, 나의 충고에 따르겠다고 말했다. 내가 그에게 이 문제를 더 깊이 다루기 위한 치료를 권했지만, 그는 거절했고 3회기에서 치료를 끝냈다. 나는 그가 극단적인 행동을 생각하고 있었다는 것 외에도 그와의 접촉이 너무 짧았다는 것이 매우 불안했다. 그러나 나는 그가 항상 자신의 말을 지켰고 효과적인 작업을 위해 나와 기꺼이 협력했다는 점을 생각하면서 나의 불안을 달랬다. 다시 한번, 나는 그가 나에 대해 강요하거나 침범하는 사람으로 경험하지 않는다는 사실이 매우 중요하다고 느꼈다. 그럼에도 불구하고, 나는 세 번째 회기를 끝내고 걸어 나가는 그의 뒷모습을 손을 놓고 보고 있어야만 한다는 것이 여전히 힘들었다. 나는 다시 한번, 그가 자신의 아버지와의 관계에서 느꼈던 감정을 투사적 동일시를 통해 내가 그대로 느끼고 있다고 생각했다. 나는 자살과 자기-상해에 대한 그의 투사된 불안을 경험하고 있다고 느꼈다. 그리고 나는 그를 다시 만나게 되리라고 생각했다(그리고 희망했다).

 그후에 나는 두 차례의 단기치료를 통해 몇년 간 더 앨런을 만났다. 그때 그는 위기상황에 처해 있지 않았다. 그는 비록 몇 명 안되지만 친구들을 사귀었고, 놀랄 만큼 사교적이 되었으며 옷도 맵시있게 입고 있었다. 그가 더 많이 대인관계 세계를 지향하고 개방적이 되자, 그는 이 방면에 고도의 지적인 능력을 발휘했는데, 그 결과는 인상적인 것이었다. 두 번의 치료는 모두 매우 경쟁적인 비지니스 컨설턴트 분야에서 고위직을 얻으려는 데서 오는 스트레스 때문이었다. 그는 자신을 마케팅하면서 많은 좌절만큼 상당한 성공을 경험하고 있었는데, 그 과정은 매우 힘들고 외로운 것이었다. 치료는 실제적인 스트레스 관리에 초점이 맞춰졌고, 역동 초점은 계속해서 대인관계에서의 신뢰와 경계 유지에 맞춰졌다—이 시기에 치료의 초점은 개인적인 관계뿐만 아니라 직업적 관계에도 맞추어졌다.

나는 앨런과의 다섯 차례의 단기치료를 종결한 후에는 그를 다시 만나지 못했지만, 잘 지내고 있다는 그의 편지를 두 번 받았다. 그는 직업적으로 성공했고, 결혼해서 아이도 있다고 했다. 나는 이런 불연속적인 연쇄적인 단기치료들에서 각각의 치료들은 이전 치료에 근거해 있으며, 이것은 앨런에게는 8년 이상의 과정이었다고 생각한다.

추후(follow-up) 회기

최근의 여러 단기치료자들(예를 들면, Budman and Stone, 1983, Goldsmith, 1986)은 변화를 심화시키고 증상 재발을 막는 수단으로 추후 회기를 갖도록 권고한다. 나는 단기치료에서 마지막 몇 회기들을 간격을 두고 만나는 것과 추후 회기를 갖는 것이 어떤 환자들에게는 도움이 될 수 있다고 본다. 여기에는 세 가지 이유가 있다.

첫째, 그것은 치료의 종결과 관련된 강한 의존성의 문제를 점진적으로 다룰 수 있게 한다. 둘째, 그것은 치료실 밖의 상황에서 문제들을 작업할 수 있는 시간을 더 많이 허용한다. 셋째, 회기들 사이의 간격이 길어지면서 발생한 부가적 시간은 부가적인 사건들을 다룰 수 있도록 허용한다. 그러나 추후 회기를 갖는 것과 회기들 사이의 간격이 길어지는 것은 일반적으로는 임상 자료와 특정하게는 종결 경험에 대한 작업의 효율성을 떨어뜨릴 수도 있다. 그러므로 그것들은 필수적으로 아니라, 선택적으로 사용되어야 한다. 나는 9장에서 이 문제를 좀더 깊이 다룰 것이며, 10장에서 또 하나의 추후-회기 사례(Sharon)를 제시할 것이다.

두 개의 간략한 임상 사례: 로널드와 빌

로널드는 불안이 많고 자기애적인 24세의 법대생으로, 그의 치료는 6장, 8장, 9장에 자세히 묘사된 바 있다. 그의 치료는 보험 때문에 15회기로 제한된 것이었다. 치료는 그의 불안을 빠르게 경감시켰고, 그의 자기애적 문제의 일부를 다룰 수 있었음에도 불구하고, 그는 열두 번째 회기에서 아직 여름 일자리를 구하지 못한 일로 인해 불편해했다. 법대 졸업을 앞둔 그에게는 이 시점에서 좋은 여름 일자리를 얻는 것이 미래에 고정적인 일자리를 얻을 수 있는 기회였기 때문에 매우 중요했다. 로널드는 마지막 3회기는 일자리 찾기와 관련된 불안을 다루기 위해 매주 만나기보다는 2주에 한 번 만날 것을 요구했다. 나는 그의 이러한 요구가 종결을 지연시키고 산만하게 하는 것이라고 생각했지만, 그것을 해석하지는 않았다. 나는 그가 나와 치료에 의존하지 않고 있었기 때문에 그런 해석을 거절할 것이라고 생각했다. 나는 그가 비록 인정할 수는 없겠지만 치료의 종결이 그에게는 힘든 일이라고 생각했다. 회기 사이의 간격이 늘어남으로써 그는 점진적으로 나와 치료의 상실을 다룰 수 있었다. 또한 일자리를 구하는 어려움을 겪는 동안 지지를 받을 수 있었다.

빌은 55세의 결혼한 대학교수였다. 그는 과거 몇 년간 내연의 관계였던 여성과 헤어지면서 우울해진 일로 치료를 시작했다. 32회기의 치료는 한계 설정 및 한계 수용의 어려움과 그것과 연결된 자존감에 초점이 맞추어졌다. 나는 치료 종결 3개월 후에 한계 설정/자존감 문제를 다시 돌아보기 위한 추후 회기를 제안했다. 학기가 끝난 후 짧게 이루어진 추후-회기에서, 우리는 그가 상대적으로 비구조화된 시간 동안에 어떻게 지내는지를 살펴볼 수 있었다. 3개월의 사이 기간 동안, 빌은 자신이 한계를 수용하는 순간에 자신이 얼마나 약하고, 부적절하고, "남자답지 못하다"고 느끼고 있는지를 알게 되었다. 우리는 추후 회기에서 이 역동의 의미들을 더 깊이 탐구할 수 있었다.

6장

초기단계

짧다는 것은 영감받은 상태와 비슷하다.
조지 산타야나(George Santayana)

환자 선택

어떤 환자들이 대상관계 단기 심리치료에서 효과를 얻을 수 있고 어떤 환자들이 그렇지 못한가? 단기 접근법을 적용하는 경우, 지지적 모델을 적용할 것인가 아니면 보다 요구적인 표현적 모델로 접근할 것인가? 어떤 환자들이 단기치료에서 제외되는가? 나는 4장에서 환자를 선택하는 데 있어서 기본적인 생각이 서로 다른 두 학파에 대해 언급했다. 하나는 배타적 학파로서(예를 들면 Sifneos, 1987), 이들은 환자를 선택할 때 다양하고 엄격한 제한 기준에 부합하는 환자만 선택한다. 다른 학파는 포용적 학파로서(예를 들면, Budman and Gurman, 1988), 이들은 단기치료가 모든 환자들은 아니지만 대부분의 환자에게 효과가 있다고 본다. 나는 대상관계 단기치료가 대다수의 환자들에게 효과적이라는 포용적 학파의 생각에 동의한다. 월버그(Wolberg, 1965)는 아래와 같이 말한다.

내 생각에, 최상의 전략은 환자가 단기치료를 거부하지 않는 한 진단과는 상관없이 모든 환자들이 단기치료에 반응할 것이라고 가정하는 것이다. 만약 치료자가 주어진 20회기 안에 할 수 있는 만큼 환자를 치료한다는 가정을 가지고 모든 환자에게 접근한다면, 그 치료자는 환자에게 단기치료를 최대한으로 활용할 수 있는 기회를 줄 수 있을 것이다. 설령 그 치료가 실패한다 해도, 항상 연장 치료를 사용할 수 있을 것이다[p. 140].

모든 환자를 단기치료의 잠재적 대상으로 생각하는 것이 바람직할 것이다. 이런 생각은 대부분의 치료가 단기라는 사실과 단기치료가 일반적으로 매우 효율적이라는 연구결과와 일치한다. 게다가 그것은 현재 심리치료의 많은 비중을 차지하고 있는 관리의료 모델의 현실과도 부합된다. 그러나 단기치료의 한계를 수용하는 것 또한 중요하다. 단기치료가 유익하기는 하지만, 장기치료만큼 철저하고 집중적인 도움을 주거나 성장을 촉진시키지는 못할 수도 있기 때문이다. 다음과 같은 치료 효과의 다양한 수준들에 대해 생각해 보라: 증상 개선, 증상 제거, 대처 능력의 개선, 자기 인식 및 이해의 향상 그리고 성격의 변화. 증상 개선이 분명 가치 있는 치료 성과이기는 하지만, 향상된 자기 인식 및 성격 변화와는 그 깊이에 있어서 크게 다른 것이다. 항상 그런 것은 아니지만, 대체로 성격 변화의 기회는 단기치료보다 장기치료에서 더 많이 제공된다.

2장에서 논했듯이, 회기 수가 제한된 단기치료에서 환자와 치료자가 경험하는 시간의 성질은 장기치료의 그것과 다르다(Engelman et al., 1992). 치료에서 사용 가능한 전체 시간으로서의 20회기는 종결-개방형 계약에서의 20회기와는 질적으로 다른 임상 자료를 발생시킬 것이다. 어떤 경우에 환자들은 치료에서 덜 퇴행하고, 꿈, 환상, 연상 같은 무의식적 자료들을 덜 제시할 것이다. 다른 경우에는, 다른 환자들은 시간이 짧기 때문에 정서적으로 고조된 분위기를 만들어내고, 그 결과 잠재되어 있던 자료가 드러나기도 한다.

어떤 환자들은 더 많은 무의식적 자료의 출현과 극복과정을 허용하기 위해 치료 시간의 연장을 요구할 것이다.

리(Lee)는 26세 된 미혼 여성으로서 의료정책 연구소의 연구보조원으로 일하고 있으면서 업무수행의 어려움 때문에 치료받으러 왔다. 재정적인 문제로 그녀는 정해진 12회기만 치료받았다. 종결 무렵에 그녀가 적절히 업무를 수행할 수 있었다는 점에서는 치료가 성공적이었지만, 그녀는 여전히 낮고 약한 자존감 문제로 힘들어 했다. 이 단기치료에서는 어머니와의 관계가 자존감 문제의 중요한 요소임을 확인하는 선에서 그칠 수밖에 없었다. 6개월 후, 리는 다시 치료를 받으러 왔는데, 이번에는 종결 개방형 접근을 원했다. 이 치료에서 비로소 그녀는 안정적이 되었고 수용능력을 더 많이 발달시킬 수 있었다. 그녀는 자살충동과 심각한 경계선 성격장애를 가진 어머니와 함께 살면서 어머니와 무의식적으로 동일시했던 어린시절의 고통스런 자료들을 치료자와 함께 탐색할 수 있었다. 이러한 작업을 통해서 그녀는 자신의 자존감 영역에서 생긴 혼란스러움을 다루기 시작했다.

위의 사례는 가끔 일어나는 단기치료의 부가적 효과, 즉 단기치료에 대한 긍정적이고 유익하지만 제한된 치료 관계의 경험이 보다 장기적인 치료를 위한 촉매제로서 작용할 수 있음을 보여주는 좋은 예이다. 단기치료의 긍정적인 성과 중의 하나는 환자가 단기치료 후에 장기치료과정으로 들어가는 것이다.

환자 선택의 6가지 기준

나는 이론적 기준보다는 실용적인 기준에서 환자를 선택한다: 지금 이 환자가 이 시점에서 나와 단기치료를 하는 것이 도움이 될 것인가? 빈더(Binder)와 그의 동료들(1987)은 배타적 모델의 엄격한 선택기준이 이론적으로는 매력적이지만, 실제로 단기치료의 과정과 결과를 예상하는 데는 도움을 주지 못한다고 주장한다. 만약 환자가 다음의 기준에 부합한다면, 대상관계 단기치료는 최소한 제한된 방식으로라도 도움이 될 수 있을 것이다:

1. 환자는 심리치료에서 유익을 얻을 수 있는가?
2. 환자는 초점을 명료하게 정의할 수 있는가?
3. 환자는 치료자와 긍정적이고 협력적인 관계를 빠르게 발달시킬 수 있는가?
4. 환자가 단기 접근에서 오는 좌절을 견뎌낼 수 있는가?
5. 환자는 평가 면담에서 잠정적인 해석이나 개입에 긍정적으로 반응하는가?
6. 환자는 (변화를 위해서 치료자와의 연속적이고 장기적인 관계가 필요한 것과는 달리) 연쇄적인 단기치료과정에서 유익을 얻을 수 있는가?

만약 이런 질문들에 대한 대답들이 모두 '그렇다'로 드러난다면, 나는 그 환자와 단기치료를 시작할 것이다. 내가 4장에서 언급했듯이, 크리츠-크리스토프와 바버(Crits-Christoph and Barber, 1991)는 단기 정신역동 치료의 환자선택 기준에 대한 논평에서 긍정적이고 협력적인 관계를 형성하는 환자의 능력이 가장 중요하다는 결론을 내렸다.

초점 설정

장기치료와 가장 뚜렷하게 구분되는 단기치료의 한 측면이 바로 초점 설정이다. 단기 접근에서는 제한된 시간 때문에, 치료자와 환자가 모든 주제를 개방적이고 탐구적인 태도로 다룰 수는 없다. 모든 것을 다룬다는 것은 아무것도 다루지 못한다는 것과 다를 바 없다. 사실, 초점을 따라가는 것에 대한 환자의 끝없는 저항은 종종 친밀함에 대한 저항일 수 있다—거리를 유지하고, 그 영역을 탐색하기는 하지만 그 자료나 치료자와는 결코 가까워지지 않는다.

단기역동 치료에서, 나는 두 가지 종류의 초점을 정하려고 시도한다. 첫 번째는 증상 초점(symptomatic focus)으로서, 이것은 환자의 고통과 그것을 일으킨 현재의 문제들과 직접적으로 관련되어 있다. 두 번째는 역동 초점(dynamic focus)으로서, 이것은 환자의 근저의 심리역동 구조의 한 부분과 관련되어 있다. 항상 그런 것은 아니지만 보통 이 두 초점은 연결되어 있고, 역동 초점에 대한 작업은 증상 초점에 대한 작업에도 도움이 될 수 있다. 치료자는 이 두 초점이 어떻게 서로 연결되어 있는지를 이해하기 위해 노력해야 한다. 내 경험에 따르면, 대부분의 환자들은 증상 초점에 대한 작업에는 쉽게 동의하지만, 역동 초점에 대한 작업에는 그렇지 않을 수도 있다. 그 둘 중의 어느 초점의 치료라도, 항상 두 가지 요소들을 모두 지니고 있어야 한다. 첫째, 그 초점은 단기 계약의 한계 내에서 성과를 거둘 수 있을 정도로 제한된 것이어야 한다. 둘째, 그 초점은 환자가 기꺼이 치료받고 싶어 할 만큼 동기와 호기심을 자극할 수 있어야 한다.

치료가 진전됨에 따라 역동 초점이 나타날 수도 있지만, 치료자가 처음 몇 회기 안에 역동 초점을 결정할 수는 없을 것이다. 적절한 역동 초점의 발견 여부에 따라 그 치료가 지지적이어야 할지 혹은 표현적이어야 할지가 결정된다.

시프노스(1989)는 지지적 단기 심리치료를 묘사했는데, 그것의 목표는 설령 그것이 매우 불안정한 것이라고 해도 환자를 이전 적응수준으로 되돌리는 것이었다. 여기에서는 통찰과 전이가 두드러지게 또는 적극적으로 사용되지 않는다. "환자들은 증상완화, 자존감 향상, 미래에 다시 시도할 만한 치료양태라는 확신 등을 얻을 것이라고 예상된다"(p. 1564).

표현적 심리치료는 그 이상의 것을 목표로 하는데, 그 중에서도 통찰을 얻는 것이 주된 목표가 된다. 이 치료의 주요 초점은 치료자가 전이를 탐색하는 데 있다. 개인적 상황과 특정한 단기 역동 치료 모델에 따라, 치료자와 환자는 증상 완화와 기능 개선 이상으로 다음과 같은 목표들을 가질 수 있다: 보다 지구력 있고 성숙한 자존감, 자기와 타자들에 대한 인식의 증가, 그리고 아마도 의미 있는 성격의 변화.

초점 설정을 위한 벗맨과 거맨(Budman and Gurman)의 I-D-E 방식

벗맨과 거맨(1988)은 단기치료에 대한 접근에서 다섯 개의 가장 흔한 초점들을 열거한다:

* **상실**: 과거와 현재 그리고 미래의 상실; 중요한 타자들의 상실; 건강, 직업, 지위, 자기-이미지 등의 상실.
* **발달상의 부조화**(developmental dysynchrony): 전환기의 특정 시점에서 기대가 충족되지 않을 때, 동료들이 자신보다 더 성공한 것처럼 보일 때(예를 들면 "나는 이 나이가 되면 결혼해 있을 거라고 생각하는데 …"; "내 친구들은 모두 매니저인데, 나는 뭐가 잘못됐지?").
* **대인관계 갈등**: 가장 흔하게는 친밀한 관계에서(부부와 가족 문제들), 그리고 권위 인물 및 동료들과의 관계에서의 갈등.
* **드러난 증상**: 환자가 도움받기를 원하는 구체적인 증상들—우울, 불안, 불면증, 공포증, 성기능 장애 등.
* **인격장애**: 자기 및 대인관계 패턴에서 지속되는 병리.

벗맨과 거맨(1988)은 이런 주제들 중에서 어떤 초점을 선택할 것인가를 설명하기 위해 초점의 흐름을 보여주는 도표(표 6-1)를 제안했다.

일단 초점이 선택되면 그것은 대인관계적, 발달적, 실존적 차원에서 검토된다. 벗맨과 거맨(1988)은 아래와 같이 설명한다:

단기치료에서 I-D-E 접근은 특정 시점에서 환자를 치료로 인도한 핵심적인 대인관계적 문제를 파악하고, 이런 문제들이 환

<표 6-1> 초점-도표

핵심 질문 : 왜 지금인가?
이번에 치료를 시작한 것은 아래의 어느 것과 관련되어 있는가?
⇩　　　　　⇩　　　　　⇩
상실　　　발달상의 부조화　　　대인관계 갈등

환자가 위의 초점 영역들과 관련성이 없다고 보거나 증상 자체를
주요 문제점으로 정의하는 경우
⇩
증상 초점

환자가 위의 초점들 중 어느 하나 또는
전부에 대해 호전되는 기미 없이 반복적으로 호소하거나
성격 문제로 인해 치료과정이 지속적으로 방해받는 경우
⇩
성격 초점

경고: 알코올 중독이나 약물남용에 관련되어 있을 경우, 그 문제는
초점 영역을 발달시키기 전에 또는 동시에 다루어져야 한다.

출처: 벗맨과 거맨(Budman and Gurman, 1988)

자의 발달단계 및 실존적 관심과 어떠한 관련성이 있는지를 이해하려는 시도이다. (여기에서 실존적 관심은 그 사람의 인생의 의미, 가치 그리고 궁극적으로는 자신의 죽음을 직면하는 문제 등의 요소들을 포함한다) [p. 27]

이 도표는 초점-설정에 대한 생각을 정리하는 데 도움을 줄 수 있다. 그것을 내가 개념화한 두 가지 수준의 초점과 비교해 보면, 내가 증상 초점으로 설명한 것은 벗맨과 거맨의 네 가지

초점―상실, 발달상 부조화, 대인관계 갈등, 그리고 증상 제시―을 포함하고 있으면서도 그것들에 국한되는 것이 아니라고 말할 수 있다. 내가 역동 초점으로 설명한 것은 벗맨과 거맨의 인격장애 초점과 비슷하지만, 나는 그것을 장애와 비장애 요소를 모두 포함하는 근저의 인격 문제로 확장시켰다는 점에서 차이가 있다.

초점 설정을 위한 스트럽과 빈더의 접근방식

스트럽과 빈더의 접근방식은 순환적 부적응 패턴(Cyclical Maladaptive Pattern CMP)의 개념을 중심으로 구성되어 있다. 그들은 다음과 같이 설명한다: "순환적 부적응 패턴(CMP)은 … 환자들이 무의식적으로 자신에게 부여한 중심적인 또는 두드러진 대인관계 패턴을 다루기 위한 작업 모델로서, 여기에는 환자가 다른 사람에게 특정 역할을 부여하고, 자기-패배적인 기대를 가지며, 부정적으로 자기를 평가하고, 불쾌한 감정 상태에 처하는 등, 부적응적인 상호작용의 연쇄가 포함되어 있다(Binder and Strupp, 1991, p. 140). 치료자와 환자는 환자의 CMP를 변화시키기 위해 다음의 네 가지 영역들을 검토한다.

1. **환자의 행동**. 관찰이 가능하거나 드러나지 않은(예를 들면, 느낌들) 행위들과 의식적이거나 무의식적인 행동들 모두가 이 범주에 포함된다.
2. **다른 사람들의 반응에 대한 환자의 기대**. 여기에는 다른 사람들이 자신에게 어떻게 반응할 것이라는 의식적 및 무의식적 믿음이 포함되어 있다.
3. **환자에 대한 다른 사람들의 행동**. 이 범주에는 다른 사람들이

그들의 자기와 관련해서 어떤 행동을 하는지를 살피는 것이 포함된다.

4. **환자의 자신에 대한 행동(내사)**. 이것은 개인이 자신과 관계하는 방식을 보여주는 행동들(예컨대, 자기-위로, 자기-평가절하, 자기-공격 등)을 포함한다.

CMP는 치료자와 환자가 공동으로 발달시키는 작업 초점으로서, 치료가 진전되면서 더 잘 조율된다. CMP의 예를 든다면, 거절 반응을 기대하는 것과 결합된 수동적인 대인관계 패턴을 생각할 수 있다. 앞에서 제시한 스트럽과 빈더의 요약은 그들의 작업이 환자들의 대인관계에 대한 연구에 토대해 있음을 보여준다. 그들은 그들의 작업에서 대인관계적 개념화를 강조하면서도, 동시에 내적 대상관계의 세계(예를 들면, 환자 자신에 대한 행동들)에 대해서도 중요하게 언급하고 있다.

초점 설정 방법

짧은 시간 안에 의미 있는 초점을 정하는 것은 치료자와 환자 모두에게 가장 힘든 과제 중의 하나이다. 빈더(1975)는 환자들의 초점적 주제를 미리 결정하는 것을 통해 이 과제를 회피하는 몇몇 모델들을 비판했다(예를 들면, Sifneos, Mann). 그는 "그들은 초점을 미리 정해둠으로써 초점을 정하는 문제를 교묘히 피해가는 경향이 있다. 그들은 자신들이 설정한 초점에 맞지 않는 환자들을 배제하거나 모든 환자들을 억지로 초점에 맞춘다"라고 말한다(Binder, 1977, p. 233). 나 역시 단기치료자들이 초점은 어떤 것이어야 한다고 미리 개념화하는 식으로 초점을 설정해서는 안

된다고 생각한다. 오히려, 치료자는 초점 설정의 문제를 환자의 독특성을 최우선으로 여기는 상호발견 과정으로 접근해야 한다. 치료자와 환자는 자신들이 알지 못하는 데 따르는 불안을 쉽게 사용할 수 있지만 표면적인 초점을 성급히 채택하는 방식으로 다루기 쉽다. 발린트와 그 동료들(1972)은 발린트의 임상감독자였던 맥스 아이팅곤(Max Eitingon)의 말을 인용하여 다음과 같이 말했다. "치료자는 모든 새로운 환자들을 마치 그들이 화성에서 바로 온 사람인 것처럼 대해야 하고; 그 환자에 대해서 전혀 모른다고 생각해야 한다"(p. 126).

단기치료자와 환자는 첫 회기에서 바로 초점을 설정할 수도 있지만, 더 오랜 시간이 필요할 수도 있다. 말란(1976)은 역동 초점 설정을 위한 가장 상세한 방법을 제시하면서, 다음과 같은 주제들을 탐색할 것을 제안했다:

1. 정신과 치료를 받은 경력
2. 정신역동적 개인력
3. 대인관계의 역사
4. 환자가 현재 처해 있는 관계 외적인 상황
5. 치료자와의 관계
6. 투사적 검사(심리검사)

그는 이 여섯 가지 영역 대부분을 관통하는 공통 주제를 찾아낸 다음 치료의 초점적 갈등을 확인한다.

이런 모든 영역에 주의를 기울이는 것은 대체로 유익한 일이다. 하지만, 치료 실제에서 적절한 치료 초점을 발견하기 위해서 지나치게 경직된 적용은 금물이다. 만약 치료자가 초기 초점을 치료가 진행되는 과정에서 잘 조율되어가는 작업 도구로 사용한다면, 그리고 치료가 고유한 방식으로 전개될 때 치료기법을 탄력적으로 적용할 수 있다면, 그 치료자는 말란처럼 초점 설정에 많은 시간과 에너지를 투자할 필요가 없을 것이다. 치료자가 강력하고 적극적인 해석적 모델로 환자에게 접근할 경우에는 올바른 환자 선택과 잘 조율된 초점이 무엇보다도 중요하다.

만약 환자와의 치료 작업에 좀더 유연한 접근방법을 택할 수 있다면, 작업 초점의 발달은 보통 한 시간에서 세 시간에 걸쳐 이루어지며, 여기에는 다음의 사항들이 고려될 필요가 있다. 이때 치료자는 환자로 하여금 초점 설정에 적극적으로 참여하도록 격려해야 한다.

개인력

심지어 최단기치료에서도, 예컨대 3회기의 피고용인 지원 프로그램(EAP)에서도 환자의 개인력을 살펴보는 일은 환자에 대한 이해를 증진시키는 데 매우 중요하다. 나는 보통 단기치료에서 환자의 개인력을 살펴보는 일에 적어도 한 시간 정도는 사용한다. 그러나 3회기 치료의 경우에는 환자의 개인력 탐색에 20분 정도를 할애한다. 가장 중요하게 다루어지는 문제는 다음과 같다:

1. 환자의 성격구조에 영향을 미친 부모, 가족 구성원들 그리고 다른 중요한 인물들에 대해 환자가 어떤 느낌을 갖는가?
2. 대인관계 상호작용의 반복적인 패턴들(예컨대, 대인관계에서 반복적으로 학대받는 사람의 처지에 놓이는 패턴)
3. 과거 최상의 기능 수준과 최악의 기능 수준
4. 이전의 치료 경험
5. 약물 남용을 포함한 심리적 장애와 관련된 가족력

6. 자살, 자기-패배적, 정신병적 혹은 다른 퇴행적 행동과 관련된 과거사

말란(1976)은 개인력을 살펴보는 것 그 자체가 치료적일 수 있다고 언급한다. 환자는 전에는 혼돈되고 수수께끼 같았던 자신의 삶에서 몇 가지 이해할 만한 패턴들을(때로는 처음으로) 발견한다.

현 기능 수준

환자가 일, 학교, 교우관계, 친밀한 관계, 그리고 다른 대인관계 영역에서 얼마나 잘 기능하고 있는가? 환자가 제시하고 있는 문제와 현재 고통의 수준은 어떠한가? 환자는 자기 자신에 대해 어떤 견해를 갖고 있는가?

치료자와의 관계

환자가 문제라고 생각하는 것이 무엇인지, 그것을 어떻게 이해하고 있는지, 강조하고 싶은 것이 무엇인지를 환자에게 물어보라. 이 환자와 함께 앉아 있는 느낌은 어떤 것인가? 그는 치료자에게서 어떤 종류의 반응을 불러일으키는가? 환자는 어느 정도로 치료자와 대인관계적 연결을 성취할 수 있는가?

예비 초점

초점의 적합성을 평가하는 한 가지 방법은 치료자가 환자에게 시험적인 초점을 제시하고 나서 그가 그것에 어떻게 반응하는지

를 살피는 것이다. 환자가 자신의 문제에 대해 현재 이해하고 있는 것과 제시된 초점이 일치하는 것으로 보이는가? 그 초점에 대해 환자가 호기심을 보이는가? 환자가 그것에 방어하고 저항하는가? 환자가 오로지 증상 초점에만 반응할 수 있는가? 만약 그렇다면, 그 환자에게는 지지적 치료 작업만이 가능할 것이다.

심리검사

내 경험에 의하면, 앞에서 열거한 고려사항들은 보통 어떤 예비 초점들을 사용해야 할지를 일러주기 때문에, 나는 심리검사를 정기적으로 사용하지는 않는다. 그러나 만약 단기치료자가 특정한 환자와 역동 초점을 발달시키는데 어려움을 겪는다면, 심리검사(특히 투사적 검사)가 매우 유용할 것이다. 다음 사례는 심리검사의 유용성을 보여준다.

초점 설정: 복잡하지 않은 사례 - 로널드(Ronald)

24세, 미혼남인 로널드는 법대에서 두 번째 학기를 막 시작했는데, 첫 학기의 시원찮은 성적 때문에 매우 불안해했다. 그는 심각한 수면장애를 겪고 있었고, 학업에 열중할 수 없었고, 스스로를 통제할 수 없다고 느꼈으며, 이런 모든 반응에 대해 매우 자기-비판적이었다. 그는 자신을 스스로 통제하지 못하는 것이 수치스러웠다. 그는 보험료가 지급되는 15회기 내에 치료가 완료되기를 바랐다. 로널드는 "치료가 잘 되어" 15회기보다 더 빨리 끝나기를 기대한다고 말했다.

로널드와의 첫 회기에서 나는 그의 자기애적 문제가 인상적이라고 느꼈고, 그 외에도 많은 느낌들과 반응들을 인식하였다. 첫째, 나는 그가 자신에게 매우 엄격하고 또 자신을 받아들이기 힘들어 한다는 사실이 안타까웠다. 그는 항상 자신에게 실망하게 된다는 사실을 실감나게 피력했다. 나는 그때 내 자신의 자기-수용 능력의 결핍에 관해 생각하고 있음을 발견했다(일치적 동일시, 3장을 보라). 나는 그의 기준을 만족시키지 못할 것이기 때문에 그를 실망시킬 것이라고 다소 강하게 느끼고 있었다(또 다른 일치적 동일시). 마지막으로, 나는 그의 완고하고 거만한 태도에 약간 짜증이 났다(상보적 동일시). 예컨대, 내가 환자들에게 자신들의 보험회사 양식을 기록해줄 것을 기대한다고 설명했을 때, 그는 "다른 사람들에게는 그렇게 하시더라도, 저에게는 예외로 해줄 수 있겠지요?"라고 반응했다.

첫 회기를 마치면서 우리는 그의 불안을 감당할 만한 수준으로 낮추고, 그가 충분히 학업에 열중할 수 있도록 증상 초점에 맞추어 작업하는 데 동의했다. 법대의 경우, 학생들은 몇 주 만에도 절망적으로 학업에 뒤쳐지기가 쉽다. 나는 로널드에게 그가 자신에 대해 매우 높은 기준을 지닌 것이 인상적이며, 그 기준은 "어떤 방식으로" 그의 강렬한 불안 반응과 연결되어 있을 수도 있다고 말했다. 그는 내 생각을 받아들이는 것으로 보였으며, 자신이 설정한 "전부 아니면 전무"식의 기준이 지닌 문제점을 부인하지 않았다. 그리고 이것이 그의 자기애적 성격 문제를 탐색하는 역동 초점을 위한 단서가 되었다.

두 번째 회기에서, 나는 로널드의 개인력을 살펴보았고 우리는 그의 성격에 몇몇 요소들이 영향을 끼친다는 사실을 인식하기 시작했다(로널드의 개인력과 15회기에 걸친 치료과정은 8장, 9장에 묘사되어 있다).

초점 설정: 복잡한 사례 - 다이앤(Diane)

다이앤이 내 사무실 안으로 들어왔을 때, 이 32세의 어머니는 우울한 상태였다. 그녀는 네 명의 아이들(7세에서 12세 사이)만 아니었다면 자신은 아마도 자살했을 거라고 말했다. 그녀는 지난 2주 동안 극심한 자살충동을 느꼈는데, 이것은 그녀가 30,000달러를 횡령한 혐의로 체포된 후에 일어난 것이었다. 절도는 해리 상태에서 2년에 걸쳐 수십 차례 일어났다. 이런 행동은 그녀가 범인을 체포해서 감옥에 보내는 검찰관과 결혼한 사람이라는 점에서 특별히 역설적이었다. 내가 검찰기관의 자문역을 맡고 있던 지난 해에, 나는 그녀의 남편을 만난 적이 있었고 따라서 약간의 안면이 있었다. 그녀는 경제적으로 빠듯했고 그녀의 보험은 나와의 상담을 모두 보장해주지 않았다(그녀의 보험은 HMO였다). 또한 그녀는 6개월 안에 노스캐롤라이나의 시골 지역으로 이사하려는 계획을 가지고 있었다.

첫 번째 회기에서 내가 두드러지게 느낀 것 중의 하나는 압도당하는 느낌이었다―도대체 내가 6개월 안에 무슨 일을 할 수 있단 말인가? 이것은 일치적 동일시의 한 예로서, 그녀가 경험했던 압도당하는 느낌이 어떤 것이었는지를 내게 알려주는 것이었다. 이런 느낌은 다음 회기에서 그녀의 개인력을 알게 되었을 때, 더욱 강해졌다. 그녀는 네 자매 중 맏이로 자랐고, 일곱 살 때 아버지가 가족을 떠나는 바람에 보호대상 아동이 되었다. 이때부터 그녀는 자신의 욕구는 부정한 채(자신이 마치 "대리 부모"인 것처럼) 동생들을 돌보았다. 그녀는 어머니가 훌륭한 사람이었지만 사소한 일로(예를 들면, 방을 청소하지 않은 일로) 다이앤을 때리는 완벽주의자였다고 말했다. 그녀가 처음으로 회사에서 돈을 훔친 것은 밀린 월세 때문에 아파트에서 쫓겨날

위기에 처한 어머니를 구하기 위해서였다. 그녀는 아버지가 알코올 중독자에다가 어머니를 때린 몹쓸 남자라고 말했다. 그녀는 아버지가 집을 나간 후 그와 거의 접촉하지 않았다.

다이앤이 7살이었을 때 그녀는 보모의 조카에게서 성적 학대를 받았다. 그리고 15세에서 19세까지 그녀에게 남자친구가 있었는데, 그가 그녀를 때렸음에도 불구하고 그녀는 한결같이 그를 사랑하는 사람이라고 묘사했다. 그 남자친구는 그녀가 19세 때 오토바이 사고로 죽었다. 그녀의 아버지 또한 그녀와 말다툼을 한 후에 그녀가 19세 때 심장마비로 사망했다(친할머니는 아버지의 죽음에 대해 그녀를 비난했다). 게다가, 그녀는 책임감 있고, 상식적인 평소의 행동에서 갑자기 벗어나 충동적이고 격렬한 자기-파괴적인 행동들을 저지른 전력이 있었다. 다이앤은 자신에게 낭비벽은 있었지만 전에는 절대 훔친 적이 없었다고 말했다.

증상적 초점은 명확했다: 그것은 그녀의 자살충동을 줄이고 임박한 법적 절차로 인한 스트레스를 다루는 것이었다. 그러나 6개월 안에 다룰 수 있는 현실적인 역동 초점은 무엇일까? 이 여인은 상실과 학대를 포함하는 다중적 외상의 내력을 지니고 있으며 충동성과 아마도 경계선적 성격구조에서 온 심각한 문제들을 갖고 있는 것으로 보였다. 역동 초점을 신속히 결정하기 위해 나는 다른 심리학자에게 그녀의 심리검사를 의뢰했다. 나는 검사결과가 법집행에 유용하게 쓰일 것이라고 느꼈다.

검사결과는 그녀의 자아가 엄격한 자기-처벌적 자기(어머니와의 무의식적인 동일시)와 무책임하고 충동적인 또 다른 자기(아버지와의 무의식적인 동일시)로 분열되어 있으며, 그 점에서 그녀는 경계선적 성격장애 환자임을 보여주었다. 또한 그녀는 고통스러운 경험을 철저히 억압하고 있으며, 수치심은 심하게 느끼지만 죄책감은 거의 느끼지 않는다는 것을 보여주었다.

   나는 심리학자에게서 건네받은 검사결과를 그녀에게 해석해주었다. 그때 나는 경계선 성격이 무엇을 의미하는지를 설명해주었다. 즉, 그것은 무의식적이고 통합되지 않은 많은 부분들로 이루어진 성격으로서, 그런 분열된 부분들이 서로 충돌하여 그 개인을 당혹스럽게 하는 갑작스런 변화를 발생시키게 된다는 것이다. 그러한 성격구조는 개인으로 하여금 종종 압도당한다는 느낌과 통제불능이라는 느낌을 갖게 한다. 나는 다음과 같은 예를 들어 설명했다: "가족에게 매우 헌신적인 사람이 갑자기 아무 생각 없이 자신과 가족들에게 파괴적이 될 때, 우리가 그것을 어떻게 이해할 수 있겠어요?"

   그녀의 성격에 대한 이런 설명은 그녀에게는 매우 고통스런 것이었고, 그녀는 눈물을 흘리면서 자신은 오랫동안 혼란스러운 성격 때문에 어려움을 겪어왔고, 스스로 미쳤다는 생각까지도 했었다고 말했다. 우리가 동의한 예비 역동 초점은 이러한 분열의 의미와 영향력 그리고 그 분열의 결과였던 "정서적 폭풍"(그녀는 그렇게 불렀다)을 탐색하는 것이었다. 그녀는 압도당하고 통제불능이라는 느낌과 연결된 이 특정 주제들을 탐색하고자 하는 분명한 동기를 갖고 있었다. 첫 번째 회기에서 내가 강렬한 느낌을 가졌고, 그것은 앞에서 언급했듯이 일치적 투사적 동일시였다는 것은 주목할 만한 가치가 있다. 25회기에 걸친 치료가 진행됨에 따라, 이 초점은 더 분명해졌는데, 이것은 8장과 9장에서 설명되고 있다.

작업동맹의 발달

나는 훌륭한 단기치료 작업은 훌륭한 장기치료 작업과 매우 비슷한 것이라고 생각한다. 물론 그 둘 사이에는 상당한 차이점들이 있겠지만, 유사점보다는 차이점이 너무 강조되어왔다는 느낌이다. 그러나 장기치료에서 유익한 것들은 단기치료에서도 유익한 것이 사실이다. 이 점은 작업동맹의 발달에도 마찬가지로 적용된다. 치료자가 공감적으로 조율해주는 것, 환자의 관심사를 민감하게 그리고 무비판적으로 이해해주는 것, 그리고 존중심과 동정심을 지닌 유능한 태도로 환자와 상호작용하는 것 등의 중요성은 어떤 형태의 심리치료에서든 작업동맹을 발달시키는 데 필수적인 요소이다.

그러나 단기치료에서 시간은 한정되어 있고 특별히 소중한 요소이다. 따라서 단기치료자는 작업동맹을 발달시켜야 할 뿐만 아니라 아주 신속하게 발달시켜야 하는 문제에 봉착하게 된다. 다음은 작업동맹의 신속한 발달을 촉진시키는 몇 가지 요소들이다.

역전이 안에 조급함이 있는지 검토하라

치료자는 환자가 감당할 수 있는 것보다 빠르게 작업동맹의 발달과정을 밀어부치지 않도록 주의할 필요가 있다. 치료자가 환자의 준비상태에 적절히 반응하지 않고 치료의 속도를 내려고 한다면, 그 환자는 그것을 과거의 공감 받지 못했던 관계의 반복으로 경험하거나, 치료자를 방어적으로 이상화할 것이다. 2장에서 논의했듯이, 단기치료자는 시간과 자원의 압력하에서 보통 조급함이라는 역전이를 발생시킨다는 것을 알고 있어야 한다. 작업동맹의 신속한 발달은 그것의 성급한 발달과는 다르다. 나는 지난 몇 년 동안 많은 단기치료자들에게 임상감독을 해주었는데, 그때 나는 경험이 적은 치료자들이 환자와 진정으로 적절한 동맹을 형성하기 전에 조급하게 초점을 정하고 그것에 대해 작업하는 실수를 저지르는 것을 볼 수 있었다. 그런가 하면, 경험이 많은(특히 장기치료의) 치료자들은 초점 설정에 앞서 작업동맹에 대한 증거를 너무 많이 필요로 하기 때문에 그들의 제한된 시간을 낭비하는 경향이 있었다.

환자의 고통과 그 고통에 대한 환자의 견해에 주의를 기울이라

초점이 환자의 현재 고통과 괴로움을 정확하게 표현한 것이 분명하다면, 그 초점은 치료동맹을 촉진시키는 강력한 요소로 작용할 것이다. 환자의 고통에 대한 치료자의 인식과 이해는 환자로 하여금 치료자가 자신을 진지하게 대하는 사람이라고 믿게 한다. 치료자가 마음 속으로 막연하게 인식하는 것을 환자에게 피상적으로 이야기해주는 것은 별로 효과적이지 않은 것 같다.

예컨대, 한 기혼 남자가 첫 번째 회기에서 다음과 같이 말한다. "내가 왜 여기에 왔는지 모르겠어요. 내가 가지 않으면 아내가 떠나겠다고 해서 왔는데 … 치료라니, 말도 안돼요." 치료자는 환자가 언어적으로 매우 학대적인 사람이고, 그 자신이 어려서 그런 학대의 대상이었음을 알게 되었다. 치료를 진전시키기 위해 치료자는 다음과 같이 말했다, "당신이 부인을 말로 공격한 것 때문에 부인이 화가 난 것 같네요. 이것은 아마도 당신의 어린시절에서 온 문제 같아요. 이 문제에 대해 좀더 알아보아야 할 필요가 있습니다." 치료자의 이 말은 아주 정확한 것이기는 하지만, 지금 환자가 느끼고 있는 것과는 사뭇 동떨어져 있는 것이다(그는 자신이 부인에게 공격적이라고는 전혀 생각하지 않고 있다). 그는 자신이 비난받고 오해받고 있다고 느끼기 때문에 치료동맹을 형성할 가능성은 희박하다. 환자가 생각하고 있는 문제는 결혼이 깨질지도 모른다는 두려움과 부인이 왜 그렇게 화가 나 있는지 잘 모르겠다는 것이다.

이 시점에서는 다음과 같은 개입이 더 유용할 것이다. "부인이 당신을 떠나겠다고 위협한 일 때문에 무척 당황스러우시겠어요. 이에 대해 더 잘 이해하도록 생각해 보죠. 당신은 실제로 부인을 잃고 싶지 않고, 부인이 당신에게 등을 돌리지 않게 할 수 있는 방법을 알고 싶어 하고 있습니다." 환자는 이런 개입에 의해 자신이 좀더 이해 받는다고 느낄 수 있고, 그런 상황에서 부인과의 상호작용을 기꺼이 탐색하려고 할 것이다. 물론, 결국에는 환자가 그 문제들에 대해 상당한 책임을 질 필요가 있을 것이다. 그러나 그런 과정은 보다 점진적으로 이루어져야 한다. 성격장애 환자들과 작업할 때, 치료자가 환자의 입장에서 작업을 수행하는 것은 특히 중요하다. 왜냐하면 치료자가 환자보다 더 빠르고 명확하게 문제의 여러 측면들을 볼 수 있기 때이다. 치료자의 견해가 환자의 관점과 너무 다를 경우 그것은 직접적인 개입을 위해 사용될 수 없다(비록 치료 시간 동안 치료자가 이해한 것이 매우 가치 있는 것이라고 해도).

함께 발견하는 과정으로서 개인력을 살펴보라

개인력을 살펴보는 행동 그 자체가 치료적일 수 있다. 나는 3장에서 남자들과의 관계로 인한 우울증 치료를 받았던 32세의 대학강사인 리타의 단기치료 사례를 제시한 바 있다. 나는 일상적으로 개인력을 알아보는 과정에서 환자들에게 과거의 삶에서 중요한 사람들의 성격에 대해 설명해 달라고 요구하는데, 리타에게도 그녀의 아버지와 두 명의 남편들의 성격에 대해 물었다. 리타는 그들에 대해 묘사하면서 그들이 너무 닮았다는 사실로 인해 크게 놀랐다. 그들은 모두 흥분시키는 대상들이었다—공감이나 정서적인 배려에는 별 관심이 없지만, 많은 일에 흥미를 갖고 있는 매력적인 그리고 성적으로 문란하고 매우 이기적인 남자들이었다. 리타가 전에는 알지 못했던 이러한 유사성을 알게 된 것은 두 가지 점에서 희망을 주는 것이었다. 첫째는 그녀 자신이 작업해야 할 과제를 확인했다는 것이고, 둘째는 만약 문제의 중요한 부분이 특정한 성격의 남자를 선택하는 것과 관련되어 있다면, 아마도 세상에는 그녀의 욕구에 더 잘 부합되는 남자들이 있을 것이라고 느꼈다는 것이다. 그녀가 자신의 인생에서 그런 남자를 선택한 것이 무엇을 의미하는지가 치료의 역동 초점이 되었다.

함께 초점을 설정하는 과정은 동맹 형성을 도울 수 있다

단기치료의 상황에서, 나는 전형적으로 단기치료라는 한계 안에서 치료가 유용한 것이 되게 하기 위해서는 우리가 현실적으로 무엇을 성취할 수 있는지를 결정할 필요가 있다고 말해준다. 이것은 우리가 어떤 문제에 초점을 맞출 것인지 그리고 어떤 것은 다룰 수 없는지를 결정할 수 있다는 것을 의미한다. 특히 처음으로 치료를 받는 환자들에게 있어서 초점을 설정하는 과정은 종종 안겨지고 담겨지는 경험으로 드러나며, 그러한 경험 안에서 환자는 치료과정에 대해 좀더 명료하고 뚜렷한 인식을 갖게 된다. 친밀함과 의존에 대한 심한 공포를 가지고 있는 환자들은 불안의 감소를 초점으로 강조할 것이다. 그들에게는 그것이 중심적인 과제이기 때문이다. 앞에서 제시한 로널드와 다이앤의 사례는 초점 설정 과정이 어떻게 치료동맹을 형성하는 데 도움을 주는지를 보여준 바 있다.

전이와 역전이 반응에서 얻은 환자에 대한 지식을 활용하라

환자와의 초기 면담은 종종 치료자에게 작업동맹을 공고히 하는 데 유용한 중요한 정보를 제공한다. 리타는 남자들과 강렬한 성적 요소를 지닌 흥분시키는 대상관계를 맺는 개인력을 가지고 있었다. 그녀와의 첫 번째 회기에서 나는 이러한 흐름을 따라 생각하고 있는 나 자신을 발견할 수 있었다: "얼마나 매혹적이고 섹시한 여성인가." "이 여자를 치료상황이 아닌 다른 데서 만났더라면 … 하지만 나는 결국 그녀를 실망시킬 거야."

치료관계가 급속하게 성애적 분위기를 띠게 된 것과 내가 결국 그녀를 실망시킬 것이라는 감정을 갖게 된 것은 그녀의 투사적 동일시로 인한 결과였다. 그리고 나는 그러한 나 자신의 경험을 통해서 성애적이고 흥분시키는 대상의 문제가 그녀의 삶에서 지배적인 위치를 차지하고 있음을 알 수 있었다. 그녀가 문제로 제시한 내용에는 그러한 요소들이 전혀 포함되어 있지 않았다. 방금 언급한 것들은 그녀의 개인력을 살펴보는 과정에서 드러났다. 나는 처음부터 내가 생각한 대로 해석하기보다는 그러한 생각에 머무르면서 그것의 의미를 발견하고자 노력했다. 내 경험상, 그러한 자료들에 대한 조기 해석은 종종 동맹의 형성을 방해한다. 3장에서 논의했듯이, 여섯 번째 회기에서 리타는 나를 자신을 흥분시키고, 실망시키고, 그래서 결국은 거절하는 또 다른 남자로 보았었다. 그녀의 치료에서 가장 중요한 작업은 나에 대한 이러한 전이를 중심으로 이루어졌다. 나는 첫 번째 회기에서 나의 역전이 환상을 인식하는 것을 통해서 이러한 요소들에 대해 더 잘 반응할 수 있었다.

7장

중간단계: I

> 해석이란 대상관계의 한 형태이고, 대상관계는 해석의 한 형태이다(모든 대상관계는 대상과의 상호작용 안에 잠재된 내용에 대한 주체의 이해를 나타내기 때문에).
>
> 토마스 옥덴(Thomas Ogden), 1994

단기치료 초기단계에서 치료자와 환자는 동맹을 발달시키고 함께 작업할 초점을 확인한다. 단기치료 중간단계에서 치료자와 환자는 이런 도구들을 사용하여 변화와 성장을 촉진하기 위해 작업한다. 물론, 내가 치료를 초기단계, 중간단계, 종결단계로 구분한 것은 단순히 명료한 이해를 위해 도입한 것일 뿐이다—실제에 있어서 이 세 단계는 많이 겹친다. 어떤 측면에서, 단기치료의 중간단계는 장기치료의 중간단계와 많이 비슷하다. 이 단계에서 환자와 치료자는 출현하는 자료들을 탐색하는 데 필요한 중간공간과 수용능력을 창조해낸다. 다른 측면에서, 단기치료의 제한된 안아주기와 담아주기의 문제는 변형된 치료적 접근을 사용할 것을 요구한다.

본 장에서는 특히 전이와 역전이의 역할과 해석을 강조하고, 치료의 중간단계에서 일어나는 몇몇 문제점들을 고찰하고자 한다. 치료의 중간단계는 십여 회기 동안 지속될 수도 있고, 단지 한 회기의 일부일 수도 있다(최단기치료는 10장에서 다루었다). 8장에서는 치료 중간단계의 문제점들을 좀더 깊이 탐색하면서 6장에서 제시했던 로널드와 다이앤의 사례를 계속해서 다룰 것이다.

초점을 유지하기

일단 초점이 정해지면, 치료자는 그 초점을 따라 치료를 진행시키기 위해 환자와 협력해야 할 필요가 있다.(초점에는 증상 초점, 역동 초점, 다중적 초점 등이 있지만, 여기서는 편의상 초점이라는 용어를 치료의 초점적인 영역을 일컫는 용어로 사용할 것이다.) 이것은 치료의 균형을 잡는 활동이기도 하다. 만약 치료자가 지나치게 초점만 고집한다면, 그 치료는 활기없고, 단조로우며, 기계적인 속성을 띠게 될 것이다. 더 나쁜 경우, 환자는 자신이 부분대상으로 취급되고 있다고 느낄 것이고, 이것은 공감받는 대신에 부적절하게 취급받았던 과거의 경험을 반복하는 것이 될 것이다. 반대로, 출현하는 자료들을 전부 다루는 방식으로 치료가 진행된다면, 많은 것들을 조사할 수는 있겠지만 그것들을 적절하게 다루기는 힘들 것이다. 이럴 경우, 환자는 그러한 치료를 먹을 것을 줄 것처럼 하면서 주지 않는 흥분시키는 대상으로 경험할 것이다. 나는 초점에 대해 정확하게 따라야 하는 지도로 여겨서는 안된다고 제안한다. 오히려 그것은 임상 자료들이 초점에서 멀어질 때, 치료자가 스스로 "우리는 어디에 있는지"를 알아보기 위한 항해용 표지로 간주되어야 한다.

자료가 초점과 관련된 것으로 보이지 않을 때, 치료자가 환자와 협력해서 탐색할 수 있는 유용한 질문들은 다음과 같다.

1. 이것은 초점과 어떤 미묘한 방식으로 관련되어 있는가?
2. 이것은 이 시점에서 다룰 필요가 있는 문제인가?
3. 이것이 이 시점에서 나타난 것은 무엇을 의미하는가? 관계 맥락, 치료과정, 임상자료 등의 측면에서 그것은 각각 어떤 의미를 갖는가?
4. 이 자료가 출현할 때 나는 무엇을 경험했는가?

단기치료는 어떻게 변화를 가져오는가?

이것은 이 책의 범위를 넘어서는 매우 광범위한 문제이겠지만, 우리의 목표를 위해 나는 다음의 네 가지 요점을 제시하고자 한다.

1. 단기치료에서 변화를 촉진하는 방식은 많은 점에서 장기치료에서 사용하는 방식과 같다. 이 두 치료 방식은 많은 공통요소를 가지고 있다.
2. 시간이 짧고 초점적인 문제에 주목한다는 단기치료의 고유한 특성은 변화를 가져오는 중요한 요소이다(2장과 4장을 보라).
3. 긍정적이고 성장 촉진적인 환자-치료자 관계의 특질이 변화를 가져오는 열쇠이다(3장과 5장을 보라).

4. 특정 접근방식에 따라, 치료의 특정 요소들이 어떤 환자들에게는 다른 환자들과는 달리 더 중요할 수 있다. 버크(Burke)와 그 동료들(1979)은 단기치료가 어떤 요소를 변화 요인으로 강조하는가에 따라 세 범주로 구별될 수 있다고 제안하였다: 해석치료, 실존치료, 교정치료. **해석치료**는 환자의 자기-이해를 증진시키기 위해 행동과 역동에 대한 해석을 강조한다. **실존치료**는 일차적으로 분명한 한계와 공감적 조율을 특징으로 하는 의미 있는 인간관계의 치유 효과를 통해 변화를 추구한다. **교정치료**는 치료자의 직접적인 개입을 통해 변화를 촉진시키고자 한다. 최면술과 인지/행동주의적 치료가 교정치료에 속한다.

대부분의 치료들은 하나의 범주에만 속해 있지 않고 여러 범주에 속해 있다. 게다가, 해석이나 교정적 개입이 강조되는 치료에서도 실존적 요소는 거의 예외없이 성공적 치료의 중요한 부분을 이루고 있으며, 어떤 경우에는 그러한 실존적 요소 자체가 바로 치료를 구성하기도 한다(5장에 제시된 앨런의 사례).

전이와 역전이의 핵심적 중요성

단기치료에 관한 문헌에서 하나의 중심적인 질문은 전이 및 역전이 현상이 어떻게 관련되어 있는가 하는 것이다. 말란(1976)이 서술했듯이, "단기치료에서 계획 수립과 초점 설정의 필요성에는 대부분의 이론가들이 동의하는 반면, 전이 부분에 관해서는 대체로 의견이 갈리고 있다"(p. 40). 그에 대한 의견은 완전히 무시해야 한다는 견해, 치료자가 속으로만 그것을 인식하면서 환자와 직접적으로 다루어서는 안 된다는 견해, 그리고 적극적으로 빈번하게 해석해야 한다는 견해에 이르기까지 다양하다. 역전이에 대해서는 의견이 훨씬 더 분분하다. 시프노스(1987)와 대번루(1980, 1991) 같은 치료자들은 역전이를 최소화할 필요가 있는 치료자 쪽의 반응의 문제로 본 반면, 스트럽과 빈더(1984)는 역전이 반응을 치료과정에서 불가피하고 결정적인 요소로 보았다.

 대상관계 관점에서 보면, 전이와 역전이 상호작용은 모든 기법에서 핵심적인 위치를 차지하고 있다. 그것은 단기치료뿐만 아니라 최단기치료에서도 결정적으로 중요하다. 이러한 관점은 환자와 치료자 사이에 형성된 독특한 관계와, 환자에 의해 재연되는 과거 경험의 무의식적인 반복 모두에 대한 강조로부터 나온 것으로 보인다. 아래에서 논의되듯이, 전이-역전이 문제는 실제에 있어서 매우 다양하게 관리되고 있다. 바버와 크리즈-크리스토프(1991)는 전이에 대해 주의를 기울이는 것이 왜 그렇게 중요한지에 대해 다음과 같이 설명했다:

 1. 치료자는 환자와의 관계 안에서 다른 사람들에 대한 환자의 기대를 확인해주지 않으며 동시에 그것을 모니터할 수 있다.
 2. 모니터 과정(monitoring)은 치료자로 하여금 환자가 연출하는 재연의 일부가 됨과 동시에 한걸음 물러서서 그것을 탐색하도록 허용한다.
 3. 전이는 변화를 일으킬 수 있는 특별히 효율적인 방법일 수 있다. 왜냐하면 "우리는 경험적일수록 더 잘 배우기 때문이다" (p. 349).
 4. 치료자는 어려운 문제점과 강렬한 정동을 어떻게 다루는지를 보여주는 모델로서 기능한다.

 그러므로 지금-여기에서 일어나는 치료자-환자 관계의 경험을 통해 환자는 과거의 관계 패턴을 어떻게 재연할지를 배우고, 자신이 과거에 기대하고 경험하고 인식하던 것과는 달리, 치료자가 어떻게 "실제로" 반응하는지를 배운다. 또한 환자는 치료자의 태도와 행동에서 정서적으로 어려운 경험을 처리하는 새로운 양태를 본다. 이러한 방식으로 과거 경험에 대한 새로운 종결이 이루어질 수 있다.

스트럽과 빈더의 공헌

단기치료 저술가들 중에서 스트럽과 빈더(1984)는 단기치료에 대한 가장 설득력 있는 글을 썼다고 평가된다. 그들이 말하는 한정회기 역동프로그램(TLDP: Time Limited Dynamic Program)은 "환자-치료자 상호작용의 정교화"를 기법적 원리로 삼고 있다(p. 142). 이러한 상호작용은 흔히 환자를 놀라게 하는데, 그것은 자신이 치료자에게서 그렇게 집중적인 관심을 받으리라고 예상하지 못하기 때문이다. 치료의 주요 목표가 치료 관계에서 재연되는 대인관계 갈등에 관련된 것이기 때문에, 실제로 전이는 전형적으로 치료적 초점의 일부가 된다. 따라서 환자의 순환적 부적응 패턴은 치료 관계 바깥에서의 과거와 현재뿐만 아니라, 지금 여기에서도 해석되고 관찰될 수 있다. 한정회기 역동 프로그램(TLDP)에서, "현재 환자와 치료자 간의 상호작용에 대한 분석(전이 및 역전이 분석)은 대인관계 갈등을 다루는 가장 효과적인 수단으로 간주된다"(Strupp and Binder, 1984, p. 144).

스트럽과 빈더는 현재의 현상을 과거와 연결시키기보다는 그것을 해석하는 데 중점을 두었다. 그 현상은 과거와 연결되어 있긴 하지만, 그 점이 강조되지는 않는다. 이것은 치료자에 대한 반응과 과거 경험 사이의 연결을 해석하라고(치료자-과거 해석) 권고한 대번루, 말란, 시프노스의 방법과는 다르다. 여기에서는 치료자와 긍정적이고 협력적인 관계를 형성하는 것에 대한 환자의 저항을 자세하게 탐구한다. 이러한 저항은 다른 관계들에서 환자가 경험하는 장애의 성질을 이해하는 데 도움을 준다.

　말란, 시프노스, 대번루, 만 등은 역전이 반응을 최소화해야 하는 것으로 보았지만, 스트럽과 빈더는 치료의 불가피하고 가치 있는 부분으로 보았다. 역전이는 치료자에게서 의식적으로 또는 종종 무의식적으로 이루어지는 환자와의 임시적 동일시로 간주될 수 있다. 이것은 상보적 동일시와 일치적 동일시에 대한 랙커(Racker, 1968)의 생각과 많은 부분 일치한다. 더욱이, 특별히 어려움이 많은 환자들의 경우, 치료자는 환자의 부적응적 대인관계 패턴에 어느 정도 연관될 수밖에 없다. 변화를 가져오는 요인으로서 치료자가 가져야 하는 기술과 힘의 주요한 측면은 이런 역전이 반응, 그것의 의미, 환자가 실연하는 부적응 패턴에 치료자가 연관되어 있는 정도 그리고 이런 실연들에 대한 조사 등과 관련되어 있다. 물론, 여기서 일어나는 실연(enactment)은 다른 관계들의 재연(reenactment)이다. 스트럽과 빈더(1984)는 자신들의 접근에 대해 치료자는 환자의 경험에 "빠져들고" 난 후에 "그곳에서 나오기 위한 작업"을 시도한다고 기술했다.

　이 모델에서 치료가 환자와 치료자 모두에게 얼마나 심오한 경험인지를 주목하라. 프롬-라이히만(Fromm-Reichmann, 1950)은 거의 50년 전에 환자들은 주로 설명이 아니라 우리와의 경험을 필요로 한다고 기술한 바 있다. 한정회기 역동 프로그램(TLDP)과 내가 제안하고 있는 접근에서 경험적 차원은 환자뿐 아니라 치료자에게도 중심적인 요소이다.

전이 상호작용

페어베언(1958)과 건트립(1961, 1969)은 전이 해석의 결정적인 힘과 중요성 특히 치료자에 대한 환자의 반응이 어떤 것인지를 밝혔고, 그것을 과거의 관계들과 연결시켰다(치료자-과거[T-P] 해석). 말란은 1963년에 행한 단기치료 연구에서 전이 해석과 그 성과에 대한 몇몇 중요한 발견을 보고하였다(1976). 그는 T-P 해석이 긍정적인 성과와 가장 밀접하게 관련된 기법적 개입임을 깨달았다. 그는 "기법에서 가장 중요한 요소는 어린시절과 전이를 연결시키고(T-P 해석), 종결시 치료자를 상실하는 것에 대한 분노와 슬픔을 극복해나가는 작업과 관련하여 치료 기간 내내 전이를 해석하는 것"이라고 결론짓고 있다(p. 20). T-P 해석과 그 성과 사이의 이런 관련성은 마지알리와 설리반(Marziali and Sullivan, 1980) 그리고 마지알리(1984)의 보다 정밀한 연구를 통해서 보고된 바 있다. 말란(1976)은 전이가 치료 초기에 일어나는 경우 그리고 그것이 치료의 주된 특징인 경우, 치료의 예후가 가장 좋은 경향이 있다고 보았다. 최근 조이스와 파이퍼(Joyce & Piper, 1993)는 단기치료에서 주의 깊은 전이 해석의 효과에 대해 강조하면서 이렇게 말했다: "전이 반응을 명확하게 해석하는 것은 환자의 대인관계 각본과 치료자에 대한 경험에 관심을 갖게 할 뿐만 아니라, 그것들에 정서적으로 즉각적인 영향력을 미친다"(p. 509).

환자가 전이 해석을 감당할 수만 있다면, 대부분의 환자들에게 전이 현상에 대한 직접적인 분석과 해석은 바람직할 것일 수 있다. 의미 있는 관계 안에서 경험들이 언어화될 때 성장과 변화는 크게 촉진될 수 있다. 이런 일은 로널드와 다이앤의 사례에서 볼 수 있듯이, 단기치료에서 발생할 수 있다. 그러나 앨런의 사례에서 보듯이, 환자가 거의 모든 해석 작업에 저항하거나 무시하면서 다른 유형의 관계경험에서 유익을 얻는 것으로 보이는 사람일 경우, 그런 일은 일어나지 않는다. 하지만 전이-역전이 모체(Ogden, 1994)에 대한 인식은 치료자인 나로 하여금 앨런과 더 깊고 의미 있는 관계를 경험할 수 있게 했다.

많은 역동 치료자들은 일반적으로 해석을, 그 중에서도 특히 전이 해석을 가장 높은 수준의 치료적 개입으로 생각한다. 따라서 그들은 회기가 그런 해석 작업으로 채워져 있지 않으면 "진정한 역동 심리치료"가 이루어지지 않았다고 느낄 수 있다. 치료자의 그런 느낌은 환자가 해석을 받아들일 준비가 되기도 전에 환자에게 해석을 "밀어넣는" 원인이 될 수 있다. 이것은 주어진 시간이 짧다는 이유로 조급한 역전이가 일어날 수 있는 단기치료에서 특별히 심각한 문제가 될 수 있다.

전이 해석: 얼마나 많이 할 것인가?

단기치료에서 전이 해석의 영향력에 관한 최근 연구들을 살펴볼 필요가 있다. 파이퍼와 그 동료들(1993)은 외래 환자를 대상으로 그들이 전이 해석의 집중도와 일치도라고 부른 것에 대해서 그리고 환자의 대상관계의 질에 대해서 연구했다. 그들은 자신들의 접근이 말란 및 스트럽과 빈더의 접근과 비슷하다고 보았는데, 그들의 치료 회기는 약 20회기 정도였다. 그들은 전체 개입 빈도에서 전이 해석의 빈도가 차지하는 정도를 집중도라고 불렀고 해석의 정확도를 일치도라고 불렀다. 대상관계의 질은 원시적인 관계에서부터 성숙한 관계에 이르기까지 환자가 형성하고 있는 특정 유형의 관계를 보여준다. 그들은 높은 빈도의 전이 해석이 빈약한 효과와 연결되어 있음을 발견했고, 낮은 집중도만이 긍정적인 치료반응과 관련된다는 것을 발견했다. 낮은 집중도란 전이 해석의 빈도가 전체 12회기 중 매 회기마다 한번 또는 그 이하인 경우를 말한다. 호글렌드(Hoglend, 1993b)도 전이 해석과 관련하여 이와 비슷한 결과를 보고하였다.

파이퍼와 그 동료들은(1993) 그들의 결론이 확정적인 것은 아니라고 말한다. 하지만 이러한 결과는 단기치료에서 환자에게 전이 해석을 너무 많이 해서는 안 된다는 것을 말해준다(적어도 Piper와 그 동료들의 접근에서는). 그들은 환자가 높은 수준의(상대적으로 성숙한) 대상관계 능력을 가지고 있다면, 일치도가 높은 전이 해석을 낮은 빈도로 행하는 것이 좋다고 권고한다. 그리고 환자가 낮은 수준의(상대적으로 원시적인) 대상관계 능력을 가지고 있다면, 일치도가 높은 해석은 피할 것을 권고한다.

이러한 결과들은 전이 해석이 성공적인 성과와 긍정적인 관련성이 있다는 말란의 연구결과와 상충되는 것으로 보인다. 우리는 이 불일치를 어떻게 이해해야 할까? 또한 이 발견들은 전이 해석이 변화를 촉진시키는 도구임을 발견한 단기 역동 치료자들의 경험과도 상충된다. 파이퍼와 그 동료들(1991a)은 그런 발견에 대해 두 가지 가능한 가설을 제시하였다. 첫 번째 가설은 전이 해석의 집중도가 높으면 환자가 비난받는다고 느껴 위축될 수 있다는 것이고, 두 번째 가설은 치료가 진전되지 못할 때 치료자들은 더 많은 해석을 한다는 것이다. 전이 해석을 점점 더 많이 사용하는 것은 치료의 답보상태를 깨뜨리거나 약한 치료적 동맹을 직면시키려는 시도일 수도 있다. 파이퍼와 그 동료들(1991a)은 "앞의 두 가설은 가장 높은 집중도의 전이 해석에 노출된 환자에게서 침묵과 전이 해석이 번갈아 나타나는 현상이 뚜렷하게 발견된다는 사실과 일치한다"고 말한다(p. 951). 그들은 또한 전이 해석의 높은 집중도와 약한 치료동맹 사이의 관련성은 치료가 진행됨에 따라 더욱 뚜렷해진다고 보고한다.

　이러한 연구들은 임상 실제와 관련해서 많은 주의사항들을 제안한다. 첫째, 그것들은 대상관계의 질적 수준이 낮은 환자에게 너무 공격적으로 해석하는 것의 위험성을 말해준다. 참을성 없음, "정신역동적"이고자 하는 욕구, 치료동맹의 수준을 견디지 못하는 무능 등의 역전이 감정들이 치료자로 하여금 모든 수준에서 그리고 환자들과 생산적으로 연결되지 않는 수준에서 해석하게 만든다. 사실, 이런 해석의 효과는 종종 유해한 것으로 드러나기도 한다. 둘째, 나는 이 연구들이 적극적으로 해석하면서 엄격한 환자선택 기준을 가지고 있는 시프노스, 대번루, 말란 등의 접근법이 갖고 있는 지혜로움을 확인시켜준다고 생각한다. 치료자가 전이 경험을 자주 적극적으로 해석하기를 원한다면, 그 환자는 그런 긴장을 참을 수 있을 정도로 수준 높은 대상관계 기능을 가지고 있어야 한다.

　나는 치료의 안과 밖 모두에서, 과거와 현재의 경험들을 해석하기 위해 전이-역전이를 이끌어내는 통합적 접근법을 지지한다. 나는 전이 해석에만 집중하고 나머지는 무시하는 접근을 지지하지 않는다. 우리는 T-P(치료자-과거), T-S(치료자-자기), T-O(치료자-다른 사람들) 해석을 하게될 기회를 모색할 필요는 있지만, 환자의 현 상황과 주어진 단기치료 계약의 한계를 "넘어서는 해석"을 하지 않도록 주의할 필요가 있다. 빈번히 단기치료는(장기치료인 경우에도) 유능하고 지적이고/또는 유용하다고 느끼고 싶어하는 치료자의 욕구에 의해 방해받아왔다. 스트럽과 빈더(1992)는 치료자 쪽의 "미묘한 경멸적인 의사소통"에서 부정적인 치료 결과가 나온다는 연구결과가 많이 있다고 말한다. 환자가 "충분히" 작업하지 않았다는 치료자의 미묘한 암시는 치료의 진전을 심각하게 방해할 수 있다.

행동을 통한 해석(Interpretation-in-Action)

우리는 개별 환자와 치료의 한계를 존중할 뿐만 아니라, 직접적인 언어적 해석 없이도 깊은 심리적 변화가 일어날 수 있음을 인정해야 한다. 사실, 나는 단기치료의 치료 관계에서 거둘 수 있는 많은 유익한 효과는 옥덴(1994)이 "행동을 통한 해석"으로 불렸던 것에서 온다고 믿는다. 이것은 전이-역전이 해석을 만들어내는 치료자 쪽의 행동을 말한다. 이 행동들은 치료가 실행되는 방법과 관련이 있다—예를 들면, 치료 틀의 운영과 치료자의 태도, 행동, 얼굴 표정. 옥덴(1994)은 정신분석에 관한 저서에서, 치료 후반부에서 행동을 통한 해석이 환자에게 언어적으로 상징화될 수 있다고 말한다. 혹시 단기치료에서는 치료 후반부에 이러한 상호작용을 언어로 해석할 수 있는 기회가 없을지도 모르지만, 나는 비언어적 상호작용이 여전히 지대한 치료적 힘을 가지고 있다고 생각한다.

예를 들면, 내가 5장에서 묘사한 대학생인 앨런의 경우, 그는 나의 언어적 해석을 사용할 능력이 없는 것으로 보였다. 그러나 나는 그의 경험에 대해 지속적으로 비지시적인 관심을 보여주고 자신의 경계가 침해당하는 것에 과민한 그의 반응을 존중해줌으로써, 내가 그를 이해하고 있음을 전달할 수 있었다. 이것은 그의 내면 세계가 그 자체로서 가치를 지닌 중요한 것이며 그가 지금까지 사람들과 일반적으로 경험해온 것과는 다른 방식으로 나와 관계할 수 있다는 메세지를 담고 있는 것이었다. 그와 작업을 하는 동안 나는 한편으로 그의 심한 불안을 담아주어야 했고, 다른 한편으로 그에게 있어서 경계와 통제라는 주제가 중요한 문제가 되고 있음을 알게해주어야 했다. 따라서 그는 다른 사람으로부터 거절당하거나 통제당하는 것에 대한 불안을 느끼지 않고 다른 사람들(나)과 관계할 수 있었다. 이러한 관계방식이 곧 행동을 통한 해석이며, 이로 인해 그와 나는 정서적으로 의미 있고 중요한 이해를 공유할 수 있었다. 나는 이러한 역동의 작은 부분만이 언어적으로 탐구될 뿐인데 반해, 행동을 통한 해석의 효과는 지대한 것이라고 생각한다.

전이 해석에 관한 몇 가지 제안

역동적으로 생각하라

대상관계 단기치료자는 증상과 관련된 고통과 그것의 배경이 되는 심리적 구성물에 대한 역동적 이해, 이 두 가지 모두에 균형 잡힌 주의를 기울이는 공감적인 관점에서 치료에 임해야 한다는 원칙을 따른다. 시간 제한과 환자의 고통 그리고/혹은 요구에 대한 압박감은 치료자로 하여금 현재 증상에만 초점을 맞추게 만들 수 있다. 대조적으로 치료자가 자신의 단기치료를 단순한 "응급 처치"가 되지 않게 하기 위해 전적으로 역동적 해석 작업에만 초점을 두는 경우도 있을 수 있다. 물론, 이러한 극단들은 모두 피해야 한다. 역동적으로 생각한다는 것은 겉으로 드러나는 개입보다는 오히려 수용적인 능력이나 태도와 더 많이 관련되어 있다—그것은 행동으로 나타날 수도 그렇지 않을 수도 있다.

예비 해석에 근거해서 해석하기

환자가 언어를 사용하는 해석적 개입으로 유익을 얻을 수 있는지를 알 수 있는 유일한 방법은 그 개입을 직접 시도해보고 그에 대한 환자의 반응을 관찰하는 것이다. 치료자가 예비 해석을 재치 있고 민감하게 그리고 자제력을 잃지 않고 수행한다면, 치료동맹에 심각한 해를 끼치지 않는 범위 내에서, 환자가 이런 작업을 할 의도가 있는지 또는 그럴 능력이 있는지에 대한 유용한 정보를 얻을 수 있다. 말란(1976)은 예비 해석의 세 가지 잠재적 유익에 대해 설명했다: 치료동맹의 강화, 해석의 사용에 대한 환자의 능력을 가늠해보기, 그리고 환자가 가진 문제의 역동성에 관한 정보를 얻기. 만약 환자가 예비 해석에 좋은 반응을 보이지 않는다면, 치료자는 다음의 문제들을 살펴보아야 할 것이다.

1. 환자가 언어적 해석을 사용할 능력이나 의향이 없는 것은 아닌가? 만약 그렇다면, 치료는 행동을 통한 해석, 상황적 전이, 그리고 치료적 변화과정의 실존적이고 교정적인 요소에 중점을 두고 이루어져야 한다.

2. 제공된 해석이 부정확한 것은 아니었나? 해석이 더 정확하다면 환자는 해석에 잘 반응할 수도 있다. 이것은 고려해볼 만한 점이기는 하지만, 치료자는 먼저 그것이 과연 해석의 정확도 문제인지에 대해 심도 있게 성찰해보아야 한다. 치료자는 종종 해석의 정확성 문제가 아닌 것을 그런 문제라고 가정하여, 언젠가는 역동적인 요소와 연결될 수 있으리라는 희망 때문에 과도한 해석을 반복할 수 있다. 이것은 파이퍼와 그 동료들(1991a)이 제시했듯이, 치료적 진전의 결핍에 직면해서 해석 활동을 증가시키는 악순환의 문제를 일으킬 수 있다.

3. 해석을 제공하는 시점이 잘못된 것은 아닌가? 환자는 치료자가 더욱 깊은 해석을 하기에 앞서 동맹을 발달시키는 데 더 많은 시간이 필요했던 것은 아닐까?

빈더와 스트럽(1991)이 지적했듯이, 능숙한 해석은 적절한 시기, 정확성, 내용의 타당성, 해석 방식 등에 달려 있다.

추론적인 태도로 해석하라

모든 치료자들에게는 자신만의 스타일이 있다. 나의 스타일은 나 자신의 의견을 넌지시 제시하는 것이다. 나는 나의 생각은 이런 것인데 그것에 대한 당신의 생각은 어떤 것인지를 연상해보라는 방식으로 나의 의견을 전달한다. 나는 의견을 제시할 때 "확실하지는 않지만, 나는 … 라고 생각합니다 … " 또는 "나는 … 일 것이라고 생각합니다만, 당신의 생각은 어떤 것인지요?"라는 말로 시작한다. 이런 방식으로 나는 환자가 나와 언어를 사용하는 "놀이"에 초대하고, 나의 생각을 수정하고, 그것에 대해 도전하게 하고, 원한다면 그것을 버릴 수 있기를 바란다. 그러한 나의 말이 정확성이 떨어지는 것일 수는 있지만, 그것이 임시로 제안된 것이라는 점에서 환자는 그것에 대해 대체로 덜 저항할 것이다. 이것은 일차적으로 과거에 대한 "진실"을 밝혀내는 것을 치료의 목표로 보기보다는 치료자와 환자 간의 의미 있는 경험의 발생(Mitchell, 1993)을 강조하는 주요 대상관계적 관점과 일치한다. 해석이 유일한 "진정한" 심리역동 활동으로 간주되어서는 안 된다. 그것은 환자와 갖는 많은 중요한 상호작용들 중의 하나일 뿐이다.

반복되는 패턴에 대한 관찰을 강조하면서
T-P, T-O, T-S 연결을 위한 기회를 모색하라

전이 해석의 첫 번째 목표는 환자로 하여금 치료자와 상호작용하는 패턴을 인식하도록 돕는 것이다. 환자가 그러한 패턴을 아는 데는 상당한 작업이 필요할 수도 있다. 특정 단기치료의 경우에는 T-P, T-O, T-S 연결 작업을 할 필요도 없이 그러한 상호작용 패턴을 인식하는 것이 치료 작업의 전부일 수도 있다(아래에서 제시되는 필립의 사례를 보라). 환자는 그런 연결 작업을 거치지 않고도 자신이 받아들일 수 있는 소중한 것을 배울 수 있다. 이제 환자는 자신이 다른 사람과 상호작용하는 데 사용하는 패턴과 그러한 패러다임이 미치는 영향력을 알게 된 것이다. 그리고 그러한 패턴을 자신의 삶의 다른 어떤 영역들에서 사용하고 있는가를 생각하는 것은 환자 자신의 몫으로 남게 된다. 조이스와 파이퍼(Joyce and Piper, 1993)는 단기치료에서 지나치게 추상적이거나 복잡하지 않은 단순한 해석을 유지하는 것이 중요하다고 강조했다.

환자가 자신과 치료자 간의 상호작용 패턴을 조사하고 숙고할 수 있다면, 치료자는 그 다음 단계의 치료 작업을 할 수 있을지를 고려할 수 있다. 그것은 치료자가 전이 현상을 부모, 타인들, 혹은 자기 표상과 연결하기 위한 순간을 기다리는 것이다. 내 경험에 의하면, T-P와 T-S 연결 작업은 특별히 강력한 개입에 해당되는 것이다. 말란(1976)은 T-P 해석의 특별한 치료적 힘을 지적했다.

여기에서 중요한 고려사항은 치료자가 T-P, T-O 그리고 T-S 해석을 할 적절한 순간을 찾는 것과, 치료자 자신의 조급함 및 충분히 "역동적"으로 작업하고 싶은 욕구와 관련된 역전이를 검토하는 것이다. 가끔, 단기치료 상황에서 과도한 T-P, T-O 그리고 T-S 해석이 치료동맹의 손상을 가져오기도 한다. 이렇듯 지나치게 야심찬 접근은 환자가 지금 여기에서 치료자와 어떻게 상호작용하는지를 더 많이 인식시키고자 하는 소박한 목표조차도 이루지 못하도록 방해할 수 있다.

전이를 이해하고 해석하는 데 역전이를 사용하라

이것은 대상관계적 사고에서 특히 강조하는 요점이다. 그것은 환자뿐 아니라 치료자에게도 치료적 경험의 질이 중요하다는 점을 말해준다. 그것은 치료자가 자신의 역전이 반응을 환자에 대한 정보의 매우 귀중한 원천으로서 존중하고 관찰하는 것이 가져다주는 유익에 대해 말하고 있다. 보통 이것은 환자와 직접적으로 논의되지 않고, 환자의 내면 세계의 지형을 더 잘 이해하는 일에 사용된다. 예를 들면, 치료자의 반응은 환자가 자기 및 다른 사람들과 맺는 관계의 몇몇 양상들을 드러낸다. 치료자는 또한 속으로 환자가 치료자를 자신의 과거의 대상이 "되도록" 압력을 행사한다는 것을 인식하고, 투사적 동일시를 통해 자신의 과거 사건을 반복하고자 하는 환자의 무의식적 시도에 순응하기를 거부해야 한다. 예컨대, 어떤 환자를 처음으로 만났을 때 나는 내가 그 환자에게 매우(그리고 이상하게) 판단적이 되고 있음을 발견한 적이 있다. 우리가 계속 만나면서 나는 이것이 나(그리고 그의 삶의 다른사람들 특히 권위를 가진 인물들)로 하여금 매우 판단적이었던 그의 어머니와의 관계를 재연하도록 그가 무의식적으로 유도하는 것임을 이해하게 되었다.

임상사례: 필립(Philip)

대학을 갓 졸업한 미혼 남자인 23세의 필립은 자신이 선택한 재정분석 분야의 직업을 얻는 데 어려움을 겪고 있는 문제로 치료를 받으러 왔다. 그는 처음 두 회기 동안 자신의 의자가 불편하다, 자신의 이전 치료자는 사무실에 오리지널 미술 작품을 걸었는데, 나는 그렇지 않다, 다른 치료자는 값비싼 이탈리아제

구두를 신었는데, 나는 싸구려 구두를 신었다, 기타 등등에 대해 불평을 계속했다. 그는 다소 우울했고 직업을 구하는 일을 계속 하기가 힘들다고 느끼고 있었다. 그는 몇 회기 동안 다른 치료자를 만났지만 치료비가 너무 비싸서 치료를 계속할 수 없었다.

이 초기 회기들 동안, 나와 내 사무실에 대한 필립의 험담들이 내 방을 "가득 채우는" 것처럼 보였다. 나는 그의 말에 자극 받고 있음을 알게 되었고, 내가 다른 치료자만큼 좋지 않으면 어쩌나 하고 걱정이 되었으며, 그 치료자에 대해 경쟁적인 생각을 가지게 되었다("더 비싼 신발이 더 많은 활기를 주는 것은 아니다," "좋아보인다는 것이 좋다는 것은 아니다"). 나는 이러한 생각들을 표현하거나 그의 의견에 대해 논평하지 않았다. 나는 필립이 어떻게든 자신의 불안을 감소시키기 위해(나를 감소시킴으로써) 그렇게 할 필요가 있다고 느꼈다. 그러나 나는 그것이 싫었고, 그가 내 사무실과 나의 외모 등 표면적인 문제들에만 전적으로 초점을 맞추고 있다는 것이 놀라웠다. 나는 또한 그의 지적이 내가 특별히 좋아하는 사무실의 모습(예를 들면, 내가 가장 좋아하는 그림)에 대한 것이라는 데 충격을 받았다.

다음 회기에도 필립은 비난 공세를 계속했고, 나는 인내심을 잃고 있다고 느꼈으며, 또한 보다 사려 깊게 이 문제를 함께 다룰 필요가 있다고 느꼈다. 나는 다음과 같이 말했다. "나는 당신이 나와 내 사무실을 비난하는 데 왜 그리 많은 시간을 보내는지 이해할 필요가 있다고 생각합니다." 그는 처음에는 방어적으로 반응하면서 자신은 단순히 스스로의 생각에 솔직했을 뿐이고, 내 사무실이 이전 치료자의 사무실보다 못한 것은 사실이라고 말했다. 그는 잠시 쉬었다가 다른 치료자를 만날 수 없다는 것이 매우 실망스럽다고 말했다. 그는 이 과정에서 이전 치료자가 치료비를 줄여주지 않았던 것 때문에 자신이 상처받았다는 것과, 내가 자신을 "충분히 잘" 도울 수 있을지 불안해하고 있다는 것을 깨달을 수 있었다.

내가 한 말은 단순한 전이 해석으로서, 그가 나와 관계하는 방식을 알려주고 스스로 그것을 탐색할 수 있게 한 것이었다. 여기에는 우리의 상호작용을 과거나 현재의 다른 사람들과의 관계와 연결하려는 시도는 포함되지 않았다. 해석은 환자로 하여금 다른 치료자 및 나에 대한 그의 느낌과 접촉할 수 있도록 도왔고, 따라서 그는 자신의 그런 느낌들에 대해 직접적으로 말할 수 있었다. 그 다음에 그는 다른 자료들을 탐색할 수 있었고 나의 옷차림새나 인테리어 장식에 그다지 얽매이지 않을 수 있었다. 해석이 나의 불편함과 공격성을 다루었기 때문에 부가적인 기능을 했다는 점도 언급될 필요가 있다.

필립의 아버지는 자신의 분야에서 국제적인 명성을 얻은 전문가였고 필립은 그런 아버지를 매우 칭송했다. 그는 자신이 소년이었을 때, 가족 모임에서 흥미로운 주제를 장황하게 얘기하던 아버지에게 매료되었다고 감동적으로 말했다. 한편, 필립은 아버지에게 거절당했다고 느꼈다. 필립이 아무리 잘해도 그의 아버지는 항상 비난거리를 찾는다고 느꼈다("잘했어, 필립, 하지만 넌 훨씬 더 잘할 수 있었어 …"). 필립은 아버지가 원했던 명문 대학보다는 주립대학에 가겠다고 했고, 그것 때문에 여러 번 심각한 싸움을 했다. 흥미롭게도, 그의 아버지는 종종 그가 "농사꾼"처럼 보인다고 하면서 그의 옷차림에 대해 불평했다고 보고했다.

처음 몇 회기 동안 나는 필립의 이런 개인력에 대해 거의 알지 못했다(내가 알고 있던 것은 내가 별로 효율적으로 생각하지 못한다는 것이었다). 그의 개인력을 알게 됨으로써 나는 그와의 초기 상호작용을 이해할 수 있게 되었고, 이어서 그의 아버지 전이를 연결할 수 있었다. 그가 이전 치료자와 가진 관계는 그와 아버지 관계의 몇몇 측면—거절당한 느낌과 나란히 유지되고 있는 아버지에 대한 이상화—을 재연한 것이었다. 내가 제시한 해석(O-P)은 "당신이 X박사와 경험했던 것은 아버지에게서 겪었던 거절과 매우 비슷한 것이라고 생각합니다"라는 것이었다. 나와의 관계에서 그는 아버지가 그를 대했던 것처럼—비판적이고 거절하고 실망하는—나를 대했다. 이런 자료들(S-T-P)에 대해 나는 "당신은 당신 자신이 알고 있는 것보다 더 많이 아버지를 당신 내부에 가지고 있는 것으로 보입니다. 당신이 나를 무시했던 것은 당신의 아버지가 당신에게 했던 것을 반복한 것 같아요"라고 해석했다. 아버지에 대한 그의 무의식적 동일시와 자신도 아버지가 자신에게 했던 것처럼 다른 사람들을 대했다는 것을 알게 된 것은 그에게는 고통스럽지만 매우 중요한 통찰이었다.

  그의 비난에 대한 나의 역전이는 그가 아버지와의 다양한 상호작용에서 느꼈던 것—부적절감, 분노, 방어—을 경험할 수 있게 했다(투사적 동일시를 통해서). 물론, 그 당시에 나는 나의 이런 반응의 의미를 잘 깨닫지 못하고 있었다. 한 두 회기 후에야 그것을 인식했다. 나의 이러한 인식 부족은 부분적으로는 지금도 내가 극복하고자 하는 나의 둔감함과 방어 때문이었다. 그렇지만, 한편으로는 그것 역시 투사적 동일시의 일부분이라는 생각을 가지고 있다. 필립도 나중에 아버지 앞에서는 "얼어붙어서" 제대로 생각할 수 없었다고 말했다.

  이 사례에서 우리는 10회기 내에 지금 여기에서의 전이 상호작용 패턴을 확인할 수 있었다. 우리는 또한 이러한 패턴을 다른 관계들과 연결하는 작업을 할 수 있었다. 단기치료에서 그러한 연결이 항상 가능한 것은 아니다. 치료자들은 환자들이 단지 관계 패턴과 그 결과를 인식하도록 돕는 초기단계의 힘을 존중해야 한다. 더욱이, 우리는 환자가 아직도 그것을 다른 자료들과 연결시켜 다룰 준비가 되지 않았다고 판단될 때, 그 사실을 받아들일 수 있어야 한다.

강제적으로 해석하지 마라

임상경험과 최근의 조사연구(Piper et al., 1991a, 1993, Hoglend, 1993b)는 너무 빈번한 해석이나 공격적인 해석이 치료동맹과 치료의 성공을 위협할 수 있음을 말해준다. 치료자는 해석이 치료동맹에 미치는 효과를 주의 깊게 살펴볼 필요가 있다. 물론, 환자가 수용할 수 있는 수준에서 효율적인 치료동맹을 유지하는 것이 무엇보다 중요하다. 균형 잡힌 해석이란 치료동맹과 공감적인 조율을 유지하면서 가능한 한 정신의 깊은 수준에 도달하려는 노력을 가리킨다.

따라서 대상관계 단기치료자는 해석 작업, 특히 전이 해석을 통해 환자의 내면 세계와 외부 기능에 대해 더 많이 인식할 수 있는 기회를 모색해야 한다. 이것을 달성하려고 노력하는 동안 치료자는 너무 해석에 집중하지 않으면서 환자가 공격당한다거나, 질문 공세를 당한다거나, 오해받는다고 느끼지 않도록 경계해야 한다. 물론, 어떤 환자들은 그들이 가진 전이 반응의 일부분으로서 자신들이 공격당하고, 질문공세를 받고 있고, 오해받는다고 느낄 것이다. 그러나 치료자는 이러한 반응을 "실제로" 자극하지 않도록 주의해야 할 책임이 있다.

전이는 집요할 수 있다는 것과
당신은 그것을 해석하지 못할 수도 있다는 것을 수용하라

환자, 치료자, 그리고 사용할 수 있는 시간의 양에 따라, 환자는 전이 해석이나 일반적인 해석을 사용하지 못할 수도 있다. 그럴 경우 치료자는 "환자에게 그 전이의 의미를 깨닫게 해주려고" 애쓰기보다는 그 전이의 집요함을 존중해주고 다른 방법—실존적 해석, 교정적 해석, 행동을 통한 해석 등—을 사용해서 작업해야 한다. 예컨대, 치료자는 보통 환자에게 이상화 전이가 어떤 것인지에 대해 말하지 않는다—그렇게 하는 것은 무익하고 비생산적인 것이기 때문이다.

전이를 해석할 수 없다면, 환자를 더 잘 이해하고
환자에게 영향을 미치기 위해 전이와 역전이를 사용하라

이 말의 기본적인 요점은 치료자가 전이와 역전이 문제를 이해할 때 더욱 효율적이고 공감적인 치료자가 될 수 있다는 것이다. 그때 치료자는 자신과 환자의 행동과 상호작용의 의미를 파악할 수 있다. 이때 치료자는 다르게 **행동**하는 것에 의해서가 아니라 다르게 **존재**하는 것에 의해서 더 효율적으로 치료를 수행할 수 있다.

그러나 치료자는 해석을 사용하지 않고도 실제적인 방식으로 전이와 역전이를 사용할 수 있다. 아래에서 제시되는 두 명의 환자들의 경우, 두 사람 모두 몇 회기 치료 후에 증상이 많이 좋아졌고, 치료를 끝내고 싶다고 했다. 그러나 나는 그 개선이 일시적인 것에 지나지 않으며 계속적인 단기치료가 그들이 얻은 성과를 공고히하는 데 도움이 될 것이라고 느꼈다.

30세의 변호사인 헨리는 치료가 필요하다는 말에 당황해했고, 바쁘다는 이유로 치료를 끝내고 싶어 했다. 약간 자기애적인 그는 자신이 모든 것에서 최상의 것을 얻고 있고 최고의 존재가 되고자 한다는 것을 자랑스러워했다. 그는 그 회기가 놀라우리만치 유용했다는 식으로 나에게 반응했지만, 실은 나를 자신보다 한 계급 낮은 숙련공 정도로 여기고 있었다. 나도 그에게 도움이 될 수 있어서 기뻤다는 것과, 그가 10회기를 더 하면 좋겠다고 권했다. 나는 그의 내면 세계가 복잡해 보이며 그러한 복잡성을 다루기 위해서는 연장 회기가 필요하다고 말했다. 나는 그가 더욱 성장할 수 있는 기회를 더 많이 가져야 한다고 제안했다. 그는 나의 제안을 받아들였고, 그래서 우리는 생산적인 치료 작업을 계속할 수 있었다. 나는 내가 믿고 있는 것을 말했지만, 분명히 그의 자기애에 호소하고 있었다. 그렇게 하는 것이 우리 관계의 한계 내에서 그에게 연장치료의 유익을 이해시킬 수 있는 최선의 방법이라고 느꼈기 때문이다.

루스는 비서로 일하고 있는 23세의 젊은 엄마였다. 그녀는 최근 여동생의 죽음으로 인한 슬픔의 문제를 다루고자 했다. 그녀는 피고용인 지원 프로그램(EAP)을 통해 내게 연결되었는데, 그녀에게는 3회기의 치료가 적합했다. 그녀는 여동생이 지난 몇 개월 동안 암과 싸운 이야기를 하면서 우는 데 첫 회기 대부분을 사용했다. 회기가 끝날 무렵, 그녀는 자신이 여동생의 죽음을 오랜 시간 동안 진정으로 슬퍼할 수 있었던 것은 이것이 처음이었다고 하면서 깊은 감사를 표했다. 그녀는 훨씬 나아졌고, 그것으로 충분히 치료되었다고 생각했다. 그녀가 그리 복잡하지 않은 애도 반응을 다루고 있는 동안, 나는 그녀가 연장 회기를 가지면 더 유익한 치료 경험을 할 수 있겠다고 생각했다. 내가 경험한 루스는 다른 사람들에게 도움을 주는 것은 즐거워하면서도, 자신이 도움을 받는 위치가 되면 불편해하는 자기-이미지를 가지고 있었다. 헨리와는 다르게, 나는 그녀 자신의 유익을 위해 치료가 필요하다고 호소하는 것이 별 설득력이 없을 것이라고 생각했다. 대신, 나는 루스에게 이 시점에서 그녀가 자신의 상실감을 충분히 다룬다면, 자녀들에게 감정적으로 더욱 유용한 엄마가 될 수 있을 것이라고 제안했다. 나는 실제로 "당신을 위해서가 아니라 당신 자녀들을 위해서 필요합니다"라고 말했다. 그녀에게 의존되어 있는 사람들에게 긍정적인 효과를 준다는 이런 호소는 돌봄을 받는 사람보다는 돌봄을 베푸는 사람이라는 그녀의 내적 패러다임을 유지시키는 데 매우 중요했다.

8장

중간단계: II

> 어떤 형태의 심리치료도 정신역동적 관점과 통합되지 않는다면 불완전한 것이다 … 그 반대도 마찬가지이다. 정신역동 심리치료가 다른 형태의 심리치료 이론 및 기법과 통합되지 않는다면, 그 역시 불완전한 것에 지나지 않는다.
>
> 데이빗 말란(David Malan), 1979

본 장에서 나는 비정신역동 기법의 사용과 종결에 대한 예측을 다루면서 대상관계 단기치료 중간단계의 문제점들을 계속해서 탐구할 것이다. 그 다음에 나는 6장에서 상술한 두 사례(로널드와 다이앤)를 치료 중간단계에 대한 자료로 제시할 것이다.

비정신역동 기법의 사용

나는 비정신역동 기법들이 단기 역동 심리치료에 사려깊게 통합될 수 있다고 생각한다. 다른 모델들에 의해 발전된 다양한 기법들에는 많은 치료적 장점들이 있으므로, 치료자는 하나의 특정한 이론만을 고수하기보다는 다른 이론의 장점들도 활용하는 것이 더 유용해 보인다. 조심스럽게 다른 개입들을 선택적으로 사용함으로써 치료의 효과를 현저히 높일 수 있다는 것이다. 특히 역동적 접근과 비역동적 접근을 통합해서 사용할 경우, 상승효과를 거둘 수 있다. 비역동적인 기법은 다음의 유익들 중 한 가지 혹은 그 이상을 제공한다:

  1. 빠른 증상 완화를 가져온다(내 경험에 의하면, 이것이 통합적 기법의 주된 유익이다).
  2. 환자에게 치료효과에 대한 증거를 신속하게 제공함으로써 동맹 형성을 도울 수 있다.
  3. 무의식적 자료에 도달할 수 있다(예를 들면, 심상요법이나 최면술을 사용함으로써).
  4. 치료에 유용한 자료를 제공받을 수 있다(예컨대, 숙제 내주기, 역할 놀이, 연습 행동 등).

  역동적 접근은 환자의 고유한 성격이라는 맥락 안에서 환자의 고통과 증상의 의미를 탐색한다. 그것은 치료적 성과를 공고히 하는 데 도움이 된다. 전이, 역전이, 환자의 무의식적 역동을 치료자가 이해할 때, 그것은 비역동적인 치료방식에 대한 비협력적 태도를 야기하거나 그런 치료방식의 효과를 무효화시키는, 변화에 대한 환자의 저항을 이해할 수 있게 해준다. 절충주의 접근에 대한 비판적인 견해에 따르면, 절충주의적 접근은 치료를 위한 근본적인 전략이라기보다는 그 순간의 필요에 기초한 혼돈스럽고 혼란스러운 개입에 지나지 않는다. 물론, 그것이 사실일 수도 있다. 그러나 치료자가 대상관계 관점과 같은 깊이 있는 이론에 토대해서 작업한다면, 치료자는 특정한 비역동적 개입이 치료에 도움이 되는지 아닌지를 알 수 있을 것이다. 다른 한편, 성격의 변화에 유익한 것으로 알려져 있는 다른 관점들의 발견들을 무시하는 태도는 코끼리에 대해 부분적인 지식만을 자랑했던 우화 속의 다섯 장님들의 태도와 크게 다를 바가 없다.

   5장에서 논했듯이, 치료자는 비역동적 개입이 환자와의 관계에 미치는 영향에 민감해야 한다. 왜냐하면 많은 비역동적 개입들은 일시적으로 치료자의 자세를 더욱 적극적이고 직접적인 것으로 변화시키기 때문이다. 그러한 작업을 하는 동안, 치료는 교정적 치료의 성격을 더 많이 띠게 된다. 만일 치료자가 자기 자신에게 적극적인 개입들 중의 하나를 즐겨 사용하는 경향이 있다는 것을 깨닫는다면, 그는 그런 결정의 의미를 이해하기 위해서 자신의 역전이 반응을 살펴봐야 할 것이다. 예컨대, 나는 내 자신의 (그리고 아마 환자의) 절망감과 접촉하는 순간에 인지적 재구성 훈련과 같은 좀더 적극적인 개입을 사용하고 싶어 하는 자신을 발견하곤 한다. 그런 순간에 가장 필요한 것은 어떤 즉각적인 활동을 통해 그런 느낌을 "해소하기"보다는 단순히 그 느낌을 경험하고 견디내는 일일 것이다. 로널드의 치료 중간단계를 논의하는 본 장 후반에서, 나는 인지/행동주의 개입을 사용하는 것에 관한 나 자신의 갈등을 탐색할 것이다.

   벗맨과 거맨(1988)은 특히 I-D-E 접근의 일부로서 최면술을 사용할 것을 강조했다. 5장에서 기술했듯이, 스트럽과 빈더(1984) 그리고 호로위츠와 그 동료들(1984)의 모델에는 인지치료와 비슷한 요소들이 포함되어 있다. 나의 단기치료 작업은 역동적 접근 외에 다음의 기법들을 포함하고 있다:

긴장완화 훈련(Relaxation training)
체계적 둔감 훈련(Systematic desensitization)
우발사건 계약맺기(Contingency contracting)
역할 놀이/연습 행동(Role playing/behavior rehearsal)
심상요법(Guided imagery)
인지적 재구조화(Cognitive restructuring)
세개-축의 인지 기법(Three-column cognitive technique)
인지적 도전 기법(Cognitive challenging)
사고-중지 훈련(Thought-stopping)
일일 증상수준 검토하기(Daily monitoring of symptom levels)
다양한 종류의 일기-쓰기(Journal-keeping of various sorts)
실습용 숙제내주기(Experimental homework assignments)
스트레스 관리(Stress management)
갈등 해결 기법(Conflict resolution technique)
성 치료: 감각에 초점 맞추기(Sex therapy: sensate focus)
행동주의적 분노 조절 기법(Behavioral anger control techniques)

대상관계 단기치료에서 비역동적 개입을 고려하라는 권고는 치료자가 환자의 개성과 깊이를 존중하는 관계의 맥락 안에서 그런 개입을 적용하는 한에서만 의미있는 것이 된다. 벗맨과 거맨(1988)은 이 문제와 관련해서 다음과 같이 간결하게 말했다. "어쨌든, 치료자는 주어진 상황의 보다 광범위한 역동에 대한 분명한 감각을 항상 유지해야 하고, 경솔하게 또는 환자를 비인간화하는 방식으로 비역동적인 기법을 적용해서는 안 된다"(p. 213).

본 장의 후반부에서 나는 로널드에게 비역동 개입들을 사용한 것에 대해 묘사하고 있다. 그 개입들은 숙제내주기, 긴장완화 훈련, 분노조절 훈련, 그리고 인지적 도전 기법 등을 포함하고 있다.

11장에서 제시되고 있는 데니스(Denise)의 사례에서는 숙제내주기, 일일 증상수준 검토하기, 사고-중지 훈련, 인지적 도전 기법, 그리고 그 외의 다른 인지적 기법들이 사용되고 있다.

종결에 대한 예상

종결의 문제는 매우 중요하며 종결 시기에만 다루는 것이 아니다. 그것은 치료 기간 내내 치료에 영향을 주는 요소이기 때문에 환자와 함께 탐색될 필요가 있다. 치료자는 환자에게 종결을 직면하라고 강요하기보다는, 두 사람 모두에게 발생하는 상실과 종결에 대한 일반적인 저항을 경계해야 한다. 치료 기간이 짧을 뿐 아니라 정해져 있을 때, 그리고 치료자와 환자가 치료가 언제 끝날지 알고 있을 때 종결을 가장 잘 맞이할 수 있다. 기간이 정해져 있는 치료의 경우, 치료자는 처음 몇 회기 내에 치료의 한계를 어떻게 정할 것인지, 회기 수로 정할 것인지 아니면 어느 날짜까지로 정할 것인지에 대해 환자와 함께 분명하게 의논해야 한다. 종결 시기가 뚜렷하게 정해지지 않은 단기치료에서조차도, 치료자가 종결의 영향력을 인식하고 가능한 한 그것을 의논하는 것이 필요하다.

5장에서, 나는 앨런과의 작업을 묘사했다. 그 사례는 기간이 정해져 있지 않았지만, 환자는 치료 초기부터 빠른 종결을 원한다고 강조했다. 내가 가끔 치료의 연장을 고려해보도록 제안했지만 (그는 그 제안을 받아들이지 않았다), 나는 결국 그의 의견에 동의했다. 그 사례에서 본인이 원하는 짧은 치료의 영향력에 대해서 직접적으로 논의하지는 않았지만, 짧은 치료가 그에게는 더 안전감을 주는 것 같다고 언급했다(그는 동의하지 않았다). 그러나 나는 반복해서 빠른 종결이 내게 미치는 영향력에 대해 성찰했는데, 그것은 아주 중요한 것이었다. 나는 그가 성급하게 치료에서 도망갈지도 모른다는 불안을 느끼기 시작했고, 그로 인해 치료적 개입을 주저하기 시작했다. 그가 갑자기 나타났다가 사라지는 것을 경험하면서, 나는 그것이 자주 부재했지만 통제적이었던 그의 아버지 경험의 한 양태임을 알 수 있었다.

종결 문제는 치료 기간 동안 어느 순간에도 부각될 수 있지만, 기간이 정해진 치료의 중간단계 즈음에는 특히 그러하다. 만(1973)과 다른 저술가들도 이러한 현상을 언급했다. 중년기가 자신의 한계와 죽음을 생각하게 하는 시기이듯이, 단기치료의 중간단계는 치료의 종결에 대한 생각들이 떠오르는 시기이다. 중년의 위기를 극복하는 과정이 상실의 경험을 직면하는 것을 돕듯이, "치료 중간단계의 위기" 역시 환자가 치료자와 치료의 상실을 직면하도록 돕는다. 치료자가 이러한 종결 가능성들에 주의를 기울인다면, 종결과 관련된 자료들을 종종 발견하게 될 것이다.

25세된 한 여성이 약 20회기의 단기치료를 받게 되었다. 그녀는 사춘기부터 다양한 문제로 고통을 받고 있었고, 치료는 그녀의 분리(특히 어머니로부터의)에 대한 어려움과 충동적으로 일/학업과 대인관계를 포기하는 패턴이 재발하는 것에 초점이 맞추어졌다. 그녀의 치료자(여성)와의 작업에서, 그녀는 치료의 중반까지 자신의 충동성에 대해서 많은 것을 통찰하였고 충동을 더 잘 통제할 수 있게 되었다. 치료 중간단계 즈음의 한 회기에서, 그녀는 종결 불안과 관련된 것으로 보이는 몇몇 자료들을 드러냈다. 그녀는 10대 때 입원했었던 정신병원으로 되돌아가는 환상에 대해 묘사했고, 자살이 가져다줄 평안에 대해 생각했다. 그녀는 죽음, 에이즈, 그리고 암에 대한 강박적인 생각 때문에 약물치료를 요구했다. 그녀는 눈물을 흘리면서 자신과 가족들을 버린 아버지에 대한 증오심을 털어놓았다.

이 자료는 여러 요인들에 의해 결정된 것이었다. 치료의 이 시점에서 그러한 자료들이 드러났다는 사실은 치료가 중간지점에 도달했으며 그것이 종결 문제를 끄집어내고 있음을 말해주고 있다. 병원에 관한 환상과 자살 환상은 부분적으로는 치료자로부터 분리되는 것에 대한 공포를 말해주는 것이었고, 약물치료에 대한 요구는 부분적으로 그녀가 스스로를 돌볼 수 없을 것이라는 절망을 나타내는 것이었다. 그녀가 다루고 있는 아버지에 대한 강렬한 증오는 가까운 미래에 그녀를 "버릴" 치료자에 대한 분노에 의해 충전되어 있었다. 이러한 자료들이 종결 문제와 직접적으로 연결되게 된 계기는 그녀의 다음과 같은 질문이었다: "우리 언제 끝나요?" 이 시점에서부터 치료자는 정기적으로 그들의 임박한 분리를 다루어야 할 것이라고 제안하면서 그 문제를 함께 탐색할 것을 촉구했다.

단기치료 중간단계에서, 치료자는 다가오는 종결을 염두에 두고 환자와 그것에 대해 어떻게 생산적으로 작업할 것인가를 생각해야 한다. 나는 기간이 정해진 단기치료에서 치료가 중간단계에 도달하게 되면, 종결 문제의 징후를 살펴보고 종결에 앞서 그 문제에 대해 환자의 관심을 끌 수 있는 방법을 찾아본다.

단기치료 중간단계의 임상 사례: 로널드(Ronald)

1회기

로널드는 6장에서 언급된 바 있는 극심한 불안으로 고통을 당하고 있는 24세의 법대생이었다. 그는 자신을 통제할 수 없다고 느꼈고 학업에 열중할 수 없었으며 심각한 수면 장애를 겪고 있었다. 초기단계에서의 치료적 초점들은 불안을 감소시키는 것과 관련된 증상 초점과, 자기와 다른 사람들에 대해 '전부 아니면 전무'라는 식의 높은 기준과 관련된 역동 초점이었다. 나는 그와 작업하면서 여러 비역동 기법을 활용하였다. 첫 번째 회기에서 그는 전에는 운동을 즐겼지만 법대에 온 후로는 시간이 없어서 아무런 운동도 하지 않고 있다고 말했다. 나는 운동은 때로 불안을 다루는 데 도움이 된다고 하면서 그에게 조깅(그가 대학시절에 하던)을 해보라고 권했고, 그는 그렇게 하기로 했다. 나는 그에게 다음 회기에는 그의 어린시절에 대한 이야기를 듣는 기회를 가질 것이고 그 다음에는 직접적으로 그의 불안에 대해 작업할 것이라고 말했다.

이 회기에서 나는 그의 불안을 빠르게 경감시키기를 원하는 나 자신을 알 수 있었다. 또한 내가 그에게 도움이 되고 있음을 거의 즉각적으로 "입증해야 한다는" 압박감을 느끼고 있음을 알았다. 그것은 그가 초기에 과연 치료가 도움이 될 것인지에 대한 회의를 표현했기 때문이었다. 증상 완화에 즉각적으로 주의를 기울이겠다는 나의 계획은 아무 문제가 없는 것으로 보였지만, 내가 혹시 그의 비판적인 태도—"나에게 증명해봐, 하지만 별 도움이 되지 않을 것 같아"—에 반응하는 것은 아닌지 의문스러웠다.

2회기

나는 두 번째 회기 동안에 환자의 비판적 태도에 관해 더 잘 이해하게 되었다. 로널드는 네 아이 중 맏이었고, 외아들이었다. 그의 부모는 그가 열 살 때 이혼했고, 자녀들은 어머니에 의해 양육되었다. 그는 자신과 세 여동생들을 혼자서 길러낸 어머니를 크게 칭송했다. 그는 어머니를 "원칙을 지키는 열심히 일하는 사람"인 동시에 "우울한 순교자"로 묘사했다. 그는 종종 불행해 보이는 어머니에 대해 걱정하곤 했다.

그는 아버지를 증오했고 어머니와 이혼한 이후로 아버지와 멀어졌다. 로널드는 아버지의 낮은 학력을—그는 고등학교 중퇴였다—경멸하는 것처럼 보였다. 또한 그의 아버지는 육체적으로나 정신적으로 어머니와 그를 학대했다(그러나 여동생들은 예외였다). 그는 아버지에 대해 자신과 함께 시간을 보내고 싶어 하면서도 결국은 언쟁과 싸움으로 끝나게 되는 불같은 성격의 소유자라고 묘사했다. 아버지는 자주 그에게 고함을 쳤고 가끔은 때리기까지 했다. 로널드는 아버지가 항상 자신을 실망시켰다고 말했다.

그는 대학시절 내내 한 여성과 진지하게 연애를 했지만 결국은 그녀와 "서서히 멀어졌다"고 했다. 그가 한 말은 마치 그가 여자친구에게 흥미를 잃었고, 그녀가 더 이상 충분히 좋게 느껴지지 않아서 헤어졌다는 말로 들렸다. 최근 스트레스의 또 다른 원천은 그가 삼개월 동안 사귀었던 여성과 관계를 끝낸 일이었다.

로널드는 항상 자신의 학업성취에 대해 실망했다고 말했다. 그러나 다음 회기에 와서는 이전 회기에서 말한 것과는 다르게 말했다. 그는 대학 4학년이었을 때는 자신이 "완벽했다"—인기 있었고 성적도 좋았던 학생회 간부였다—고 말했다. 그는 다른 사람들을 믿는 것이 항상 어렵고 현재 이런 위기를 겪고 있는 것이 수치스럽다고 말했다. 그의 직업적인 목표는 상원의원이나 그 이상의 고위 정치인이 되기 위해 선거에 출마하는 것이었다.

다른 환자들의 경우에도 그랬듯이, 나는 로널드의 개인적인 내력을 더 많이 알게 되면서 그에게 더 많이 공감할 수 있게 되었다. 내 자신을 가치있는 존재로 그에게 증명해야 한다는 압박감은 내가 그와 형성한 일치적 동일시의 일부였다. 이것은 그의 아버지와의 관계에서 그가 자주 느꼈던 것이었다. 그는 나와의 관계에서 아버지와의 무의식적인 동일시를 재연하고 있었다. 나는 그가 학업적 성취를 그렇게 중요하게 여기는 것은 낮은 학력을 가진 아버지와 자신을 구별하기 위해서일 수 있다고 말해주었다. 나는 그가 우울한 순교자로 살았던 어머니와의 무의식적 동일시 부분에 대해서 궁금해졌고, 또한 그가 앞으로 관계할 여성으로부터도 유사한 자기-희생적 헌신을 기대할지도 모른다고 생각했다. 이 시점에서 나는 로널드와 이런 점들에 대한 나의 추론들을 나누지는 않았다. 그러나 이러한 통찰 덕에 나는 그의 비판적인 태도에도 불구하고 그에 대한 공감적 입장을 유지할 수 있었다. 또 이러한 이해는 나중에 나를 그의 아버지처럼 되게 만들려는 투사적 동일시의 세력에 저항하는 데 도움이 되었다—나는 그러한 투사적 동일시를 느꼈지만, 행동화하지는 않았다(적어도 매우 강렬하게는).

이전 회기에서 우리가 설정했던 실험적 초점은 여전히 적절해 보였다. 그는 불안이 다소 줄어들었고 조깅이 도움이 되었지만 수면장애와 학습장애는 여전하다고 말했다. 나는 다음 몇 회기 동안 긴장완화 훈련을 사용해서 그의 불안에 대해 작업할 것을 제안했고, 그는 쉽게 동의했다. 내가 전에 언급했듯이, 증상완화에 초점을 맞추는 것은 몇 가지 이유들로 인해 현명한 처사로 보였다: 환자가 이것을 요구했다는 점, 증상이 환자의 기능을 심하게 붕괴시키고 있다는 점, 법대에서는 단 몇 주 만에도 절망적으로 뒤쳐질 수 있다는 점, 환자는 치료자가 자신을 도울 수 있다는 "증거"를 필요로 하고 있다는 점. 다른 한편으로, 나는 그가 자신의 비판적인 아버지가 되고 내가 항상 실패하여 아버지를 실망시키는 로널드가 됨으로써 전이-역전이 역동을 행동화하는 것은 아닌가 하는 생각을 했다. 만약 그러한 역동이 치료를 지배하게 된다면, 나는 실패한 치료자가 될 수밖에 없을 것이다. 나는 나의 결정을 확신할 수는 없었지만 그가 조깅에서 효과를 얻었다는 사실과 긴장완화 훈련에 적극적인 반응을 보였다는 사실에 의해 고무되었다.

3-5회기

대체로 이 세 회기는 로널드에게 근육완화 훈련을 통해 그의 불안을 조절하는 데 중점을 두었다. 네 번째 회기가 되어서, 그는 공부에 집중할 수 있었고 수면도 나아졌다. 이 훈련에 적극적으로 협력하는 것을 통해 불안이 빠르게 감소한 것이 그에게는 매우 긍정적인 경험이 되었다. 이러한 행동주의적 개입들은 일종의 행동을 통한 해석(interpretation-in-action)으로 작용했다. 그가 이전에는 통제할 수 없다고 느끼던 것에 대해 지금은 무언가를 할 수 있다는 인식은 실제 운동활동 만큼이나 그에게 도움이 되었다고 여겨졌다.

이때 나는 내가 이러한 개입을 사용하여 그를 만족시키려고 애쓰는 것은 아닌가하고 생각했다. 그의 통제되지 않는다는 느낌에 대해 직접적으로 이야기하고 탐색하는 것을 통해 이 문제를 더욱 의미 있게 다루었을 수도 있을 것이다. 그런 방식으로 그는 삶에 대한 통제력을 회복할 수 있었을지도 모른다. 그러나 이런 점들에 대해 숙고해보았을 때, 나는 기본적으로 처음에 행동주의적 접근을 선택한 것이 잘한 결정이라고 생각되었다. 이러한 선택은 당시에 그가 원하고 해결하고자 했던 "문제"와 일치하는 것이었다. 그런 점에서 그것은 자기애적 상처를 건드릴 필요가 적은 것이었다. 나는 이렇게 해서 그가 치료에 남는다면, 더 많은 역동적인 작업을 위한 기회를 가질 수 있을 것이라고 생각했다.

이 회기들 동안에 우리는 또한 그의 과도하게 높은 기준에 대해, 그리고 그가 자신을 긍정적인 존재로 느끼기 위해서 필요한 것이 무엇인지에 대해 검토했다. 첫 번째 회기에서처럼 이것은 그의 호기심을 불러일으켰고, 나는 그가 자신에 대해 갖고 있는 사고패턴이 어떻게 그의 불안을 가중시키는가를 더 잘 깨달을 수 있도록 우울증에 관한 서적인, 번스의 「좋은 느낌을 갖기」 (Feeling Good, Burns, 1980)를 읽어보라고 권했다. 나는 구체적으로 숙제를 내주지는 않았지만, 그 책이 우리의 작업에 도움이 될 거라고 말했다.

나는 증상이 감소된 것으로 인해 기뻤고, 그가 역동 초점에 대한 작업에 흥미를 느끼는 것으로 인해 더욱 고무되었다. 나는 더 이상 나 자신을 그에게 입증할 필요를 느끼지 않게 되었다. 그러면서 한편으로는 그가 훨씬 나아진 것 때문에 치료를 그만둘지 모른다고 느꼈다. 첫 회기에 그는 이러한 고통을 겪고 있다는 것을 수치스러워하면서 가능한 한 단 시간 내에 치료를 그만두고 싶다고 했던 것을 기억하라.

6-7회기

로널드는 그 책이 자신에게 많은 도움을 주었다고 하면서, 두 회기 동안에 일어난 자신의 특정한 변화에 대해서 이야기했다. 그 책은 '전부 아니면 전무' 식으로 생각하는 그의 자동적인 기대에 도전할 수 있는 토대를 제공했다. 그는 스스로 자신의 우울지수를 평가했는데, 그 점수는 높지 않았다고 했다. 하지만 그는 "나의 어머니가 바로 그런 사람이었어요!"라고 말했다. 그는 그 책에 흠뻑 빠졌고, 그 책을 한 권 사서 어머니에게 보내드렸다

(그러나 그의 어머니는 반가워하지 않았다). 그는 자신의 내재화된 우울한 어머니를 다루는 데 필수적인 요소인 치료적 동맹을 나와 맺을 수 있었다.

이 두 회기 동안 치료 분위기는 차분하면서도 진지한 것이었다. 로널드는 자신의 증상이 감소되어 잠도 잘 자고 공부에도 집중할 수 있게 된 것에 놀라워하며 안도하였다. 이 시점에서 나에 대한 그의 전이는 긍정적인 것이었다. 그는 자신이 거의 완벽해야 자신에 대해 만족할 수 있다는 나의 해석에 관심을 보였고, 이 점에 대해 좀더 탐색하고 싶어 했다. 나는 이 회기들 동안에 좀더 긴장을 풀 수 있었고, 갑작스런 종결에 대한 두려움으로부터 벗어날 수 있었는데, 그것은 이제 그가 자신을 정신역동적으로 탐구하는 일에 적극적으로 참여하는 것으로 보였기 때문이다. 나는 "이보다 더 좋을 수는 없다"는 생각이 들었는데, 다른 한편, 그와 같은 자기-만족에 빠져 있는 나 자신이 불편하게 느껴졌다. 나는 그가 나를 이상화시키고 있음을 느꼈는데, 이것은 흥분시키는 대상 역동을 불러일으킬 수 있다는 생각이 들었다. 나는 또한 내 안에서 과대주의가 자극되고 있다는 생각이 들면서 불편한 느낌이 들었다.

8-12회기

이 다섯 회기는 그의 내면 세계를 집중적으로 조사하는 일에 사용되었다. 대부분의 해석 작업은 바로 이 기간에 이루어졌다. 8회기에, 그의 기능은 이전 수준으로까지 회복되었다. 하지만 나는 그의 자기애적 문제가 더 많이 인식되고 그것에 대한 대처능력이 더 세련되지 않는다면, 같은 종류의 위기가 재발할 것이라고 느꼈다. 나는 그에게 이제 치료가 막 중간단계에 접어들었다고 말했지만, 그는 그 말에 아무런 반응도 보이지 않았다.

우리는 계속해서 그의 자기애적 취약성에 대해 검토했다. 특히, 성공에 대한 그의 과대적인 기준이 얼마나 그의 자신에 대한 실망감을 강화하는지, 그가 그 기준에 미치지 못했을 때 그것이 그를 얼마나 괴롭히는지, 그리고 그의 약한 자존감 때문에 그가 그러한 사건들에 얼마나 민감하게 반응하는지 등을 다루었다. 우리는 싸움으로 점철되었던 그의 어린시절, 특히 아버지의 영향을 그의 불안정한 자존감과 연결시켰다(자기-과거 연결).

이 기간 동안 몇 가지 해석적 주제들이 두드러지게 나타났다. 우리는 그가 어떻게 아버지의 학대하고 비난하는 성격 요소를 무의식적으로 내재화했는지 그리고 그가 얼마나 자주 아버지처럼 자신을 대했는지에 초점을 맞추어 작업했다(자기-과거 연결). 또 하나의 주제는 그 역시 다른 사람들을, 아버지가 자기와 어머니를 대했던 것과 같은 방식으로 대한다는 것이었다(과거-자기-타인 해석). 우리는 그가 첫 번째 회기에서 나에 대해 비판적이고 거만한 태도를 보였던 것에 대해 이야기를 나누었다(치료자-자기-과거 해석). 그가 하나의 상황을 실패라고 정의할 때 경험하는 우울과 자기-연민은 우울한 어머니와의 무의식적인 동일시로 인한 결과로 개념화되었다(과거-자기 연결). 이 기간 동안 그는 내가 그에게 실망하고 있다는 느낌을 받았다고 말했는데, 나는 그 점에 대해 그것이 그가 나를 그의 아버지처럼 느끼고 있기 때문이라고 말했다(치료자-과거 해석).

로널드는 이 기간 동안 치료에 적극적으로 협력했고, 때로는 이전에 이해할 수 없었던 자신의 성격의 요소들을 이해할 수 있게 된 것에 대해 열광적이 되기도 했다. 그는 다른 사람들에게 자신이 비판적 시각을 갖고 있다는 사실을 인식하는 데 어려움을 겪었고, 처음으로 그런 지적을 받았을 때 자신이 비난받고 있다고 느꼈다. 그는 자신이 아버지의 공격에 의한 희생자였을 뿐만 아니라, 때때로 그 역시 공격자였다는(과거-자기-다른 사람 해석) 것을 알게 되었는데, 이것은 그에게 무척이나 고통스러운 일이었다. 그것은 그가 자신이 아버지와 다르다는 사실을 증명하기 위해 자신의 삶의 일부를 조직해왔기 때문이었다(예를 들면, 높은 수준의 교육을 받는 것). 로널드는 자신이 보지 못했던 것을 내가 지적했을 때, 자신이 "혹평 받는다"고 느끼곤 했다. 우리는 그의 이러한 반응을 시기심에서 온 것일 뿐만 아니라 자신에 대해 지나치게 기대가 높은 데서 오는 문제라고 보았다.

나는 방금 로널드가 치료에 "적극적으로 협조했다"고 말했는데, 그것은 또 다른 흥미로운 측면을 보여준다. 왜냐하면 나는 그를 종종 경쟁적인 협조자로 경험했기 때문이다. 내가 앞서 언급했듯이, 그는 나의 자기애적 문제를 건드렸다. 나는 그에게 나 자신의 가치를 입증하고, 내가 "좋은" 사람임을 보여주어야 할 필요를 느꼈다(아마도 이 느낌은 그가 자신의 아버지에게 느꼈던 것과 유사한 것일 것이다). 나는 그가 미처 보지 못했던 것을 그에게 지적할 때 얼마의 만족감을 느꼈던 것을 알고 있었다. 따라서 그가 나의 지적을 "혹평" 받는 것으로 느꼈던 것은 아마도 그의 시기심에서 온 것일 뿐만 아니라, 그런 지적 안에 담긴 나의 경쟁적인 공격성에서 온 것이기도 할 것이다.

열두 번째 회기에서, 그는 아직 여름 일자리를 구하지 못한 상태라고 말했다. 여름 직업 구하기는 재정적인 측면뿐 아니라 졸업 후 법대생들의 직업 전망에도 영향을 준다는 측면에서 그에게 매우 중요한 것이었다. 그는 이번 회기에 그 문제를 다루고 싶어 했고, 마지막 남은 세 회기를 격주로 만나고 싶다고 했다. 나는 한편으로는 이것을 종결 문제에 대한 회피라고 여겼지만,

다른 한편으로는 일리있는 요구라고 생각했다. 우리는 그가 "최고의" 여름 일자리를 쉽게 얻을 수 있기를 기대하고 있다는 사실과, 그것이 쉽지 않은 것으로 드러날 때 그의 자존감이 어떻게 곤두박질치는지에 대해 살펴보았다. 로널드 사례의 종결단계는 다음 장에서 다룰 것이다.

단기치료 중간단계의 임상 사례: 다이앤(Diane)

나는 6장에서 초점 설정에 관해 설명할 때 다이앤의 사례를 제시한 바 있다. 그녀는 당시에 삼만 달러를 횡령한 혐의로 체포된 일로 우울한 감정과 자살충동에 시달리고 있었다. 그녀는 경계선 성격구조에 해당되는 병리를 가지고 있었고, 해리 상태에서 2년 간 12번의 절도를 저질렀다. 훔친 돈은 주로 가족 생활비로 썼다(예를 들면, 휴가, 생일 파티). 증상 초점은 자살충동을 다루는 것과, 법적 소송이 진행되면서 생긴 불안과 우울을 다루는 것에 맞추어졌다. 예비 역동 초점은 그녀의 성격에 자리잡고 있는 분열의 의미와 영향 그리고 그로 인한 "감정의 폭풍"(그녀의 표현)을 탐색하는 것이었다.

험난했던 다이앤의 개인력은 6장에서 묘사된 바 있다. 간략하게 요약하면, 그녀의 부모는 그녀가 7살 때 이혼했고, 그녀는 어린 동생들을 위한 대리부모 역할을 하면서 성장했다. 그녀의 어머니는 사소한 잘못에도 다이앤을 때리는 완벽주의자였다. 어린 시절과 청소년기 동안에 그녀는 많은 정서적 및 성적 학대를 경험했다. 그녀는 19살 때 아버지를 잃었고 또 그 해에 남자친구가 사망하는 일을 겪었다. 아버지를 증오했던 그녀는 아버지의 죽음에 대해 상당한 죄책감을 느꼈다. 그녀의 남자친구는 오토바이 사고로 죽었는데, 그가 그녀를 자주 때렸음에도 불구하고 그녀는 그를 "내 평생의 사랑"이라고 불렀다.

우선 어느 정도의 지지치료를 통해서 그녀의 자살충동은 빠르게 감소되었다. 그녀는 자녀를 돌보는 일을 중요하게 생각하고 있었고 자녀에 대해 책임감을 느끼고 있었기 때문에 자살을 선택할 수는 없다고 생각했다. 그녀의 삶에서 긍정적인 자기 정체성은 어린 형제자매들을 돌보는 자기-희생적인 양육자를 중심으로 구성되어 있었다. 그래서 지금 다이앤은 자신이 가족에게 불명예를 안겨준 일에 대한 보상으로 "그 어느 때보다 좋은" 엄마가 되기 위해 노력하고 있었다.

역동 초점은 자기희생적인 사람이 되려는 과도한 열망에 사로잡힌 나머지 스스로 무시하고 분열시켜버린 그녀 자신의 일부가 지닌 파괴적인 영향력에 맞추어졌다. 이 분열은 박탈감을 만들어냈는데, 그것은 스스로 부과한 것인 동시에 박탈적인 그녀의 환경에 의해 부과된 것이었다. 이 박탈감은 가까운 사람들에 대한 그녀의 부정된 분노와 짝을 이루어 그녀를 "감정적 폭풍"의 상태로 몰아넣곤 했다. 이러한 폭풍들은 탐욕스럽게 행동화하는(훔치고, 과식하는) 자기를, 혹은 그녀와 가깝지 않은 사람들에게 격렬하게 화를 내는 충동적인 자기를 활성화시키곤 했다.

14 회기

다음은 그녀의 총 25회기의 치료 중 열네 번째에 해당하는 회기에서 발췌한 내용이다. 그녀의 변호사는 그녀를 감옥에 보내지 말고 일정 기간 동안 가택 구금과 훔친 돈을 되돌려주는 판결을 내려달라는 탄원서를 제출했다. 다이앤은 더 이상 자살을 생각하지는 않았지만, 감옥에 가야 할 것처럼 느껴질 때나 남편과의 관계에서 긴장 상태에 처할 때에는 우울과 불안에 압도되곤 했다.

치료의 이 시점에서, 나는 치료적 진전에 대해 그리고 치료적 관계에 대해 만족해하고 있었다. 그러나 다른 한편, 나는 그녀의 분노, 특히 남편을 향한 분노를 직면하지 않으려는 그녀의 저항이 완강한 것에 좌절감을 느끼고 있었다. 그러면서도 나는 그녀가 크나큰 상처를 준 과거와 두렵고도 불확실한 미래에 맞서 싸우는 모습에 크게 감동했다. 그녀가 나와의 치료 작업에 협력하는 모습은 참으로 믿기 어려운 것이었다. 이러한 느낌들은 각각 그녀 내면 세계의 다른 부분들을 나타내는 것이었다—그녀의 돌봐주고 책임을 지는 용기있는 자기와 그녀의 충동적이고 범죄적인 자기.

다이앤과 그녀의 남편은 그녀의 법적인 문제가 해결되면 노스캐롤라이나에 있는 그들 소유의 집으로 이사하고 싶어 했다. 다이앤은 주말에 그 집을 방문했는데, 그때 자녀들의 침실 수리 문제로 인테리어 업자와 언쟁을 벌였던 이야기로 14회기를 시작했다.

D: 그래서 내 자신이 정말 자랑스러워요. 그 사람은 나를 불쾌하게 대했지만, 나는 소리치지도 않고, 싸우지도 않고, 포기하지도 않았어요. 내가 말했지요. "우리는 더 이상 대화할 게 없군요. 당신이 내 남편에게 말할 때까지 작업을 중지하세요." 나는 아주 냉정했어요. 나는 집 안의 불을 모두 끄기 시작했지요. 그는 나를 쫓아다니면서 왜 우리가 요구한 대로 할 수 없었는지에 대해 변명을 늘어놓더군요. 내가 집 문을 잠그자 그는 마침내 우리가 원하는 대로 해주겠다고 했지요.

MS: 과거에 당신이 하던 방식과는 아주 다르게 이 문제를 해결했군요.

D: 네 … 내가 어느 대형 백화점에서 쫓겨났던 일에 대해 이

야기했던가요? 나는 그때 여자 판매원과 심하게 싸웠죠. 그녀는 나를 아주 성가신 존재로 취급하면서 다른 손님을 맞으려고 했어요. 우리는 서로 고함을 쳤고, 그녀가 나에게 잔돈을 줄 때 나에게 직접 주지 않고 카운터 위에 팽개치듯 놓았어요. (크게 한숨을 쉬면서) 그래서 내가 그 여자의 뺨을 때렸죠. 제기랄! 백화점 경비가 다가와서 경찰을 부르겠다고 하더군요. 나는 여전히 몹시 화가 났지만 그들은 내가 그 백화점에 다시는 오지 않겠다고 약속한다면 그대로 보내주겠다고 했어요. 어쨌든 거기는 절대로 다시 가지 않았어요. 나는 그렇게 흥분하여 이성을 잃는 것은 싫었지만 그 여자는 그런 대우를 받을 만 했어요.

나는 그녀의 얘기를 들으면서 마음이 불편해졌다. 비록 그녀의 얘기가 그녀 자신이 이성을 잃는 것을 얼마나 싫어하는지에 대한 것으로 마무리되기는 했지만, 거기에는 자신이 판매원의 **뺨을** 때린 것이 옳은 일이었다고 느끼는 만족감이 깃들어 있었다. 나는 이것이 그녀가 어머니와 무의식적으로 동일시한 부분에서 온 것일 뿐만 아니라, 어머니가 그녀를 학대했던 방식들과 무의식적으로 동일시한 부분에서 온 것이라고 생각했다. 나는 그 순간에 그 여자 판매원과 동일시(상보적 동일시)된 상태에서 다이앤이 얼마나 위협적인 사람일 수 있는지를 느끼고 있었다.

MS: 판매원이 당신을 부당하게 대한 것 때문에 화가 났군요. 그러나 당신이 그 여자의 뺨을 때린 것은 당신의 어머니가 당신에게 화가 났을 때 당신을 때렸던 것을 상기시키네요[O-S-P].

D: (침묵) 그런 것 같네요. 난 가끔 엄마처럼 행동한다는 사실을 생각하고 싶지 않아요 … 그녀에게나 내 가족에게 말이에요.

MS: 무엇이 당신으로 하여금 인테리어 업자에게 화를 내지 않고 버틸 수 있게 했을까요?

D: 우리 아이들의 방을 생각했어요. 그리고 내부 공사가 마무리되지 않은 채로 이사를 오면 어떻게 될까를 생각했어요.

MS: 당신의 가족들을 생각함으로써 그 상황을 견디낼 수 있었군요 … 만약 당신이 당신 자신만을 위해 행동했다면, 그렇게 하기 어려웠을 것 같아요.

D: 예 … 나는 과거에 내가 무엇을 필요로 하는지에 대해 생각해본 적이 없어요.

그리고 나서 그녀는 자신이 새 테니스화를 사지 않으려고 해서 남편과 싸웠다는 이야기를 하면서 눈물을 흘렸다. 그녀의 테니스화는 밑창에 구멍이 났고 남편이 계속해서 새것을 사라고 말했지만, 그녀는 그렇게 하지 않았다. 그녀는 자신이 절도죄로 체포된 일로 가족들에게 심한 상처를 입혔기 때문에 새 테니스화를 살 자격이 없다고 느꼈다. 남편은 이건 말도 안 된다고 하면서 화를 냈고, 그래서 그녀는 어쩔 수 없이 새 테니스화를 사야만 했다. 이것은 내가 다이앤을 만나고 있던 시기 동안에 일어난 가장 심한 부부싸움이었다. 이 시기 동안, 그녀의 남편은 강력한 지지자 역할을 했다. 다이앤과 나는 이 사건을 그녀의 자기-부정의 또 다른 예로 보면서, 그것이 어떻게 그녀 자신을 감정적 폭풍 상태로 내모는지에 대해서 논의했다.

그녀와 작업하는 동안 내내 나는 그녀가 자신의 분노에 관심을 기울이도록 만들려고 노력했다. 나는 그것이 두 가지 측면에서 중요하다고 생각했다: 첫째, 그녀의 자기-부정은 종종 분노와 다른 사람으로부터 거절받는 것을 방어하기 위한 무의식적인 전략일 수 있다; 둘째, 더 중요한 것으로서, 그녀가 여러 가지 주제들—예컨대, 남편의 음주 문제, 정서적으로 접촉하지 못하는 것,

조기 퇴직, 이사에 관련된 사항들을 일방적으로 결정하는 것 등—에서 남편(그리고 다른 남자들)에 대한 깊은 무의식적 분노를 가지고 있다. 그녀가 돈을 훔친 것과 그로 인해 체포된 것은 분명히 많은 요인들에 의해 결정된 것이겠지만, 그녀가 치안을 단속하는 검사인 남편을 그토록 수치스럽게 만들었던 것이 단순한 우연의 일치라고는 생각되지 않았다.

이 회기에서 다이앤은 많은 다른 사람들처럼 자신은 남편에게 분노하고 있지 않다고 믿고 있었고, 그녀의 다른 문제들에서도 분노가 중요한 역할을 하는 것은 아니라고 말했다. 나는 그녀에게 이런 문제를 "볼 수 있게" 하려고 너무 많은 애를 쓰고 있다고 느꼈다. 나 역시 그녀의 남편이 신발 문제로 좌절했던 것과 비슷한 감정을 느끼고 있는 것 같았다. 내가 이 문제로 그녀를 너무 몰아붙이고 있는 것이 아닌가 하는 나의 생각을 증명이라도 하듯이, 그녀는 인테리어 업자와의 문제로 대화의 주제를 바꾸었다.

D: 이것은 좋은 변화예요. 하지만 내가 체포되었던 일 이후로 나쁜 변화도 있어요 … 나는 더 소심하고 겁쟁이가 되었어요 … 집 밖으로 나오는 게 너무 힘들어요 … 그리고 오늘 빗길에 운전해서 여기에 오는 게 너무 힘들었어요.
MS: 어떻게 올 수 있었지요?
D: 당신을 생각했어요 … 내가 안 가면 당신이 여기에 앉아서 나를 기다리면서 시간을 낭비하겠구나 하고 말이죠.

나의 첫 반응은 나에 대한 생각이 그녀로 하여금 이 회기에 올 수 있게 했다는 그녀의 말이 믿겨지지 않는다는 것이었다. 무엇이 그녀가 이 회기에 오는 것을 어렵게 했을까? 그녀는 자신의 분노에 대해 탐구하는 것을 피하기 위해 조금 전에 대화의 주제를 바꾸었다. 그녀는 이 문제에 대해 취약하다고 느끼거나 "사로잡힌다"고 느끼거나 아니면 수치스럽게 느끼는 것일까? 그 다음에 내게 떠오른 생각은 그녀의 행동의 얼마나 많은 부분이 다른 사람들에게 어떻게 영향을 미칠 것인가에 의해 지배되는가를 살펴보아야겠다는 것이었다. 다이앤과의 치료과정 내내, 나는 내 자신이 치료에 대한 그녀의 진실성이나 헌신을 의심하거나 아니면 과거와 현재의 역경에 맞서 분투하는 모습에 감동하는 두 가지 태도 사이를 오가는 것을 발견했다. 앞에서도 언급했듯이, 이러한 반응들은 그녀의 분열된 두 부분—즉 책임적 자기와 박탈된 자기 그리고 범죄적 자기와 만족스런 자기—과 내가 연결되어 있음을 보여주는 것이었다:

MS: 당신 자신에겐 아무 영향이 없다고 생각하세요? … 당신은 상담 회기를 놓치고, 상담을 안해도 치료비는 지불되잖아요?
D: 그 점은 생각하지 않았어요.
MS: 여기에 오는 게 어떤 느낌이에요?
D: 로지[그녀의 남편]는 많이 도움이 된다고 생각해요. 나는 많이 편안해졌고 아이들이나 그에게 소리지르는 것도 많이 줄었어요.
MS: 나는 당신이 여기에 오는 느낌에 대해서 물었는데요.
D: 나는 여기 오는 것을 좋아해요. … 정말로 도움이 돼요. 하지만 치료비가 좀 덜 비쌌으면 좋겠고요. 로지도 함께 왔으면 해요.
MS: 당신의 어머니와 아버지가 당신 안에 있군요. 당신은 전에도 이 치료가 자신과 로지에게 얼마나 도움이 되는지를 말했어요. 하지만 테니스 신발을 살 때도 그랬던 것처럼 당신은 자신에게 필요한 것을 가질 수 있다고 믿지 못하는군요. 당신은 당신의 부모가 그랬듯이 당신 자신의 욕구를 무시하곤 해요 [S-P]. 여기 오는 느낌에 대해 물었을 때, 당신은 로지가 그것을 좋게 여기고 있고, 또 그것이 그와 아이를 위해 유익하기 때문에 좋은 느낌이라고 대답했어요.

　　D: (침묵) … 나는 내 멋대로 하고 싶지 않아요.

　　MS: 하지만 당신이 당신의 기본적인 정서적 욕구를 돌보지 않기 때문에, 때때로 당신은 결과에는 아랑곳없이 자신이 원하는 것을 낚아채는 사람으로 변하는 거지요.

　그녀는 나와 함께 한 치료를 어떻게 경험했을까? 그녀는 대체로 매우 공손하고 성실하게 치료에 협력했다. 그러나 그녀는 분노에 관한 작업에 대해서는 완강하게 저항하는 모습을 보였다. 또한 이 회기에서 보았듯이, 다이앤은 자신의 욕구를 일관되게 돌보는 것에는 저항하면서 그 욕구를 산발적이고 충동적으로 충족시키는 경향이 있었다. 이 치료가 그녀의 체포(숨겨진 문제의 노출)와 재판(나에 의한 판단)을 무의식적으로 반복한 것이었을까? 나는 그녀에게 경찰로(그녀를 잡는), 판사로(그녀를 심문하는), 혹은 판매원/엄마로(분노의 문제로 그녀를 때리는) 경험되었을까?

　회기는 두 가지 주제에 대해 논의하는 것으로 끝이 났다. 첫째, 우리는 그녀의 심한 두려움에 대해 다시 살펴보았다. 나는 그것이 체포와 재판에 따라오는 스트레스와, 그녀가 자신의 행동에 따른 결과를 더 많이 인식하게 된 것 모두와 관련되어 있으며, 그로 인해 그녀가 일시적인 과잉반응을 경험하고 있는 것이라고 해석했다. 그녀는 이 설명이 그럴 듯하고 위안이 된다고 하면서, 사실 그런 공황 반응은 계속되지 않았다고 말했다. 둘째, 그녀는 주중에 잠시 동안 아이들에게서 자유로운 시간을 갖는 게 필요했는데, 친구와 산책을 하는 것을 통해서 그런 시간을 가질 수 있었다고 말했다. 그녀는 그녀 자신을 위해 쉬는 시간을 갖는 것이 어떻겠느냐는 나의 제안에 대해서, 그것을 실행하는 방법을 찾고 있다고 말했다. 이것은 그녀 자신을 보다 효과적으로 돌보는 기능의 내재화가 시작되었음을 보여주는 여러 예들 중의 하나였다.

다이앤과의 이러한 중간단계의 회기는 위기 개입과 치료동맹의 형성이라는 초기단계의 과제를 수행한 이후에 우리가 했던 몇 가지 작업을 보여준다. 분열된 성격 요소, 스스로 부과한 박탈이라는 역동 초점을 둘러싼 해석 작업, 자신의 분노를 직면하는 것에 대한 끈질긴 저항, 그리고 치료과정의 내재화가 시작되었음을 보여주는 몇몇 증거들이 이 중간단계의 작업 내용을 구성하는 것이었다. 이 사례의 종결은 다음 장에서 제시될 것이다.

9장

종결단계

궁극적으로, 종결, 분리, 그리고 죽음은 인간 존재의 기초를 구성하고 있는 것이며, 그것에 대해서 심리치료는 시간의 길고 짧음에 상관없이 아무런 해결도 제공할 수 없다.
한스 스트럽과 제프리 빈더(Hans Strupp & Jeffrey Binder), 1984

대상관계 관점에서 볼 때, 인간의 경험은 관계를 중심으로 이루어져 있다. 그러나 모든 관계들은 불가피하게 끝이 있기 때문에, 종결 경험을 다루고 극복하는 과정은 치료에서뿐만 아니라 인생 자체에서도 아주 중요한 심리적 과제이다. 그러나 종결은 보편적인 경험인 동시에 가장 부인하거나 회피하고 싶은 경험 중의 하나이다. 상실과 끝냄이 가져다 주는 고통은 확실히 이해할 만하다. 그러나 종결을 직면하고 상실을 받아들이며 그 결과를 처리(애도)해야 하는 발달적 과제를 회피한다면, 많은 경우 심리적 발달이 심각하게 손상되는 결과가 발생할 것이다.

단기치료에 관한 문헌들은 종결을 부정하는 인간의 보편적인 경향성에 대해 말해준다. 루보르스키(Luborsky)와 그 동료들(1990)은 종결 문제에 대한 이론과 연구가 충분한 관심을 받지 못하고 있다고 지적하고 있다. 벗맨과 거맨(1988)은 단기치료 문헌에서 종결 주제에 관한 언급이 회피되고 있음을 주목했다. 스트럽과 빈더(1984)는 치료자들이 일반적으로 종결 과정의 중요성을 과소평가하고 있다고 보았다. 독자들은 단기치료에 관한 글을 읽을 때 종결 과정에 대한 언급이 얼마나 적은가를 주목할 수 있을 것이다.

그러나 여기에는 예외가 있는데, 만이 그 대표적인 사람이다. 쿠퍼스(Kupers, 1988)는 만의 치료가 전적으로 종결단계 심리치료로 간주될 수 있다고 지적하고 있다. 만의 한정 회기 심리치료(TLP)에서는 어떤 초점이 선택되더라도 치료는 상실과 분리-개별화라는 메타 초점(meta-focus)에 집중된다.

단기 정신역동 모델들 사이에서 두 영역의 차이가 특히 두드러지게 드러난다—종결 시점에 환자가 치료적 진전을 성취하는 것을 목표로 하는 관점과 나중에 더 깊은 치료를 위해 되돌아오는 것을 목표로 하는 관점. 이 차이는 "종결이 가능한 분석과 종결이 불가능한 분석"에서 프로이트(1937)가 제시한 관점으로 종결을 바라보는 사람들과 좀더 유연하고 현대적인 관점을 가진 사람들 사이의 차이로 생각된다.

프로이트(1937)는 분석을 종결하는 데 필요한 세 가지 기준을 제시했다. 첫째, 환자가 증상에서 자유로워지거나 증상이 대폭 감소하는 것. 둘째, 증상이 견딜 수 있을 만큼 호전되는 것. 셋째, 분석을 계속해도 더 의미 있는 개선이 이루어질 것 같지 않은 것. 하지만 프로이트는 이론적으로 이상적인 것이 실제에 있어서는 매우 다를 수 있다는 점을 주목했다. 그러나 그의 이런 기준들은 다음 세대 분석가들과 정신역동 치료자들의 사고를 의식적으로 그리고 무의식적으로 안내해왔다. 치료의 "정확한" 종결에 대한 그런 기준들은 제한된 범위 내에서 이루어지는 치료적 진전을 평가절하하는 근거로 사용되어왔고, 앞의 장들에서 묘사되었듯이, 역전이 어려움들(치료자의 과대주의, 치료자가 제한된 호전에 대한 실망을 환자에게 전달하는 문제 등)을 낳는 원인으로 작용해왔다.

환자의 치료적 성취를 목표로 하는 치료

단기치료가 정신분석이나 집중적인 종결 개방형 심리치료가 하는 것을 다 할 수 있다고 주장하는 저자들은 많지 않지만, 몇몇 저자들은 자신들의 모델에 대한 설명에서 정신분석에서 말하는 것과 유사한 용어로 올바른 종결을 묘사하고 있다. 말란, 시프노스, 대번루의 관점은, 보다 전반적인 성격의 변화보다는 초점 영역에서의 변화를 강조한다는 점을 제외하고는, 전통적인 정신분석의 관점과 비슷하다. 대번루(1980)는 다음과 같이 설명한다.

성과의 측면에서 나는 다섯 번째 회기와 여덟 번째 회기 사이에 변화가 일어나기 시작하고, 그 변화는 종결 시점까지 환자의 전체 생활에 스며든다고 지적했다; 따라서 종결 시점에 환자의 핵심적인 신경증이 전적으로 해소된다는 확실한 증거가 있다. … 모든 것이 매우 강렬하게 경험되기 때문에 신경증은 용해된다[p. 70].

벗맨과 거맨(1988) 그리고 다른 사람들은 또 다른 입장에서 성공적인 종결은 환자, 치료자, 그리고 다른 요소들에 달려있으므로 넓은 범위의 목표들을 이야기하는 것이 적절하다고 주장했다. 환자들의 다양성과 치료에 영향을 끼치는 다양한 요인들을 고려할 때, 치료적 목표에 대한 이러한 견해는 대부분의 심리치료자들이 수용할 수 있는 실제적인 것으로 보인다.

치료를 위해 다시 돌아오는 것을 목표로 하는 치료

유사하게, 종결에 대해 전통적인 정신분석적 관점을 고수하는 단기치료 저술가들은 환자가 치료를 위해 다시 돌아오는 것을 이전의 치료가 부족했음을 나타내는 것으로 보는 경향이 있다. 왜냐하면 이론적으로 종결은 더 이상의 치료가 필요하지 않아야 하기 때문이다. 만과 골드먼(1994)은 환자에게 종결에 대해 "모호하지 않게" 말해주는 것에 대해 서술했다. 그렇게 하지 않는다면, 그것은 더 많은 시간의 사용이 가능하다는 것을 암시하는 것이고, 따라서 성인의 시간을 다루는 영역에서 환자의 진전을 저해할 수 있다는 것이다.

다른 보건의료 영역들은 치료 성과에 대해 그런 기준을 갖고 있지 않다(Cummings and VandenBos, 1979). 만약 내가 세균성 감염으로 치료받은지 일 년 후에 다시 유사한 문제로 병원에 온다면, 내과의사는 죄책감을 느낄 것인가? 만약 내가 3년 전과 똑같이 허리 부위의 고통 때문에 다시 치료를 받는다면, 나의 정형외과 의사는 나의 허리디스크에 대한 이전의 치료를 실패라고 생각할 것인가? 물론 그렇게 생각하는 사람은 아무도 없을 것이다. 나는 5장에서도 이 문제를 다루었는데, 거기서 나는 치료란, 인생이 그렇듯이, 목표에 도달하는 과정이 아니라 되어가는 과정이라고 말한 바 있다. 게다가, 치료를 받기 위해 환자가 다시 온다는 것은 이전 작업에서 환자가 긍정적인 경험을 했다는 점에서, 치료의 성공을 의미하며, 따라서 그것은 환자가 치료적 만남이 추가적인 도움을 제공할 수 있으리라는 희망을 갖고 있음을 보여주는 신호라고 할 수 있다. 또한 우리는 주기적으로 치료로 되돌아오는 것이 흔히 환자가 우리를 사용하는 방식이라는 점을 있는 그대로 인식해야 할 필요가 있다. 이 점에 대해서는 본 장 후반부에 나오는 연쇄적인 단기치료에 관한 논의에서 다시 다룰 것이다.

대상관계 치료의 종결 기준

이상적으로, 치료의 어떤 성과들이 대상관계 치료자들로 하여금 종결할 때가 되었다고 생각하게 할까? 샤르프 부부(1992)는 종결 개방형 대상관계 치료를 설명하면서, 종결할 때가 되었음을 말해주는 신호들을 열거했다<표 9-1>. 이 목록들은 관계의 측면을 강조하고 있음을 주목하라—일곱 개의 항목 중 다섯 개의 항목이 직접적으로 관계와 관련되어 있다. 다른 두 항목들은 발달적 스트레스를 능숙하게 다루는 능력(#1)과, 개인의 욕구들을 구별하고 충족시키는 능력(#7)으로서, 이 역시 빈번히 다른 사람들과 관련되어 있다. 이것들은 증상이 호전되고 관계능력이 향상되었음을 나타내는 신호이다. 그것들은 또한 환자의 내면 세계에서 의미 있는 변화가 있었음을 암시한다.

물론, 대상관계 치료자들은 증상완화보다 더 많은 것을 성취하기를 희망한다. <표 9-2>는 샤르프 부부가 제시한 종결을 위한 기준(1992)이다. 그들은 개인의 내면 세계, 자기와의 관계, 그리고

<표 9-1> 종결 개방형 대상관계 치료에서 종결준비를 위한 신호들

개선된 능력
1. 발달적 스트레스를 능숙하게 다루는 능력
2. 협동적으로 작업할 수 있는 능력
3. 사랑이 있는 대상관계를 맺을 수 있는 능력
4. 사랑과 미움을 통합하고 양가감정을 견딜 수 있는 능력
5. 다른 사람들을 정확하게 지각하는 능력
6. 다른 사람들에게 공감과 관심을 가질 수 있는 능력
7. 개인의 욕구들을 구별하고 충족시킬 수 있는 능력

출처: 샤르프 부부(1992)

외부 사람들과의 상호작용을 훌륭하게 설명하고 있다. 이것은 모든 치료적 접근에 적용될 수 있는 야심적인 기준이다. 단기치료에서, 종결을 위한 기준으로 이 모든 능력들의 개선이 요구되는 경우는 드물다. 따라서 치료자와 환자는 제한된 진전을 종결 기준으로 수용해야 한다. 그렇지만 치료자는 치료과정 내내 환자가 현재 단기치료의 종결 시점에 성취한 것보다 앞으로 더 많은 것을 성취할 수 있는 잠재력을 가지고 있다는 사실을 염두에 두어야 한다.

"충분히 좋은" 어머니(Winnicott, 1949, 1958, 1965)는 걸음마 아기의 불안정한 첫걸음을 바라보면서 자랑스러워 한다. 그녀는 또한 아기가 언젠가 걷고 달릴 것이라는 비전을 확신한다. 그녀는 또한 아기가 아장아장 걷는 모습을 즐거워 하면서 아기가 아직 달리지 못한다고 실망하지 않는다. 그것은 치료에서도 마찬가지이다. 예컨대, 치료자는 환자가 자신 안에 있는 사랑과 미움을 통합해내는 것을 통해서 양가감정을 견디는 전체 대상관계(우울적 양태)를 경험할 수 있게 되는 과정 내내, 그 환자를 마음속에서

<표 9-2> 종결-개방형 대상관계 심리치료에서의 종결 기준

1. 치료 상황에서 창조되는 안정된 분위기의 내재화를 통해 안정된 안아주기 능력을 형성하기.
2. 무의식적 투사적 동일시를 인식하고, 소유하고, 회수하는 능력.
3. 가족 구성원이나 배우자와 함께 작업하는 능력의 회복.
4. 만족스러운 성적 관계를 즐기는 능력.
5. 자기 자신을 위해 좋은 안아주기 환경을 제공할 수 있는 능력, 그리고 부부나 가족의 일원으로서 배우자나 가족을 안아 줄 수 있는 능력.
6. 치료 관계의 상실을 애도할 수 있는 능력, 즉 만족스러운 종결을 지원하고 미래의 발달적 상실을 다룰 수 있으며 치료 이후 미래의 삶을 설계할 수 있는 능력.

안아주어야 한다. 설령 종결시에 환자가 전체 대상관계가 이제 막 시작되었음을 알리는 징후만을 보인다고 해도, 치료자는 그와 같은 이미지를 안아주어야 한다. 충분히 좋은 어머니가 그렇듯이, 충분히 좋은 치료자도 환자의 미래 성장에 대한 비전을 간직한 채 현재의 치료적 한계를 수용하고 실망하지 말아야 한다.

샤르프 부부의 종결 기준은 좋은 대상관계의 내재화를 통한 더 좋은 대상관계 경험과 대처 능력의 형성을 강조한다. 이러한 심리내적 변화는 증상 완화를 능가하는 것이다. 대상관계 단기치료에서는 치료자 역시 내재화를 위해 노력을 기울이는데, 그런 점에서 치료는 지지적 기능 이상의 기능을 갖는다.

스트럽과 빈더(1984)는 내재화의 한 유형을 다음과 같이 설명했다. "환자가 치료자의 긍정적인 이미지를 내재화하고, 그것을 통해 신경증적 애착으로부터 자신을 자유롭게 하는 이 과정은 매우 중요함에도 불구하고 여전히 제대로 이해되지 못하고 있다"(p. 261). 그들은 이 과정이 결코 완전히 성공할 수 있는 것은 아니지만, 부적응적 동일시를 새롭고 건강한 동일시로 대체하는 이 과정이야말로 심리치료의 고유한 성취라는 사실을 주목한다. 만(1973)은 종결 문제를 적극적으로 처리하는 과정은 치료자를 내재화하여 이전의 부적응적 대상을 대체하도록 "허용하는" 과정이라고 말했다. 치료자가 환자의 전이 기대에 순응하지 않는 것과 환자가 치료자를 "실제로" 내재화하는 것은 환자로 하여금 예전의 전이 경험을 끝내고 새로운 관계(긍정적이고, 진정되며, 건강한)를 경험할 수 있게 한다.

종결의 목표들

나는 대상관계 단기치료의 종결단계가 지닌 목표로서 다음의 여섯 가지를 제안한다:

1. 치료 기간 동안 이룬 결실들을 공고히 하기.
2. 상실과 종결의 경험을 탐구하고 극복하기.
3. 짧은 기간이나마 집중적인 관계경험을 함께 했던 환자에게 "작별인사 나누기."
4. 환자의 진전을 유지하고 발전시키는 데 방해가 되는 장애물이 어떤 것인지 그리고 그 장애물을 어떻게 다룰 것인지에 대해 논의하기.

5. 치료과정의 내재화를 강화하기.
   6. 환자가 훗날 다시 치료로 돌아올 수 있는 조건을 탐색하고 그 과정을 촉진하기.

 로널드와 다이앤의 치료 종결단계에 대한 논의가 본 장 후반부에서 다루어지고 있다. 로널드는 위의 여섯 가지 종결 목표들 중에 다섯 가지에서 진전을 이루었지만, 종결과 상실의 문제(#2)를 극복하는 작업은 거의 행하지 못했다. 다이앤은 종결시 과거 패턴을 퇴행적으로 재연했지만, 여섯 가지 종결 목표 모두에서 진전을 이루었다.

종결단계에서 발생하는 전이와 역전이 문제

 치료의 종결은 치료자와 환자 모두에게 하나의 사건이며, 설령 그들이 그것을 달리 경험한다고 해도, 그것은 어쨌거나 상호적인 경험이다. 따라서 대상관계적 관점은 치료자가 전체 치료 기간 동안에 그랬던 것과 마찬가지로 종결단계 동안에도 환자가 경험하는 종결의 의미뿐만 아니라 치료자 자신이 경험하는 종결의 의미에 대해서도 살펴볼 것을 요구한다. 종결을 효율적으로 다루는 치료자의 능력은 무엇보다도 종결에 대한 치료자 자신의 느낌을 다루고 처리하는 데서 온다(Strupp and Binder, 1984).
 종결 과정과 이에 따르는 특정한 전이-역전이 반응은 치료가 종결되는 이유가 어떤 것인지에 의해 영향을 받는다. 가장 바람직한 경우는 환자와 치료자가 처음에 동의했던 목표에 성공적으로 도달했기 때문에 치료를 종결하게 되는 상황이다.

임상 사례: 카알(Carl)

카알이 처음 내 사무실에 들어왔을 때 그는 매우 슬퍼하고 있었다. 옷을 잘 차려입고, 언변이 좋은 33세의 변호사인 이 남자는 렌이라는 남자와의 18개월간의 관계가 깨어진데 따른 고통에 대해 감동적으로 말했다. 그는 렌을 갈망했고 다른 남자들에게 관심 갖는 것이 어렵다는 것을 깨달았다. 카알을 특별히 우울하게 만든 것은 다른 파트너를 찾을 희망이 없다는 느낌이었다. 그는 실패한 몇몇 애정 관계들에 대해 이야기하면서, 자신이 아마도 관계를 맺는 능력에 치명적인 결함을 갖고 있는 것 같다고 말했다. 그는 자신의 일에서 오는 압력을 견디는 데 따르는 약간의 어려움과 수면 장애를 가지고 있었음에도 불구하고, 대체로 적절하게 기능하고 있었다. 그는 단기치료를 원했고 8회기에서 10회기 정도를 희망한다고 말했다. 우리는 그가 렌과의 관계가 깨진 것에 대한 애도 과정에 증상 초점을 두었고, 역동 초점은 그가 남자들과 관계 맺는 패턴을 더 잘 이해하는 것으로 잡았다.

매주 한 번씩 10회기의 과정에서 그는 렌과의 관계를 검토할 수 있었고 그와의 관계가 끝난 것에 대해 애도했다. 회기들은 매우 정서적이었고 자주 눈물로 가득차곤 했다. 나는 그를 정서적으로 거리두는 태도와 의존적인 태도를 모두 공유하고 있는 역설적인 사람으로 느꼈다—그는 나를 끌어들이기도 하고 나를 피하기도 했다. 그의 이러한 양가적 표현은 치료에 집중하겠다는 그의 단호한 태도와 10회기 안에 그것을 끝내겠다는 태도에서도 그대로 나타나고 있었다. 나는 내가 그를 매우 좋아하고 있으며, 과거 연인들이나 친구들의 생활 방식이 무책임했음에도 불구하고 친밀한 관계를 찾고 있는 그의 용기를 칭송하고 있음을 깨달았다. 곧 다음의 질문들이 우리의 관심사가 되었다: 어째서 그는 자신이 원하는 관계 유형에는 전혀 관심이 없는 남자들에게 몰두했을까? 우리는 그가 어떤 파트너(주로 흥분시키는 대상)를 선택하는지를 살펴보았다. 카알은 한 사람에게 헌신하는 관계에는 전혀 관심이 없는 남자들에게 일관되게 매력을 느끼곤 했다.

그는 악한 인간 형상을 한 외계인이 결국에는 자신을 해치는 꿈에 대해 묘사했다. 그 외계인은 그 자신, 그가 관계하는 다른 사람들, 그리고 그의 어머니를 나타내고 있었다. 그의 어머니는 매우 일관성이 없는 여성으로서, 때로는 놀라우리 만큼 상냥하고 사랑스러웠지만 때로는 술에 취해 있거나 냉담했다. 그는 일관성이 없는 남자들과의 성애적인 관계를 통해서 어머니와의 관계를 반복하고 있었다.

8회기가 되었을 때, 그는 훨씬 나아졌고 다른 관계를 시작할 만큼 마음이 열렸다고 느끼게 되었다. 게다가, 카알은 흥분하게 하지만 결국 좌절을 주는 파트너를 선택하는 자신의 패턴이 문제라는 것과, 이것이 어머니와의 관계를 재연하는 방식이라는 것을 알게 되었다고 말했다. 그는 치료에 만족하며 종결할 준비가 되었다고 말했다. 3회기에 걸친 종결과정 동안 우리는 치료에 대한 그의 기대가 상당히 명확하고 제한된 것이었고, 그 기대가 충족되었다는 점에서 우리의 관계를 새로운 관점에서 볼 수 있었다. 다른 한편, 이러한 접근은 실망에 대한 방어이기도 했다. 나 역시 우리가 함께 해낸 작업에 대해 만족스럽게 느꼈고, 이 종결이 적절한 것이라고 느꼈다. 나는 이러한 깨달음이 "어떤 변화를 가져올지 모른다"는 점에서 상실감을 느꼈고, 만약 그와 좀더 긴 치료 시간을 갖게 된다면 어떤 것들이 완성될 것인지 궁금했다(이것은 치료자의 자기애 때문일까?). 어쨌든, 우리 두 사람은 종결단계에서 꽤 많은 것들을 달성했는데, 그것들은 우리가 처음에 목표했던 것들이었다.

종결에 영향을 미치는 다른 요인들

나는 종결에 영향을 주는 요인들과 그에 따라 발생하는 문제들을 짧게 언급할 것이다. 이러한 요인들은 외적 요인, 치료자 요인, 그리고 환자 요인 등으로 나뉠 수 있다.

외적 요인

외적 요인들은 환자-치료자 관계 "바깥"에 존재한다. 이것들은 서비스 제공 기관(EAP 병원 같은), 제 삼자 지불인(보험대리인, 의료보험공단, 부모, 배우자 등의)에 의해 정해진 한계들을 포함한다. 이런 한계들은 치료 초기에 명백히 해둘 필요가 있다; 그렇지 않으면, 치료가 병리적으로 흥분시키는 대상으로 경험되는 것과 같은 심각한 문제가 발생할 수 있다. 외적 요인들 때문에 치료가 종결될 때, 환자와 치료자는 그 상황을 "좋은" 치료자와 "나쁜" 외적 요인으로 분열시키는 편집-분열적 양태로 경험할 수 있다.

나는 이런 문제가 종결단계에서 유일한 주제가 되는 치료들을 여러 번 본 적이 있다. 그런 치료들에서 치료자와 환자는 종결을 강요하는 외부 세력을 증오하면서, 치료를 계속하도록 "허용"되기만 하면 모든 것이 잘 될 거라는 환상을 지닌 채 종결 기간 동안에 실제로 다루어야 할 주제들을 다루지 못할 수 있다. 이러한 외부적 문제들에 집중하는 것은 환자와 치료자로 하여금 종결의 다른 자료들(종종 고통스러운)에 관심을 갖지 못하게 주의를 분산시킬 뿐만 아니라, 환자로 하여금 시간 제한이라는 현실로부터 도피하게 만든다. 환자들의 또 다른 공통 반응은 치료자를 외부의 힘을 견뎌내지 못하는 약한 존재로 보거나 치료비를 감해 주거나 면제해주지 않는 거절하는 존재로 보는 것이다. 이것은 치료자의 죄책감과 자기애적 문제를 자극할 수 있다.

환자 요인

여기에는 변화하고자 하는 강한 동기의 부족, 친밀함과 의존에 대한 두려움, 제한된 재정 자원, 그리고 다른 지역으로의 이사 등의 이유로 치료가 종결되는 경우들이 포함된다. 이런 경우, 환자는 남겨지는 것이 아니라 떠난다는 점에서 외부적인 요인이나 치료자 요인 때문에 발생하는 종결보다는 훨씬 적은 부담을 느낀다. 그럼에도 불구하고 때때로 환자의 전이 반응은 버려졌다는 느낌으로 나타나는데, 치료자는 이런 가능성에 대해 주의해야 한다. 환자 개인력에 대한 지식은 치료자로 하여금 환자의 이런 저런 반응들의 가능성에 대해 민감할 수 있게 해준다. 환자가 친밀함과 의존성의 문제로 치료를 끝내고자 할 때에는(5장의 앨런의 사례에서처럼) 대개 어떤 "현실적인" 문제들이 개입되어 있다. 이런 경우, 환자에게 역동적인 주제들에 대해 생각해보도록 권고하는 것이 유용하다. 환자가 그것을 의식적으로는 거절할지라도, 역동적인 주제에 대한 생각은 치료가 끝난 후에 사용될 수도 있다. 종결이 환자 요인으로 인해 발생할 때 빈번하게 나타나는 역전이 감정은 더 이상 치료를 지속하지 못하는 치료자 자신에 대한 실망감이나, 더 이상 치료를 계속하지 않으려는(계속할 수 없는?) 환자에 대한 실망감이나 분노이다.

조기 종결을 발생시키는 환자 요인 중에는 물론 환자가 치료자에게 분노하거나 치료에 깊은 환멸을 느껴 치료를 종결하는 것과 같은, 치료 자체에 대한 반응이 포함될 수 있다. 어떤 치료적 접근에서도 마찬가지로, 치료자는 그러한 반응의 초기 경고 신호에 주목해야 하고, 환자가 치료에서 도망가기 전에 그런 신호들에 대해 논의할 필요가 있다.

치료자 요인

여기에는 치료자의 이론적 배경, 치료 모델, 치료 훈련의 완성도, 치료자의 직업 전환이나 다른 지역으로의 이동, 드물게는 치료자의 질병이나 죽음 등이 포함된다. 이런 일이 발생할 때, 치료자는 가능한 한 그런 요인들을 미리 알아야 하고, 환자에게 치료 종결 시간을 분명하게 알려주어야 한다. 치료자로 인해 발생하는 종결에 대해 환자가 보이는 공통된 반응은 분노, 상처받았다는 감정, 버려진 느낌, 치료자의 관심을 받을 만한 자격이 없다는 느낌 등이다. 이것과 관련된 역전이 반응은 종종 환자를 남겨두고 떠나는 것에 대한 죄책감, 남아 있는 회기 동안 환자에게 "강제로 해석하기," 시간이 더 있었더라면 성취할 수 있었을 것이라는 과대적인 환상들, 그리고 자신에게 힘든 종결의 시간을 갖게 한 환자에 대한 분노 등을 포함한다. 그러나 환자와 치료자가 자신들의 이러한 반응들을 깨달을 수 있고, 함께 그 반응에 직면할 수 있다면, 이것은 치료를 위한 풍부한 임상적 광맥이 될 수 있다.

스트럽과 빈더(1984)는 그들의 단기치료 모델에서 환자들이 종결단계에서 빈번하게 치료적 진전을 보인다는 사실을 보고했다. 이것은 단기치료에서 일반적으로 발견되는 공통된 패턴이다. 처음부터 치료자와 좋은 관계를 발전시켜온 환자는 그 관계를 잃고 싶어 하지 않는다. 따라서 환자는 다양한 전략들을 사용하여 분리 경험을 피하거나 최소화하려고 한다. 이 전략들 중에는 즉각적인 주의를 요하는 새로운 문제를 제기하기(아래의 로널드 사례를 보라), 예전의 증상과 문제들로 되돌아가기, 조기 종결(아래의 다이앤 사례를 보라) 등이 포함된다. 이 방어전략들이 실패할 때, 환자는 좌절과 분노로 반응한다. 이런 일련의 과정들을 적극적으로 다루고 효과적으로 극복하는 것은 환자로 하여금 상실과 이별을 더 잘 견딜 수 있게 해준다.

만(1991)은 종결에서 나타나는 다양한 전이 반응들을 다음과 같이 효과적으로 묘사한다:

따라서 자신을 쓸모없다거나 부적절하다고 느끼는 환자는 치료자가 자신을 좋아하지 않기 때문에 치료를 끝낸다고 느낄 수 있다. 자신을 멍청한 바보라고 느끼는 한 여성은 치료자가 자신의 그런 면을 알게 되었기 때문에 자신을 떼어버리고 싶어 한다고 확신했다. 또 다른 환자는 자신이 삼류 인간이고 수용될 수 없는 존재임을 치료자가 깨달았기 때문이라고 느꼈다[p. 31].

만약 치료자와 환자가 치료 기간 동안 그들의 관계를 정기적으로 관찰한다면, 이러한 종결 전이를 주목하는 것은 매우 생산적일 수 있을 것이다. 종종, 전이를 이루고 있는 동일한 문제들이 종결단계에서 마지막으로 다루어질 수 있다. 그러므로 종결은 그러한 문제들에 대해 다시 작업할 수 있는 또 한번의 기회(이번 치료에서는 마지막)이다.

흥미롭게도, 환자는 단기치료의 종결이 어렵다는 것을 알지 못할 수도 있다(Budmann, 1990, Budman and Gurman, 1988, Davanloo, 1980). 예컨대, 여러 번의 단기치료를 했던 앨런(5장)은 단기치료 종결시 매번 종결에서 오는 모든 어려움을 부정하면서 그가 바라던 것을 얻었다고 기뻐했다.

환자가 치료의 종결에 거의 반응을 보이지 않는 것을 어떻게 이해할 수 있을까? 적어도 아래의 세 가지 가설을 고려할 수 있을 것이다. 첫째, 치료가 너무 짧고 표면적이었기 때문에 환자가 종결을 의미 있는 상실로 경험할 수 없는 경우. 둘째, 환자가 분리와 상실의 고통과 의미를 단순히 부정하는 경우. 셋째, 종결에 대한 환자의 반응 부족이 친밀함과 의존성에 대한 어려움을 나타내는 경우. 이럴 경우, 치료의 종결은 고통을 가져다주기 보다는 안도감을 가져다줄 것이다.

임상 사례:피터(Peter)

이 사례는 위에서 언급한 세 번째 가설에 해당되는 경우이다. 총 9회기의 단기치료 계약기간 동안 24세의 스키 강사인 피터는 친밀 관계를 두려워하는 자신의 패턴을 어린시절의 성적 학대 경험과 연결시키는 작업을 집중적으로 수행했다. 우리는 그가 대학으로 돌아가기 위해 마을을 떠나야 하기 때문에 치료가 단기간에 행해져야 할 것을 알고 있었다. 그와 나는 그의 이런 패턴의 이해에 상당한 진전이 이루어졌다고 느꼈고, 만약 우리가 치료를 좀더 계속할 기회가 있다면 좋았을 것이라고 느꼈다. 우리 두 사람은 그가 치료 종결에 대해 편안함을 느끼는 것을 너무 친밀해지기 전에 떠나는 그의 패턴을 보여주는 한 예로 보았다. 종결에 대한 그의 반응은 우리가 했던 작업에 대해 감사하는 마음과 그가 치료에서 이룬 것에 대한 만족, 치료를 계속할 수 없다는 아쉬움, 그리고 지금 다루고 있는 문제점들을 계속 직면하지 않아도 된다는 안도감이 혼합된 것이었다.

이러한 세 가지 가설들—치료자와의 표면적인 연결, 상실과 분리에 대한 방어, 그리고 친밀함과 의존성에 대한 두려움—은 이러한 환자의 반응에 대해 충분히 설명해주는가? 아니면 그 밖에 또 다른 요소들이 있는가?

중간대상으로서의 치료자

나는 종결에 대한 반응없음이 위니캇(1951)이 말하는 중간대상 개념과 연결될 수 있다고 생각한다. 중간대상은 아이들이 잠들 때 필요로 하는 담요나 봉제 인형들을 가리킨다. 이 중간대상은 현실과 환상 사이의 중간 공간에 위치한 대상이다. 그것은 현실적으로 존재하는 것인 동시에 아이의 내면 세계의 일부이다. 아이는 그것을 자신의 전능적인 통제를 행사하는 데, 편안함과 위안을 얻는 데, 그리고 다양한 공격적 욕구를 발산하는 데 사용한다. 중간대상은 아이가 환상 안에서 모든 것을 통제하는 상태(편집-분열적 양태)로부터 보다 현실적인 지각과 기능을 사용하는 상태(우울적 양태)로 발달해가도록 돕는 역할을 한다. 아이는 중간대상을 매우 중요하게 여기며, 때로는 어머니보다 더 중요하게 여긴다(예컨대, 어떤 어린아이는 어머니가 없어도 잠을 잘 수 있지만 그의 특별한 대상인 담요 없이는 잠을 이루지 못한다).

그러나 아이가 더 이상 그 대상을 필요로하지 않을 정도로 성장하면 아이는 상실을 느끼지 않고서도 그것을 버릴 수 있다. 위니캇은 중간대상은 애도되지 않는다고 한다. 확실히, 치료자는 때때로 환자에게 중간대상으로 기능한다. 환자가 고통스러워 하지 않고 종결할 수 있었던 것은 치료자가 중간대상으로 기능했기 때문일 수 있다. 그럴 경우, 환자는 발달적 진전을 이룸으로써 심각한 상실을 느끼지 않고 치료자를 포기할 수 있는 것으로 보인다. 이것은 이제 환자가 치료자를 자신의 마음속에 살아있는 새로운 대상으로 유지할 수 있기 때문이다.

나는 단기치료에서 종결이 치료자에게 특별한 종류의 긴장을 가져다준다고 믿는다. 이러한 긴장은 친밀한 관계와 단기 계약 사이에서 오는 역동적 긴장과 관련되어 있다. 한편으로, 치료자들과 환자들은 깊은 관계를 맺어야 할 뿐만 아니라 가장 힘든 인간적 문제들을 직면할 것을 요구받는다. 다른 한편으로, 치료자는 종결의 불가피성이 강조되는 단기치료라는 상황에서 이러한 활동을 실행해야 한다. 한 경험많은 치료자는 내게 자신은 심리평가와 같이 환자들과 깊은 관계를 맺지 않는 일을 하거나 장기치료를 훨씬 더 선호한다고 털어놓았다. 강렬한 접촉을 한 후에 관계를 곧 끝내고 가버리는 단기치료가 자신에게는 매우 난잡한 것으로 느껴진다는 것이다.

치료자들은 단기치료를 종결하는 데 따른 어려움을 다양한 방어적인 방식으로 다룰 수 있다. 한 가지 전략은 아예 단기치료를 실시하지 않는 것이다. 다른 하나의 전략은 환자가 강한 친밀감을 감당할 수 없기 때문에 지지적이고 피상적인 치료를 유지하는 것이다. 이것은 일차적으로 치료자를 보호하기 위한 것일 수 있다. 세 번째 방어전략은 치료자가 형성한 환자에 대한 애착을 부인하는 것이다.

연쇄적인 단기치료들

5장에서, 나는 치료자와 환자가 단기치료를 고립된 하나의 치료로 보기보다는 계속해서 성장과 변화가 진행되는 전체 **과정의** 일부로 보아야 한다고 제안했다. 나는 8년에 걸쳐 다섯 차례의 단기치료를 받은 앨런의 사례를 제시했다. 이러한 관점에서 볼 때, 매 단기치료 작업은 환자의 일생을 통해 간헐적으로 수행되는 단기치료 작업들로 이루어진 더 큰 변화 과정의 일부라고 할 수 있다. 단기치료자는 현재 다루고 있는 문제에 관심을 둘 뿐만 아니라 치료 이후에도 관심을 둔다. 그것은 다른 촉진적인 경험과 관계들을 통해서 이룬 개인적 성장을 지원할 수도 있고 또 그런 것들에 의해 지원 받을 수도 있다. 이러한 계속적인 변화 과정은 치료를 거치지 않고서 일어나기도 하고, 더 나은 성장과 발전을 위해 간헐적으로 치료로 돌아오는 것을 통해서 일어나기도 한다. 이런 점에서 역동 초점에 주목하는 것은 매우 유용하다. 왜냐하면, 역동 초점은 제한된 증상 초점을 넘어선 주제나 문제들과 관련되어 있기 때문이다.

이러한 관점은 정신분석학이 일반적으로 제시하는 관점과 크게 다른 것이고, 만(1976), 대번루(1980), 시프노스(1987), 그리고 특별히 만과 골드먼(1994) 같은 단기치료자들의 관점과도 상당히 다른 것이다. 내가 본 장의 초반에서 언급했듯이, 만과 골드먼은 환자에게 종결을 분명하게 말하는 것을 선호한다. 그들은 그렇게 하지 않으면 환자가 치료와 인생에서 항상 더 많은 시간이 있다는 환상을 갖도록 조장할 것이고, 환자가 성인으로 성장하는 과정을 저해할 것이라고 주장한다. 따라서 만과 골드먼은 치료를 종결할 때 추후 접촉에 대한 계획을 갖고 있더라도 그 때가 오기 전까지는 그 사실을 환자에게 알리지 않는다. 그들은 단지 계획된 시기에 다시 환자와 접촉할 뿐이다.

이러한 삽화적인 치료가 환자에게 미치는 영향을 신중히 생각할 필요가 있다. 분명히, 미래의 힘든 시기에 치료로 되돌아올 수 있다는 것은 환자에게 안정된 안아주기 환경을 제공할 수 있고, 치료자와 치료적 진전을 내재화하는 데 도움을 줄 수 있을 것이다. 그러나 삽화적 치료는 치료자와 환자로 하여금 그들의 관계가 결국에는 끝날 수밖에 없다는 사실을 부인하는 일에 공모하도록 유혹할 수 있다. 쉑트만(Shectman, 1986)은 이런 접근에서 생길 수 있는 또 다른 문제점들을 서술하였다: 그것은 치료자의 무관심에 대한 환자의 불안을 숨길 수 있고, 치료자를 내재화하지 못하는 환자의 무능을 보지 못하게 할 수 있으며, (장기치료만큼은 아니겠지만) 환자의 병리적 의존을 조장할 수 있다.

그러나 나는 필요할 때마다 추가로 치료를 받으러 오는 접근에서 얻을 수 있는 잠재적 유익이, 치료로 돌아오는 것을 단념시키는 것보다 훨씬 더 크다고 생각한다. 설령 환자가 같은 치료자에게 돌아가지 않는다 해도, 치료자가 곁에 있다는 것을 아는 것만으로도 환자는 커다란 도움을 얻을 수 있다. 치료자가 기꺼이 환자를 다시 만나는 것은 치료가 종결된 후에도 치료자가 환자의 행복에 관심을 갖는다는 기본적인 인간적 메시지를 전하는 것이 된다. 이것은 그 자체만으로도 낡은 경험에 대한 새로운 종결이 될 수 있다. 몇몇 저술가들은 심리치료를 생애 주기에 따른 제한된 치료적 삽화들을 포함하는 것으로 개념화할 것을 주장해왔다 (Bennett, 1989, Budman and Gurman, 1988, Cummings, 1990, Shectman, 1986). 벗맨과 거맨(1988)은 이렇게 말한다:

우리는 필요할 때 환자들이 되돌아올 수 있어야 한다고 믿는다. 이러한 관점은 결코 효율적인 치료를 방해하지 않을 뿐만 아니라, "한번에 모든 것을 할 필요는 없다"는 좀더 융통성 있는 관점을 갖게 한다. 따라서 일차적 돌봄이라는 좀더 큰 맥락에서 본다면 비교적 적은 횟수로도 충분할 수 있으며, 반대로 더 많은 횟수의 치료라도 그것을 한정된 것으로 이해한다면, 그것은 박탈로 경험될 수 있을 것이다[p. 290].

환자가 치료를 좀더 받기 위해 간헐적으로 되돌아오는 것이 유용하고 바람직하기까지 하다는 생각은, 치료에 대해 병을 고치는 것으로 보는 입장이 아니라 발달을 촉진하는 것으로 보는 입장을 훨씬 더 많이 따르는 것이다—발달은 치료의 안과 밖 모두에서 일생을 통해 지속되는 것이다. 나는 환자가 치료를 종결하고 나서 몇 년 후에 다시 치료를 받기 위해 왔을 때, 막연한 죄책감을 느끼곤 했었다. 나는 환자가 다시 오는 것이 이전 치료 작업이 불완전한 것임을 나타낸다는 낡은 생각을 가지고 있었다. 하지만, 심리적 변화와 성장은 끝나지 않는 과정이고 치료자 또한 완벽할 수 없다는 점에서, 나의 치료 작업은 불완전한 것일 수밖에 없다. 치료자가 자신의 치료를 완전한 것이라고 생각하는 것은 얼마나 어리석고 자기애적인가! 사실, 환자가 치료로 돌아온 이유는 다양한 것일 수 있으며(환자의 치료 귀환에 대한 다양한 이유에 관한 논의는 5장을 보라), 그 이유들 중에는 환자가 이전에 받았던 치료에 만족했을 뿐 아니라, 긴장되고 어려울 때에 그러한 과정을 다시 활용하고 싶기 때문이라는 이유도 있다. 마찬가지로, 환자가 종결 이후에 다시 치료를 찾지 않는 것을 그가 결코 치료를 필요로 하지 않기 때문이라고 간주해서는 안 된다. 벗맨과 거맨(1988)은 "환자가 치료로 되돌아오지 않게 하는 것보다 더 쉬운 일은 없다"(p. 290)라고 말한 바 있다.

환자가 치료로 돌아오는 것을 어떤 식으로 보든지 간에, 그것은 많은 환자들이 치료자와 치료를 사용하는 방식이라는 사실에는 변함이 없다(Bennet, 1989, Budman, 1990, Budman and Gurman, 1988, Cummings, 1990). 환자들은 어려울 때면 다시 치료로 돌아온다. 게다가 환자를 치료로 돌아오게 한 직접적인 요인들은 환자로 하여금 이전에는 다룰 수 없었던 문제들을 다룰 수 있도록 준비시켜주는 역할을 한다.

임상 사례: 헬렌(Helen)

헬렌을 생각할 때 내 마음에 떠오르는 첫 단어는 "올바르게" (proper)라는 단어였다. 나는 그녀를 매우 심각하고 억제적인 여성으로 경험했다. 57세된 그녀는 올바르고 성숙한 태도로 자신을 소개하는 것과, 자신의 심리적 문제들을 "올바르게" 제시하는 것을 매우 중요하게 여겼다. 나는 그녀가 냉담한 사람으로 느껴졌기 때문에 그녀의 공감 능력에 대해 의문을 가졌다. 그러나 그녀는 비록 다른 사람들 눈에는 그렇게 보이지 않았지만, 매우 공감적이었다. 그녀는 다만 "너절하다는"(messy) 느낌을 좋아하지 않았다.

처음에 나는 그녀를 은퇴 후의 적응에 관한 문제로 11회기 동안 만났다. 헬렌은 당시에 국가 비영리 교육단체의 부원장이었는데, 14년 연상의 남편과 더 많은 시간을 갖기 위해 조기 퇴직을 선택했다. 우리는 그녀의 새로운 생활 방식에 적응하는 문제, 직장에서의 매우 "중요하고" 활기찬 자리를 상실하는 문제, 그리고 그로 인해 자기-이미지를 상실하는 문제에 치료의 초점을 맞추었다. 역동 초점은 현재 그녀 인생의 실존적 의미를 탐구하는 것과, 상실을 다루는 그녀의 과거 패턴에 맞추었다. 치료가 종결되었을 때, 그녀는 의례적인 태도로 고마움을 표현하면서 자신이 지금 올바른 길로 가고 있는 것 같다고 말했다. 그녀는 앞으로 다른 어려움이 생기면 나에게 전화할 거라고 하면서, 나와 다시 상담을 하게 될 장래의 문제들은 아마도 남편의 죽음, 성인이 된 의붓자식들과의 문제들, 혹은 자신의 건강의 악화 같은 문제들일 거라고 추측했다.

헬렌은 2년 후 나에게 다시 전화했고, 이번에는 4회기에 걸쳐 함께 작업했다. 그녀는 자신이 다시 치료를 받게 될 것으로 예상했던 영역들 중의 하나인, 성인이 된 의붓자식들(딸들)과의 문제로 씨름하고 있었다. 증상 측면에서 그녀는 줄리아라는 딸의 약물 남용과 또 다른 딸인 사라의 까다로운 성격을 어떻게 다루어야 할지 알고 싶어 했다. 그녀는 또한 딸들이 어렸을 때 좋은 엄마가 되지 못했다는 죄책감과 자기 회의감을 느끼고 있었다. 자신이 너무 일에만 몰두하는 바람에 딸들에게 충분히 사랑을 주지 못한 것에 대해 자신을 비난하고 있었다. 우리는 이 문제와 자기-용서의 문제에 대해 탐구했다. 나는 그녀가 이상화되어 있지만 비판적이고 차가운 아버지와 무의식적으로 동일시되어 있다고 느꼈지만, 실제로 이것을 탐구하지는 않았다. 딸들과의 관계 개선을 위한 실천적인 측면에서, 그녀는 의붓딸들에 대한 자신의 사랑과 짜증 모두를 좀더 확실하게 표현하기로 결심했다. 그녀는 이제 줄리아에게 보다 엄격하게 한계를 그어주면서, 위기 때마다 달려가 문제를 해결해주던 일을 더 이상 하지 않겠다고 말했다. 그녀가 전에는 엄마로서의 부적절함을 보상하기 위해 그렇게 했지만, 그것이 자신과 줄리아 모두에게 도움이 되지 않는다는 것을 깨달았다. 헬렌은 사라가 그들의 관계를 어떻게 보고 있는지 터놓고 이야기하겠다고 결심했는데, 그 첫 시도를 편지로 할지 아니면 전화로 할지는 아직 정하지 못하고 있었다.

그녀는 심리치료가 자신에게 도움이 되었다고 다시 한번 말했다. 그리고 자신이 나를 다시 필요로 할 때 내가 있어줄 수 있을 거라는 믿음 때문에 마음이 편안했다고 덧붙였다. 헬렌과의 관계에서 내가 나의 역전이(그녀가 감정을 드러내지 않는 공감능력에 결함을 지닌 사람이라는 느낌)를 인식했던 것은 그녀의 의붓딸들과의 관계를 다루는 데 도움을 주었다. 나는 그녀의 의붓딸들과의 동일시를 통해서(상보적 동일시) 그들이 헬렌과의 관계에서 경험하는 감정이 어떤 것인지를 알 수 있었다. 종결 한 달 후에, 헬렌은 나에게 감사의 편지와 함께 그녀가 사라에게 보낸 편지를 복사해서 보내주었다. 그리고 그후로 그들은 여러해 만에 가장 길고도 솔직하게 서로 대화할 수 있었다고 말했다.

추후 회기

의도적으로 계획된 추후 회기는 치료 효과를 높이는 데 사용될 수 있다. 많은 저자들(Budman and Gurman, 1988, Hoyt, 1990, Luborsky and Mark, 1991, Steenbarger, 1994)이 이와 유사한 권고를 해왔다. 이 문제에 대한 논의를 위해, 나는 5장에서 제시된 사례를 사용하여 추후 회기가 제공할 수 있는 세 가지 유익에 관해 고찰해보겠다.

첫째, 추후 회기는 종결을 다루는 과정에서 도움이 될 수 있다. 마지막 몇 회기의 간격을 늘려잡는다면, 환자가 치료의 종결을 점진적으로 받아들이고 대처하는 데 도움이 될 수 있다. 이것은 의존 욕구가 강한 환자의 치료에서 필수적인 요소인 젖떼기 과정에 특히 도움을 줄 수 있다. 그러나 추후 회기는 종결 문제를 모호하게 할 가능성이 있으며, 치료자가 방어적인 목적으로 회기를 추가로 늘임으로써 치료과정을 강화하기보다는 방해할 수도 있다는 점을 인식할 필요가 있다. 치료자는 불필요한 추후 회기를 계획하는 것으로 나타나는, 종결에 대한 자기 자신의 잠재적인 저항을 인식할 필요가 있다.

둘째, 추후 회기는 환자에게 자신의 문제를 치료 바깥에서 작업해낼 수 있는 추가적 시간을 허용한다. 일정 범위 안에서, 의미 있는 치료적 변화는 시간의 경과를 요한다(Hoyt, 1990). 흥미롭게도 장기치료의 커다란 이익은 치료자와 장기간의 접촉을 유지하는 것에서 얻을 뿐만 아니라, 부분적으로는 자신의 삶의 광범위한 경험에서 얻을 수 있다.

셋째, 회기들 사이에서 추가로 늘어난 시간은 부가적 사건들이 발생할 수 있는 기회를 주며, 이런 사건들은 유용하게 다루어질 수 있다. 잠시 후에 예시되고 있는 로널드의 사례에서, 마지막 세 회기의 간격을 늘인 것은 일자리를 구하는 과정에서 발생한 환자의 상처받은 자존감을 다루는 데 도움을 주고 있다. 정규 회기가 종결된 후에 일어난 삶의 사건들은 치료에서 얻은 성과가 지속될 것인지에 크게 영향을 미친다(Steenbarger, 1994). 예를 들면, 실제로 현존하는 외부 대상관계의 특질이 치료적 성과를 유지하거나 방해하는 역할을 할 수 있다. 이처럼 추후 회기는 실제 삶의 사건에서 오는 충격을 다루는 데 사용될 수 있다.

종결에 대한 부가적 제안

가능한 한 빠르고 분명하게 치료의 종결 시점을 정하라

종결과 관련된 몇 가지 중요한 작업은 치료를 시작하면서 바로 이루어진다. 종결 시점을 초기에 정해놓는 것은 치료자가 환자와 함께 작업의 틀을 짜는 데, 치료가 초점을 중심으로 조직되어야 할 필요성을 설명하는 데, 그리고 종결의 문제를 보다 명백하게 제시하는 데 유익하다. 종결은 날짜, 회기의 수, 태도("일단 만나서 이야기를 해가면서 그것이 도움이 되는지 알아봅시다"), 목표 달성이나 외적 사건(예, 환자가 대학을 졸업하거나, 다른 도시로 이사하는 것) 등의 측면에서 결정될 수 있다. 모든 단기치료가 처음부터 기간을 정하는 것은 아니지만, 이 치료 계약이 짧은 것이라는 사실을 어떤 식으로든 분명히 밝히는 것이 중요하다. 나는 조기에 또는 경직되게 종결 시점을 정하기보다는 "기간이 한정되어 있음"을 받아들이는 다소 융통성 있는 태도를 선호한다(Binder와 그 동료들, 1989).

나는 종결을 알려주는 하나의 특별한 방법이 있다고는 믿지 않지만, 대체로 날짜를 정하는 것이 유용한 방법이라고 생각한다. 종결 날짜가 정해진 치료가 그렇지 않은 치료보다 더 낮은 비율의 탈락자를 발생시킨다는 증거가 있다(Good, 1992). 어떤 환자가 시간 제한에 가장 잘 반응하는지를 살펴보는 것은 매우 흥미로운 일이다. 예컨대, 4장에서의 재키처럼 의존성과 관련된 갈등을 겪고 있는 환자들과, 5장에서의 앨런처럼 경계가 무너지는 것에 대한 두려움을 갖고 있는 환자들은 시간-제한적인 접근에 더 잘 반응할 것이다.

환자에게 이 치료에 대해 설명할 때, 치료자는 이 치료가 짧은 것이고, 따라서 한계가 있는 것이지만, 그럼에도 불구하고 무언가를 성취할 수 있다는 사실을 강조하는 것이 바람직하다. 이것은 환자가 짧은 기간 안에 변화할 수 있다는 치료자의 믿음을 환자에게 전달해주는 역할을 한다. 어떤 치료자들은 그 상황을 설명하면서, "나는 당신과 더 오래 작업을 하고 싶지만 그것이 불가능하기 때문에 우리는 차선을 택한 겁니다"라고 말한다. 이것은 치료를 흥분시키는 대상으로 경험하도록 조장할 수 있고, "정말로" 좋은 치료에 대한 불필요한 열망을 자극할 수 있다. 치료자는 단기치료의 한계에 대해 솔직하게 인정하기를 주저해서는 안 되지만, 자신의 어조와 태도를 통해서 역전이 환멸을 전달하기보다는 현실적인 희망과 약속을 전달해야 한다.

치료의 임박한 종결에 대해 반복해서 상기시켜주라

앞에서 말했듯이, 종결 작업은 치료의 전체 기간 동안에 이루어질 필요가 있다. 이러한 생각은 몇몇 저자들(예를 들면, Luborsky and Mark, 1991, Mann, 1991)의 권고에서도 확인된다. "우리가 만날 날이 3주 정도 더 남았군요"와 같은 말이 종종 유용하게 사용될 수 있다. 유사하게, 치료자는 제시되는 임상자료가 종결의 문제와 연결되는 순간에 치료의 종결이 임박했음을 지적하는 것이 생산적일 수 있다. 예를 들면, 현재의 치료과정을 끝낸 후에 일어날 수 있는 다른 중요한 사건이나 이별에 대해 환자가 언급한다면, 치료자는 그것을 치료 종결에 대해 말을 꺼내는 기회로 삼을 수 있다.

종결이 치료자의 역전이에 미치는 영향력을 인식하라

나는 전이와 역전이에 관해 몇몇 관점들을 다시 한번 강조하고 싶다. 종결은 치료자와 환자 모두에게 하나의 사건이다. 종결은 두 사람 모두의 분리와 상실 경험을 자극한다. 치료자는(그리고 환자도) 특히 단기치료에서 종결 사건이 갖는 의미를 기꺼이 받아들이기가 쉽지 않다. 그러나 강조하건대, 치료자는 종결이 자신에게 미치는 영향력을 받아들일 수 있는 수용능력이 어느 정도인지를 알아야 하며, 그 종결이 환자에 대해 그리고 그들이 발달시킨 관계에 관해 무엇을 말해주는지 알아야 한다. 치료자는 마지막 몇 회기 동안 환자에게 "강제적인 해석"을 시도하거나, 또는 그 이상의 것을 성취하기에는 너무 늦었다고 방어하면서 환자에게서 철수하는 일반적인 역전이 패턴을 경계해야 한다. 실제에 있어서 "그 이상의 것"은 종결과정 안에서 성취될 수 있다.

추후 회기를 고려하라: 의도적으로 추후 회기를 사용하라

추후 회기를 갖기로 결정하거나 회기의 간격을 늘일 때, 치료자는 신중해야 한다. 일반적으로, 치료자는 종결로 인한 환자의 고통에 반응하며, 정규 회기를 연장하거나 추후 회기를 가짐으로써 불안을 다룬다. 종결 시점에 사랑하는 사람이 죽는 것과 같은 특별한 사건으로 인해 회기를 늘리는 경우도 있지만, 불필요한 회기를 추가함으로써 종결 과정을 모호하게 만드는 경우도 있다. 추후 회기 문제는 마지막 몇 번의 회기를 남겨두었을 때 환자와 함께 논의하는 것이 좋다. 만약 재정적 제약이나 관리 의료에 의해 치료 회기가(예를 들어 15회기로) 제한된다면, 치료자는 매주 1회씩 진행되는 치료 회기를 13번 가진 다음에 나머지 2회기는 추후 회기로 사용할 것이 바람직할 것이다. 치료자는 추후 회기의 사용을 고려하되 그것을 단지 방어적으로 사용하는 것이 아니라, 의도적으로 사용해야 한다.

치료과정의 연속성 문제를 다루라

본 장의 앞부분에서 나는 여섯 가지의 종결 목표를 서술했는데, 그 중 다섯 번째 목표는 치료과정의 내재화를 강화시키는 것이었다. 나는 치료자가 치료에서 어떤 결실들을 거두었는지에 대해서뿐만 아니라 어떻게 해서 그 결실들을 얻었는지 그리고 환자가 어떻게 하면 그것들을 유지할 수 있는지에 대해 드러내놓고 환자와 논의할 것을 제안한다. 치료는 문제를 다루는 것을 목표로 할 뿐만 아니라, 삶과 삶의 어려움들을 설명하는 더 나은 방식을 발견하는 것을 목표로 한다. 나일젠과 바르트(Neilsen and Barth, 1991)는 시프노스의 단기치료 모델을 따라 추후 회기를 가진 환자들에 대한 연구에서, "내재화된 치료적 대화"가 변화의 가장 중요한 요소라고 보고했다. 그 환자들은 변화 과정을 배우게 되었고, 이제는 내재화된 치료자를 갖게 되었다.

잠시 후에 언급될 로널드와 다이앤의 종결에서, 그들이 다루어야 했던 역동 문제에 주목하라. 간단히 말해, 치료가 종결되든 아니면 임시로 중단되든 간에, 치료자의 목표는 일시적으로 그리고 일생동안 치료적 과정이 일어나도록 돕는 데 있다. 우리가 희망하는 것의 일부는 환자 자신이 내재화된 치료자를 가지고 살아가게 되는 것이다.

이후에 치료를 위해 돌아올 수 있다는 사실을 명백히 전달하라

환자가 치료과정을 유용하게 지속시킬 수 있는 방법 중 하나는 필요할 때 주기적으로 치료자에게 돌아오는 것이다. 이러한 연쇄적인 단기치료 접근에 결점이 없는 것은 아니지만, 치료적 개선을 유지하고 더 진전된 성장을 촉진하는 강력한 수단일 수 있다. 성인의 발달은 인생 주기를 통해 계속되는 것이며, 예기치 않은 사건들은 또 한번의 단기치료를 통해 유익을 가져다줄 수 있다(Budman, 1990). 따라서 치료자는 가족 주치의나 일반 의사들처럼 평생동안 환자의 정신건강을 돌보는 사람일 수 있다(Cummings, 1990).

이전의 종결들을 살펴보라

치료자는 관계를 끝내는 환자의 다른 경험들에 대해 물어보는 것을 통해서 치료의 종결에 대한 환자의 경험을 이해하도록 도울 수 있다. 현재의 종결이 과거 종결을 반복하는 것인지 아니면 그것과 다른 것인지, 또 얼마나 다른 것인지를 검토한다. 나는 종종 환자에게, "어떻게 작별인사를 할 것인지에 대해 생각해보았어요?"라는 물음으로, 환자가 과거에 어떻게 작별인사를 했는지(혹은 하지 않았는지)를 살펴본다.

환자들마다 종결이 모두 다르다는 사실을 수용하라

나는 일반적인 종결 패턴과 치료 종결을 다루는 방식들에 대해 논의해왔다. 나는 그것들이 너무 경직되게 이해되지 않기를 바란다. 이런 생각들이 법칙이 아니라 안내를 위한 지침이어야 한다는 것이다. 나는 환자 개인과의 특별한 치료적 관계가 그 무엇보다도 중요하다는 사실을 강조한다. 치료자는 훈련과 경험에 의해 인도되어야 하지만, 그때에도 특정한 환자의 개별적인 필요—그가 누구이고 무엇을 필요로 하는지—에 귀를 기울여야 한다. 다양한 환자들은 자신들만의 특유한 방식으로 종결하기를 원하는데, 치료자가 종결은 이렇게 하는 것이 "올바른" 것이라는 경직된 선입견에 사로잡힌다면, 그것은 종결 과정을 훼손시킬 수 있다. 대번루(1980), 루보르스키(1991), 말란(1976)과 같은 이론가들은 내가 제안하는 융통성 있는 종결 방식에 전적으로 동의하는 것은 아니지만, 종결 과정이 환자의 욕구에 따라 수정되는 것의 중요성에 대해서는 모두 동의하고 있다.

종결의 임상 사례: 로널드(Ronald)

13-14번째 회기

로널드는 여름 방학 일자리를 구하는 것과 관련된 어려움을 좀더 충분히 다루기 위해 마지막 3회기를 격주로 만날 것을 요구했다(8장을 보라). 나는 그러한 요구에 대해 다소 갈등을 느꼈지만 그렇게 하기로 했다. 한편으로, 나는 여름 일자리를 구하는 과정에서 입은 자존감의 상처를 다루기 위해 마지막 몇 회기들 사이의 간격을 늘이는 것이 유용할 것이라고 생각했다. 치료가 종결단계로 들어서면서 회기 사이의 간격을 늘이는 것은 재발 예방과 종결과 관련된 환자의 어려움을 완화시키는 데 유용할 수 있기 때문이었다. 다른 한편, 나는 그렇게 하는 것이 종결 경험을 희석시키는 것이 될 수 있다는 점에서, 격주로 만나는 것이 바람직하지 않을 수 있다는 점을 주목했다. 하지만 나는 숙고 끝에 그의 요구에 동의했다.

로널드는 삶에서 관계의 중요성을 부정하는 개인력을 가지고 있었고, 따라서 관계의 종결을 슬퍼하지도 않았다. 그의 접근은 지나치게 실용적이었다—"그것은 끝났어, 이제 다른 걸 생각해야지." 흥미롭게도, 이것은 그가 다른 유형의 상실(자존감의 상실, 학업에서의 자신감 상실)에 강박적으로 몰두하는 패턴과 첨예한 대조를 이루는 것이었다. 나는 우리의 관계가 그에게 매우 중요한 것이며, 그가 신뢰할 만한 연장자와의 지지적인 관계를 상실하는 것이 비록 그 자신은 인식하지 못할지라도 매우 중요한 의미를 갖는 것이라고 생각했다. 나는 치료의 종결에 대한 그의 경험을 다루고자 했지만, 그는 과도하게 실용적인 태도로 반응하면서, 종결의 의미를 깎아내렸다(아래의 15번째 회기를 보라). 나는 종결에 대한 그의 반응을 집요하게 추구하지는 않았는데, 막상 치료를 종결한 후에 나는 그 중요한 문제를 충분히 다루지 못했다고 느꼈다. 내가 그렇게 했던 것은 치료 기간을 연장하는 것이 강한 저항을 자극할 수 있고, 그것은 생산적이지 못할 것이라는 생각 때문이었다.

이 문제에 대한 나의 역전이 감정은 혼란스러운 것이었다. 나는 종결에 대한 작업을 더 계속했더라면 로널드가 저항했을 것이라고 믿고 있었다. 그러나 다른 한편, 나는 종결의 고통과 상실을 다루는 것에 대한 내 자신의 저항도 인식하고 있었다. 또한 투사적 동일시의 작용으로 인해, 그에게 있어서 나는 실제보다 덜 중요한 존재일 뿐이라고 느끼고 있었다. 결국, 그와의 종결을 적절하게 다루지 못했다는 나의 느낌은, 부분적으로는, 로널드가 느꼈던 자신에 대한 부적절감이 내게 투사된 것이었다. 이러한 느낌이 내게 남아있었기 때문에, 나는 치료 종결에 대한 그의 반응을 보다 깊이 다루고 싶었다.

13번째 회기와 14번째 회기 동안, 로널드는 여름방학 중 일자리를 구하면서 느꼈던 좌절감을 검토했다. 그 시점에서 좋은 일자리를 구한다는 것은 졸업 후에 얻게 될 직책과 관련되어 있기 때문에 아주 중요한 것이었다. 우리는 '전부 아니면 전무'의 시각으로 현실을 바라보는 그의 관점과, 일자리를 구하는 과정에서 그의 자존감이 얼마나 쉽게 상처받는가에 대해 다루었다. 나는 그가 구직 면접을 하는 동안 아버지의 목소리("너는 자격이 안돼")를 듣고 있었던 것은 아닌지 모르겠다고 말해주었다(P-O 해석). 14번째 회기에서 그는 미래에 자신이 원하는 특정한 직책을 보장하는 일자리를 얻을 것 같다고 하면서 "전망이 밝다"고 말했다.

15번째 회기

로널드는 실제로 그러한 일자리를 구했고 승리자가 된 기분으로 마지막 회기에 왔다. 그러나 그에게서는 슬픈 분위기도 느껴졌다. 그는 자신의 슬픈 감정이 치료의 종결과 연관되어 있다는 사실을 부인했다. 오히려, 그는 아마도 자신이 실제로는 전혀 변하지 않았으며, 치료에서 별로 얻은 것이 없다는 생각이 든다고 말했다. 나는 그가 그 말을 할 때 매우 슬퍼하고 있는 나 자신을 발견했다. 나는 변하지 않았다고 여기는 그의 느낌에 대해 함께 살펴볼 것을 제안했고, 5개월 전에 치료를 시작했을 때와 비교해서 지금 자신을 어떻게 보느냐고 물었다.

법률가가 증거를 제시하듯 그는 다음의 증거들을 열거했다: 불안이 크게 감소한 것, 잘 먹고 잘 잘 수 있게 된 것, 효율적으로 공부할 수 있게 된 것, 깨지기 쉬운 자존감에 대한 인식이 증가한 것, 전부 아니면 전무라는 식의 기대를 한다는 사실을 발견하게 된 것, 그리고 "특별해지고" 싶어 하는 자신의 욕구를 인식하게 된 것. 나는 이런 평가가 어느 치료에서나 인상적인 것이겠지만, 치료에 실망했다고 느끼는 사람에게서 나온 평가라는 점에서 특별히 인상적이라고 생각한다. 로널드는 이렇게 자신이 열거한 개선점들에 대해 놀라워하면서, 자신이 몇 분 전까지도 그러한 사실을 알지 못했다고 감동적으로 말했다. 나는 이것이, 모든 것이 완벽하지 않을 때 그가 자신과 다른 사람들에게 얼마나 비판적이 되는가를 보여주는 예일 수 있다고 보았다. 나는 그의 삶이 완벽한 것이 아니라는 것과, 그가 여전히 중요한 문제들과 씨름하고 있다는 것을, 그리고 어떤 일이 잘못될 때는 자신이 경험했던 좋은 것들에 대한 느낌을 제대로 유지하지 못한다는 것(그가 분열된 자기 이미지를 가지고 있다는 것과, 다른 사람들과의 관계 또한 분열되어 있다는 것)을 알고 있었다. 나는 이것을 그의 아버지와의 관계와 연결시킴으로써 P-S-T 해석을 시도했다. 나를 특별히 슬프게 했던 점은 그가 자신을 "세계 정상"으로 느끼지 않는 한, 자신에 대해 좋은 느낌을 유지하지 못한다는 것이었다. 우리가 탐색하고 있는 이 역동은 또 다른 수준에서 그가 주기적으로 경험했던 내적 공허감의 표현이기도 했다. 이것은 자기애적 문제를 갖고 있는 환자들에게서 빈번하게 발견되는 현상으로서, 장기치료를 다루는 장(12장)에서 논의될 것이다.

치료와 치료자에 대한 그의 실망은 자신이 끝낸 것을 별로 가치가 없는 것으로 보는 것을 통해서 관계의 상실에 따르는 고통을 줄이려는 방법이기도 했다. 그러나 우리는 이것을 탐색하지는 않았다. 나는 로널드가 열거한 결실들을 인정했고, 그가 궁극적으로 힘 있고 영향력 있는 위치를 원하고 있는 문제에 대해서 종결 개방형 치료에서 심도 있게 작업하는 것이 유용할 것이라고 제안했다. 그는 나의 제안에 동의하였고, 만약 지도자들이 심리치료를 받는다면, 정부가 더 잘 운영될 것이라고 덧붙였다.

종결단계에 관한 임상사례: 다이앤(Diane)

다이앤의 치료에서 마지막 열한 번의 회기들의 내용과 과정은 대체로 앞장에서 묘사된 14번째 회기와 비슷했다. 우리는 계속해서 그녀의 책임적 자기(박탈되었다고 느끼는/되찾아야 한다고 느끼는)와 충동적 자기(만족을 느끼는/만족을 추구하는) 사이의 분열을 탐색하였다. 또한 그녀가 "감정적으로 폭발하는 문제"와, 그녀 자신의 기본적 욕구를 부인하는 문제에 대해서 탐구하는 작업을 계속했다. 두 가지 주제가 이전 작업에서보다 두드러지게 나타났다. 첫째, 증상 초점은 그녀가 감옥에서 복역을 하게 될 지와 가족들이 이사를 갈 수 있을 지에 대한 불확실성에서 오는 불안과 우울에 맞춰졌고, 이 초점이 치료적 공간의 대부분을 차지했다. 둘째, 그녀는 남편 로지의 알코올 중독을 점점 더 참을 수 없게 되었다. 그녀는 TV에서 상호-의존(co-dependency)이라는 프로를 본 이후로 그녀 자신이 남편을 중독에서 벗어나도록 돕는 조력자(enabler)가 되어야 한다는 생각을 갖게 되었다. 우리는 알코올 중독자 가족들의 자조 모임(Al-Anon meeting)에서 유익을 얻을 수 있는 가능성에 관해 대화를 나누었다(비록 그녀가 실제로 그 모임에 참가하지는 않았지만). 그녀는 스스로 남편에게 다시는 술을 사주지 않을 것이고, 함께 술을 마시지 않을 것이라고 결심했고, 치료 기간 동안 그 결심을 실행에 옮겼다.

그녀의 변호사는 그녀의 치료 보고서를 보내달라고 요구했는데, 나는 그녀와 22번째 회기를 가진 후에 작성한 다음과 같은 내용의 보고서를 법정으로 보냈다.

다이앤은 치료를 받겠다는 강한 동기와 협조적인 태도로 치료에 임했고, 이런 자세가 치료에 크게 도움이 되었습니다. 치료를 시작한 이후로 그녀는 성공적으로 충동(자살충동을 포함해서)을 조절할 수 있었습니다. 우리는 그녀가 가끔 느끼는 공허감과 자기-경멸감 사이를 극단적으로 오가지 않도록 그녀의 자존감을 좀더 효율적으로 조절하는 문제에 초점을 맞추어왔습니다. 덧붙여, 그녀와 나는 정서적 박탈감의 빈도와 강도를 줄이기 위한 새로운 대응전략을 발달시켰습니다. 따라서 그녀는 과거에 자신이 사용했던 문제 해결 방식과는 전혀 다른 방식으로 자신의 욕구를 충족시키는 대안들을 갖게 되었습니다.

다이앤과 가족들은 Z시로 이사갈 계획이고, 나는 그곳에서도 그녀가 심리치료를 계속하는 것이 필수적이라고 믿습니다. 자기통제의 증가와 치료에서 얻은 다른 두드러진 결실들은 추가적인 치료가 없이는 계속 유지되지 못할 것입니다. 나는 어느 시점에 부부치료가 필요할 것이며, 이것은 그녀가 이룬 결실을 공고히하고 재발을 방지하는 데 도움이 될 것이라고 생각합니다.

23번째 회기를 가졌던 그 주에, 법원은 다이앤 사건에 대한 판결을 내렸다. 그녀는 유죄판결을 받았지만 수감되지는 않았다. 그녀는 6개월의 가택연금 판결을 받았는데, 이것이 그녀가 이사갈 곳인 노스 캐롤라이나에서도 집행될 수 있었다. 그 외에도 그녀는 협의한 기한 내에 훔친 돈을 돌려주어야 했다. 법정은 또한 다이앤에게 심리치료를 계속할 것을 명령했다.

그녀와의 치료가 종결에 가까워짐에 따라, 나는 내 자신에게서 일련의 반응들이 발생하고 있음을 깨달았다. 나는 그녀가 지금 과거에 겪었던 학대와 상실 경험, 현재의 법적 문제, 부부 문제, 그리고 개인적 문제들에 압도당하고 있다고 느끼곤 했다. 나는 이 모두를 그녀와의 단기치료 계약으로 인해 훨씬 더 압도적으로 경험했다. 그러나 6개월동안 우리는 의미 있는 몇 가지 작업들을 해낼 수 있었다. 그녀는 이 위기를 돌파해나갔다. 더욱이, 그녀는 자신의 인격의 분열과 "감정적 폭풍"에 관해 더 많이 인식하게 되었고, 훨씬 효율적인 대응전략을 사용할 수 있게 되었다. 그녀는, 비록 남편에 대한 분노를 완강하게 부정하긴 했지만, 결혼이 자신에게 어떤 영향을 미쳤는지에 대해 더 많이 인식하는 것 같았다. 법원의 명령이 없었더라도 그녀가 치료를 계속했을런지는 확실히 알 수 없지만, 그녀의 계속된 치료는 긍정적인 성과를 가져다주었다.

나는 그녀가 감옥에서 복역하지 않게 되어서 기뻤다. 감옥에 수감되는 것은 그녀에게 전혀 도움이 되지 않으며, 그녀는 이미 6개월 동안 심한 고통을 받았다. 그러나 나는 그녀가 그 많은 돈을 훔쳤음에도 불구하고 그토록 가벼운 형량을 선고받은 것에 대해 약간 불만을 느끼고 있음을 깨달았다. 나는 내가 지지적 편지를 보내 그녀의 형량을 낮추는 데 일조했다는 사실이 그 죄책감을 야기한 것은 아닐까 생각했다. 나는 그녀의 가벼운 판결에 대해 내가 불만스러워 하는 것은 그녀와의 치료 작업과는 상관 없는, 내 자신의 해결되지 않은 문제, 특히 탄력성이 부족한 초자아에서 온 것임을 깨달았다. 그리고 그런 초자아의 문제는 부분적으로 그녀 자신의 죄책감이 내게 투사된 결과였고, 내가 그것을 동일시한 결과였음을 깨달았다. 내가 전에도 언급했듯이, 그녀는 의식적으로는 절도와 관련된 죄책감을 경험한 적이 없는 것 같았다(그러나 많이 수치스러워했다).

약 한 달전부터 그녀에 대한 법원 판결이 있을 것이고, 우리의 치료 작업은 중단될 것이라고 예상해왔다. 종결에 대한 논의가 있긴 했지만, 그녀는 그것을 비껴가려는 경향을 보였다. 다이앤과의 마지막 약속은 목요일로 잡혀 있었고, 그녀와 가족은 그 주 금요일에 이사가기로 되어 있었다. 그녀는 약속 한 시간 전에 전화를 걸어 이런 메시지를 남겼다: "여보세요, 저 다이앤이에요. 죄송하지만 오늘은 갈 수 없네요." 나는 실망했고 화가 났다—그녀에게 진정으로 작별인사를 할 기회를 강탈당한 느낌이었다. 그러나 그리 놀라지는 않았다. 왜냐하면 그녀는 작별이라는 화제를 어떻게든 피하려고 했고, 그녀의 삶 자체가 작별인사를 할 기회도 없이 헤어졌던 여러 상실들로 점철되어 있기 때문이었다. 나는 우리가 종결할 때 그녀가 오고 싶지 않을 수도 있다고 미리 말하고 싶은 충동을 느꼈지만, 그렇게 하지 않았다. 다이앤처럼 학대당한 개인력을 가지고 있는 환자들은 종결을 힘들어하며 종종 마지막 회기를 취소함으로써 종결을 회피하는 경향이 있다. 나는 그녀에게 전화를 걸어야 할지에 대해 생각해보았고, 전화를 걸지 않는 것은 그녀의 옛 종결 방식을 확인해주는 것이라는 점에서 전화를 하기로 결정했다. 아래에 제시되고 있는 종결 회기에서 그녀는 비록 몇 분간의 작별인사를 했을 뿐이지만, 그래도 그것은 그녀에게 이전 관계에서는 찾아볼 수 없는 것이었다.

25번째 회기

나는 약속한 시간에 다이앤에게 전화했다. 다음은 전화상담 내용을 발췌한 것이다.

MS: 여보세요, 다이앤? 나 마이크 스타터예요. 당신의 메시지는 받았어요. 잠깐 통화할 수 있어요?
D: 예. 못가서 죄송해요. 짐 싸느라 너무 바빴어요 … 그리고 금요일 전에 시간을 낼 수 있는 방법이 없어요.
MS: 그렇군요.
D: 정말 눈코 뜰 새가 없어요. 하지만 기분은 좋아요 … 환송파티를 했어요. … 괜찮았던 것 같아요. 내 동생은 반응이 시큰둥해요. 멍청한 놈! 내가 뭘 기대하겠어? 어머니는 아름다운 이불을 주셨어요. 그렇게 날 감동시켰죠. 너무 좋았어요. … 난 어머니가 좋다고 느꼈어요. 그래서 "엄마, 주말에 우리 집으로 오세요[2주 안에]. 새 집에서 어머니를 만나면 너무 좋을 것 같아요"라고 말했죠. 어머니는 바로 마음을 닫고는 "아니지. 그렇게는 못해. 너무 멀어"라고 하셨죠. 그게 바로 내가 번번이 어머니와의 관계에서 경험하는 거예요. 어머니는 내게 뭔가 좋은 것을 주고는 곧바로 마음을 닫아 버려요. … 그리고 나는 노마(그녀의 제일 친한 친구)한테 화가 났어요. 노마는 날 보러오지도 않았어요. 아마도 금요일 전에는 못 볼 것 같아요.

그녀는 비슷한 내용의 이야기를 몇 분 동안 더 계속했다. 거기에는 주목할 만한 것들이 많이 있었다. 첫째, 노마가 그녀를 만나러 올 시간을 내지 않았던 것처럼, 다이앤은 이 마지막 회기에 나를 만나러 올 시간을 내지 않았다. 둘째, 그녀가 약간의 격려로도 그렇게 빨리 마치 정규 회기에서처럼 말하기 시작하는 것이 놀라웠다. 전화상담 회기는 작별인사에 대한 그녀의 타협 방식이었다.

셋째, 그녀는 분명히 종결 문제에 대한 작업을 자신의 방식대로 행하고 있었다. 종결에 대한 다이앤의 서술에는 몇 가지 두드러진 주제들이 있는데, 그것은 사람들이 그녀를 실망시킨다는 것과 작별인사를 다루고 싶지 않다는 것이었다. 다이앤의 삶에서 종결을 부인한 최초의 사람은 그녀의 어머니였다. 환송 파티에서조차도 그녀의 어머니는 다이앤이 다른 도시로 이사 가는 것에 대해 말하는 것을 끝내 거부했다. 다이앤이 마지막 회기를 취소했을 때 그리고 이전 회기에서 종결에 관한 화제를 피했을 때 그녀는 무의식적으로 자신의 어머니와 동일시되어 있었고, 어머니가 자신을 화나게 했던 것과 똑같은 방식으로 치료자인 나를 화나게 했다. 나는 또한 이렇게 변덕스럽고 정서적으로 사용할 수 없는 어머니가 그녀에게 이불을 이별선물로 준 것은 이율배반적이라고 느꼈다.

MS: 당신만 좋다면, 전화로 상담할 수 있어요. 이게 아마 당신이 이사 가기 전의 마지막 상담이 될 거예요.

D: 그게 좋겠어요. 아직 떠난다는 게 실감나지 않아요. 나는 떠나기를 오랫동안 고대해왔고 우리가 떠날 수 없을까봐 걱정했었어요. … 그리고 여기에는 아무도 없어요. … 수잔(2년 전에 이사갈 때까지 그녀와 친하게 지냈던 여자)이 떠난 이후로 그렇게 느꼈던 것 같아요.

다이앤은 떠나는 것을 놀라울 정도로 평온하게 느끼는 것에 대해 좀더 말하면서, 모든 것이 해결된 느낌이라고 말했다. 그녀는 워싱턴 지역을 벗어나 그녀의 체포와 유죄 판결에 대해 아는 사람이 전혀 없는 곳으로 가게 된 것을 기뻐했다.

    MS: 나를 떠나는 것을 어떻게 느끼세요?
    D: 이상해요, 그게 날 고요하게 하고 다른 누군가를 찾을 생각을 하기가 어려워요. (침묵) 당신은 정말 잘 듣고, 이해하고, 기억하는 것 같아요. 나는 내가 느끼는 것을 말할 수 있었고, 당신은 로지처럼 날 협박하지 않았어요.

    내가 그녀의 말을 기억해주었음을 강조한 것이 인상적이었다. 그녀는 삶에서 자신의 느낌에 주의를 기울여준 사람이 거의 없었고, 그녀의 말을 기억해준 사람은 더욱 없었다고 느끼고 있었다. 또한 그녀가 두드러지게 분열 기제를 사용했기 때문에 그녀 자신에 대한 연속성과 역사성의 감각을 느낄 수 없었다—경험의 편집-분열적 양태. 나의 기억에 따르면, 그녀의 주관적 경험은 종종 자아기능이 결핍되는 것과 관련되어 있었다. 나는 경계선 환자들이 빈번히 자신들이 한 말을 치료자가 기억해주는 것의 중요성에 대해 언급한다는 사실을 발견했다.

    MS: 남편과의 관계에서 느끼는 두려움은 어떤 것이죠?
    D: 그가 나를 바보라고 생각하거나 그냥 기분이 나빠질 거라는 것이에요.

    다이앤은 여기에서 남편에 대해 느끼는 좌절감과, 남편의 음주에 관한 걱정을 길게 이야기했다. 나는 나 자신도 그 문제에 대해, 그리고 그것이 그녀와 결혼과 가족에게 미치는 영향에 대해 걱정스럽게 느껴진다고 말해주었다. 나는 알코올 중독자 가족 모임에 참여해볼 것을 권했고, 그녀는 그 모임에 참가할 것을 진지하게 생각해보겠다고 했지만, 나는 그 말을 믿지는 않았다. 그리고 나서 우리는 그녀가 새로운 도시에서 경험할 수 있는 외로움에 관해 대화를 나누었다. 그리고 그녀는 침묵했다.

D: (침묵) 나는 이제 그걸 느끼기 시작했어요(말없이 울면서). (침묵)
MS: 감정을 차단하지 말아요. 그냥 느끼세요.
D: (흐느껴 울며) 저는 … (흐느낀다)
MS: 당신이 오늘 상담을 취소한 것은 부분적으로는 나와의 작별인사를 피하고 싶었기 때문일 거에요. 당신은 과거에 많은 상실을 경험했지만, 작별인사는 거의 하지 않았죠[T-P 해석]. 그건 힘든 일이니까요.
D: 그래요. … 이제는 더 이상 상담을 못한다고 생각하는 것이 힘들어요.
MS: 나에게 전화하고 싶을 때에는, 그렇게 하세요. 당신이 어떻게 지내는지 궁금할 거예요.

나는 이러한 제안을 하면서 갈등을 느꼈다. 확실히 그러한 제안은 종결의 경험을 희석시킬 수 있다. 만의 방식을 따르는 단기치료자는 이런 접근에 반대하면서, 그것은 단기치료의 고유한 장점들 중 하나를 훼손하는 것이라고 주장할 것이다. 나는 다이앤이 지지받고 싶어 하고 자신의 삶 속에서 학대와 무시와 상실감에서 생긴 모든 고통을 덜고 싶어한다는 것을 역전이를 통해 자주 느꼈다. 나는 내가 다이앤에게 했던 제안이 이러한 역전이를 행동화한 것이 아닐까 생각했다.

다른 한편, 그녀가 나와 전화로 계속 접촉할 수 있다는 나의 제안은 그녀에게 도움을 준 것 같았다. 그것은 그녀가 이전의 삶에서 경험했던 관계들보다 훨씬 더 많은 연속성을 제공해주는 것이었다. 그것은 또한 그녀에 대한 나의 지속적인 관심을 전달한 것이었는데, 나는 그녀가 이것에 대해 의심하고 있을 것이라고 생각했다. 즉, 그녀는 일단 치료가 끝나면 내가 자신을 생각하지 않을 것이라고 믿을 것이고, 그것을 두려워할 것이라고 나는 생각했다. 해리 상태로 가는 경향 때문에, 그녀는 "눈에 보이지 않으면, 마음에서도 멀어지는" 방식으로 살아왔고, 다른 사람들도 그럴 것이라고 예상했다. 이 수준에서, 그녀는 자신에게 냉담하리라 여겼던 다른 사람들과는 달리, 자신에게 지속적으로 관심을 가져주는 사람과 정기적으로 얼굴을 마주 대하는 편안하고 따스한 접촉을 상실하게 된다는 점에서, 나의 그러한 제안은 그녀의 상실 경험을 강화했을 수도 있다. 따라서 이러한 상호작용은 "옛 경험을 종결하는 새로운 방식"의 본보기일 수 있다. 그러나 내가 앞에서 말했듯이, 비록 그 제안이 유용한 것이었다고는 하나, 만약 그것을 치료의 종결에 대한 다이앤의 반응이 어떻게 변했는지를 탐색할 수 있을 때까지 미루었더라면, 더욱 효과적이었을 것이라고 생각된다.

    D: 좋아요! 나도 그럴 수 있기를 바래요. 하지만 나는 그것을 요청하기가 두려워요.

    MS: 어째서죠?

    D: 당신은 항상 바쁘잖아요. 그리고 난 해서는 안 되는 어떤 일을 요청하고 싶지는 않거든요.

    (여기에서 우리는 내가 그녀에게 관심을 주지 않을 것이라고 예상하는 그녀의 패턴을 볼 수 있다.)

    MS: 당신이 요구한다고 손해보는 것은 없을 거예요.

D: 나도 알아요.

MS: 그래서 나를 위협적이라고 느끼는군요? [T-O]

D: 그래요.

MS: 이것이 바로 우리가 많이 얘기했던 것의 예가 되겠지요. 당신은 나에게 전화하는 것이 도움이 될 거라고 느끼지만 그것을 요청하지는 않았어요. 당신이 자신의 욕구를 충족시키려고 하지 않는 것이 충동성과 판단착오라는 감정적 폭풍에 당신을 취약하게 만드는 것 같아요. [P-O].

D: 맞아요. 하지만 요즘은 조금씩 나아지고 있다고 생각해요. 그런데 그걸 바꾸기가 쉽지 않네요.

MS: 나도 당신이 지금 이런 것들을 더 잘 다루고 있다고 생각해요. 하지만 당신은 아직도 당신의 부모가 당신의 욕구를 무시하던 방법으로 자신을 대하고 있어요. [S-P] 시간이 다 되었네요. 나는 당신이 우리가 함께 했던 것들 중에서 가장 중요한 두 가지만 기억하면 좋겠어요. 하나는, 방금 우리가 함께 이야기했던 것인데, 자신의 욕구에 주의를 기울이고 계속해서 자신의 욕구를 돌볼 수 있는 효율적인 방법을 찾아야 한다는 것이죠. 당신은 심한 박탈감을 느낄 때에 감정의 폭풍에 취약한 상태가 되죠. 다른 하나는 당신과 로지의 관계에 관한 거예요. 로지가 가진 문제들이 당신에게 미치는 영향이 걱정스러워요. 아무튼 그런 문제들이 고립되어 있는 당신을 더욱 힘들게 할 수 있을 거예요. 내가 전에 말했듯이, 당신과 로지가 함께 부부치료를 받는 게 좋을 거예요. 나는 당신이 치료를 계속해서 우리가 함께 작업했던 문제들을 더 깊이 다룰 수 있었으면 좋겠어요.

D: 좋아요. 그렇게 할게요.

MS: 시간이 다 됐네요. 잘 지내요.

D: (울먹거리며) 네, 고마워요. 전화할게요. 안녕히 계세요.

전화상담이었지만, 나는 그녀가 이번에 종결에 대한 과거의 방식을 넘어서는 방식으로 관계를 종결했다고 느꼈다. 나는 회기가 끝날 무렵에 내가 한 말에 약간의 불편함을 느꼈다. 나는 치료기간 내내 그러한 중요한 문제들을 강조하고 싶었다. 나는 회기가 끝나는 순간에 그것을 말했는데, 그녀는 그것에 대해서는 별로 언급하지 않았다. 나는 종결이 슬펐고, 새로운 도시에서 그녀가 남편이나 아이들과 잘 지낼지 걱정스러웠다. 그러나 그녀의 성격구조와 그녀가 직면했던 엄청난 현실적인 문제들을 고려할 때, 나는 우리가 기대 이상으로 많은 것을 성취했다고 느꼈다. 다이앤은 자신에 대한 경탄할 만한 강인함과 탄력성을 가지고 있었다.

그녀는 그후 6개월 동안 나에게 두 번 전화를 했다. 첫 번째 통화에서, 그녀는 자신이 체포되었던 사건 이후로 남편과 가장 크게 싸웠던 일에 대해 자세하게 말했다. 그때 그녀는 자신의 고통을 함께 나누고 싶어 했고 전화로 말한 후에 훨씬 평온해진 것으로 보였다. 두 번째 통화에서, 그녀는 개인치료를 받기 시작했고, 치료가 좋은 결과를 가져다줄 것 같다고 말했다.

10장

최단기치료

> 치료자는 환자들에게 자동적으로 장기치료나 단기치료를 배정할 것이 아니라, 단 1회기의 역동상담만을 필요로 할 수도 있다는 사실을 알고 있어야 한다.
>
> 데이빗 말란과 그 동료들(David Malan and colleagues), 1975

한 여성 환자가 사무실에 들어섰을 때, 치료자는 그녀의 자태와 아름다움에 깊은 인상을 받았다. 28세의 화가인 그녀는 별다른 이유 없이 신체적인 불편함으로 인해 도움을 청했다. 그녀가 친구를 방문하기 위해 유럽 여행을 결정했을 때, 그녀의 혀와 입술은 말을 하는 것이 힘들 정도로 부어올랐다. 그 이후로 그녀가 여행 이야기만 하면, 이 증상이 다시 나타나곤 했다. 실제로 이 증상은 회기 동안에도 몇 번 나타났다. 그녀의 내력을 탐색하는 동안, 치료자는 이 젊은 여성이 자기 주장을 하고 자신의 능력을 사용하는 데 어려움을 갖고 있다는 것을 알아냈다.

치료자는 그녀에게 이러한 그녀의 증상이 "그녀를 대신해서 말하고 있는" 것 같다고 해석했다. 그리고 그것에 덧붙여서, 그녀가 여러 해 동안 직접적으로가 아니라 다른 사람들을 통해서만 어떤 것을 성취해온 것 같다고 말했다. 그녀는 몇 년 동안 한 남자에게 매우 의존해 있었는데, 최근에 그 관계가 끝이 났다.

환자는 치료자가 말하는 것을 수긍하는 듯이 보였는데, 자신이 그래도 여행을 해야만 하는지에 대해 물었다. 치료자는 그녀가 여행을 할 수 있다고 했고, 증상이 계속되면 다시 자신을 만날 수 있다고 말했다. 그녀는 심도 있는 치료를 위해 다시 오지는 않았지만, 나중에 치료자는 그녀가 여행을 했고, 그 여행을 매우 즐겼으며, 증상은 더 이상 계속되지 않았다는 것을 알게 되었다.

이 사례는 정신분석가인 오렘랜드(Oremland, 1976, 1991)가 히스테리 증상을 제거했던 단일회기 사례이다. 나는 4장에서 프로이트까지 거슬러 올라가는 정신분석 문헌들 안에는 극적인 호전을 보였던 단일회기 사례들이 많이 발견된다고 언급한 바 있다.

본 장에서는 단일회기 모델(Bloom, 1992, Talmon, 1990)에서부터 7회기 모델(Talley, 1992)에 이르는 최단기치료 모델에 관해 탐색할 것이다. 대부분의 임상 사례는 1회기에서 4회기의 치료로 이루어지고 있다.

왜 최단기치료인가

분명히, 몇 회기 안에 실질적인 치료적 작업을 해낸다는 것은 쉬운 일이 아니다. 그러나 최단기치료가 널리 행해지고 있으며,

그것이 효율적이라는 점에서, 우리는 그것을 진지하게 주목하지 않을 수 없다.

널리 행해지고 있다는 점

대부분의 심리치료는 사실상 최단기치료로 이루어진다. 다음의 사실을 고려해보라:

1. 정신병원과 기관의 외래 환자들의 평균 치료 회기는 3.7회이다(Pardes and Pincus, 1981). 사설 심리치료의 평균 회기 수는 더 많다(정신분석 치료사가 아닌 다른 치료사의 평균 회기 수는 26회기이다).
2. 정신병원에서 단지 1회기만을 치료하는 환자의 비율은 대략 다음과 같다: 20-60%(Baekland and Lundwall, 1975), 50%(Phillips, 1985), 30%(Rosebaum 과 그 동료들, 1990).

사실상 최단기치료가 많이 행해지고 있다는 점을 고려할 때, 최단기 사례들을 단순히 중단된 사례, 실패한 사례, 혹은 지지적인 개입이라고 폄하하기보다는, 그토록 한정된 시간 안에 달성할 수 있는 것이 무엇인지를 생각해보는 것이 더 합리적인 선택으로 보인다.

효율적이라는 점

어떤 환자들에게는 최단기치료가 효율적일 수 있다.

1. 몇몇 일화적 보고들과 실험연구들은 소수의 환자들이 1회

기에서 3회기 치료로 효과를 보았음을 확인해주고 있다.

  2. 하워드(Howard)와 그 동료들(1986)은 2,400명 이상의 환자들을 대상으로 한 심리치료 효율성에 대한 15개의 연구 조사를 종합적으로 분석한 결과, 환자의 약 50%가 8번째 회기에 개선을 보였다는 것을 알아내었다. 그들은 보통 초기 회기 동안에 가장 큰 변화를 보였다고 결론지었다. 그러나 더 많이 연장된 치료가 높은 비율의 개선을 보였다는 것도 반드시 함께 살펴보아야 한다; 26번째 회기에 가서는 75%의 환자가, 치료가 일년이 경과했을 때에는 85%의 환자가 진전을 보였다.

  대체로 장기간의 치료가 바람직하지만(그리고 일반적으로 더 나은 결과를 보이지만), 최단기치료도 분명히 생산적일 수 있다.

단일회기 모델

  나는 이미 4장에서 블룸(Bloom, 1992)의 초점을 강조하는 단일회기 모델에 대해 논의한 바 있다. 그의 단일회기 모델은 2시간이 소요된다. 그는 자신의 접근에서 적극적이고, 초점을 갖고 있고, 현재를 중요시 한다. 블룸은 두 가지 주된 역동적 원리를 제시하고 있다: 첫째, 환자가 알지 못하고 있는 것을 깨닫도록 돕는다. 둘째, 종결 이후에 계속적으로 심리적 건강을 촉진하는 과정을 시작하도록 돕는다. 이 부분에 관해서는 4장에서 언급된 단일회기 치료에 관한 내용을 참고하는 것이 좋을 것이다.

  다른 저술가들(Hoyt et al., 1992, Rosenbaum et al., 1990, Talmon, 1990)은 보건관리기구(Health Maintenance Organization: HMO) 치료 프로그램에서 수행된 1회기 작업의 성과에 대해 연구했다. 비

록 성공적인 단일회기 치료의 보고가 그것을 보급하려는 의도를 가지고 있기는 하지만, 이러한 사례들은 한정된 자원을 최대한 활용하려는 실용주의적 접근을 옹호하려는 시도라고 볼 수 있다. 이 접근에서 치료자는 이번 회기가 이 환자와 가질 수 있는 유일한 회기가 될 수 있다는 자세로 "지금 내가 할 수 있는 것은 무엇인가"를 묻는다.

로젠바움과 그 동료들(Rosenbaum and colleagues, 1990)은 자신들의 접근을 설명하면서 다음과 같이 언급했다: "요약하자면, 치료자는 다음과 같은 질문을 해야 한다. 환자가 어디에 고착되어 있는가? 환자가 고착상태에서 벗어나기 위해 필요한 것은 무엇인가? 환자의 변화를 촉진하기 위해 치료자가 무엇을 해야 하는가? … 치료자는 환자가 바로 그 순간에 변화할 수 있다는 것과 그 변화가 갑작스럽고 불연속적으로 발생할 수 있다는 것을 인식해야 한다"(p. 170). 이와 같은 그들의 자세는 4장에서 언급했던 위니캇(1962, 1971)의 자세와 매우 유사하다.

단일회기 모델에서 성공을 가져오는 세 가지 핵심 요인들이 있다(Hoyt and colleagues, 1992). 첫째, 적절한 치료자-환자 관계가 필요하다—적어도 환자와 치료자 간에 긍정적인 분위기가 있어야 한다. 이것은 종종 긍정적인 환경 전이와 기본적인 치료동맹을 포함한다.

둘째, 단일회기 치료에서 변화를 경험한 환자들은 자신들이 변화할 능력을 갖고 있음을 깨닫게 된다. 아마도 이것은 치료기간과는 관계없이 모든 환자에게 해당되는 말일 것이다. 그러나 단일회기의 환자들은 변화가 외부로부터 오기보다는 내부로부터(자기통제) 온다는 관점을 빠르게 받아들일 필요가 있다.

이것은 저자들이 말하는 세 번째 요인인 환자의 준비성에 관한 주제로 인도한다. 호이트와 그 동료들은 환자가 자신의 삶을 살아가는 방식에 불만을 느끼게 될 때 변화에 개방적이 된다고 말한다. 아마도 환자는 과거의 패턴이 너무 사용하지 않아서 "썩었거나" 아니면 더 이상 기능하지 않는다는 것을 알게 될 것이다. 단일회기 치료에서, 환자는 지금 변화할 준비가 되어 있어야 한다.

굴딩 부부(Goulding and Goulding, 1979)는 단일회기 모델을 제시하지는 않았지만, 매 회기를 다음과 같은 질문으로 시작한다고 말한다: "오늘 당신은 무엇을 변화시키기를 원하고 있습니까?" 호이트(1990)는 이 질문이 단기치료의 주요 특성을 보여준다고 말한다;

오늘(지금, 이 순간)
당신은(주체로서의 자기)
무엇을(구체화, 초점)
변화시키기 를(단순히 "작업하기"나 "탐색하기"가 아닌 달라지기)
원하고(동기, 책임)
있습니까(적극적인 자세, 현재 시제)
?(질문, 치료자는 수용적이어야지 강요적이어서는 안 된다)

이러한 질문은 자료 탐색의 기회를 줄이고 환자와 치료자의 수용능력을 약화시킬 수도 있다. 이런 희생이 때로는 최단기 치료에서 특히 단일회기 치료에서 가치가 있다고 생각되지만, 나는 그런 질문으로 회기를 시작하지는 않는다 단일회기 치료에서 조차도 그런 식으로 회기를 시작하는 것은 임상자료를 제한한다고 보기 때문이다 임상자료는 치료자가 상호적 발견을 수용해주는 태도를 보여줄 때 더 쉽게 떠오른다.

단일회기 치료의 사례: 카트리나(Katrina)

    카트리나는 화가 나 있었다. 200가구 이상의 건설 현장을 감독하는 관리자로서, 그녀는 많은 직원들의 업무를 관리하는 책임을 맡고 있었다. 그녀의 분노는 직접적으로는 핵심 직원인 존에 대한 것이었는데, 그는 자신의 업무 수행과 업무 관계에 영향을 미치는 심각한 알코올 문제를 갖고 있었다. 32세 된 카트리나는 그녀 자신을 회사의 많은 직원들로부터 신뢰를 받고 있는 관리자로 차분하면서도 힘있게 소개했다. 나는 다른 일로 이 회사에 간 적이 있는데, 그때 그 회사의 부사장으로부터 그녀가 "우리 팀에서 가장 중요한 사람"이라고 칭송하던 말을 들었었다. 항상 침착한 전문가적 태도를 보이던 그녀가 어느 날 회기 중에 몹시 화를 냈는데, 그런 모습은 놀라운 것이었다. 더욱이 그녀가 회기 중 울기 시작했을 때, 나의 마음은 동요되었다.
    카트리나는 보통 자신의 부하 직원들과 직업적 거리를 유지했지만, 존과는 예외적으로 친구로 지내며 서로를 신뢰했다. 그녀는 그가 젊었을 때 술과 코카인 문제를 갖고 있었다는 것을 알았지만, 그 문제는 이제 조절할 수 있다고 주장하는 그의 말을 믿었다. 그러나 6개월이 채 지나기도 전에 카트리나는 존의 문제가 계속되고 있다는 것을 알게 되었다. 존은 가끔 "몸이 안 좋아서"라는 이유로 회의에 불참하곤 했다(회의는 보통 아침에 있었다). 그는 자신이 가끔 특별히 "멋진 파티" 다음날 아침까지 술기운에 빠져 있곤 한다는 사실을 인정했다. 그녀는 그외에도 그가 회사의 도구들과 재료들을 빼돌리고 직업상의 규칙을 위반하는 나쁜 짓을 하고 있다는 것도 알게 되었다. 그녀가 그 사실에 대해 추궁하자, 그는 처음에는 과잉반응이라고 발뺌하다가 곧 반성하면서 다시는 그러지 않겠다고 맹세했다. 그녀는 또 그를 믿었다.

　그런데 왜 그녀가 나를 방문했을까? 나를 찾아오기 일주일 전에 그녀와 존은 회사 대표로 애틀랜타에서 개최된 건축업자 총회에 참가했다. 그는 약속되어 있던 몇몇 세미나에 불참했고, 그녀는 그가 이브닝 카테일 파티에서 만취해 있는 것을 보았다. 가장 무례했던 행동은 그가 만취 상태로 한밤중에 당장 할 말이 있다며 그녀의 호텔 방문을 두 번씩이나 요란하게 두드렸던 것이었다. 그녀는 문을 열지 않은 채 너무 늦었으니까 아침에 이야기하자고 말했다. 그는 그런 일이 있을 때마다 다음날 사과를 하면서 업무 스트레스에서 잠시 풀려나 좀 "해이해졌을 뿐"이라고 말했다. 카트리나는 남편에게 전화를 걸어 이런 이야기들을 했고, 남편은 존의 행동에 놀라며 무언가 조치를 취해야 한다고 말했다. 그녀는 이제 나에게 어찌해야 좋을지에 대해 물었다(증상 초점).

　내가 그녀로부터 존 때문에 겪은 일들을 들었을 때, 나는 그녀를 흔들어 깨우고 싶은 강한 충동을 느끼면서 다음과 같이 말했다. "꿈 깨세요. 이 남자는 통제 불능이에요. 가만히 있지만 말고 무슨 일이든 해야 해요!" 이렇게 유능한 전문가가 그런 상황을 그렇게 오랫동안 부인하면서 그렇게 무능하게 대처했다는 것은 놀라운 일이었다. 나는 어떤 역동이 그녀를 그렇게 무능하게 만들었는지 궁금했다. 나는 그 상황을 아주 정확하게 마치 본 것처럼 경험했고, 그녀가 어떻게 해야 했는지 "알 수 있었다." 이러한 반응은 부분적으로는 투사적 동일시의 작용이었다. 나는 그녀의 분열된 한 부분—해야 할 일을 알고 있으며 적절히 행동할 수 있는 능력—과 동일시되어 있었다

　나는 나의 역전이 감정을 따라 행동하기보다는 그것을 내 안에 담아 간직하고 있었다. 나는 그녀에게 이 상황이 매우 어렵

게 여겨질 것이고, 그것은 그녀가 그와 친구이기 때문에 더욱 그럴 것이라고 말하면서 그녀를 공감해주었다. 행동하고 싶은 나 자신의 욕구를 인식하면서, 나는 그녀에게 어떤 일을 생각하고 있느냐고 물었다. 그녀는 그의 행동을 무시하거나 그를 해고하는 두 가지 대안만을 생각하고 있다고 말했다. 이것은 세상을 복잡하고 예민한 시각으로 바라보는 한 여성의 내면 안에 편집-분열 양태의 사고, 즉 "전부 아니면 전무"라는 사고가 존재하고 있음을 보여준다.

나는 우리가 두 가지 대안에 대해 생각하기에 앞서, 그녀에 대해 그리고 그녀의 배경에 대해 좀더 알고 싶다고 말했다. 그녀는 가족에 대한 이야기를 시작하면서 눈물을 흘렸고 흐느끼기까지 했다. 카트리나는 자신의 어머니를 폭력적인 기질, 강박증, 자살 충동 등을 가진 "심각한 정신병자"로 묘사했다. 마찬가지로 격정적인 기질의 아버지는 거의 집에 없었고, 식욕부진으로 자주 입원했던 언니는 폭력적인 격노를 분출하곤 했다. 그녀는 자신과 여동생만이 "정상"이었다고 말했다. 그녀는 자신의 가족에 대한 이야기를 마무리지으면서, 자신은 가족 중 가장 온순한 성격이었지만 비난받는 것은 견디기 힘들어했다고 말했다. 그녀는 때때로 자신의 자존감이 취약하다고 느꼈다.

나는 실질적인 질문으로 들어가서, 그렇게 유능하고 성공한 여성이 존과의 상황에서 무능하게 대처한 이유가 무엇인지에 대해 물었다(역동 초점). 그녀는 그 질문에 대해 생각해보았고, 결국 두 가지 요인을 발견해냈다. 첫째, 혼돈스러운 가정에서 어린시절을 보내면서 그녀가 터득한 방법은 "미친 짓을 무시하기"였다는 것이었다. 그 외에 그녀가 할 수 있었던 유일한 선택은 가족을 떠나는 것이었는데, 그것은 그녀가 대학에 다니기 위해 집을 떠날 때까지는 대안이 되지 못했다. 그녀는 가족들의 미친 짓을 무시했던 것처럼 존의 미친 짓을 무시해왔다(타인-과거 해석). 둘째, 그녀는 존의 상황에 대해서는 극도로 화가 났지만, 보통은 화를 내지 않는 성격이었다. 그것은 원시적인 격노가 난무하던 가족관계를 경험했던 그녀가 자신이 분노를 통제하지 못하게 되는 것이 두려웠기 때문에 화내는 것을 피했던 것은 아닐까 하고 궁금해졌다(과거-자기 해석). 그녀는 자신의 분노가 자신을 엉망으로 만든다고 곧바로 인정했다. 그녀는 자신이 어머니처럼 화를 내게 될까봐 걱정했고, 그런 분노를 갖는다는 것에 죄책감을 느꼈으며, 자신이 존의 비행에 아무런 조처를 취하지 않은 것이 회사에 누가 될까봐 걱정했다.

그리고 나서 우리는 그녀가 할 수 있는 일에 대해 함께 작업했다. 나는 존과의 관계에서 그녀가 감독자인 동시에 친구라는 사실을 언급했다. 그녀가 그 두가지 측면 모두에서 성공적일 수 있을까? 그녀 자신에게 충실하면서도 그를 잘 다룰 수 있는 방법이 없을까? 나는 이러한 질문을 통해 그녀가 전부 아니면 전무라는 식의 편집-분열 양태("그는 친구 아니면 피고용인일 뿐이야") 보다는 우울 양태의 다양하고 복잡한 딜레마를 경험하도록 초대했다.

우리는 여러 가지 대안들에 관해 의논했고, 그것을 위한 계획들을 세워보았다: 친구의 입장에서 존에게 어째서 자신이 그를 걱정하고 있는지를 상세히 말하고, 알코올 문제에 대해 도움을 받도록 그를 설득하고, 그에게 몇 가지 제안을 한다. 그리고 감독자의 입장에서 그녀는 부적절하고 온당치 못한 그의 행위를 다루어야 할 책임이 있음을 말한다. 지금까지 발생했던 문제들의 증거들을 제시하고, 그것들이 어떻게 변화될 필요가 있는지 구체적으로 문서화한다. 이런 내용을 그의 개인 파일에 서면 경고로 기록해 놓는다. 마지막으로, 만약 그의 행동이 충분히 개선되지 않는다면, 더 근본적인 조치(무급 정직)가 취해질 것임을 알려준다. 이 계획은 괜찮은 것으로 보였지만, 그녀가 그대로 실행하는 것을 불편해했기 때문에 우리는 역할 연기를 통해서 그녀가 계획을 진행하는 데 무엇이 문제가 될 지를 생각해보았다.

나는 그녀가 다음 회기를 갖기를 원하느냐고 물었다. 카트리나는 그러고 싶지만 우선은 존과의 만남이 어떻게 진행될 지를 알고 싶다고 했다. 우리는 그녀가 전화를 걸지 않으면 내가 3주 안에 그녀에게 전화를 걸어 상담을 하기로 했다. 결국 내가 전화를 걸어 존과 만났던 일이 어땠는지 물었을 때, 그녀는 모든 것이 잘 되었다고 말했다. 존이 먼저 그녀에게 좋은 친구가 되어주지 못한 것을 사과했고, 그로 인해 그녀는 죄책감을 느꼈다. 그렇지만 그녀는 자신의 메시지를 침착하게 전달했다. 그는 음주 문제는 부인했지만(나는 그의 반응이 그럴 것이라고 말했었다), 근무 태도에 대해서는 인정했다. 그녀는 속단하기는 아직 이르지만, 존의 업무 태도는 나아지고 있으며 보다 착실해졌다고 말했다. 더욱 중요한 것은 그녀가 존의 문제를 직면할 수 있게 된 것을 기쁘게 여기고 있고, 필요할 때 그를 계속해서 직면할 수 있다고 느낀다는 점이었다. 나는 그녀에게 나중에 필요하다면 언제든 전화하라고 말했다.

카트리나의 구체적인 문제에 대해 집중한 것이 치료에 도움이 되었다. 존을 어떻게 해야 할지에 대한 그녀의 고민이 증상 초점이었다. 역동 초점은 이런 상황에서 그녀를 무력하게 만드는 (지금은 그녀의 내면 세계의 일부가 된) 가족 역동과 관련되어 있었다: 회피하거나 부인하는 패턴과 자신의 격노를 다루기 힘들어 하는 것. 나는 처음에는 그녀에게 직접적으로 충고하고 싶은 충동을 느꼈지만, 이것이 우리들 사이에서 발생한 투사적 동일시의 작용임을 깨닫고 기다렸으며, 그 결과 우리는 그녀를 무력하게 만들었던 역동에 대해 탐색할 수 있었다. 내가 역전이 감정에 대한 인식을 해석에 사용하지는 않았지만, 그것은 내가 그녀를 더 정확하게 이해하고 공감하는 데 도움이 되었다.

나는 비록 단 1회기 만에 이러한 모든 문제들에 대해 작업할 수는 없다고 해도, 그러한 문제들에 대한 올바른 이해에 도달함으로써 앞으로 그러한 문제들을 해결하는 데 도움이 될 수 있기를 바랐다. 내가 추후 회기를 위해 그녀에게 전화를 했을 때, 나는 종결에 대해 양가감정을 느꼈다(나는 보통 그렇게 느낀다). 그녀가 존의 문제를 잘 다룰 수 있고(적어도 지금까지는) 잘 되고 있는 것은 다행이었다. 나는 또 우리가 심리내적인 작업에도 어느 정도 초점을 둘 수 있어서 다행스럽다고 느꼈다. 그러나 한편으로 나는 그녀가 존을 만났던 일과 앞으로 그를 어떻게 다룰지에 대해 좀더 논의하기 위해 후속 회기를 갖지 못한 것이 다소 아쉬웠다. 나는 그녀가 과거의 가족 역동에 대해 좀더 작업할 수 있는 시간을 가졌으면 좋겠다고 생각했다. 물론 나는 그녀가 한 회기 후 상담을 그만두려고 했던 이유는, 그녀가 자신의 어려움을 수치스럽게 느끼고 있었고 또한 모든 문제들이 "적당한 선에서 해결되기를" 바라고 있었기 때문이라고 생각한다. 어쨌든, 그녀의 관점에서 본다면 이 단일회기 치료는 매우 성공적인 것이었다; 그녀는 원하던 것을 얻었고, 나는 그것을 존중할 필요가 있다(그리고 나 자신이 자기도취에 빠지지 않도록 주의할 필요가 있다).

카트리나의 사례는 호이트(1992)가 제시하는 단일회기 치료의 세 가지 핵심 요인을 모두 보여주고 있다. 첫째, 우리는 빠르게 좋은 치료동맹을 맺었다. 둘째, 회기가 시작될 때 그녀는 그 상황을 진전시킬 방도가 없다고 느꼈지만, 자신이 무엇을 할 수 있는

지를 바라보는 과정에 빠르게 참여할 수 있었다. 이 회기의 중심적인 성과는 그녀가 과거에 반복하던 두 가지의 극단적인 행동과는 다르게 반응할 수 있음을 깨달았다는 점이다(과거 경험의 새로운 결말). 마지막으로, 그녀는 출장지에서의 존의 무례한 행동에 그리고 남편의 말에 직면할 수 있었다.

최단기치료: 7회기 이하

듀크(Duke) 대학의 텔리 교수(Talley, 1992)는 대학 정신건강센터에 있는 95명의 환자를 연구했다. 이 연구는 두 가지 점에서 주목할만 하다: 첫째, 이 연구는 최단기치료를 조사한 얼마 되지 않는 연구들 중의 하나라는 점; 둘째, 이 연구는 현재의 임상 실제에 부합되는 방식으로 치료를 제공하고 있다는 점. 이들 연구의 특징들은 다음과 같다:

1. 환자들은 경미한 정도에서부터 심각한 수준에 이르기까지의 불안과/혹은 우울을 보이고 있다. 표본은 대학생들로 이루어졌다는 점에서 제한되어 있지만, 모두 교육 수준과 지적 수준이 높다.
2. 12명의 치료자들은 인턴과정에 있는 사회복지 대학원생에서부터 24년의 경험을 가진 정신과의사에 이르기까지 다양하다. 따라서 다양한 정신건강 원리들이 제시되고 있다—사회사업, 심리학, 정신의학.
3. 표준화되지 않은 치료를 실행했기 때문에 치료가 매우 다양하게 행해졌다. 치료는 1회기짜리부터 7회기짜리까지 분포되어 있다. 12명의 치료자중 9명은 정신역동 관점에 따른 치료를

했고, 3명은 인지/행동 혹은 대인관계적 관점에 따른 치료를 했다.

탤리(1992)는 자신의 연구에서 최단기치료가 환자의 불안과 우울을 상당히 감소시키는 데 성공적임을 밝혔다. 환자들은 치료에 만족해했고, 더 많은 회기(4회기에서 7회기)에 참석한 환자들이 더 적은 회기(1회기에서 3회기)에 참석한 환자들보다 더 많이 만족해했다. 그는 최단기치료를 단기치료나 장기치료와 구분하여 더욱 한정된 목표를 세우는 것이 중요하다고 주장했다.

이렇게 한정된 목표를 세우는 것은 환자로 하여금 치료자와 긍정적인 경험을 하게 하기 위한 것이고, 적어도 환자가 자신의 불만을 제시하는 방식의 변화를 이끌어내기 위한 것이다. 이런 변화는 자기, 타인들, 혹은 자신의 삶의 정화들을 조금은 다르게 바라보기 시작하는 것일 수 있다. 최단기치료가 단기치료나 장기치료보다 더 완벽한 치료 작업을 할 수 있는 것은 아니지만, 치료를 시작한다는 그 자체만으로도 가치를 갖는다. … 미래에 필요하다면 추가적인 치료를 받을 수 있도록 문을 열어놓을 수 있다. 그러나 종종 최단기치료 그 자체만으로도 문제에 대한 다른 시각을 이끌어내어서 불만스런 감정(dysphoria)이나 그것에 수반된 증상들을 변화시키는 데 충분할 수 있다[Talley, 1992, pp. 9-10].

이 연구에서 탤리(Talley, 1992)는 다음의 결론에 도달했다:

1. 치료 초기부터 전 과정에 걸쳐서 환자의 자아 강도를 세심하게 평가하는 것이 중요하다. 그래야만 치료자는 최단기치료

기간 동안 환자의 능력에 맞게 치료 수준을 조정할 수 있다.

  2. 환자는 "곤경에 처한 사람"으로 개념화될 수 있으며, 따라서 최단기치료는 다음의 세 가지 과제를 갖는다:

    a. 환자가 문제를 외부 갈등으로만 보기보다는 내적인 것으로도 볼 수 있도록 돕는다.

    b. 환자가 변화와 성장을 향해 작업하는 동안 "지지, 격려, 문제 해결"을 제공한다(p. 141).

    c. 초기에 환자가 자신의 문제를 충분히 이해하도록 돕는다.

  3. 환자가 치료에 대해 만족감을 갖게 만드는 가장 강력한 요인은 "상황을 개선시킬 수 있다는 믿음 갖도록 환자를 격려하는" 치료자의 마음을 환자가 인식하는 것이다(p. 142). 이것은 많은 환자들에게 희망을 불어넣고 상황을 개선시킬 수 있는 잠재력을 자극한다.

3회기 피고용인 지원 프로그램 모델
(EMPLOYEE ASSISTANCE PROGRAM MODEL)

  나는 지난 12년간 네 개의 회사에 EAP 서비스를 제공해왔다. 그 서비스는 최대 3회기의 심리치료를 허용했다. 그동안 나는 많은 환자들을 장기치료로 의뢰하긴 했지만, 그래도 대부분은 3회기만 만났다. 여기에는 여러 가지 이유들이 있다: 문제가 그 기간 안에 해결되거나, 더 심층적인 치료를 받고자 하는 동기가 부족하거나, 부가적 치료에 따르는 경제적 문제 등. 따라서 많은 환자들이 다양한 연쇄적인 단기치료들을 받긴 했지만, 대부분은 3회기짜리 치료를 받았다. 나의 기본적인 접근은 1장에서 묘사했듯이, "역동적으로 생각하고, 근저의 문제점들을 밝혀내고, 내가 할 수 있는 것을 한다"라는 것이었다. 나의 기본적인 목표는 탤리(1992)가 말한 것과 비슷한 것이었다: 환자들과 긍정적인 만남을 갖는 것과 증상의 완화를 돕는 것, 그리고 환자가 자신의 내면 세계에 관심을 갖게 되는 것. 시간이 흐르면서, 나는 이러한 제한들 안에서 실행할 수 있는 치료방식을 발달시킬 수 있었다.

첫 회기

나는 현재 환자가 제시하는 불평을 평가하고 심리치료적 개입이 필요한지를 결정하려고 시도한다. 나는 환자가 왜 지금 여기에 왔는지 알아보고, 현재의 기능 수준과 고통을 평가한다. 그리고 시간이 허락된다면, 보통 환자의 개인력에 대해 질문한다. 나는 3회기짜리 치료를 계약하고 우리가 함께 작업할 초점(증상 초점과 역동 초점)에 대해 내가 이해한 바를 잠정적으로 제시한다. 나는 "이게 무엇을 의미할까요? 함께 살펴봅시다"라는 관점에서 생각해볼 것을 격려한다. 하지만, 상황에 따라 몇 개의 제안을 내놓기도 한다. 나는 첫 회기로 90분짜리 면담을 선호하는데, 이는 치료자와 환자 두 사람 사이를 좀더 연결해줄 수 있으며 치료의 자료가 나타날 수 있는 심리적 공간을 충분히 허용해주기 때문이다. 그 외의 치료 시간은 보통 50분으로 한다.

두 번째 회기

나는 상담을 시작하기 전에 잠시 이전 회기에 대해 생각하는 시간을 갖는다. 나는 이런 생각을 바탕으로 초점적 문제의 배경에 대해 더 많은 정보를 얻기 위해 질문한다. 그리고 나서 환자와 나는 치료의 초점을 좀더 분명하게 정의하고 그 초점에 대해 탐구한다. 마침내, 나는 우리가 함께 탐구할 핵심적인 문제를 언어화함으로써 우리의 공동 작업으로 들어갈 수 있는 길을 마련하려고 노력한다. 가능할 때마다 치료 회기 안에서 재연되는 내적 역동(전이)에 관심을 갖도록 환자를 격려하려고 한다. 그러나 최단기 작업에서 이것은 빈번히 불가능하거나 도움이 되지 못하기도 한다. 그리고 나는 환자에게 다음 회기가 마지막임을 상기시키고 다음 회기를 어떻게 사용하고 싶은지 생각해 보도록 제안한다.

세 번째 회기

이 회기에서 종결에 관한 문제가 전면에 등장한다. 나는 환자에게 이 마지막 회기에 특별히 다루고 싶은 주제가 있는지 물어본다. 우리는 보통 초점에 대해 부가적 탐색을 한다. 그리고는 우리가 지금까지 해왔던 작업을 되돌아보고, 치료가 끝난 후에 환자가 스스로 또는 치료자와 할 수 있는 부가적인 작업에 대해 논의한다. 우리는 치료에서 성취한 것들을 살펴보면서 그것을 가능하게 했던 요소들을 생각해본다. 나는 환자에게 언젠가 필요할 때 다시 치료를 받을 수 있다고 격려하고, 추후 회기를 위한 약속이나 전화 시간을 정한다. 또는 환자를 장기치료로 의뢰하기도 한다. 종결의 경험에 대해서 함께 논의하고 종결 주제와 관련된 해석을 제공하기도 한다.

2회기짜리 치료 사례: 에드(ED)

첫 회기

나는 이번 상담을 하기에 앞서 몇 년 전 학부모 상담교육에서 에드 부부를 만난 적이 있었다. 그는 최근에 전화로 반복되는 우울에 관한 문제와 며칠 전에 꾼 꿈에 대해 상담하고 싶다고 말했다. 첫 회기에서, 37세의 이 조각가는 우울했던 고등학교 시절의 경험에 대해 말했다. 그리고 최근에 매우 인상적인 꿈을 꾸었고 그 꿈을 이해하고 싶다고 했다. 그는 그것이 자신과 자신의 우울을 이해하는 데 중요한 열쇠가 될 것이라고 직관적으로 느끼고 있었다.

얼핏 보기에 이것은 그가 자기 이해를 위해 2-3회의 꿈분석 면담을 요청하는 것처럼 보인다. 그러나 그때 내가 느낀 것은 전혀 그렇지 않았다. 내 느낌에 에드는 몇 년 전에 있었던 학부모 상담교육을 잘 이용할 수 있는, 심리적 감수성을 가진 사람이었다. 그는 심한 우울 상태에 있었고, 나를 약간 이상화하고 있었지만 우리의 상담에 대해서는 비교적 현실적인 기대를 가지고 있는 것으로 보였다. 나는 또한 그가 우리가 함께 할 수 있는 것이 제한적이라는 사실을 수용할 수 있을 것이라고 느꼈다. 우리는 비록 두 회기만을 만났지만, 나의 이런 생각들은 적중한 것으로 드러났다.

꿈의 내용은 이랬다: "나는 부모님 집에 있는 방들을 살펴보고 있었어요. 나는 어떤 방을 찾고 있었는데, 결국 그 방을 찾아냈어요! 천장에는 내가 만든 아름다운 모빌이 걸려 있었죠. 그때 아버지가 방에 들어왔어요. 나는 너무 좋으면서도 슬펐어요. 나는 모빌 중 하나를 아버지에게 보여주었는데, 그것은 내가 최근에 만든 조각품 중의 하나로 변했어요. 아버지는 그것을 손에 들고 비난하기 시작했어요. 그 다음엔 모든 것이 변했어요 … 마치 내 자신이 신체 바깥에 있는 느낌이랄까 … 나는 모든 것을 거리를 두고 관찰하고 있었어요. 형과 어머니가 거실에 있고, 천장에는 구멍 같은 것이 있고, 천상의 음악이 흐르고 있었어요.

나는 말로 다 설명할 수 없는, 마치 나의 죽음을 보고 있는 느낌이었어요. 아버지가 방에서 나와 작별인사를 했는데, 나는 아버지를 붙잡을 수 없었어요."

그는 자신의 부모님에 대해서, 애정은 깊었지만 자신을 이해하지는 못했던 관습적인 사람들이라고 묘사했다. 왜냐하면 그는 너무 예민한 아이였는데, 그들은 그의 예민함을 못 마땅해했기 때문이었다. 에드는 아버지를 완벽주의자로 보았다. 그 꿈에서 우리가 처음에 발견한 것은 에드, 아버지, 그리고 그의 아들 사이에 유사성이 있다는 사실이었다("그들은 전부 아니면 전무라는 사고를 지닌 그리고 모든 것이 바르게 되어야 한다고 생각하는 사람이었다"). 꿈속에서 그의 아버지가 그에게 가했던 비난은 그의 삶에 매우 심각한 영향을 끼쳤다는 것을 우리는 알았다—그로 인해 그는 몸을 빠져나갔고 자신의 죽음을 느꼈다.

두 번째 회기

에드는 치료회기들 사이에 종종 자신의 꿈에 대해 생각해보았고, 그 꿈에서 자신이 자발적으로 작품(조각품)을 만들고 있다는 데 주목했다. 그에게 있어서 자기-평가적인 사고는 그를 무력하게 만드는 요인이었다. 그것은 전부 아니면 전무로 경험하는 패턴(편집-분열 양태)에서 온 것이었다. 나는 완벽주의인 아버지와의 경험이 그렇지 않아도 민감한 그의 예민성을 더 강화했기 때문에 모든 형태의 비판이, 그것이 자신에게서 온 것이건 다른 사람에게서 온 것이건 간에, 그를 무력하게 만드는 수준이 되었다고 말했다(과거-타인-자기 해석). 그는 자신의 작품에 뭔가 문제가 있다고 생각되면, 그 작품이 아예 형편없는 것으로 여겨진다고 말했다. 그는 아버지가 자신을 대했던 것처럼 자신도 스스로를 그렇게 대하고 있다는 생각을 하면서 크게 놀랐다(과거-자기 해석).

나는 그가 자신의 아버지를 애정이 깊지만 비판적인 사람이라고 표현했는데, 여기에는 아버지와 가졌던 좋았던 경험의 요소와 상처받았던 경험의 요소가 혼합되어 있는 것 같다고 말했다. 하지만, 그가 비난받는다고 느낄 때면 그것은 그를 마음속에 있는 다른 여러 요인들과의 접촉으로부터 차단시키는 요소로 작용했다(편집-분열 경험이 우울적 양태의 경험을 몰아냄으로써). 그는 자주 자신이 주변 사람들과 다르게 느껴진다고 슬프게 말했고, 나는 그가 소속감을 느껴본 적이 있는지 궁금했다. 그는 세 가지 경험에 대해 말했다. 20세에서 27세 사이에, 그는 정기적으로 마약을 복용했고(주로 마리화나를 그리고 때때로 LSD를), 마약이 진정한 눈을 뜨게 해주었다고 느꼈다. 그러나 마침내 그는 "마약이 자신을 배신했고 불안하게 만들었다"는 사실을 깨닫게 되었다. 그가 "죽음"이라고 느꼈던, 자신의 육체를 떠나는 경험을 몇 번 한 후에 그는 마약을 끊었다. 나는 그가 꿈에서 묘사했던 느낌과 이 경험의 유사성에 주목했다. 나는 그가 마약을 사용하여 완벽주의자의 느낌을 다루려고 시도했지만 결국에는 실패했음을 이해했다. 두 번째 긍정적인 경험은 대학시절 미술교수와의 관계였다. 처음에 에드는 그가 자신의 "인생을 변화시켰다"고 느꼈다. 그러나 그는 에드의 정신적 스승이었지만, 에드가 너무 요구적인 사람이라고 느껴져서 관계를 끊어버렸다. 세 번째 긍정적인 경험은 12년 된 아내와의 관계로서, 그는 지금도 그녀를 편안하게 느끼고 여전히 사랑하고 있었다.

나는 세 번의 좋은 경험 중에 두 번의 경험이 좋지 않게 끝난 것에 대해 언급하고 나서, 그 사건들이 그가 희망을 갖는 능력에 어떤 영향을 미쳤는지에 대해 질문했다. 그는 그것에 대해 전혀 생각해본 적은 없지만, 그가 우울할 때에는 바로 그 말―희망이 없어!―이 마음의 중심에 자리를 잡는다고 하면서, 아마도 그것이 자신의 우울에 많은 영향을 미쳤을 거라고 생각했다.

그는 기분이 훨씬 나아졌고, 자신이 얼마나 공포에 사로잡혀 있었고 "자신 안에" 아버지가 얼마나 중요하게 자리 잡고 있었는지를 깨닫게 된 것이 인상적이었다고 말했다. 에드는 나의 도움에 감사를 표하면서, 상담을 더 받으면 자신에게 도움이 될 거라고는 생각하지만 여기에서 종결하는 것이 좋겠다고 말했다. 나는 우리가 중요한 작업의 일부를 함께 해냈다는 것과 여기에서 종결하는 것이 좋겠다고 느꼈다. 그가 제시한 우울 증상은 때때로 수면장애와 섭식장애를 수반하는 무력감에 집중되어 있었다. 그의 우울 증상은 3주 중 이틀간만 지속되는 긍정적인 측면도 있었다. 나는 그에게 나중에 언젠가 자기탐구를 위해서나 우울을 다루기 위해서 치료를 계속할 것을 제안했다. 나는 또 우울을 견디기 어렵게 되면 항우울제가 도움이 될 거라는 말도 해주었다. 그는 미래의 치료가 도움이 되리라고는 생각하지만, 약은 원하지 않는다고 말했다.

10개월 후 그에게서 소식이 왔다. 그는 자신의 기분이 훨씬 나아졌다는 메시지와 함께 미술전시회 안내문을 나에게 보냈다. 그는 여전히 우울을 경험하고는 있지만, 빠르게 그것들을 "극복하고" 있으며, 자신의 인생에서 두려움이 얼마나 자신을 통제해 왔는지에 대해 통찰했던 것이 이러한 빠른 극복을 가능케 했다고 느끼고 있었다.

에드와의 2회기 심리치료는 호이트와 그 동료들(1992)이 말한 성공적인 단일회기 심리치료의 세 가지 요소들을 모두 갖추고 있다: 치료자-환자 간의 좋은 관계, 자신의 상황에 대해 무언가를 할 수 있다는 환자의 믿음, 준비성. 이 치료에서 초점 설정은 명확했다: 증상 초점은 그가 우울을 다루도록 돕는 것이었고, 역동 초점은 꿈에 대한 이해를 돕는 것이었다. 꿈분석은 우리를 그와 아버지와의 관계에 대한 작업으로, 즉 그가 경험하는 비난과 공포에 대한 작업으로 인도했다. 나는 세 번째 회기는 하지 않겠다고 그가 결정한 것은 잘한 것이라고 느꼈다. 이 치료의 한계를 고려할 때, 지금이 종결을 위한 좋은 시점이라고 여겨졌다.

나는 그의 꿈에서 우리가 다루지 않았던 몇 가지 요소들이 궁금했다—"거실"에 있던 어머니와 형, 천상의 음악, 그의 말을 듣지 않는 아버지. 나는 에드가 해마다 아니면 2년에 한번씩 나를 찾아와 꿈에 대해 더 분석하는 상상을 했다(이 상담이 끝난지 2년이 지났지만 아직까지 그런 일은 일어나지 않았다). 나의 관심을 더 많이 끌었던 것은 최단기 심리치료를 하고자 했던 것과 관련된 그의 방어기제였다. 그를 배신했던 마약과 그를 거절했던 그의 스승처럼 치료자인 나도 결국은 그를 배신하고 거절할 것이라는 무의식적인 불안이 그에게 있었을 것이라고 나는 추측했다. 그래서 그는 치료자인 나와의 관계가 좋을 때 치료를 종결하고 싶어 했을 것이다. 따라서 나는 우리 만남이 짧은 것이었다는 것과 다루어야 할 자료가 더 있다는 것에 대해서는 더 이상 언급하지 않기로 했다.

3회기 상담 이후에 추후 회기를 갖는 사례: 샤론(Sharon)

첫 회기

내가 대기실에 있는 그녀와 인사했을 때, 샤론은 의자에서 벌

떡 일어나 내 사무실로 들어왔다. 그녀는 호의적인 태도를 보였지만 실제로는 불안한 눈빛으로 빠르게 사무실 내부를 훑어보았다. 그리고는 자리에 앉아서 여기에 오게 되어서 기쁘다는 말과, 어디에서부터 시작해야 할지 모르겠다고 말했다. 나는 시간은 충분하니까 잠깐 동안 그녀 자신에 대해 생각해보고 어디서부터 시작하고 싶은지 살펴보라고 말했다. 병원에서 수납원으로 일하고 있는 36세 된 그녀는 자신이 4년 된 지금의 직업을 얼마나 증오하는지 그리고 자신의 인생을 얼마나 지겨워하고 있는지에 대해 말했다. 그녀는 문학사 학위를 가지고 있고 짧은 글을 출간한 적도 있지만, 그 후로는 한편의 글도 쓰지 않았다. 그녀는 좀더 도전적인 직업(미식가를 위한 요리사, 식당 매니저 같은)을 갖고 싶어 했지만, 그렇게 할 수 없었다. 샤론은 항상 상황의 양면을 살피면서 무력감에 빠졌다. 그녀는 자신이 생각만 많고 행동은 부족한 사람이라고 하면서 말을 마쳤다. 나는 그녀의 우유부단함은 자신이 어떤 사람인지에 대한 인식부족 때문인 것 같다고 말했다. 그녀는 순순히 그 말에 동의하면서, 자신은 아직 자신을 찾지 못한 것 같다고 말했다. 샤론은 또 자신의 인생에서 "자신에 대해 확실하게" 느끼는 순간은 자신이 세 아이의 좋은 어머니, 즉 헌신적인 어머니라고 느낄 때라고 말했다.

나는 그녀에게 왜 지금 이 시점에서 내게 전화를 했느냐고 물었다. 그 대답으로 그녀는 이렇게 말했다. 하루는 그녀가 집에 있을 때 어떤 직업을 선택할지를 결정짓지 못하는 자신에 대해 생각하면서 자신의 신체가 마비되는 것을 느꼈다. 그때 그녀는 몇 분간 손을 움직일 수 없었다. 마비는 곧 지나갔지만 샤론은 계속 꼼짝 못하는 무기력한 상태에 처해 있었다. 그녀는 그 사실을 남편에게 말했고 남편은 그녀를 나에게 보냈다. 그녀가 지금 내게는 말했지만 남편에게 말하지 않은 것이 있는데, 그것은 그 사건으로 인해 자신이 마비된다고 느꼈던 또 다른 순간에 대한 기억이 떠오른 것이었다. 일년 전에, 남편이 도시를 떠나 그녀 혼자 아이들과 지내고 있을 때 이상한 생각이 들었던 순간이 있었는데, 그것은 아이들의 방으로 들어가 베개로 아이들을 질식시킨다는 생각이었다. 그것은 단순한 환각이 아니었고, 비록 그녀가 그런 충동을 부인했을지라도, 너무 강하고 생생한 것이었다. 그녀는 자신의 그런 생각이 너무 두려웠고 그런 생각을 했다는 것 자체가 수치스러웠으며, 자신이 끔찍한 엄마는 아닌가 하는 의심이 들었다. 그녀는 그 후에 그런 생각을 한 적은 없지만, 그때 경험했던 생생함과 강렬함으로 인해 실제로 그런 일이 일어날까봐 늘 두려웠다.

　나는 샤론이 호감이 가는 여성이지만, 자신이 한 이야기를 미묘하게 스스로 평가절하하는 강박적인 여성이라고 느꼈다. 사실, 그녀는 자기 자신이 누구인지를 발견하지 못하는 어려움을 갖고 있었고, 그녀가 전전했던 일련의 직업들은 그녀의 능력에 미치지 못하는 것들이었다. 그녀는 자신의 인생을 생각하는 데 너무 많은 시간을 보내고 있으면서, 여전히 자기 자신과는 접촉하지 못하는 혼란에 빠져있는 것처럼 보였다. 아이들에 대한 그녀의 살인 환상은 갑자기 나를(그리고 그녀를) 놀라게 했고, 정신병적 과정이 시작될 가능성에 대해 더 많이 경계하게 만들었다. 그녀에게는 확실히 자폐-접촉적 기능의 징후가 있었다: 내 사무실이 얼마나 편안한 곳인지에 대한 그녀의 관심, 일시적인 손의 마비, 아이들을 질식시켜 죽이는 상상에 대한 그녀의 사실적인 묘사. 무엇보다도 그녀가 자기 자신의 존재와 접촉하지 못하고 있다는 느낌은 그녀가 이 양태에 속한다는 사실을 말해주는 것으로 보였다. 우리가 그것에 대해 계속 얘기를 나누면서, 나는 그녀가 그런 생각을 행동화할 위험성은 거의 없다고 느꼈다. 그러나 나는 그녀가 어렸을 때 학대받지는 않았는지 그리고 자신의 분노를 분열시켜놓지는 않았는지 궁금해졌다. 그녀는 학대를 받은 적이 있다거나 가족 중에 정신병을 앓은 사람이 있는 것은 아니라고 말했다.

그녀는 자신이 방금 말한 살인 환상에 대해 내가 어떻게 생각하느냐고 물었다. 나는 그것을 아직 충분히 이해하지 못했고 따라서 우리가 그것을 좀더 충분히 이해할 수 있었으면 좋겠다고 말했다. 나는 생각과 행동 사이에는 엄청난 차이가 있으며 그녀가 그 생각 때문에 불안한 것은 당연한 것이라고 말했다. 그녀가 그 생각을 행동으로 옮기고 싶다는 충동을 느끼지 않는다는 것은 좋은 징조였다. 그래서 나는 그것이 무엇을 의미하는가의 주제로 되돌아갔다. 그런 환상은 남편이 없어서 그녀 혼자서 부모 역할을 감당해야만 했을 때 일어났다. 나는 그 환상이 그녀가 어렸을 때 형성된 분노의 표현이 아닌가 하고 의심했다. 그녀는 이것에 대해 잠시 생각하고 난 후에, 자신은 항상 아이들에 대해 참을성이 많아서 화를 내지 않는다는 것을 자랑스럽게 여긴다고 말했다. 그러나 그녀는 자신의 월급이 가족의 유일한 수입원이었을 때(그녀의 남편은 지난 2년 간 수입이 별로 없는 프리랜서 사진작가였다), 아이들이 자신의 직업에 많은 제한을 부과하는 요인이었다고 말했다. 그녀는 그것과 관련하여 남편에 대해서는 어떤 분노도 느끼지 않는다고 말했다.

상담이 진행됨에 따라, 샤론은 좀더 안정되고 더 초점에 집중할 수 있게 되었다. 그녀는 누군가에게 그 환상을 털어놓고 나니 안도감을 느낀다고 말했다. 그녀는 남편한테도 이 환상을 털어놓을까 생각했었다고 했다. 이 이야기는 그녀가 남편 및 친구들과 좋은 관계를 유지하고는 있지만 그들에게 자신의 욕구에 대해 솔직하게 표현하지는 못하고 있다는 짤막한 논의로 이끌었다.
　나는 우리가 세 번 상담할 수 있고, 이 환상과 직업을 정하지 못하는 문제를 더 깊이 살펴보고(증상 초점), 자신을 "발견하는" 문제에 대해서도 살펴보자고(역동 초점) 제안했다. 그러나 나는 자기-탐색의 초점은 실은 장기치료의 영역이므로 그녀가 그것을 시작할 것인지에 대해 생각해볼 수 있다고 말했다. 나는 그녀에게 어쨌든 우리가 할 일은 그녀의 살인 환상의 의미를 밝히는 것임을 명심하라고 말해주었다.
　이 사례는 최단기치료에서 무엇에 초점을 두어야 하는지 그리고 무엇을 다루지 말아야 하는지에 대한 어려운 문제를 제기하고 있다. 분명히, 샤론은 실제적이고 역동적인 어려운 문제들을 많이 가지고 있었지만, 그 모든 문제점들에 대해 작업할 수는 없었다. 자료가 지시하는 것을 따른다면, 분명히 샤론의 결혼생활에 대한 탐색이 유용할 것이다. 예를들면, 남편은 좋아하는 일만 하는 동안 자신은 가족의 생계를 위해 싫어하는 직업을 유지해야 한다는 사실을 그녀는 어떻게 느꼈을까? 아래에 상술한 바와 같이, 이것에 대해 다루는 과정에서 치료는 다른 방향으로 발전했다.

두 번째 회기

　샤론은 자신의 살인 환상에 관해 남편에게 이야기했고 남편이 그녀를 공감해주고 이해해주었다는 것으로 이야기를 시작했다. 그녀는 남편에게 이야기한 것에 안도감을 느꼈고, 자신이 그렇게 끔찍하게 여겨지지 않았다는 남편의 말에도 안도감을 느꼈다. 나는 남편이 집을 떠나 있고 자녀양육에 관한 모든 짐을 그녀 혼자 지고 있는 동안에 그녀에게 살인 환상이 떠올랐다는 사실을 지적했다. 나는 이것이 남편에 대한 분노의 위장된 표현은 아닐까 의심했다. 그녀는 이것에 대해 잠시 생각해보고는, 논리적으로는 일리가 있는 말이지만 자신은 남편에게 전혀 화가 나지 않았다고 말했다. 우리는 최근에 있었던 짧은 마비 경험에 대해 좀더 이야기를 나누었고, 나는 그녀의 손이 마비되면 그녀의 환상을 행동으로 옮길 수 없을 거라고 지적했다(아이들을 질식시키려면 손을 사용해야 한다). 그녀가 경험했던 환상에 대한 기억이 우리가 지난 주에 마비에 대해 이야기를 나누는 동안에 떠올랐다는 점에서, 나는 이 둘이 연결되어 있을 것이라고 말했다. 샤론은 이러한 생각에 흥미를 느꼈고, 그 생각을 "마비"는 나쁜 결정으로 인해 가족을 해치지 않으려는 시도일 수 있다는 생각으로 확장했다.

30분이 지났을 때 그녀는 이제 무슨 얘기를 해야 할지 모르겠다고 했다: 여기에는 수많은 가능성이 있었다. 그녀가 어떤 이야기를 할지를 결정하려고 애쓸수록 그녀는 더 불안해졌다. 나는 이때 그녀의 불안과 우리의 제한된 시간에도 불구하고, 편안하게 느끼면서 그녀의 이야기를 듣고 있었다. 나는 그녀에게 스스로에게 압력을 가하지 말고 시간을 갖고 자신 안에서 무슨 소리가 들리는지 가만히 들어보라고 격려했다. 나는 그녀의 수용능력을 촉진시키려고 시도하고 있었다. 그녀는 계속해서 이야기의 주제를 결정하려고 힘들게 노력했고, 그래서 회기는 거의 마비상태가 되었다. 결국 나는 "당신은 항상 옳은 것들만을 말하려고 애쓰는 바람에 당신 자신의 생각과 느낌을 들을 수 없는 것 같군요"라고 말했다. 그러자 샤론은 곧 정신을 가다듬고 자신은 감정이 강렬해지기 전에는 자신의 감정에 주의를 기울이지 않는다고 하면서, 몇 가지 예를 들어 설명했다: 그녀를 괴롭히는 기분나쁜 이웃에 대한 감정을 부인하고 있는 것, 그녀를 좌절시키는 현재 직업에 대한 감정을 부인하고 있는 것, 자신이 더 큰 아파트나 집에서 살고 싶어 한다는 느낌을 부인하고 있는 것.

우리는 이 주제에 대해 약 10분 동안 상당히 생산적인 이야기를 나누었다. 그녀는 또 다시 어떤 이야기를 해야 할지 모르겠다며 불안해하고 좌절했다. 그녀는 자신의 "역겨운" 가족에 대해 이야기를 할 수도 있지만, 그런 이야기로 시간을 낭비하고 싶지 않다고 하면서, 다른 가능한 화제의 주제들을 열거했다. 나는 이때 개입했고, 그녀가 방금 자신의 가족에 대해 이야기할 수 있다고 말하고 나서 다른 주제로 옮겨갔는데, 그 순간에 그녀는 자신의 소리에 귀를 기울이지 않은 것 같다고 지적했다. 그녀는 그 이야기가 별 소용이 없을거라고 생각하지만, 뾰족히 다른 이야기 거리가 없기 때문에 이야기해보겠다고 하면서, 자신의 가족에 대해 말하기 시작했다.

그녀의 어린시절은 혼돈스러운 것이었다. 알코올 중독자인 아버지는 샤론이 13살 때 집을 나갔다. 그녀의 아버지는 작가였지만(샤론처럼), 그 직업을 고수하지 않고 기술이 별로 필요 없고 경력에 도움이 되지 않는 다양한 일들을 계속했다. 회기 종료 시간이 가까워졌을 때, 그녀가 격한 목소리로 소리쳤다. "나는 아버지처럼 되고 싶지 않아요." 회기가 끝날 즈음에, 나는 이러한 그녀의 기억은 매우 중요한 것이며, 내가 그녀의 "역겨운" 가족이라는 지나쳐 가는 언급에 귀 기울이지 않았다면 그리고 그것을 살펴볼 것을 격려하지 않았다면, 그것은 나오지 않았을 것이라고 말했다. 이것은 그녀가 좀더 살펴볼 필요가 있는 영역이었다. 나는 또한 약속된 3회기 중에서 이제 한 회기가 남았다는 사실을 상기시켰다.

관계 안에서 안아주고 담아주는 기능이 무엇을 뜻하는지가 이 두 회기에서 잘 드러나고 있다. 두 회기 모두에서 그녀의 불안과 마주 앉아있을 수 있었던—그것을 담아주면서—나의 능력이 그녀의 불안을 변형시킬 수 있었던 요소였다. 나의 다양한 언급들이 그녀를 안아주는 기능을 했기 때문에 그녀는 안정을 찾을 수 있었고, 마구 밀려오는 자신의 생각에 압도되지 않고 자신을 성찰할 수 있었다. 회기 중에 나타난 그녀의 마비는 생각이 마비되는 것이었다. 그것은 나로 하여금 샤론의 정신적인 마비와 공포를 볼 수 있도록 인도했고, 또한 그것을 그녀의 내적 대상 세계와 연결할 수 있게 했다. 안아주는 환경은 이 모든 것이 발생할 수 있는 무대를 마련해주었다. 이러한 성장을 촉진하기 위해 치료자가 무엇을 해야 할지에 대해 미리 정해진 것은 아무것도 없다.

그녀를 안아주었던 것으로 간주되는 언급들은 다음과 같다:

- 자신을 발견하고자 하는 그녀의 노력에 대한 언급
- 그녀의 살인 환상에 대한 비판적이지 않은 탐색
- 그녀가 너무 올바르게 행동하려고 하기 때문에 자신의 느낌에 귀 기울이지 못하고 있다는 언급
- 그녀가 가족에 대한 이야기를 회피하는 것에 대한 언급

이러한 개입들은 그녀를 안정시켜주었고 그녀의 집중력을 높여주었다. 샤론과 나는 그녀의 마비된 생각과 아버지처럼 될지도 모른다는 불안을 이해하는 데 필요한 새로운 환경을 만들어 낼 수 있었다.

초점과 관련해서, 내가 어떻게 그녀가 자신에게 귀 기울이지

않는다는 문제와 가족에 대한 주제를 다루었는지를 생각해보자. 이것들은 확인된 초점과 직접적인 관련이 없는 것이었다. 이런 것들을 어떻게 처리할 것인지를 판단하는 것은 최단기치료를 수행하는 치료자의 몫이다. 나는 이것이 초점과 중요하게 연결되어 있을 것이라는 직관을 갖고 있었다. 결국 그것들은 서로 연결되어 있음이 밝혀졌다: 그녀는 자신의 잠재력을 헛되이 낭비하던 아버지의 패턴을 반복하고 있을까봐 불안해했다(자기-과거 연결). 나는 이 치료가 혼란스럽고 산만하게 될 수 있는 위험에도 불구하고 그것을 다루었다. 나는 또 그녀가 이야기하는 방식이 직접적이지 않다고 강하게 느꼈다. 이것은 그녀가 초점이 없고 간접적이었던 아버지를 무의식적으로 동일시한 결과였지만, 그녀 자신이 새로운 연결을 형성할 수 있도록 촉진하는 긍정적인 요소로 작용하였다.

세 번째 회기

세 번째 회기를 기다리는 동안, 샤론이 장기치료를 받는다면 치료 효과가 더 클 것이라는 강한 느낌이 들었기 때문에, 나는 재정적인 어려움에도 불구하고 그녀가 장기치료를 받으라는 나의 권고를 수용하기를 바랬다. 그녀는 이번 회기 동안에 강한 집중력을 보였다. 그녀는 지난 시간 이후로 아버지처럼 될지도 모른다는 자신의 공포에 대해 많은 생각을 했다고 말했다. 그녀는 그것이 자신을 무력하게 만들고 우유부단하게 만든 원인의 일부라고 느꼈다. 얄궂게도, 두려움 자체가 두려운 패턴을 만들어냈다. 나는 결정을 내리는 데 필요한 그녀의 기준이 완벽에 가깝다고 말했다. 완벽하려는 그녀의 욕구 때문에 도리어 어떤 것을 결정하기가 힘들고, 따라서 그녀는 교착상태에 빠진다는 것이다. 그녀는 자신의 판단이 옳다는 확신이 서지 않는 한, 선택하기가 어렵다는 것을 인정했다. 모든 것은 그 자체의 불완전성을 가지고 있기 때문에, 그녀는 아무런 선택도 할 수 없었다. 우리는 이런 측면이 아버지의 알코올 중독과 아버지의 생활 패턴에도 영향을 미치지는 않았는지에 대해 함께 생각해보았다.

그녀는 지난 회기 이후 저널에 실을 글을 쓰고 있다고 말했다. 그녀가 그런 일을 한 것은 몇 해만에 처음이었고, 그녀는 그것이 유익하다고 느꼈다. 나는 그것이 그녀 자신에게 귀를 기울이는 한 가지 방법이라고 말했다. 그녀는 자신을 자기 자신에게서 "빼앗아가는" 또 다른 요소는 아버지가 떠난 후 자신에게 맡겨진 역할이었다는 것을 깨달았다. 그녀는 여동생에게는 대리부모가, 어머니에게는 대리남편이 되어야만 했다고 말했다. 나는 그녀가 너무 빨리 어른이 되어야만 했던 것 같다고 말했다. 우리는 또한 그녀가 아버지처럼 되지 않기 위해서 좋은 엄마가 되어야 한다는 압력을 받았을 가능성에 대해 살펴보았다. 그녀가 살인 환상에 대한 고통과 아이들에 대한 분노를 부인해야 했던 것은 부분적으로 완벽한 부모가 되어야 했던 압박감에서 기인한 것이었다.

샤론은 계속해서 심리치료를 받기 위해 다른 치료기관을 알아보았지만, 그 곳의 치료사들은 잘 훈련되어 있지 않다고 느껴져서 더 이상의 치료는 받지 않겠다고 마음먹었다. 우리는 그녀가 나를 이상화하는 것과 나와의 관계를 상실하는 데 따르는 고통에 대해 다루었다. 또한 나는 그녀가 다른 치료를 고려하지 않는 것이 완벽한 선택이 아니면 선택하려고 하지 않는 그녀의 패턴에 대한 또 하나의 예로 보인다고 말했다. 그녀는 다른 직업을 찾는 것에서 자유로워진 느낌이라고 했으며, 놀랍게도, 당장 현재의 직업을 그만두어야 한다는 압력을 덜 느끼게 되었다고 했다. 현재의 직업은 명백히 몇 가지 장점을 가지고 있기 때문에(아이들과 함께 시간을 보낼 수 있다는 점), 그녀는 조금 더 편안한 마음으로 다른 직업을 구할 수 있을 것이라고 느꼈다.

나는 이 세 번의 회기에서 많은 일들이 일어났다고 느꼈지만, 종결 시기는 너무 이른 것 같았다. 샤론은 집중할 수 있는 능력을 상당 정도 향상시켰고, 자신이 얼마나 우유부단함 속에 갇혀 있었는지 알게 되었으며, 자신에게 좀더 귀 기울이기 시작했고, 자신의 정체성과 아버지와의 다른 점을 더 많이 인식하게 되었다. 그러나 내 눈에는 이런 진전들이 확고해보이지 않았다—보통 때보다 더 그랬다. 그리고 더 이상 치료를 받지 않겠다는 말이 마음에 걸렸다. 나는 이 모든 것을 인식하고 있었지만, 다른 한편으로는, 어떤 행동을 취하기 전에 이상화된 조건을 필요로 하는 샤론을 내가 동일시하고 있는 것은 아닌가 하고 자문해보았다. 나는 모든 것을 고려한 후에, 결론적으로 후속 회기를 제안하는 것이 최선의 방법이라고 결정했다. 우리는 한 달 후에 후속-회기를 갖기로 했다.

네 번째 회기

샤론은 직장에서 심한 스트레스를 느끼고 있으며 그로 인해 병원 동료들로부터 고립되는 느낌이 든다는 말로 이번 회기를 시작했다. 나는 이 회기가 우리의 마지막 만남이기 때문에 그녀가 고립감을 느끼는 것은 아닐까 하는 생각이 들었다. 그녀는 지난 한달 동안은 잘 지냈다고 말했다. 그녀는 자신과 직업에 대해 조금 더 편안함을 느꼈고, 저널에 기고하기 위해 정기적으로 글을 썼으며, 짧은 이야기를 쓰기 위한 아이디어를 구상 중이었다. 또한 다른 직업을 구하기 위해 시도하고 있었다.

샤론은 자신이 치료받은 것과 여러 면에서 도움을 받은 것에 대해 내게 감사를 표했다. 그녀는 치료를 계속하기 위해 정신건강센터를 알아보는 것을 고려하고 있지만, 나와 계속해서 치료를 할 수 있는지 궁금해하고 있으며, 월 1회 상담료는 충분히 낼 수 있다고 말했다. 나는 나와 계속해서 만나는 것은 어렵다고 했던 말을 상기시켜주면서 동시에 새로운 누군가와 모든 것을 처음부터 다시 이야기하는 것이 어려운 일이라는 점을 공감해주었다. 나는 또 한 달에 한번 상담하는 것으로는 진지한 자기-탐색을 하기 어려울 거라고 말했다.

나는 종결에 대한 그녀의 반응을 두고 우유부단한 그녀의 패턴이 확장된 것이라고 해석했다. 나는 그녀가 특별한 상황이(혹은 특별한 관계가) 제공하는 한계를 직면하기가 쉽지 않을 것이라고 말했다. 샤론은 어떤 상황(나와의 심리치료, 그녀의 직업)에서 무엇을 얻을 수 있고 무엇을 얻을 수 없는지 인정할 수 있을까? 만일 그렇다면, 현 상황의 한계를 받아 들이기로(치료를 그만두거나 현재 직업에 머물러 있는 것) 결정하든지 아니면 그것으로는 충분하지 않기에 불안하더라도 다른 상황을 찾아가는 쪽으로 결정하든지, 그녀는 훨씬 수월하게 결정할 수 있을 것이다. 더 나아가 나는 그녀의 이러한 우유부단함이 좀더 직접적이고 성공적이지 못했던 그녀의 아버지가 가졌던 패턴에서 온 것은 아닐지 모르겠다는 말을 했다. 그녀는 그 의견이 일리 있다고 생각했고, 그런 점에서 아버지처럼 되지 않겠다는 그녀의 결심을 다시 한번 굳혔다.

샤론은 이것을 단순히 인지적으로 이해하고 다루었는데, 나는 그녀가 효율적인 수준에서 그것을 다룰 수 있을 거라고 믿지 않았다. 우리는 이것을 해석할 기회가 없었다. 나는 그녀가 인지적인 수준에서 인식한 것을 좀더 작업할 수 있기를 바랐다.

나는 갑자기 종결을 하는 것이 슬퍼졌고 그녀가 그리워질 것 같았다. 이 짧은 만남에서 나는 그녀와 아주 가까이 접촉했다고 느꼈다. 나는 이 후속회기를 갖는 것에 대해 갈등했었다. 나는 그녀가 치료 의뢰에 대해 그리고 더 많은 작업을 할 수 있는 치료 가능성에 대해 결정하지 못하고 저항하고 있다고 느꼈기 때문에, 이 후속 회기를 제안했다. 하지만 나는 내가 무의식적으로 자신의 한계를 부인하는 그녀와 동일시하여 종결과 우리가 하는 일의 한계를 직면하지 않고 있는 것은 아닌가라는 생각을 했다. 아마도 그때 나는 한계를 무시하는 그녀와 공모하고 있었을 것이다. 또한 나는 내가 이 치료를 흥분시키는 대상의 경험이 되게 한 것은 아닌가 하고 생각해보았다—나는 한 달 후의 추후 회기를 계획했는데, 그녀는 한 달에 한번 상담할 것을 요구했다(그녀가 그러한 요구를 하도록 내가 무의식적으로 자극한 것일까?).

나는 이 마지막 회기에서 우리가 중요한 작업(한계를 수용하는 작업)을 했다고 스스로 만족해했다. 그러나 그것이 네 번째 회기를 갖는 것을 충분히 정당화 할 수 있는 것일까? 지금 샤론의 사례에 대해 기술하면서, 나는 여전히 갈등하고 있다(우유부단?) 그러나 결국 세 번째 회기에서 그만두는 것이 더 나았다는 생각에 도달했다.

최단기치료에 대한 요약

최단기치료는 일반적으로 단기치료와 동일하지만 좀더 집중적인 형태를 보인다는 차이점이 있다. 나는 특히 다음의 것들을 강조한다.

일반적인 규칙: 치료가 단기일수록 초점은 더 좁아져야 한다.

작업할 시간이 많지 않기 때문에, 초점이 좁을수록 치료가 더 적절히 전개될 수 있다.

동맹을 빠르게 형성하는 환자와 치료자의 능력이 중요하다.

이 점은 쉽게 당연한 것으로 취급되는 중요한 사실이다. 적절한 동맹 없이는 치료가 진행될 수 없고, 치료동맹이 빠르게 형성되지 않으면 단기치료를 할 수 없다. 그렇다고 치료동맹이 전적으로 확고한 것일 필요는 없다. 최단기치료에서 치료동맹은 한정된 초점을 중심으로 집중된 단순하고 생산적인 것이어야 한다.

**최단기치료에서는 흥분시키는 대상관계가
발생할 가능성이 특히 높다.**

최단기치료에서, 환자가 치료자에게 이야기하는 것을 통해 안도감을 느끼고 편안해지기 시작할 때 치료가 종결된다. 따라서 환자는 불만족스러운 상태가 되어 치료를 더 하고 싶어진다. 일반적으로 이것은 단기치료에서 발생하는 문제점 중의 하나이지만, 최단기치료에서는 특별히 더 문제가 될 수 있다. 12회기에서 25회기까지의 치료에서 환자는 자신의 문제가 개선되었다는 느낌을 한동안 갖는 경우가 많다. 초점을 좀더 제한하고 환자와 갖는 접촉의 한계를 명백하게 명시하는 것이 치료가 흥분시키는 대상경험이 될 수 있는 가능성을 줄이는 데 필수적이다.

달성해야 할 세 가지 목표

1. 긍정적인 경험을 제공하라. 그래야만 환자가 미래에 다시 치료를 받기 위해 돌아올 수 있다. 어떤 환자들은 다른 사람들과 가졌던 일상적인 관계 경험과는 반대되는, 타인(치료자)과 긍정적인 경험을 갖는다는 것 그 자체만으로도 현실적인 희망을 갖게 될 수 있다. 다시 말해서, 대상관계 관점에서 치료란, 그것이 얼마나 짧은 것인가와는 상관없이, 근본적으로 관계이다.

2. 환자의 고통을 줄여주라. 모든 환자들이 그런 것은 아니지만, 심리치료를 받는 대부분의 환자들은 고통을 줄이기 위해 심리치료를 받는다. 지지적인 심리치료의 효과는 종종 최단기치료에서도 나타날 수 있다.

3. 내면 세계에 대한 환자의 호기심을 자극하라. 말란(1976)이 언급했듯이, 심리에 대한 환자의 호기심은 긍정적인 결과와 강하게 연결되어 있다. 환자와 치료자가 심리적 문제들을 확인하는 것 이상의 작업을 할 수 없을 때조차도, 환자가 이 문제에 관심을 갖게 되면 환자 혼자서 혹은 미래에 더 깊은 치료를 통해서 더 많은 작업을 할 수 있다.

환자는 자신이 상황을 통제할 수 있는 상당한 잠재력을 가지고 있다는 사실을 깨달을 수 있는가?

많은 사람들이 절망감으로 인해 치료를 받으러 오는데, 그 절망감은 자신들이 처한 상황에 아무런 영향도 미치지 못한다는 믿음에서 나온 것이다. 치료를 촉진하는 중요한 과정은 환자가 상황에 영향을 미칠 수 있는 자신의 잠재력을 현실적으로 탐색하는 것이다. 이 말은 최단기치료에서 환자들의 상황이나 상태를 실제로 변화시킬 필요가 있다는 것을 의미하지는 않는다. 다만 그들이 상황에 영향을 미칠 수 있는 자신들의 잠재력을 알고 그것을 존중하는 법을 배워야 한다는 것을 의미한다. 변화시킬 수 없는 상황(사랑하는 사람의 죽음, 치명적인 질병)에서 조차도, 치료자는 환자의 정서적 고통의 강도를 줄이거나 손상된 기능을 향상시킬 수 있도록 다양하게 접근할 수 있다.

만일 환자가 자신의 인생에 아무런 영향을 미칠 수 없다고 느낀다면, 나는 환자들이 그러한 생각에서 벗어날 수 있는 방법들을 적극적으로 모색할 것이다. 더 나아가 최단기치료에서 나는 다음과 같은 질문을 할 것이다:

당신이 무엇인가를 다르게 할 수 있다면, 그것은 무엇일까요?
그걸 시도해볼 수 있겠어요? 한번 해보고 나서 어떤 일이 일어나는지 보시지요?
오늘은 어떤 것을 변화시키길 원하세요?

나는 또 다음과 같은 중국 속담을 인용하기도 한다. "만약 당신이 지금 방향을 바꾸지 않는다면, 가던 길을 되돌아 오게 될 것이다"(Hoyt, 1990). 그렇다고 내가 이런 질문이나 언급으로 회기를 시작하는 것은 아니다. 회기 초기에는 발전시킬 만한 문제들을 발견할 수 있는 심리적 공간을 마련하는 데 더 관심을 기울일 것이다.

경험적으로 배울 수 있는 기회가 적다

최단기치료에서는 15회기에서 25회기의 치료에서보다 회기 중에 재연되는 것을 덜 탐색하게 된다. 많은 환자들의 경우, 불안

(치료자와의 상호작용을 지금 여기에서 관찰하는 데 수반되는) 을 견디게 해주는 안아주는 환경을 발달시키는 데는 더 많은 시간이 걸린다. 물론, 치료자가 회기 중에 그것을 살펴볼 기회 또한 적다. 따라서 최단기치료에서는 가능한 한 경험적인 작업을 시도하기는 하지만, 치료 작업이 단기치료에서보다 좀더 인지적이 되는 경향이 있다. 이점은 다음의 권고와 관련되어 있다.

**극복과정에 사용할 수 있는 시간이 적으므로
치료에서 배운 것을 삶의 다른 영역에 적용할 수 있게 하라**

때때로 변화와 성장은 갑자기 한 순간에 일어난다. 로젠바움(Rosenbaum)과 그 동료들(1990)은 "결정적인 순간들"과 "핵심적 순간들"에 대해 말했다. 그러한 경험들을 표현하는 데 사용되는 용어들은 "아하" 경험, 계시, 현현 등이다. 그러나 치료에서의 변화는 사건이라기보다는 과정이다. 때때로 변화가 갑자기 나타나는 것처럼 보이기도 하지만, 변화는 점진적으로 확장되고 전개되는 과정의 마지막 지점이다. 정신역동적으로, 우리는 이러한 점진적인 변화과정을 극복과정 또는 훈습이라고 부른다. 치료의 경험과 통찰이 환자의 성격으로 통합되고 뿌리내리며 성장하는 데는 시간이 걸린다. 최단기치료에서, 치료자와 환자는 자료들을 다루면서 극복과정을 완성할 시간이 거의 없거나 전혀 없다. 따라서, 치료자는 치료 바깥에서 극복과정을 촉진시키는 일에 환자가 관심을 갖도록 유도할 필요가 있다. 나는 환자가 어떤 깨달음을 가지고 돌아갈 것인지, 어떻게 하면 환자가 그것을 계속해서 사용할 수 있을지 자문하곤 한다. 나는 환자가 치료 후에 계속해서 인지적으로 사용할 수 있도록, 치료 작업에서 중요하게 다루었던 특정한 문제들을 확인하곤 한다(예컨대, 다른 사람의 "미친" 행동을 부인하는 카트리나의 문제). 같은 맥락에서, 나는 환자에게 계속해서 그러한 문제점들을 살펴보라고 분명하게 제안한다(예컨대, 샤론의 우유부단함과 아버지의 그런 패턴과의 연관성).

겸허하라 그러나 희망을 가져라.

탤리(1992)는 다음의 두 가지를 주목했다: (1) 최단기치료에서는 단기치료나 장기치료에서 가능한 것을 성취할 수는 없지만, 종종 환자들에게 의미 있는 지원을 제공할 수 있으며 (2) 높은 비율의 환자들은 자신들의 최단기치료 경험을 만족스러워 한다. 내가 위에 제시한 세 가지 목표가 최단기치료에서 달성될 수 있다. 더 많은 시간이 주어진다면, 더 많은 것을 성취할 수 있을까? 물론 그럴 것이다.

무엇보다도 그런 짧은 만남이 환자에게 영향을 줄 수 있다는 사실을 폄하하지 않는 것이 중요하다. 치료자는 빈번히 환자보다 치료에 대해 덜 긍정적으로 평가한다. 나는 결혼생활의 문제로 찾아온 경찰관을 단일회기로 치료한 적이 있다. 그 치료에서 증상 초점은 부인과 헤어질 것인지에 대한 문제에 맞춰졌다. 역동 초점은 다루지도 못했고, 그는 상담을 시작할 때와 마찬가지로 여전히 혼란스러운 상태였으며, 아무것도 결정하지 못한 채 상담을 마쳤다. 우리의 치료 작업에도 불구하고 그의 주관적인 고통은 전혀 줄어든 것 같지 않았다. 그러나 다음 해 그는 두 명의 동료들을 나에게 보냈다. 나는 그 두 사람에게서 그가 나를 칭찬했다는 말을 듣고는 놀라움을 금치 못했다.

서두르지 마라

　단기치료에서 환자와 치료자가 서두르는 경향이 있다면, 최단기치료에서 그런 경향은 더욱 심각할 수 있다. 일반적으로 서두르는 만남은 환자의 세계에 접근하기보다는 거절하거나(비공감적) 흥분시키는 대상 경험을 자극할 수 있다. 따라서 많은 다양한 문제점들을 다루기보다는 몇 가지 자료를 확인하고 강화하는 것이 더 유용하다. 최단기치료에서 그리고 단일회기 치료에서조차도 심리치료의 치유적 힘은 진정으로 경청하는 치료자(그리고 환자)의 능력에 기초해 있다.

11장

대상관계 단기치료와
성격장애 환자: I

> 성격장애 환자들은 끊임없이 임상가들로 하여금 그들의 전문성의 한계를 느끼게 만든다.
>
> 크리스토퍼 페리와 죠지 베일런트
> (J. Christopher Perry and George E. Vaillant), 1989

성격장애 환자들을 위해서는 보통 장기 심리치료를 선택한다. 이것은 비단 나뿐만 아니라 대다수의 단기 역동 심리치료 이론가들의 의견이기도 하다. 이 점에 대해서는 나중에 다루도록 하고, 그 전에 짧은 이야기를 먼저 하겠다:

몇 년 전에 나는 성격장애 환자를 위한 단기치료라는 제목으로 미국 건강보험 기구(American Healthcare Institute)에서 세미나(Stadter, 1993)를 인도한 적이 있다(다음 두 장에서 내가 제시하는 자료들은 그 세미나에서 발췌한 것이다). 내가 그 세미나를 준비하고 있을 때, 내 동료 한 사람이 이번 세미나는 내가 했던 어떤 것보다도 쉽게 하는 것이 좋겠다고 충고했다. 그는 다음과 같은 질문과 그 답으로 강의를 시작하라고 제안했다. "단기치료에서 성격장애 환자들과 어떤 작업을 할 수 있을까요? 물론 아무것도 할 수 없죠!" 나는 가만히 앉아 전체 일정에 대해 생각해보았다.

다행스럽게도 세미나 분위기는 냉소적이었던 동료의 말처럼 단조롭지도 냉랭하지도 않았다. 그러나 많은 치료자들은 짧은 시간 안에 성격장애 환자들에게 의미 있는 치료적 경험을 제공할 수 있다는 가능성에 대해서는 회의적이었다. 콥타(Kopta)와 그 동료들(1994)은 심리치료의 회복 패턴에 대한 연구에서 다음과 같은 결론을 내렸다. "심리치료에서 처음 52회기 동안은 성격적 증상의 변화가 거의 없고, 더 장기적인 개인치료가 필요한 것으로 나타났다"(p. 1015). 확실히, 많은 성격장애 환자들의 성격구조와 상호작용 패턴은 안아주기 환경이 제한된 단기치료에서는 변화와 성장을 추구하기가 쉽지 않다. 그런 사람들과는 빠르게 치료동맹을 형성하기가 어렵고, 그런 사람들은 방어기제와 반복되는 대상관계에 대한 탐색을 견디는 것이 쉽지 않으며, 분리와 종결을 적절하게 조절하는 것이 어려울 수 있다. 여러 측면에서, 이런 환자들은 단기치료자들을 기진맥진하게 하고, 가장 힘든 역전이를 발생시킨다.

어쨌든, 심각한 성격장애 환자들의 경우 장기치료를 실시하는 것이 보통이지만, 이 환자들과의 역동 초점에 대한 상당히 의미 있는 작업은 단기치료에서도 이루어질 수 있다. 본 장에서는 성격장애 개념, 대상관계 관점을 제공한 공헌자들, 성격장애 환자의 단기치료에 대한 문헌, 의존적 성격장애 환자의 치료적 고려사항들을 살펴볼 것이다. 다음 장에서는 계속해서 성격장애 환자를 위한 단기치료를 다루면서 분열성, 자기애적, 그리고 경계선적 환자들의 치료를 위한 고려사항을 다룰 것이다.

성격장애의 개념

성격장애 현상은 다양한 방식으로 분류되고 명명되어왔다. 드러나는 많은 현상들이 타자들이나 관찰자들에게는 골칫거리였기 때문에 그것들을 분류하고 설명하는 데 경멸적인 표현이 자주 등장하기도 했다. 페리와 베일런트(Perry & Vaillant, 1989)는 이러한 환자들이 나쁘다거나 비도덕적이거나(종교-법적 모델), 주변적이거나 문화로부터 일탈적이거나(사회학적 모델), 아니면 덜 경멸적인 어조로 정상적인 성격의 극단(학문적인 심리학)으로 묘사되고 있다고 지적했다.

성격장애 개념의 토대는 성격의 개념이며 바로 여기에 어려움이 있다. 성격은 지속적인 성향들로 이루어진 구성물을 가리키는 다중적인 측면들을 지닌 모호한 개념이기 때문이다. 표준 진단 편람인 DSM-Ⅳ는 성격의 특징을 "사회적, 인격적 맥락에서 광범위하게 드러나는, 자기 자신과 환경을 인식하고 관계하며 사고하는 지속적인 패턴"이라고 정의하고 있다(APA, 1994, p. 630). 의료 모델은 전통적으로 병리적 조건이 있는지의 관점에서 성격장애를 개념화했지만, DSM-Ⅳ는, 학문적인 심리학과 마찬가지로, 기능적인 측면에서 성격장애를 정상적인 성격이 과장된 것으로 보고 있다. "성격 특징이 융통성이 없고, 부적응적이며, 중요한 기능상의 손상이 있거나 주관적인 고통의 원인으로 작용할 때, 우리는 그것을 성격장애라고 부른다. 성격장애의 핵심적인 특징은 문화적 기대에서 크게 벗어난 내적 경험과 행동이 지속되는 것이다"(APA, 1994, p. 630).

나는 본 장에서 DSM-Ⅳ 분류체계를 따라 성격장애를 논의할 것이다. 그것은 그 체계가 현재 미국정신보건 전문가들 사이에서 가장 많이 사용되고 있기 때문이다. 그러나 이 분류체계의 한계에 유의할 필요가 있다. DSM-Ⅳ 모델은 정신분석적 전통보다는 정신의학의 객관적인 서술 전통에서 온 것이다. 따라서 분명하고, 관찰이 가능하며, 측정이 가능한 성격장애를 범주화하는 것이 강조된 것이다. 이것은 매우 가치 있는 분류체계이기는 하지만, 환자가 가지고 있는 독특한 개성과 내적 경험에 대해서는 덜 강조하거나 아예 무시하는 결점을 가지고 있다. 예를 들면, 한 경계선 환자의 내면 세계가 다른 환자의 내면 세계와 같을 것이라고 결론 내려서는 안 된다. 더욱이, 환자의 독특한 내면 세계에 대한 치료자의 이해는 환자의 변화를 촉진하는 데 결정적으로 중요한 요소이다.

성격장애 발병률에 대한 조사연구에서, 페리와 베일런트(1989)는 성인의 5-15%가 성격장애로 진단받을 수 있다고 평가했다. 메리캔거스와 와이쓰먼(Merikangas & Weissman, 1986)은 "일반 성인 10명 중 1명이, 그리고 치료 받은 사람들의 1/2 이상이 성격장애 항목 중 한 가지 이상으로 고통받고 있다"(p. 274)는 결론에 도달했다.

페리와 베일런트(1989)는 성격장애의 네 가지 공통적인 특징을 다음과 같이 열거했다:

1. 스트레스에 유연하게 반응하지 못하고 부적응적으로 반응한다. 이러한 경직성은 종종 환자의 **내면 세계가 폐쇄 체계를** 형성하고 있음을 나타내는 것(Fairbairn, 1952)으로서, 그것은 경험을 통한 학습을 어렵게 만든다.
2. 일하는 능력과 사랑하는 능력의 손상이 신경증에서보다 더욱

심각하고 보편적이다. 나는 이것을 일하는 능력이나 사랑하는 능력의 손상으로 약간 바꾸어 말하고 싶다. 예를 들면, 자기애적 성격장애를 가진 많은 환자들은 일에서는 매우 성공적이지만 친밀한 관계에서는 심각한 어려움을 겪는다.

3. 증상 행동이 대인관계 갈등에 의해 야기된다. 신경증 환자는 말없이 고통을 당하는 반면에, 성격장애 환자들의 증상은 전형적으로 대인관계적 어려움으로 나타난다. 심지어 분열성 개인의 경우에도 우리는 그들의 어려움을 다른 사람들과의 친밀함을 피하고 자신들을 위한 심리적 공간에 대한 강한 욕구를 가지고 있다는 점에서 그들의 역기능을 평가할 수 있다.

4. 다른 사람들에게 "영향을 미치는 이상한 능력"이 있다. 이 특징은 이런 환자들이 발생시키는 강한 부정적 역전이와 관련되어 있고, 이런 환자들과의 치료 상황에서 자주 경험하는 원시적인 투사적 동일시와 관련되어 있다.

대상관계 관점의 공헌

대상관계 이론은 고유한 방식으로 이러한 환자들과 작업할 수 있도록 치료자를 준비시킨다. 대상관계 관점은 다음과 같은 몇가지 이점들을 갖고 있다:

1. 치료자는 증상에 의해 혼란스러워지지 않고 특정 환자의 성격 근저에 어떤 역동이 있는지를(Fairbairn, 1952) 주목할 수 있다. 대상관계 이론은 증후보다는 성격과 상호주관성(intersubjectivity)에 중심을 두며, 증상 묘사와 분류보다는 역동과 의미에 초점을 맞춘다. 그리고 환자의 독특한 개성을 강조한

다(Bollas, 1989, Guntrip, 1969, Winnicott, 1965). 정신병리 자체가 아니라 정신병리를 가진 사람이 관심의 중심이 된다. 정신역동적인 집중 심리치료나 정신분석에서 발달해나온 성격장애 환자의 대상관계에 대한 이러한 지식은 단기치료 작업을 위해 특별한 가치를 갖는데, 그 이유는 그러한 지식이 제한된 자료들을 의미 있게 사용할 수 있도록 해주기 때문이다.

   2. 성격장애 환자들은 대인관계 영역에서 자신들의 장애를 드러내기 때문에, 그들의 장애는 치료자와의 관계에서 빠르고 강렬하게 재연되는 것이 보통이다. 대인관계 환경에 내면 세계를 재연하고 투사하는 역동을 강조하는 대상관계 이론은, 때때로 치료자의 상담실 안에서 일어나는 혼돈스럽고 고통스러운 지금 여기에서 무슨 일이 벌어지고 있는지에 대해 치료자에게 충분한 통찰을 준다.

   3. 방금 묘사한 이러한 상호작용은 종종 부정적 역전이를 강하게 일으킬 수 있다. 성격장애 환자들을 상담하는 데 있어서 치료자에게는 가장 힘들지만 결정적인 요인은 아마도 역전이의 인식과 관리일 것이다. 치료자는 자신의 의식적, 무의식적 과정을 통해 환자를 이해하는 작업을 한다. 성격이나 심리치료에 관한 어떠한 이론도 대상관계 이론만큼 역전이 반응을 충분히 주목하거나 존중하지 않는다.

   4. 대상관계적 사고는 환자와 치료자가 서로에게 끼치는 상호적인 영향력을 강조한다. 랙커(Racker, 1968)가 언급한 바와 같이, 크게 보면 역전이는 전이에 대한 반응이며, 전이는 역전이에 대한 반응이다. 환자-치료자 양자관계를 주로 무의식적이고 상호 영향력을 미치는 체계로 보는 것은 치료자로 하여금 이런 환자들과의 작업에서 오는 긴장들을 더 깊이 이해하고 대처할 수 있게 한다. 치료자에 대한 환자의 의식적 및 무의식적 영향력(물

론 환자에 대한 치료자의 영향력을 포함하여)에 대해 민감하게 반응하지 않고 주목하지 않으면서 성격장애 환자들과 성공적으로 작업할 수 있다는 것은 상상할 수 없다.

5. 대상관계 이론은 내사적 및 투사적 동일시의 과정을 통해 환자의 내면 세계에 스며드는 능력의 필연성(그리고 필요성)을 인정한다. 이것은 특히 성격장애 환자들처럼 다루기 힘든 환자들의 경우 더욱 그렇다. 대상관계 치료자는 경험적으로 환자의 세계 안에 있을 뿐만 아니라 동시에 그것에 대해 잘 생각해 볼 수 있다. 다시 말해서, 치료자는 환자의 내면 세계에 머물러 있으면서 그 곳을 탐색하려고 시도할 뿐 아니라 한걸음 뒤로 물러서서 환자의 정신 세계의 경험과 치료자와 환자 사이에서 일어나는 연결 경험 모두의 의미를 밝힐 수 있다. 샤르프 부부(1991)가 말했듯이, 관계를 이해하는 것이 치료자가 환자와 관계하는 방식이다.

6. 많은 성격장애 환자들은 어느 정도 원초적인 미숙한 정서와 존재 상태를 경험하고 있다. 대상관계 이론의 용어와 개념들은 종종 치료자를 환자의 주관성과 쉽게 연결시켜줄 수 있다. 말하자면, 대상관계 치료자들은 이런 환자들과 자주 연결될 수 있으며, 그들의 공포, 파편화, 시기심, 공허감, 아픔, 갈망, 안달, 말로 표현할 수 없는 감각 경험, 버림받은 느낌, 질식 당하는 느낌, 고립 등의 상태를 공감적으로 묘사할 수 있다. 환자들의 편집-분열적 상태와 자폐-접촉적 상태를 이해하고 언어로 표현하는 것이 그들을 가장 강력하게 안아주는 것일 수 있다.

연쇄적인 단기치료

대부분의 성격장애 환자들에게는 장기간 지속되는 치료가 가장 유익한 것이지만, 실제에 있어서 가장 많이 행해지고 있는 치료는 단기치료이다. 여기에는 몇 가지 요인들이 있다: 첫째, 이미 언급했듯이, 대부분의 치료가 단기치료라는 점; 둘째, 여러 유형의 성격장애 환자들(분열성, 분열형, 자기애적, 경계선적, 반사회적)의 특정한 정신역동이 그들로 하여금 관계의 유지를 어렵게 만든다는 점; 셋째, 단기치료자들이 성격장애 환자들을 단기치료 모델에서 제외시키려는 경향이 있음에도 불구하고, 치료 작업이 어느 정도 진행될 때까지는 그 환자가 성격장애를 가지고 있다는 사실을 파악하기 어렵다는 점. 따라서 진단을 위해서는 횡단적(cross-sectional) 접근보다는 종단적(longitudinal) 접근이 요구된다(Perry and Vaillant, 1989). 그런 점에서, 다양한 요인에 따라 환자와 치료자는 이미 시작된(그리고 아마도 거의 끝나가는) 제한된 안아주기에서 그가 할 수 있는 최선을 다해야 할 것이다.

성격장애 환자들이 단기치료에서 깊이 뿌리내린 성격구조를 성공적으로 변화시키기는 매우 어렵다. 따라서 치료자는 단기치료 계약에 대해 환자가 훗날 치료를 다시 받을 수 있도록 격려할 수 있고, 나중에 재치료를 받을 수 있는 토대를 마련할 수 있다고 생각하는 것이 매우 유용하다.

앨런(5장에서 제시된)의 사례는 분열성 환자를 연쇄적인 단기치료를 통해 다루었던 사례이다. 다음 장에서 나는 경계선 환자(앤)와 수행한 일련의 작업들에 관해 요약할 것이다.

단기치료와 성격장애를 다룬 문헌

치료기간의 길고 짧음과 관계없이, 모든 심리치료에 대한 연구들은 성격장애 환자들이 다른 환자들보다 치료효과가 적은 것으로 일관되게 보고하고 있다(Reich and Green, 1991). 그러나 아래에서 논의되듯이, 어떤 성격장애 환자들은 단기치료가 효과적일 수 있다는 증거들이 있다(성격장애를 포함한 다양한 환자들에 대한 단기치료의 성과에 관해서는 Steenbarger, 1992를 보라).

처음에, 단기 역동 모델에서는 이런 환자들을 치료에서 배제했다. 이것은 정신분석 치료가 성격장애 환자들을 치료에서 배제시켰던 것과 궤를 같이한다. 처음에 정신분석 이론가들은 성격장애 환자들을 정신분석이나 정신분석적 심리치료에서 제외시켰지만, 이론적 혁신가들(Kernberg, 1975, Kohut, 1971, 1977, Masterson, 1978, Reich, 1945)은 차츰 성격장애 환자의 치료가 가능하다는 생각을 확산시켰다. 이와 유사하게, 1세대와 2세대 단기치료자들은 그들의 치료 모델 안에 심각한 성격장애 환자들을 포함시키지 않았지만, 3세대 단기치료자들은 성격장애 환자들과의 작업에 관해 기술하였고 때론 성격장애를 치료의 초점으로 삼기도 했다 (Budman and Gurman, 1988, Strupp and Binder, 1984). 4장을 보라.

위에서 언급했듯이, 단기치료에서 성격장애 환자들을 제외시켰던 이유 중 하나는 진단을 내리기가 어렵고, 장애의 특성이 횡단적 평가보다는 종단적 평가를 필요로 한다는 점이었다. 달리 말해서, 치료자들은 단기치료가 어느 정도 진행될 때까지 환자의 근저에 있는 성격 병리를 파악하지 못할 수 있다.

빈더(Binder, 1979)는 심각한 자기애적 문제를 가진 한 남자의 치료에 관한 사례를 발표했다. 그는 평가 작업을 통해 장기치료를 하기로 결정했지만, 실제적인 문제로 인해 장기치료가 불가능해지자 환자와 16회기의 단기치료 계약을 했다. 그들이 확인한 치료적 초점은 환자의 자기애적 성격구조와 관련되어 있었다: 치료자는 치료의 초점을, 자존감을 유지하기 위해서 다른 사람들의 인정을 몹시 필요로 하는 문제와, 자신이 충분히 좋은 사람이 되지 못하는 것에 대한 환자의 만성적인 불안에 두었다. 빈더는 그의 작업에서 분노와 시기심이라는 더 깊은 문제는 다루지 않았다. 그들은 전이(치료와 치료자에 대한 평가절하를 포함하는), 높은 수준의 방어기제(주지화와 합리화), 종결이 환자에게 미치는 영향력에 대해 작업했다.

치료를 종결하면서 환자는 생활 전반에 걸쳐 좋아졌음을 느낀다고 보고했다. 그는 좀더 자유롭게 감정표현을 했고, 좀더 자기확신적이 되었으며, 여자친구와 더 가까워졌고, 인간관계를 좀더 오랫동안 지속할 수 있을 것 같다고 했다. 이러한 개선들은 7개월 후의 추후 회기에서 제시된 것이었다. 빈더(1979)는 다음과 같이 결론 내렸다.

이들 [자기애적]환자들을 위해서는 여전히 장기치료가 최선의 선택이다. 그들의 심각한 대상관계 왜곡은 장기적이고 친밀한 심리치료 경험을 통해서만 해결될 수 있기 때문이다. 요점은 그런 장기치료를 위해 시간과 비용을 들이려는 사람이 거의 없으며, 설령 환자가 그러고 싶어도 그럴 재원이 없다는 데 있다[p. 266].

그의 사례는 심각한 자기애적 환자들을 위한 단기치료가 중요한 이점을 가지고 있는 동시에 한계를 가지고 있음을 보여준다.

윈스턴(Winston)과 그 동료들(1991, 1994)은 81명의 성격장애 환자들에 대한 단기치료 결과를 조사했다. 환자 선택 기준은 말란(1976)이 묘사한 것과 비슷했고(4장을 보라), 환자들은 강박,

회피, 의존, 수동-공격적, 히스테리, 혼합형 성격장애 환자들로 구성되었다. 연구자들은 분열성, 분열형, 자기애, 편집증, 경계선 성격장애들은 치료 대상에서 제외시켰다. 이 환자들은 세 가지 범주에 무작위로 배정되었다: 1) 단기 역동 심리치료(Davanloo의 모델, 1980), 2) 단기 적응 심리치료(Pollack과 그 동료들의 모델, 1991), 그리고 3) 대기자 명단. 단기 적응 심리치료는 단기치료의 역사를 다루는 장에서 다루지 않았던 단기 정신역동 모델로서, 대번루의 접근보다는 덜 적극적이고 덜 직면하고 좀 더 인지적인 특징을 띠고 있으며, 평균 치료 회기는 주 1회씩 40회기이다.

윈스턴과 그 동료들은 두 가지 단기치료 모델 모두가 성공적이었음을 발견했다. 그 두 모델에서 단기치료를 받았던 사람들이 대기자 명단에 있던 사람들과 비교할 때 많은 진전을 보였기 때문이다. 목표로 삼았던 일반적인 심리적 증상들과 사회적 기능 같은 불편 사항들이 상당한 정도로 개선되었다. 이러한 개선은 치료가 종결된 후 일년 반 정도 유지되었다. 그들은 C집단(불안집단) 성격장애자들과 몇 명의 B집단(연극성 집단) 환자들이 단기 역동 심리치료에서 성공적으로 치료될 수 있다는 결론을 내렸다. 그들의 연구에서 행동화 문제와 보다 심각한 대상관계 문제를 가진 심한 성격장애 환자가 제외되었다는 것은 주목할 만하다. 그러나 그들은 성격장애 환자들이 일반적으로 한정회기 심리치료에 덜 반응한다고 여겼기 때문에 여전히 치료하기 어려운 집단이라고 결론을 내렸다(Winstonm과 그 동료들, 1991, p. 192).

호로위츠와 그 동료들(1984)은 성격장애 환자들의 단기치료에 대한 가장 풍부하고 명료한 연구결과를 내놓았다(4장을 보라). 그들은 극심한 스트레스 반응으로 고통받는 히스테리, 강박증, 자기애, 경계선 성격장애 환자에 대한 작업을 자세히 다루었다. 좀 더 최근에는 호로위츠(1991)가 경계선 성격장애 환자를 제외한 단기치료 연구결과를 발표했다. 그들은 치료자가 성격 문제에 주목해야 하는 이유는 성격 스타일이 치료적 관계를 형성하는 데 중요한 역할을 할 뿐만 아니라, 치료자가 채택한 특정 접근법으로부터 배울 수 있는 환자의 능력을 나타내기 때문이라고 설명했다: "성격 스타일은 증상 형성, 치료 기법, 증상 해결을 이해하는 데 중요한 요소로 간주된다. 우리의 역동적 접근은 몇몇 성격 특성들의 변화를 촉진할 수 있을 것이다"(Horowitz와 그 동료들, 1984, p. 319). 그들은 자신들의 접근이 성격 중심이 아닌, 문제 중심이었음에도 불구하고, 상당한 환자들이 성격적 변화를 보였다고 보고했다.

또한 그들은 단기치료가 종결된 후에도 변화과정이 계속될 수 있고 더욱 발달할 수 있다고 언급했다.

> 사실, 성격변화의 가능성은 일차적으로 치료 기간 동안에 시작되었던 실제적인 변화가 내재화될 때 현실화되지만, 성격변화가 안정적인 패턴으로 발달하는 데는 좀더 시간이 걸린다. 단기치료는 치료자와 함께 시범적 행동들을 충분히 확장시킬 만큼 오래 계속되지 못하는 문제를 안고 있다. 그럼에도 불구하고 단기치료는 변화의 길을 가도록 부추길 수 있으며, 그렇게 해서 시작된 새로운 변화는 환자로 하여금 회피 행동들을 버리고 다른 인간관계에서 새로운 삶의 경험들을 하도록 격려할 수 있다 [Horowitz와 그 동료들, 1984, p. 323].

나는 호로위츠와 그 동료들이 내가 연쇄적인 단기치료에서 확인했던 것과 같은 주장을 하고 있다고 생각한다. 그들도 환자들이 치료자와 관계를 지속할 수 없을 경우 변화를 유지할 수 없다는 점을 지적하고 있다. 그러한 환자들에게는 장기간의 개방 종결형 치료가 필요하다는 것이다.

호글렌드(1993a)는 성격장애 환자 15명과 성격장애 환자가 아닌 30명의 환자들의 단기 역동 심리치료 반응을 비교했다. 성격장애 환자들 중에는 연극성, 경계선, 자기애, 회피성, 의존적 성격 환자들이 포함되었다. 치료 모델은 말란과 시프노스의 모델을 적용했고, 기간은 9회기에서 53회기까지 다양했다. 그들은 비성격장애 환자들의 경우, 치료 기간과 치료 결과가 서로 관련이 없다는 것을 발견했다. 대조적으로, 성격장애 환자들의 경우에는 치료 기간과 긍정적인 치료 결과 사이에 높은 관련성이 있음을 밝혀냈다. 치료 2년 후와 4년 후에 측정해본 결과는, 치료 중에 획득한 통찰과 변화의 항구성은 치료 기간과 매우 밀접한 관련성이 있음을 드러냈다. 호글렌드(1993a)는 다음과 같이 결론 내렸다: "단기의 집중적인 역동적 접근은 성격장애 환자들에게 충분하지 못하다. 그러나 이런 환자들이 30회기나 그 이상의 역동치료를 받는다면, 그 결과는 비성격장애 환자들의 치료결과만큼 좋을 것이다"(p. 179). 흥미롭게도, 성격장애 환자들 가운데서도 전통적으로 치료가 어렵다고 여겨지는 B집단 장애(연극성, 자기애, 경계선 성격)의 경우에도 30회기나 그 이상의 치료를 실행할 경우, 그 결과는 C집단 장애(회피, 의존 성격)의 치료결과만큼 좋은 것으로 드러났다.

벗맨과 거맨(1988)은 대부분의 환자들은 성격 문제를 다룰 필요가 없거나 원치 않는다고 주장했다. 그럼에도 불구하고 그들은 자신들의 융통성 있는 모델이 이러한 문제들을 다룰 수 있다고 보았고, 성격장애를 단기치료의 다섯 가지 주요 초점들에 포함시켰다. 그들이 권고한 사항은, 치료자가 성격에 주의를 기울이지 않으면 다른 초점(상실, 발달상의 부조화, 특정 증상들, 대인관계적 갈등 등)들에 대한 작업이 어렵다고 평가될 때에만 성격 문제를 초점으로 다루라는 것이었다.

나는 어떤 것이 초점적 문제로 선택되든지 간에 그것은 그 사람의 성격 안에 자리잡고 있는 것이라고 본다. 치료자가 임상 상황에서 드러나는 성격적인 부분에 주의를 기울이는 것은 매우 중요하다. 이 점은 성격장애 환자의 치료에서 발생한 변화가 지속적인 것이 되게 하는 데 필수적인 요소이다. 따라서 역동 초점은 명시적으로든 암시적으로든 환자의 성격구조를 포함할 수밖에 없다.

벗맨과 거맨(1988)은 성격장애 환자들의 단기치료에 대한 우리의 사고를 조직하는 데 실질적인 공헌을 하였다. 그들은 목표, 전형적인 개입과정, 치료자들이 고려해야 할 유용한 문제들을 제시했다. 이것들은 아래에서 나의 언급과 함께 제시되고 있다.

성격장애 환자들을 위한 치료 목표

1. 환자로 하여금 상호작용의 자기 패배적인 패턴을 경험하고 인식하도록 돕는다.
2. 환자로 하여금 다른 상호작용 양태가 가능하다는 것을 느낄 수 있게 한다.
3. 환자로 하여금 새롭고 더 기능적인 관계 패턴을 "실험해보도록" 허용한다[p. 223].

이러한 목표들을 성취하기 위해 작업할 수 있는 정도는 환자 개인마다 다르다. 치료 작업은 경험적인 것일수록 더 효과적이다. 그러나 어떤 환자들에게는 그러한 목표를 달성하는 것이 무리이기 때문에, 치료자는 환자들이 자신들의 문제를 인지적 수준에서 이해하는 것에 만족해야 할 수도 있다. 그 문제들은 환자가 나중에 스스로 혹은 후속 치료를 통해 작업하도록 남겨질 것이다. 그것조차도 불가능한 환자에게는 전적으로 지지적인 치료를 적용해야 할 것이다.

전형적인 개입의 순서

1. 치료과정에서 드러난 병리적인 행동과 상호작용의 제시
2. 치료과정에서 발생하는 상호작용의 검토
3. 강력한 정서적 참여
4. 환자의 역기능적 패턴에 대한 치료자의 서술
5. 치료자가 환자의 기대에 따라 반응하지 않기(Budman and Gurman, 1988, p. 226)

위의 내용들은 회기 중에 일어나는 관찰이 가능한 대인관계 상호작용에 주목할 것을 강조한다. 나 자신도 가능한 한 각 단계마다 환자와 치료자의 주관성과 상호주관성에 초점을 맞추려고 노력하는데, 이것은 환자의 대인관계 패턴과 그의 내면 세계를 이해하는 데 도움이 된다. 이러한 개입들이 성공적으로 수행될 때 환자들은 낡은 경험에 대한 새로운 종결을 경험할 수 있게 된다.

치료자가 생각해보아야 할 유용한 질문들

1. 나는 지금 이 환자에게 어떻게 반응하고 있는가?
2. 환자가 나에게 반응하는 일반적인 방식은 어떤 것인가?

3. 회기들에서 발달해나오는 일관된 상호작용적 주제가 있는가?

4. 환자에 대한 나의 반응과 나에 대한 환자의 반응은 환자가 사람들에게 반응하는 일상적인 각본과 "일치"하는가? (그리고/혹은 이러한 반응들은 그의 생활사에서 나타난 문제와 "부합되는가?") [Budman and Gurman, 1988, p. 230]

흥미롭게도, 빗맨과 거맨이 제안한 치료적 관계에 관한 내용들은 대부분이 성격장애 환자들과의 작업에서 온 것이다. 이것은 이들이 대인관계 영역에서 종종 도발적으로 자신들의 역동을 드러내는 경향이 있다는 사실을 고려할 때 특히 중요하다. 내가 거듭 지적했듯이, 환자-치료자 관계는 모든 단기치료에서 핵심적인 중요성을 갖고 있다.

특정 성격장애 환자의 단기치료: 의존적 성격장애

여기에서 나는 의존적 성격장애 환자의 단기치료를 다루고, 다음 장에서 분열성 성격, 자기애적 성격, 경계선 성격의 단기치료를 다룰 것이다. 이것들은 모든 사람들이 가지고 있는 성격 특성이며 우리는 모두 의존적, 분열적, 자기애적, 경계선적 성격 특성들을 가지고 있다고 생각하는 것이 유용하다. 그러한 특성들은 장애의 징후라기보다는 인간 속성의 표현이지만, 그것들이 특별히 지배적이거나 극단적일 경우 그리고 지속적일 경우, 우리는 그것들을 성격장애라고 부른다.

개관

　인간은 생물학적으로나 심리학적으로나 다른 사람들의 도움이 없이는 살아남을 수 없는 미숙한 상태로 태어난다—태어날 때부터 우리는 다른 사람에게 의존해야만 한다. 이것은 인간 경험의 근본적이고 명확한 사실이다. 페어베언(1952)은 다른 사람과의 관계에 대한 욕구는 인간의 가장 근본적인 심리적 동기라고 하면서, 정신 에너지(리비도)는 일차적으로 "대상을 추구한다"고 주장했다. 더 나아가 그는 성인의 정신병리는 유아적 의존 상태가 성인기에까지 지속되는 것으로 이해할 수 있다고 주장했다. 그린버그와 미첼(Greenberg & Mitchell, 1983)은 다음과 같이 설명했다: "페어베언은 근본적으로 인간의 경험과 행동은 다른 사람과의 관계를 추구하고 유지하려는 데서 오는 것이다(p. 156)." 분열성 병리도 이러한 의존의 관점에서 이해될 수 있다. 분열성 개인은 자신이 통제할 수 있는 내적 대상들의 세계로 철수함으로써 의존의 문제를 다룬다.

　다른 사람과의 관계에 대한 욕구는 마치 인간이 호흡을 해야 하는 것처럼 생존을 위해 필수적인 요소이다. 그러나 성격의 의존적인 측면이 특별히 강하고 유아적이고/혹은 부적응적일 때, 그것은 의존적 성격장애가 된다. 이러한 사람들의 자존감과 자기개념은 다른 사람과의 관계에 심하게 의존되어 있다(예컨대, "나는 찰스가 없으면 아무것도 아니에요"). 이런 사람들은 흔히 불안정한 애착 패턴을 가지고 있다(Bowlby, 1969). 그들은 신뢰할 만한 대상을 이용할 수 있다는 확신을 갖지 못하며, 따라서 중요한 타인 곁에만 지나치게 가까이 머물러 있으려고 한다.

<표 11-1> 의존성 성격장애의 진단 기준(DSM-IV code 301.6)

돌봄받고 싶어 하는 광범위하고 지나친 욕구로 인하여 복종적이 되고, 상대방에게 매달리며, 분리를 두려워하는데, 이는 성인기 초기에 시작되며, 여러 상황에서 나타나고, 다음 중 5개(또는 그 이상) 항목을 충족시킨다.

1. 타인의 충고와 보장이 없이는 일상적인 일도 결정을 내리지 못한다.
2. 자신의 인생의 가장 중요한 영역까지도 책임을 떠맡아주는 타인을 필요로 한다.
3. 지원과 칭찬을 상실할 거라는 두려움 때문에 타인에게 반대 의견을 말하기가 어렵다(주의: 현실적인 보복의 두려움은 포함되지 않는다).
4. 자신의 일을 혼자서 계획하거나 수행하기가 어렵다(동기나 활력이 부족하기보다는 판단과 능력에 대한 자신감이 부족한 경우).
5. 타인의 보살핌과 지원을 얻기 위해서는 불쾌한 일도 자원하는 등 무슨 행동이든 다할 수 있다.
6. 스스로를 돌볼 수 없다는 과장된 공포 때문에 혼자 있으면 불편하고 무력해진다.
7. 친밀한 관계가 끝났을 때 돌봄과 지원을 얻기 위해 또 다른 관계를 다급하게 찾는다.
8. 스스로를 돌보아야 할지도 모른다는 공포감에 비현실적으로 빠져든다.

DSM-IV(표준 진단 편람-IV)

〈표 11-1〉은 임상적 진단의 관점에서 묘사된 의존적 성격의 특징을 보여주고 있다. 다른 성격장애 환자들의 경우에도 마찬가지로, 우리가 서술적으로 묘사된 기준을 고려할 때 그러한 과정들에 대한 역동적 이해를 염두에 두는 것이 유용하다.

이 기준들은 관계가 강렬한 유기 공포를 발생시킬 뿐만 아니라 성격을 조직화하는 요소로서 작용한다는 사실을 강조하고 있다. 중요한 관계가 위협 받을 때, 개인은 불안해하면서 상대방의 비위를 맞추려고 절박하게 시도하는 등, 굴종적인 방식으로 반응한다. 이러한 장애는 정신보건의료에서 가장 많이 보고되는 장애들 중의 하나이다. 우울감과 낮은 자존감 역시 이런 개인들의 임상 상황에서 자주 등장하는 요소인데, 남자들보다는 여자들이 훨씬 많고(3:1) 형제서열로는 막내에게서 가장 흔히 발견되는 것으로 보고되고 있다(Perry and Vaillant, 1989).

임상 사례: 데니스(Denise)

데니스(31세)는 우울한 감정에 압도당하고 있었다. 그녀는 자신의 삶의 모든 측면에서 문제를 겪고 있었다: 결혼생활, 직업, 그리고 신체. 치료를 시작하기 몇 달 전, 남편 찰스는 결혼생활을 끝내자고 했다. 그는 상당 기간 자신의 결혼생활이 "지루하다"고 느꼈다. 그는 공허감을 느꼈으며, 그들이 서로를 좋아하기는 하지만, 각자의 길로 가야 한다고 느꼈다. 그 당시에 데니스는 그에게 헤어지지 말자고 간청했었지만, 지금은 결혼생활이 사실상 끝났고, 비록 그 없이 살아가는 것이 공포스러웠음에도 불구하고, 이제는 끝내는 것이 옳다는 것을 알 수 있었다. 그녀는 부모나 찰스가 이

끄는 대로 살아왔기 때문에 홀로 서기를 해본 적이 없었다. 그녀는 눈에 띄게 수동적이고 순종적인 태도로 나를 대했다.

데니스는 국제 인적자원 기구에서 정책분석가로 일하고 있었고, 4개월 후에는 조사를 위해 90일 동안 혼자 이스라엘에 출장을 가기로 되어 있었다. 이번 여행은 혼자서 가는 첫 외국여행이었다. 그녀는 고립된다는 느낌이 들었고 게다가 레바논 혈통을 가진 그녀가(양쪽 조부모님들은 모두 레바논에서 출생하고 성장했다) 이스라엘에 머문다는 사실 때문에 겁을 집어먹고 있었다.

그 외에도 그녀는 4년전부터 가끔 두통과 복통으로 고통받고 있었다. 그녀는 여러 번 검진을 받았지만 아무것도 발견하지 못했다. 그 증상들은 그녀에게 통제 불능의 느낌을 가져다주었다. 그녀는 우울이 심해질 때면 신체 증상들도 심해진다고 믿고 있었다. 여러 의사들이 다양한 종류의 항우울제를 처방했지만, 어느 것도 도움이 되지 못했고, 프로작(Prozac)과 토프라닐(Tofranil)도 그녀의 기분을 더 우울하게 만들 뿐이었다. 그녀는 바이오피드백(biofeedback) 요법도 시도해보았지만, 그것도 도움이 되지 못했다.

그녀는 자신은 장기치료를 받고 싶지만 자신의 의료보험이 12회기만을 지불하기 때문에 단기치료를 원한다고 말했다. 게다가, 그녀는 이스라엘로 떠나기 전에 도움을 받고 싶었고, 혼자서 출장을 갈 수 있게 되기를 바랐다. 치료가 시작되자, 그녀는 자신이 여행을 하지 못할까봐 불안해하면서, 만약 자신이 이번에 출장을 가지 못한다면, 그것은 경력에 지장을 줄 것이고 더 나아가 직장을 잃게 될 거라고 예상하고 있었다. 그녀가 보이는 증상은 DSM-Ⅳ가 제시하는 의존적 성격장애 여덟 개 항목 중에 여섯 가지 항목에 해당되었다—표 11-1 중 1번과 3번만이 해당되지 않았다.

그녀의 깊은 고통과 그녀가 당면한 실생활의 문제들에 대해 듣고 있는 동안, 그녀와 12회기만 상담을 해야 한다는 것이 내게는 압도적인 느낌으로 다가왔다. 첫 회기에서 나는 그녀에게 12회기의 상담을 통해서는 적절한 도움을 줄 수 없을 거라고 강하게 느꼈다. 나는 더 많은 의료적 검사와 또 다른 항우울제를 위해 다른 의사에게 의뢰하고 싶다고 느꼈다. 이러한 나의 반응들은 부분적으로는 현실에 근거한 것이었지만, 다른 한편으로는 그녀 자신이 갖고 있는 압도당하는 느낌과 무력감이 투사적 동일시를 통해 내게 온 것이기도 했다. 그녀가 이미 다양한 검사들과 처방들을 받았음을 기억하라. 그때 나는 그녀가 이 치료를 마지막 기회라고 생각하면서 나를 만나러 왔다는 것을 깨달았다. 게다가, 나는 그녀가 나와 함께 작업하기보다는 내가 그녀에게 무언가를 해주기를 수동적으로 기대하고 있다고 느꼈다. 첫 회기를 마치면서 나는 (1) 신체 증상의 완화와 (2) 그녀가 이스라엘에 갈 수 있게 되는 것을 증상 초점으로 삼을 것을 제안했다. 다음의 대화에서 나는 그녀의 수동성과 타인에 대한 의존성에 대한 역동 초점을 소개하겠다.

MS: 당신은 정말 한꺼번에 많은 일을 하고 있군요. 당신은 당신 자신을 포기한 채 아무것도 할 수 없다고 느끼는 것 같아요.
D: 맞아요!(울면서) 난 혼자서 어딜 가본 적이 없어요. 게다가, 내겐 지금 찰스도 없다구요. G박사님이 "누군가 당신을 도울 수 있다면, 그 사람은 스타터 박사님일 겁니다"라고 하셨어요. 무엇이든 시키는 대로 할 게요.

이 대화를 나누면서 나는 **무언가를 해야 한다**는 압박감을 느꼈다. 이것은 내가 그녀의 내적 대상과 상보적 동일시 관계에 있음을 말해주는데, 나는 이것이 그녀와 관계하는 사람들이 공통적으로 느끼는 특징적인 반응이라고 본다. 나는 그녀의 수동성과 타인에 대한 의존성을 즉시 직면시킬 필요가 있다고 느꼈다. 장기치료일 경우, 나는 보통 이러한 인식이 시간을 두고 서서히 발달하도록 기다린다.

    MS: 내 말을 따르겠다고 하니 고맙군요. 하지만 그것이 바로 당신이 가진 문제의 일부일 수 있어요. 당신은 다른 사람에게 의지하거나 다른 사람들이 원하는 대로 해주고 싶어 하면서 당신 자신은 믿지 않는군요. 만약 어떤 일이 잘 된다면, 그건 당신이 잘했기 때문이 아니라 다른 사람 덕분이라고 생각하죠.
    D: 그렇지 않은가요?
    MS: 글쎄요, 적어도 항상 그런 것은 아니겠지요. 그렇지만 우리는 이것을 열린 문제로 남겨두어야겠군요. 하지만 한가지 내가 알고 있는 사실은 정말 치료가 도움이 될 수 있으려면, 우리가 함께 노력해야 한다는 것입니다.
    D: 그렇게 생각하신다면, 좋아요.
    MS: 보셨죠? 당신은 또 수동적이었어요.
    D: (웃으며) 전혀 몰랐어요.

    나는 이 대화를 나누며 내가 너무 심하게 그녀의 수동성 문제를 밀어붙이는 것 같아서 마음이 불편했다. 그녀가 내 마지막 말을 듣고 웃었을 때, 나는 조금 안심이 되었다. 나는 인지적 수준에서 그녀의 수동성 문제를 지적했고, 그녀가 다른 사람들에게 의존하는 역동을 가볍게 경험했다고 느꼈다. 데니스는 여전히 내가 대답을 알고 있는 강력한 사람이라고 믿고 있었지만, 적어도 내가 말한 것을 숙고하는 것 같았다.

초기

 두 번째 회기와 세 번째 회기에서 세 가지 주목할 만한 일이 있었다. 첫째, 우리는 종결하는 것이 쉽지 않을 것이고 특히 치료가 도움이 될 경우에는 종결이 더 어려울 것이라는 점에 대해 이야기를 나누었다. 비록 그녀가 자신은 종결 후에 곧바로 이스라엘로 떠날 것이기 때문에 종결이 그다지 힘들지 않을 거라고 말했지만, 그 점을 알고 있었다. 나는 우리 두 사람 모두가 종결의 영향력에 대해 염두에 두고 있다가 실제로 그런 문제가 발생하면 그때 다루자고 제안했다.

 둘째, 우리는 그녀의 개인력을 살펴보았고, 그것이 그녀의 현재 문제들과 어떤 관계가 있는지 살펴보았다. 데니스는 다섯 딸 중 막내로 태어나 부족한 것이라곤 없는 행복한 어린시절을 보냈다. 예컨대, 그녀가 11살 경에 실수로 서랍을 빼냈다가 다시 집어넣으려고 애쓰고 있었는데, 그때 언니와 엄마가 나타나 "네가 그걸 어떻게 하겠니"라고 말하면서 그것을 해주었다.

 그녀의 아버지는 애정이 많았지만 매우 통제적인 사람이었고 ("그는 죽을 때까지 딸을 사랑했다"), 만성적인 두통과 무릎 통증을 갖고 있었다. 그녀의 어머니는 지지적이고 지적인 "훌륭한" 여성이었지만, 국제관계 분야에 진출하려는 데니스의 결정에 대해서는 회의적이었다("네가 정말 그 일을 할 수 있을 거라고 생각하니?"). 그녀의 부모는 가족 안에서 아버지의 권위가 지배하고 어머니는 남편에게 의존하고 복종하면서 "행복한 결혼생활"을 영위했다. 그녀의 부모는 그녀가 아플 때 잘 돌봐줬으며 그런 때에는 그녀가 모든 관심을 한 몸에 받았다고 기억했다. 데니스는 언제나 우수한 학생이었다; 선생님들이 자신을 좋아한다고 느꼈고, 가끔 자신이 선생님들이 총애하는 학생이라고 느꼈다. 그녀는 대학에서 남편을 만났고 대학원에 다닐 때 결혼했다.

셋째, 나는 그녀에게 자신의 우울과 두통 및 복통에 대해 매일 기록해보라고 제안했다. 데니스는 그 증상들을 10점으로 환산하여 매일 기록했다. 이 제안에는 두 가지의 목적이 있었는데, 하나는 이 증상들을 좀더 정확하게 이해하기 위한 것이었고, 다른 하나는 매일 모니터링하는 활동 자체를 통해 그녀가 자신의 증상에 대해 "뭔가 하고 있다"는 자기-통제의 느낌을 갖게 하기 위한 것이었다.

중간단계

데니스가 매일 모니터링해서 얻은 정보는 매우 유용한 것이었고, 그녀가 자신의 어떤 측면들에 대해 얼마나 어두웠는지를 알게 해주었다. 흔히, 의존적인 환자들은 다른 사람들의 욕구에는 세심하게 맞춰주면서도 자신의 욕구와 심리에 대해서는 잘 알지 못한다. 그들은 종종 자신들이 누구인지, 특히 다른 사람의 삶과 연결되지 않은 자신만의 역할이 무엇인지 알지 못한다. 데니스는 자신의 우울과 신체 증상 사이에 별다른 연관성이 없다는 사실을 알고 매우 놀라워했다. 때때로 그것들은 동시에 일어나기도 했다. 다른 때에는 기분이 좋은 데도 신체적 증상으로 고통을 경험하기도 했다. 그녀는 자신이 우울에서 벗어난다면 신체 증상도 사라질 거라고 생각했기 때문에, 이러한 발견이 처음에는 당황스럽게 느껴졌다.

그녀 자신의 상태에 대한 관찰 기록은 우리에게 또 다른 놀라운 사실을 알려주었다. 그것은 그녀가 자신이 신체 증상을 가지고 있는 한 행복할 수 없을 거라고 믿어왔지만, 실제로는 그녀가 신체적으로 매우 좋지 않았던 날(10점 만점에 7점 이상)에도 종종 만족스럽고 즐거웠다는 사실이었다. 만족감과 즐거움은 보통 일에서의 성취나 축구 경기, 친구들과 어울리는 것과 관련되어 있었다. 그녀는 또 신체적으로 좋지 않은 상태에서도 운동을 즐길 수 있다는 것을 발견하고는 더욱 놀랐다—그녀는 그렇게 생각해본 적이 없었다.

이러한 통찰들은 신체 증상에 대한 재구조화를 이끌어냈다. 그녀는 신체적 불편함이 없어진다면 물론 더 좋겠지만, 삶의 즐거움이 신체 증상을 제거하는 데 달려 있다고는 생각하지 않게 되었다—즐거운 삶은 신체 증상에도 불구하고 계속될 수 있고 또 신체 증상이 활동을 제한하지도 않는다. 흥미롭게도, 이러한 재구조화 직후에 신체 증상들이 줄어든 것 같았다. 치료과정이 계속되면서, 그녀는 기분이 좋아지는 것을 경험했다. 이스라엘 여행과 관련해서, 우리는 그녀의 두려움을 실제적인 수준에서 검토했고, 예상되는 어려움들을 다루기 위한 전략을 모색했다. 이러한 논의의 실용적인 효과를 넘어 데니스는 삶의 어떤 측면에 대한 자기-통제를 더 많이 경험할 수 있게 되었다(과거 경험의 새로운 결말).

그러나 우리가 예상할 수 있듯이, 신체 증상과 그녀 자신과의 관계의 변화는 불안을 야기했다. 왜냐하면 그것은 또한 그녀 자신뿐만 아니라 그녀와 다른 사람들과의 관계도 변화시킬 것이기 때문이었다. 우리는 대인관계에서 그녀의 역할이 얼마나 수동적이고, 무능력하고, 자신을 돌봐주는 누군가의 요구에 순종적이었는가를 탐색했다. 그녀는 자신이 자기 주장이 강하고 독립적인 사람이 되면 자기와 함께 있어줄 사람이 아무도 없을 거라는 두려움에 대해서 말했다. 사실, 그녀의 결혼생활의 어려움은 그녀가 직업적으로 성공하면서부터 시작된 것이었다.

해석적 연결들 중에 중요한 것으로 보이는 것들은 다음과 같

다: 우리는 그녀가 아버지의 신체적인 질병과 동일시하는 한편, 어머니의 순종적인 태도와 동일시한다는 것을 지적했다(과거-자기 해석). 우리는 그녀가 자신이 부적절한 존재라는 느낌에 대해 강하고 완고한 남자에게 매료되는 방식으로 방어한다는 것을 확인했다. 나는 이것이 그녀의 어머니가 아버지에게 그랬던 것과 비슷하다고 말했다(과거-타인 해석). 또한 나는 부모가 그녀의 독립성과 자율성에 대한 모든 시도를 방해했듯이, 그녀도 자신과 그렇게 관계하고 있는 것 같다고 지적했다(과거-자기 해석). 마지막으로, 나는 그녀가 나를 모든 해결방법을 알고 있는 사람이라고 믿으면서, 치료에서 그녀 자신의 역할과 능력을 부인하고 있다고 말했다. 우리는 이것이 그녀가 자신의 가족, 남편, 타인들에 대한 태도와 얼마나 비슷한 것인가를 살펴보았다(치료자-과거-타인 해석).

이러한 연결 덕에 그녀는 자신의 관계 패턴을 다소 명확하게 알 수 있었고, 그 패턴의 변화에 대한 자신의 두려움을 이해하는 것 같았다. 그녀는 자신의 부모가 그랬던 것처럼 그녀 자신을 다루고 있다는 것과, 그녀가 나와의 관계에서 의존적인 패턴을 재연하고 있다는 것은 그녀에게 특별히 신랄한 것이었을 것이다.

종결

마지막 3회기 동안, 우리는 나나 찰스없이 이스라엘에서 얼마나 잘 지낼 수 있을까라는 그녀의 공포에 초점을 맞추어 작업했다. 그녀는 자신의 여행 계획에 대해서 조금은 낙관적인 느낌을 가지게 되었다고 보고하면서, 두렵기는 하지만 여행을 포기하지 않기로 결정했다고 말했다. 우리는 다시금 그녀가 얼마나 자주 자신의 성공에 대한 책임을 외부의 힘으로 돌렸는지에 대해 검토했다. 나는 그녀가 치료적 성공에 대한 책임을 내게 돌리고 있으며, 긍정적인 변화를 가져온 그녀의 역할을 스스로 깎아내리고 있다고 해석했다(치료자-과거-타인 해석).

나는 또 이스라엘로 가기로 한 그녀의 결정이 그녀 자신뿐만 아니라 나를 기쁘게 하려는 시도는 아니었는지 물어보았다. 그녀는 여행을 마치고 돌아올 때, 내게 전화를 걸어 얼마나 잘 해냈는지 말해주는 상상을 자주 한다고 인정했다. 그리고 그 상상 속에서 나는 "당신 멋있어요"라고 말한다고 했다. 나는 그녀의 성공을 기뻐하는 나에 대한 이런 상상은 그녀가 가족과 찰스에게서 경험했던 것과는 매우 다른 것이었다는 데 주목했다. 나는 그녀가 성공적으로 출장을 간다면 행복할 것이고, 또한 그녀가 전화하고 싶다면 그렇게해도 좋다고 말했다. 그러나 나는 그녀가 여행을 가든 가지 않든, 또는 여행에서 뜻대로 잘 되든 되지않든 상관없이 그녀를 반길 것이라는 점도 강조했다.

나는 종결을 하면서 기분이 좋았다(부분적으로는, 자기애적으로 "고조된 상태였다"). 나는 내가 혹시 그녀의 대학시절 교수처럼 느끼고 있는 것은 아닌지 의심스러웠다—그녀는 만족스런 학생이었다. 데니스의 우울감은 극적으로 감소했고, 그녀는 이스라엘 여행에 대해 상당한 자신감을 드러냈다. 우리는 그녀의 수동성, 자신의 능력에 대한 부인, 의존성 등의 문제들을 효율적으로 작업해냈다. 그러나 단기치료 사례에서 보통 그렇듯이 그러한 문제들을 충분히 극복해낼 수 있는 기회를 갖지는 못했다. 그녀는 증상의 정도가 조금 줄었지만 여전히 두통과 복통으로 힘들어 했다. 또한 우리는 그 증상들이 갖는 역동적 의미를 밝혀낼 수 없었다. 그러나 그녀는 그러한 증상들에 대해 좀더 편안한 마음으로 접근하면서, 그것들로 인해 크게 방해받지 않게 되었다. 나는 그 증상들이 그녀에게 감각적인 느낌을 제공하는 것을 통해서 자폐-접촉적 기능을 가졌을 것이고, 그렇기 때문에 그것을 포기하는 것이 그토록 어려웠을 것이라고 추측했다. 그러나 시간의 한계 때문에, 우리는 그 문제에 대해 탐색하지는 않았다.

추후 회기

데니스는 단기치료를 마친 지 4개월 후에 전화로 이스라엘에 잘 다녀왔고, 조사 작업을 성공적으로 해냈으며, 3개월 동안 그곳에서 잘 견뎠다고 보고하면서 다음과 같이 이야기했다. 처음에는 모든 것이 악몽과 같았고, 그녀의 삶은 그 곳에 도착하자마자 엉망이 되었으며, 그녀는 자신에게 맞는 뭔가를 더듬거리며 찾아야만 했다. 데니스는 새로운 문화에 익숙해지는 것이 또 다른 투쟁임을 알게 되었는데, 특히 자신이 이스라엘에서 아랍인으로 취급될 때 많이 힘들었다. 여행을 하기로 결정했을 때 그랬던 것처럼, 그녀는 일단 그곳에 간 후에는 쉽게 도망가지 않겠다고 작정했고, 혼자 힘으로 역경을 이겨낸 것을 자랑스러워했다.

데니스는 비록 찰스가 떠난 이후의 생활이 걱정되었지만, 지금은 우울하지 않다고 했다. 그들은 아직도 같이 살고 있었는데, 그가 곧 집을 나가면 힘이 좀 들겠지만, 그래도 잘 견뎌낼 수 있을 거라고 생각했다. 그녀는 근처에 살고 있는 친구들과 다시 연락해서 자주 만났는데, 이것은 그녀에게 크게 도움이 되었다. 그녀는 데이트를 시작하려고 생각하고 있었다. 신체 증상은 여전히 문제로 남아있었지만, 견딜 만했다. 나는 그녀로부터 그런 좋은 소식을 듣게 되어 크게 기뻤다. 나는 그녀가 나를 기쁘게 해주기 위해 (과거에 자신의 신체적 불편과 곤경에도 불구하고 다른 사람을 기쁘게 해주고자 했던 것처럼) 이 모든 좋은 것들을 말하는 것은 아닌가 하고 궁금해하는(말없이) 나 자신을 발견했다.

의존적 환자들의 치료에서 고려해야 할 사항들

공통된 역전이를 인식하라

이런 환자들은 A집단이나 B집단 성격장애에서 볼 수 있는 기이하거나 극적인 행동화 경향이 없는 사려있는 사람들이기 때문에, 치료자는 치료가 순조롭게 진행되고 있다는 역전이 감정을 갖기 쉽다. 그러나 이것은 거의 사실과 다르다. 일단 환자가 치료자는 "모든 일을 할 수 있는 사람이 아니다"라는 것을 깨닫게 되면, 치료 작업은 어렵고 불편해진다. 데니스의 사례에서, 자신을 돌봐주는 다른 사람이 필요하다는 그녀의 믿음에 대해서, 그리고 그녀가 자신이 가진 능력을 부정하는 것에 대해서 그녀와 함께 지속적으로 작업하는 것이 결정적으로 중요했고, 때때로 논쟁거리가 되었다. 이스라엘 여행은 그녀가 스스로 독립적일 필요가 있음을 강력하게 직면시켰다는 점에서 도움이 되었다.

의존적 환자들과의 관계에서 생기는 다른 일반적인 역전이 감정들은 "그들을 독립적으로 만들고 싶은" 충동을 경험하는 것, 그들의 깊은 의존으로 인해 부담을 느끼는 것, 자기-신뢰에 대한 환자들의 저항에 분노를 느끼는 것, 더 많이 주어야 한다고 느끼는 것, 그리고 환자를 "구원"하는 능력에 대한 과대적인 믿음을 경험하는 것 등이다.

의존을 수용해주되 지시해 달라거나 통제해 달라는 요구는 거절하라

단기치료의 시간적인 압력과 의존적 환자의 대인관계적 압력은 단기치료자로 하여금 지시적이 되게 할 수 있다. 단기치료의 핵심 과정은, 그것이 단일회기이든 40회기이든 관계없이, 환자의 의존적 욕구를 어느 정도 충족시키면서 환자 개인의 책임감에 대해 지속적이고도 부드러운 압력을 가함으로써 환자의 의존적 욕구와 책임감 사이에 균형을 유지하도록 돕는 것이다. 데니스는 자신이 무엇을 해야 할 지에 대해 자주 내게 물었다. 나는 가끔 조언을 하기도 했지만, 보통은 그 질문들을 그녀에게 되돌려 주었고, 나아가 그 역동에 대해서 함께 논의했다.

필요하다면, 두 개의 빈번한 무의식적 등식에 대해 해석하라:
독립적이고 유능해지는 것=버림받게 되는 것
타인의 상실=자기의 상실

의존적 환자들의 경험은 종종 두 가지 믿음에 크게 영향 받는다. 하나는, 환자가 자신이 진정으로 능력이 있거나 독립적이 되면, 아무도 자신을 원치 않을 것이라고 믿는 것이고, 다른 하나는, 환자가 자신이 어떤 특별한 관계 안에 있지 않다면, 타인을 잃을 뿐만 아니라 자신이 누구인지에 대한 감각도 잃는다고 믿는 것이다. 데니스는 그 중에서 두 번째 믿음 때문에 특히 힘들어했다.

때때로 의존적 환자와의 한정회기 치료는
장기치료보다 더 효과적일 수 있다

의존적 환자가 좌절을 견딜 수 있을 때, 제한된 시간과 한정회기 치료의 초점은 환자에게 치료의 한계 즉 욕구 충족의 한계를 극적으로 직면시킬 수 있다. 반대로, 장기치료는 더 많은 성장, 만족 그리고 시간이 언제나 가능하다는 환상을 부추길 수 있다 (환자와 치료자 모두에게). 임박한 치료 종결과 임박한 이스라엘 여행은 데니스로 하여금 자신의 임상적 문제를 직면하도록 동기를 부여하는 기능을 했다. 나는 최근에 실망스러운 장기치료 후 특별히 단기치료를 위해 나에게 의뢰된 몇 명의 의존적 환자들을 상담한 적이 있다. 각 사례에서, 한정된 시간 안에서 초점을 따라 진행하는 단기치료의 작업 특성이 이런 환자들의 변화를 촉진시킨 요소로 작용했다고 느꼈다. 그러나 이러한 효과들이 가능했던 것은 장기치료에서 얻은 유익이 있었기 때문이었다.

환자의 관계욕구를 존중하고 있음을 지속적으로 표현하라

치료자가 환자의 특별한 관계 안에 병리가 포함되어 있는 것을 인식하고 환자에게 그것을 포기하라고 권유하는 것은 흔히 발견되는 현상이다. 이것은 자주 치료를 비생산적인 것으로 만들고 조기 종결을 가져오는 원인이 된다. 치료자는 환자가 맺고 있는 관계를 존중하고 있음을 보여주어야 하고, 환자로 하여금 치료에 남기 위해서 어떤 관계를 포기해야 한다고 느끼게 해서는 안 된다. 그보다는 그 관계가 갖는 의미와 효과를 환자가 이해할 수 있도록 도와야 한다.

종결은 특별히 중요하거나 어려울 수 있다

환자 선택과 관련된 주요한 문제들 중의 하나는 종결을 다룰 수 있는 환자의 능력이다. 의존적 환자들과의 단기치료는 고통스럽게 흥분시키는 대상경험이 될 가능성이 매우 높다. 단기치료에서 종결의 중요성에 대해 다루었던(9장에서) 모든 문제점들은 의존적인 환자들에게 더 중요하게 적용된다. 따라서 종결은 치료 초기부터 반복적으로 다루어져야 하며, 가능하다면 환자의 이전 종결 패턴이 탐색되어야 한다. 치료의 종결은 의존적 환자에게 그 무엇보다도 중요한 상실과 한계의 문제를 제기한다.

환자는 치료를 연장해달라고 요구할 수도 있다. 이것은 개별 환자의 상황을 고려해서 결정해야겠지만, 일반적으로 의존적 환자들과의 치료에서 회기를 연장하는 것은 실수라고 나는 생각한다. 왜냐하면 그것은 한계에 대한 부인을 반복하는 것이고, 상실을 관리하기 위해서 다른 사람들의 특별한 배려를 필요로 한다는 그들의 믿음을 확인해주는 것이기 때문이다. 기본적으로, 확고한 한계를 설정하고 지키는 것이 필요하다. 치료가 진행되면서, 환자가 종결 과정에서 많이 힘들어 할 것이라고 예상될 경우, 치료자는 보다 점진적으로 치료를 종결하기 위해 마지막 몇 회기의 간격을 멀리 잡는 방법(2주나 3주에 한번 만나는 상담)을 고려할 수도 있다. 나는 치료자가 종결 시간의 압력에 단순히 반응하기보다는 미리 종결에 대비할 것을 권고한다. 치료자는 또한 치료의 틀을 수정하려는 자신의 역전이가 어떤 의미를 갖는지에 대해 생각해보아야 한다. 나는 항상, 종결한 환자를 기꺼이 다시 보기를 희망하지만, 재치료로 돌아올 때에는 가능하면 일정 기간(3개월에서 6개월)의 간격을 두라고 권고한다.

12장

대상관계 단기치료와
성격장애 환자: II

> 우리의 관점에서 볼 때, 성격에 심각한 손상을 입은 환자를 치료하는 데 있어서 하나의 핵심적인 요인은 그들이 유지해 오던 상호작용 패턴을 바꾸는 데 따르는 위험을 감수할 수 있는 '안전한' 환경을 제공하는 것이다.
>
> 벗맨과 거맨(Simon H. Budman and Alan S. Gurman), 1988

본 장에서도 앞 장에 이어 계속해서 성격장애 환자의 단기치료를 다룰 것이다. 앞 장에서 언급했듯이, 인용된 자료들은 내가 참여했던 미국건강보험기구(Stadter, 1993) 세미나 보고서에서 발췌한 것이다. 나는 특히 치료동맹을 형성하는 것이 어려운 세 가지 성격장애—분열성, 자기애적, 경계선 성격장애—환자들의 치료에 초점을 맞추겠다. 극단적이거나 위험한 퇴행의 문제는 우리에게 특별한 도전이 될 수 있다고 생각하기 때문이다.

분열성 성격

개관

분열성 현상은 대상관계 이론가들이 풍부하게 발전시켜온 영역중의 하나이다. 나는 이 분열성 경험과 심리구조 분석에 대한 부가적 분석을 위해서는 페어베언(1952), 건트립(Guntrip, 1969), 옥덴(1989) 등의 작업을 탐구할 것을 추천한다. 분열성 현상에 대한 대상관계의 관점은 DSM-Ⅳ에서 말하는 분열성 성격장애보다 훨씬 광범위한 것이다. 예컨대, 대상관계 관점에서는 분열성 과정을 모든 사람들이 갖고 있는 성격의 일부분으로서, 분열성 개인뿐 아니라 다른 사람들에게서도 두드러지게 나타날 수 있다고 본다. 이것은 비록 어떤 경우에는 쉽게 드러나지 않는다 하더라도, 자기애적 인격들에게서도 흔히 발견된다는 사실은 주목할 만하다.

페어베언(1940)은 선구자적인 그의 논문에서 분열성 성격의 세 가지 특징들을 다음과 같이 묘사했다.

1. 전능한 태도
2. 고립되고 정서적 거리를 두는 태도
3. 내적 실재에의 몰두

이러한 요소들은 겉으로 드러나지 않을 수도 있다: 표면적인 임상 상황은 이러한 환자의 내적 기능과는 크게 다르게 나타날 수도 있다. 모든 개인의 정신은 이런 요소들을 포함하고 있지만, 내적 실재를 특별히 중요하게 여기는 분열성 개인의 경우, 이러한 요소들은 특히 우세하게 드러난다. 페어베언은 분열성 개인들

<표 12-1> 분열성 성격장애의 진단 기준(DSM-IV code 301.20)

A. 사회적 관계에서 정서적으로 거리를 두는 패턴과, 대인관계 상황에서 감정이 제한적으로 표현되는 현상이 광범위하게 나타나며, 성인기 초기에 시작되는 이런 양상은 다양한 상황에서 드러나고, 다음 중 4개(혹은 그 이상)의 항목을 충족시킨다.
 1. 가족의 일원이 되는 것을 포함하여, 친밀한 관계를 바라지도 즐기지도 않는다.
 2. 거의 항상 혼자서 하는 활동을 선택한다.
 3. 다른 사람과 성경험을 갖는 일에 거의 흥미가 없다.
 4. 삶의 다양한 활동들 중 몇몇 활동에서만 즐거움을 얻는다.
 5. 직계 가족 이외에는 가까운 친구나 속마음을 털어놓을 사람이 없다.
 6. 타인의 칭찬이나 비판에 무관심해 보인다.
 7. 정서적 냉담, 거리감, 혹은 단조로운 정동을 보인다.
B. 이러한 현상은 정신분열증, 정신증적 특성의 기분장애, 기타 정신증적 장애나 보편적인 발달장애에서 나타나는 것, 또는 다른 일반적인 의학적 조건과 관련된 직접적인 생리적 현상으로 인한 것과는 구별된다.

 주의: 만약 정신분열증의 발병 직전에 위와 같은 현상이 시작될 경우, 진단명 옆에 "병전"이라고 괄호 안에 써준다. 예: "분열성 성격장애(병전)"

이 외부의 대인관계 세계에 대한 관심이 명백하게 부족한 것으로 보이기 때문에, 그들은 대상에 대한 욕구가 없는 사람이라고

쉽게 오해받는다고 보았다. 그러나 사실 분열성 개인들은 타자들을 향한 강렬한 욕구로 인해 공포를 느끼며, 사람들에게서 철수함으로써 그들의 원시적이고 강력한 의존적 욕구를 다룬다.

DSM-IV

<표 12-1>은 임상적 진단의 관점에서 분열성 성격을 나타내고 있다. 진단 기준 목록에서도 알 수 있듯이, 분열성 개인들은 정서적으로 거리를 두고, 대인관계에는 관심을 보이지 않는다. 이 진단은 여성보다 남성에게 2배 더 많이 적용되며, 이들은 대부분 "황량하고, 냉혹하고, 공감 받지 못한 어린시절"을 보낸 사람들인 동시에 "수줍어하고, 불안해하는, 내향적인 기질"을 가진 사람들이다(Perry and Vaillant, 1989, p. 1367). DSM-IV는 이 성격장애가 임상 현장에서 흔히 만나는 장애는 아니라고 언급하고 있다. 그것은 아마도 분열성 개인들이 다른 사람에게 도움을 구하는 것이 매우 드문 일이기 때문일 것이다. 내 경험에 의하면, 분열성 개인들은 심각한 위기를 맞았을 때에 스스로 또는 누군가에 의해서 억지로 치료를 받으러 오는 전형적인 모습을 보인다.

임상 사례: 앨런(Alan)

앨런과의 연쇄적인 단기치료 작업은 5장에서 상세히 기술한 바 있다. 내가 그를 처음 만났을 때, 그는 심한 자살충동을 갖고 있는 18세의 대학생이었다. 치료 초기에 앨런은 DSM-IV 분열성 성격장애의 일곱 가지 조건 중 여섯 가지에 해당되는 증상을 갖고 있었다(표12-1).

그는 자신을 가족의 한 성원으로 여기고 있었기 때문에 1번 기준에는 들어맞지 않았다. 그러나 그는 거의 모든 자유시간을 과학 프로젝트를 위한 책을 읽거나 작업을 하면서 혼자 보냈다(2번). 그는 자신은 전혀 성적 느낌을 갖지 않는다고 말했다(3번). 그가 진정으로 즐거움을 느끼는 유일한 일은 특정한 물리학 이론을 공부하는 것이었다(4번). 그는 가족 외에는 가까운 친구나 절친한 사람이 없고, 자신이 알고 있는 사람에게 친구라는 용어조차 사용하지 않았다(5번). 그는 다른 상호작용에서와 마찬가지로 칭찬이나 비난에 대해 똑같이 무미건조한 태도로 반응했다(6번). 그는 거의 눈을 맞추지 않았고, 자살에 대해서 말할 때조차도 감정을 거의 드러내지 않았다(7번).

나는 앨런과 8년에 걸쳐 3회기에서 12회기의 길이로 5번에 걸친 단기치료를 수행했다. 앨런의 증상 초점은 자살충동과 자기상해적 느낌 외에 다양한 형태의 불안이었다. 역동 초점은 대인관계에서의 신뢰와 친밀성이라는 문제에 집중되었다. 그와의 치료에서 해석적 경향이 강한 접근은 사용하지 않았지만, 치료관계에서 안아주기와 담아주기 기능은 긍정적인 변화를 촉진하는 데 특별히 중요했다.

앨런이 처음에 보였던 자살충동 위기는 그가 드물게 대인관계 세계로 발을 들여놓음으로써 갑자기 촉진된 것이었다(동료에게 함께 점심을 먹자고 요청한 일). 치료가 진행되면서 그는 친밀한 관계와 성적 관계에 대한 소망을 표현했다. 앨런은 결국 결혼했고, 몇 명의 친구들에 대해서도 언급했다. 8년에 걸친 연쇄적인 단기치료결과(전부 50회기였다), 앨런은 놀랄 만큼 성장하고 발전했다(치료에 대한 자세한 내용은 5장을 참조할 것).

치료시 고려사항

나는 다른 어떤 환자들보다도 분열성 성격장애 환자들과의 단기치료에서, 관계의 특성이 치료를 가져오는 가장 중요한 요인이라고 생각한다. 분열성 개인의 치료에서, 치료자가 그 개인과 얼마만큼 창조적으로 치료적 관계를 형성하는가의 문제는 그와 어떤 대화를 나누는가의 문제보다 훨씬 더 중요하다. 대인관계에서 거리를 유지하려는 그들의 경향성 때문에, 단기치료에서 이런 환자들과의 치료는 다른 성격장애 환자들과의 치료에서보다 중단될 가능성이 훨씬 높다.

사적 공간을 침범하는 것에 대한 환자의 민감성을 인식하라

치료자는 환자가 불안하다고 느끼지 않도록 하면서 의미있는 관계를 맺는 방법을 모색한다. 여기에서 개인적인 공간과 안전감은 핵심적인 문제이다. 앨런은 이전에 다른 치료자와의 관계에서 그가 너무 침범적이어서 안전하지 못하다는 느낌을 가졌었다. 그것이 위기를 발생시켰고, 결국은 다시 단기치료를 받기 위해 내게 전화를 걸게 되었다. 자신만의 안전한 공간을 갖고자 하는 그의 욕구를 존중하고자 했던 나의 노력과, 그가 자신을 보호하기 위해 사용하던 통제적인 태도를 내가 수용한 것이 그의 치료에서 가장 중요한 치료적 요인이었다.

분열성 환자는 치료 기간의 짧음을 더 안전하게 느낄 수 있다

회기 수를 한정하는 것은 친해지는 것을 삼켜지는 것이라고 느끼는 분열성 개인들에게 더 안전한 느낌을 줄 수 있다. 앨런과 나는 회기의 수를 정하지는 않았지만, 그는 회기 때마다 긴 기간의 치료를 원치 않으며 가능한 한 짧은 치료를 원한다고 말하곤 했다. 내가 그의 언급에 대해 아주 짧게 언급하고 해석하면서 기꺼이 그의 의견을 수용했던 것이 그에게 필요한 안전감을 주었다고 생각된다. 그가 만났던 다른 치료자는 그에게 일주일에 두 번씩 최소한 6개월의 치료를 제안했는데, 바로 그것 때문에 그는 치료로부터 달아나고자 했다.

연쇄적인 단기치료들은 친밀함을 불편해하는 환자에게 도움이 될 수 있다

분열성 개인에게 개방 종결 치료는 견딜 수 없을 만큼 두려운 것으로 여겨지는 반면, 단기치료는 그 기간이 짧기 때문에 재치료도 견딜 만한 것이 될 수 있다. 연쇄적인 단기치료에 대한 논의에서 언급했듯이, 연쇄적인 단기치료에서 각각의 치료 작업은 이전의 치료결과를 토대로 이루어진다.

분열성 환자의 치료에서 발생하는 일반적인 역전이를 인식하라

치료자들은 분열성 환자들에게 감정이 결여되어 있고 그들과 연결되지 못한다는 사실로 인해 좌절감을 느낀다. 치료자는 종종 지루함을 느끼고, 환자와 함께 있다고 느끼지 못하며, 따라서 환자에 대한 자신의 영향력을 평가절하한다. 나는 앨런에게 지루함을 느낀 적은 거의 없었지만, 내가 그에게 미치는 영향력과 그의 인생에서 차지하는 나의 중요성에 대해서는 평가절하하곤 했다. 치료자는 무엇보다도 자신의 이러한 반응들의 의미를 이해해야 한다. 치료자 안에서 발생하는 이러한 일치적 동일시와 상보적 동일시야말로 환자의 내면 세계가 어떤 것인지 그리고 그 세계에 대한 다른 사람들의 반응이 어떤 것인지를 보여주는 것이며, 따라서 환자를 이해하고 환자와 "함께 있기" 위해 필수적인 것이다.

대인관계적 참여의 결과와 비참여의 결과를 비교 검토하라

분열성 환자들은 종종 지적 영역에서 효율적으로 기능하는 경향이 있다. 앨런의 우수한 지적 능력은 치료에 도움이 되었다. 그는 관계의 영역에서 무엇을 얻을 수 있고/혹은 잃을 수 있는지 인지적으로 검토하곤 했다. 하나의 단기치료 삽화에서, 이것은 치료자와 환자가 함께 하는 것일 수도 있고, 환자 혼자서 시작하거나 촉진하는 것일 수도 있다. 앨런은 치료적 삽화들 사이의 기간 동안에 많은 발달을 이룩했음을 보여주는 임상적 자료들을 제시했다. 분열성 환자들은 치료자와 함께 하는 작업보다는 혼자서 하는 작업을 훨씬 더 편하게 느끼는 경향이 있다.

환자의 필요와 견디는 능력에 맞추어 회기를 조정하라

특정한 분열성 환자는 매주 50분간 진행되는 치료의 강도와 친밀성을 견디지 못할 수도 있다. 환자가 이러한 징후를 보일 때, 치료자는 그 환자가 안전하게 느끼도록 회기 간격을 늘리든가 치료 시간을 줄일 것을 고려해야 한다.

구조화된 상호작용에 환자가 참여하도록 격려하라

이런 환자들은 개인적으로 혹은 집단 안에서 사람들과 함께 있다는 생각만으로도 압도될 수 있다. 나의 경험에 따르면, 이런 환자들은 구조화된 상호작용을 더 편안하게 여기고, 그러한 상호작용에서 더 큰 유익을 얻을 수 있는 사람들이다. 예를 들면, 취미 집단(운동이나 환경 집단)이나 지역사회 모임 등은 통제된 방식으로 대인관계를 할 수 있도록 허용한다. 앨런이 나와 치료를 시작했을 때, 사람과의 접촉은 이메일을 주고 받는 것과 물리학에 관한 인터넷 홈페이지 게시판에 참여하는 정도였다. 나중에 그는 물리학을 주제로 매달 만나는 지역 모임의 일원이 되었다.

재발 방지를 위한 정기적인 추후 회기를 고려하라

이것은 앨런의 경우에는 적용되지 않았지만, 다른 분열성 환자들의 경우에는 도움이 되었다. 나는 환자와의 대인관계적 연결을 유지하기 위해 환자 개인에 따라 치료를 종결한 후 2개월, 3개월, 혹은 6개월 만에 추후 회기를 가질 것을 계획한다.

자기애적 성격

개관

자존감과 자기-개념을 조정하는 능력은 성격의 핵심적인 요소이다. 이 영역에 생긴 결손과 결함(자기애적 병리)은 자기심리학자들(Kohut, 1971, 1977)의 중심적인 연구 분야이다. 대상관계 이론가들도 이 개념을 점점 더 많이 강조하고 있다(Ogden, 1994). 페어베언이 기술한 분열성 현상(전능감, 거리감, 내면 세계에의 몰두)은 자기애적 성격에서도 종종 우세하게 나타난다. 자기애적 개인들은 분열성 개인들보다 대인관계 영역에서 훨씬 더 효율적

<표 12-2> 자기애적 성격장애의 진단 기준(DSM-IV 코드 301.81)

일상적인 과대적 패턴(공상에서나 행동에서), 칭찬에 대한 욕구, 공감의 결여 등이 성인기 초기에 시작되어 다양한 상황에서 나타나며, 다음 중 5개(또는 그 이상) 항목을 충족시킨다.

1. 자신의 중요성에 대한 과대적 지각을 가지고 있다(예: 자신의 성취나 재능을 과장하며, 자신의 우월함을 뒷받침할 만한 결과물도 없으면서 최고로 인정받고자 함).
2. 끝없는 성공, 권력, 탁월함, 아름다움, 또는 이상적인 사랑에 대한 공상에 사로잡힌다.
3. 자신이 특별하고 독특하다고 믿으며, 특별한 사람이나 상류층의 사람들(혹은 기관)만이 자신을 이해할 수 있고, 또한 그런 사람들하고만 어울려야 한다고 믿는다.
4. 과도한 찬사를 요구한다.
5. 특권 의식을 갖는다(즉, 특별대우에 대한 비현실적인 기대 또는 자신의 기대에 대한 자동적인 순응).
6. 대인관계가 착취적이다(즉, 자기 자신의 목적을 달성하기 위해 타인들을 이용한다).
7. 공감능력이 결여되어 있다. 타인들의 감정이나 요구를 인정하거나 알아주지 않는다.
8. 자주 타인들을 시기하거나, 타인들이 자신에 대해 시기하고 있다고 믿는다.
9. 거만하고 방자한 행동이나 태도를 보인다.

으로 기능하는데, 이것은 거짓자기(Winnicott, 1960) 혹은 병리적인 과대자기(Kernberg, 1975)라는 말로 다양하게 묘사되어온 자기애적 방어구조가 발달했기 때문으로 보인다.

DSM-IV

<표 12-2>는 자기애적 성격장애의 임상진단을 위한 기준이다. 이 진단 기준은 자기애적 개인에게서 드러나는 찬사에 대한 강렬한 욕구와 친밀감 형성의 어려움만큼이나 과대적 요인을 강조하고 있다. 그러나 꼭 기억해야 할 것은, 자기애적으로 취약한 사람들이 자기-경멸과 부적절감에 빠지기 쉬운 특성을 가지고 있다는 것이다. 이들과의 치료에서, 치료자가 과대적 측면에만 주의를 기울인다면 치료는 성공하지 못할 것이다.

자기애적 개인은 성공이나 실패에 크게 영향을 받는다. 성공이나 칭찬은 자신을 과대적으로 평가하게 하는 반면, 실패나 비난은 극도로 부정적인 반응을 일으킨다(자기-비하, 우울, 불안).

자기애적 성격장애의 병인은 대체로 두 가지로 제시되고 있는데(Kernberg, 1975, Kohut, 1971, 1977, Perry and Vaillant, 1989), 하나는 정서적 박탈과 부모의 방임(거절하는 대상관계)이고, 다른 하나는 부모가 환자를 이상화하거나 과대평가하는 것(흥분시키는 대상관계)이다. 이 두 패턴 중 하나 혹은 두 가지가 혼합되어 자존감을 조절하지 못하는 성격구조를 형성하는 것으로 보인다.

DSM-IV는 이 장애가 일반적으로 남자에게서 더 많이 발견된다고 보고하고 있다(50-75%가 남자). 청소년기에 많은 자기애적 특징들이 우세하게 나타나는데, 그것들이 모두 성인기에 자기애적 성격장애로 발달하는 것은 아니다. 또한 많은 보고서들은 자기애적 성격장애의 특성으로 타인을 신뢰하지 못하는 문제를 꼽고 있다(APA, 1994, Perry and Vaillant, 1989).

임상 사례: 로널드(Ronald)

나는 6장, 8장, 9장에서 24세의 법대생 로널드와 가졌던 15회기 치료에 대해 상술했다. 그는 첫 학기 성적 때문에 위기감을 느껴 상담을 받고자 했다. 자신의 학과에서 중간 정도의 성적이었던 그는 자신의 성적이 실제보다 훨씬 좋을 것이라고 생각했다. 그로 인해 그는 극심한 스트레스 반응을 보였다: 고도의 불안, 수면장애, 섭식장애와 집중력 장애. 그는 가끔 "불공정하고 전횡적인" 교수에 대해 격노를 느꼈는데, 그때 그의 자존감은 수직 하강했고, 그는 과도하게 자기 비난적이 되었다.

로널드는 자기애적 성격장애 진단 기준 아홉 가지 중 일곱 가지가 해당되었다. 그는 자신이 법대에서 "가장 우수한" 학생 중 한 사람이라고 믿었고, 자신은 어떤 일이든 탁월하게 할 수 있다고 믿었다(1번). 그는 미래에 정부 고위직—상원의원 이상—에 오르는 것을 꿈꾸었다(2번).

로널드는 자신이 다니는 법대의 "평범한" 다른 학생들과 교수들이 자신을 이해하지 못한다고 느꼈고, 치료자인 내가 그에게 도움을 줄 수 있을 만큼 충분한 지식과 통찰력을 갖고 있는지 의심했다. 그는 자신을 평범하게 느끼도록 만드는 심리치료를 자신이 필요로 하고 있다는 것 때문에 우울해했다(3번). 그는 동료 학생들과 교수들이 자신을 제대로 평가하지 못한다고 느꼈다—평균 학점이 이 사실을 증명했다(4번). 그는 자신의 상황이 특별하다고 하면서, 자신의 치료비 문제를 일반 환자들과는 다르게 처리해줄 수 있느냐고 물었다(5번).

로널드는 "영광을 누리고 있는" 우수한 성적을 받은 학생들을 증오했다. 그는 또 자신에게 낮은 점수를 준 교수들이 자신의 우수성 때문에 위협감을 갖고 있을 거라고 의심했다(8번). 그는 다른 사람에 대해서는 경멸적으로 말하곤 했다―다른 학생들, 교수, 이전의 여자친구, 앞 시간에 상담받고 나오는 나의 다른 환자(9번).

그러나 로널드는 일반적으로 대인관계에서 착취적이지는 않았고(6번) 분명한 공감능력을 보여주었기 때문에(7번) 진단 기준의 두 가지는 해당되지 않았다. 그렇지만 이 두 가지 특성도 자존감이 팽창된 동안에는 극적으로 나타나기도 했다. 어쨌든 치료 기간 동안 로널드는 성격의 다른 측면―"충분히 좋은" 사람이 되어야 한다는 것에 대한 불안감과 어려움―도 보여주었는데, 이 부분은 분명히 드러나지는 않았지만 자기애적 성격의 일부로 보인다.

증상 초점은 심각한 스트레스 반응을 줄이는 것이었고, 역동 초점은 그 자신에 대한 과대적인 기대를 탐색하는 것이었다. 나는 치료 초기에 인지-행동주의적 개입을 적용하여 그의 심한 스트레스 반응을 감소시켰다. 치료 중간단계에서는 그의 내적 대상세계와, 그가 자신이나 다른 사람들과 갖는 관계 방식을 살펴보았다. 로널드는 치료에서 상당한 효과를 거두었다(6장, 8장, 9장을 보라).

치료시 고려사항

자기애적 역전이를 예상하라

자기애적으로 상처받기 쉬운 환자와 친밀한 관계를 갖는 것은 거의 불가피하게 치료자의 역전이를 불러일으키며, 그 역전이는 치료자의 자존감과 자기-개념에 영향을 끼친다. 그러한 역전이는 진단에서 중요한 의미를 지닌다. 그것은 환자와의 일치적 동일시나 상보적 동일시를 통해서, 치료자에게 환자의 내면 세계를 경험적으로 전달해준다.

다음은 흔히 경험되는 자기애적 역전이에 대한 서술이다:

• 환자의 공감부족과 치료자를 비인격적으로 사용하는 것에 대한 좌절감(충족되지 못한 치료자의 반영 욕구)
• 자기 자신을 증명해야 하는 압박감
• 특별한 대우를 요구하는 환자의 태도에 대한 분노
• 자신이 치료자로서 부적절하다는 느낌
• 착취당했다는 느낌(특히 환자에 의해 칭송받는다고 느낀 후에)
• 과대감이 자극되고 있다는 느낌
• 환자가 치료자를 이상화하는 데 따르는 불편감

이러한 역전이 감정들이 자기애적 성격장애 환자들과의 치료에서만 일어나는 것은 아니지만, 자기애적 환자들과의 치료에서 그것들은 더욱 두드러지게 나타나는 경향이 있다. 그리고 그것들은 이들과의 치료에서 치료자의 자기-개념 조정 체계가 특별히 민감하게 영향 받는다는 것을 말해준다. 로널드와의 작업 초기에 나는 그에게 내 자신을 증명해야 한다는 압박감을 심하게 느꼈고 부적절하다는 느낌마저 들었다. 그리고 종결 기간 동안에 나는 평가절하되고 있다고 느꼈다. 자기애적 역전이를 더 깊이 살펴보려면, 코헛(1968)과 월프(1988)의 저서를 보라.

조기 종결을 예방하기 위해 역동 초점을 사용하라

자기애적 환자의 조기 종결은 단기치료에서도 심각한 문제가 되고 있다. 다른 사람에게 도움을 구한다는 것 자체가 많은 환자들에게 수치심을 갖게 하고 그들의 자기애에 상처를 입힌다. 환자들은 종종 심각한 고통 때문에 치료를 시작하는데, 보통 몇 회기가 지나면 그 심한 증상은 가라앉는다(로널드처럼). 이 시점에서, 더 나아졌다는 느낌과 치료를 받는 것이 수치스럽다는 느낌이 합쳐지면서 자기애적 성격장애 환자는 치료를 그만두기 쉽다. 이때 만약 치료자가 내면 세계에 대한 환자의 호기심을 촉발시킬 수 있고 증상과 역동 초점을 연결할 수만 있다면, 환자는 치료를 계속할 것이다. 이것이 로널드에게 일어났던 일인데, 그는 자기 자신에 대한 높은 기준과 기대가 어떻게 자신의 고통을 심화시켰는지 알고 싶어 했다.

재치 있는 감각, 타이밍, 공감능력의 유지에 특히 주의하라

이것은 모든 환자들에게 중요한 것이지만, 비난에 매우 민감하고 인정 받고자 하는 강한 욕구를 지닌 자기애적인 환자의 경우에는 더욱 중요한 것이다. 그러나 치료자는 그런 환자들을 대할 때조차도 때때로 공감적이지 못할 수도 있는데, 그것은 (1) 완벽한 치료자는 없고, (2) 이러한 환자들은 과민하며, (3) 전이-역전이의 역동이 치료자의 공감적 조율을 어렵게 만들기 때문이다.

어떤 치료자들은 환자와 공감하지 못하는 문제를 지나치게 지지적이 되는 것으로 보상하려 하는데, 이것은 전혀 도움이 되지 않는다. 나는 지지적인 개입(장점에 대한 직접적인 인정, 환자에 대한 직접적인 관심의 표현 등)이 예상을 뒤엎는 결과를 초래하는 것을 자주 보아왔다. 자기애적인 환자들은 치료자의 지지적 개입을 자신이 동정 받고 있거나 판단 받고 있거나, 또는 충분히 긍정 받지 못하고 있다고 느끼는 경향이 있다. 환자의 자기애적인 취약성이 지닌 두 부분들(과대감과 부적절감)을 언급하는 개입이나 해석이, 일반적으로 환자로 하여금 자신이 이해받는다는 느낌을 갖게 하는 데 더 효율적이다. 로널드와의 작업에서 내가 그의 "특별함"이나 "부적절감" 중 한 가지만을 언급했을 때, 그가 자신이 오해받는다고 느꼈다는 사실이 내게는 매우 인상적이었다. 이것은, 자기애적 환자의 분열된 부분 중 한쪽 측면에만 공감적으로 반응하는 것이, 환자에게는 공감 받지 못하는 것으로 경험되거나 혼란스러운 것으로 경험될 수 있음을 보여준다 (Kohut, 1971, 1977).

행동의 결과들을 검토하라

자기애적인 환자들은 공감능력이 부족하기 때문에 종종 다른 사람들과의 관계에서 어려움을 겪는다. 인지적인 수준에서, 단기치료는 환자로 하여금 자신의 행동으로 인해 야기될 수 있는 다양한 결과들을 탐색하게 함으로써, 대인관계적 어려움의 원인으로 작용하는 공감능력의 결핍을 더 많이 인식하도록 도울 수 있다(예, "다음에 어떤 일이 일어났나요?" "그것[환자의 행동]이 그 사람에게 어떤 영향을 끼쳤을까요?" "왜 그 사람이 당신에게 그렇게 반응했는지 궁금하네요"). 이런 개입들이 세심하고 시기적절하게 이루어진다면, 그것들은 환자에게 지금까지 자신이 알지 못했던 영역을 방어하지 않고서 탐색할 수 있도록 허용할 것이다.

한계에 대한 작업은 중요하지만 환자에게 상처가 될 수도 있다

심리치료에서 한계를 다루는 것은 많은 가능성을 가진 영역이면서도 검토를 요하는 매우 미묘한 영역이기도 하다. 회기 수와 길이의 한계, 각 회기의 종료, 이 특별한 환자를 위해 틀을 수정하는 것에 대한 치료자의 거부감, 그리고 제한된 초점들과 목표들은 종종 환자의 기분을 상하게 하고 "이것만으로는 충분하지 않아" "왜 더는 안 되지?" "당신은 나에게 참으라고만 하는군요" 등과 같은 반응을 일으키기 쉽다. 환자와 치료자가 이러한 문제들을 함께 탐색할 수만 있다면, 환자가 어려움을 겪고 있는 영역인 자기 개념과 대인관계 영역을 강력하게, 직접적으로, 그리고 경험적으로 작업할 수 있을 것이다. 로널드와의 치료에서, 내가 다른 환자들에 비해 그의 보험 지급청구서를 다르게 처리하길 거부했던 것과 그가 종결에 대해 느꼈던 실망감을 그와 함께 다루었던 것은 매우 중요한 치료적 요인이었고, 우리 두 사람 모두가 그의 자기애적 취약성을 보다 온전히 인식하는 데 도움을 주었다.

환자는 이상화 전이에 대한 지속적인 해석을 아직 감당하지 못할 수도 있다

이상화 전이는 치료자에 대한 과도하고 비현실적인 긍정적 견해를 가리킨다. 대부분의 심리치료는 환자가 세상과 자기 자신과 타인들에 대해 가능한 한 현실적인 시각을 갖도록 돕는 것을 목표로 한다. 그런 목표를 성취하기 위해, 치료자는 자기애적인 환자의 이상화 전이를 해석하는 과제를 수행한다. 그러나 단기치료에서, 환자는 그러한 전이를 직면하거나 처리하지 못할 수도 있다. 만약 치료자가 환자의 이런 면을 고려하지 않거나 환자의 완강한 저항에도 불구하고 그런 해석 작업을 계속 "밀어부친다"면, 치료 상황은 악화될 것이다. 종종 그와 같은 강제적 해석은 이상화에 대해 불편한 역전이 감정에 의해 자극된다. 많은 단기치료 계약에서, 치료자는 종결하는 시점에서도 여전히 자신이 이상화되고 있다는 사실을 받아들여야 할 것이다. 이것은 종종 발생하는 문제이지만, 로널드의 사례에서는 별로 문제가 되지 않았다. 그는 치료의 처음부터 마지막까지 그리고 나와 치료에 대한 실망감이 밀려올 때에도 나를 이상화했다. 위에서 언급했듯이, 그의 이러한 실망에 대한 우리의 작업은 중요한 치료적 요인으로 작용했다.

경계선 성격

개관

단기치료 작업에서, 다루기 힘든 순서대로 성격장애 환자들의 목록을 작성한다면, 아마도 경계선 성격장애 환자가 맨 윗자리를 차지할 것이다. 앞에서 언급했듯이, 역동적 단기치료 모델들은 경계선 성격장애 환자들을 제외시키는 경향이 있다. 이것은 이론적으로 그리고 조사연구에 의해 합리적인 것으로 지지받고 있다. 그러나 실제에 있어서, 대부분의 경계선 환자들은 단기치료를 받는 것으로 드러나고 있다. 그 이유는 다음과 같다:

1. 대부분의 치료가 단기치료이다.
2. 이 환자들은 관계가 불안정하기 때문에 장기치료가 어렵다 (설령 장기치료가 그들에게 최선의 치료라 하더라도).

3. 치료가 상당히 진행될 때까지 병리의 정도가 분명히 드러나지 않을 수 있다.

  스톤(Stone, 1990b)은 생활환경이 안정적인 경우(예컨대, 안정된 결혼생활), 삶의 위기 때문에 치료를 시작한 경계선 성격장애 환자들은 단기치료로 효과를 볼 수 있다고 보고했다. 벗맨과 거맨(1988)은 경계선 환자들이 일생 동안 간헐적인(연쇄적인) 단기치료를 효율적으로 사용할 수 있다고 언급했다(Leivovich, 1981와 Pollack과 그 동료들 1991을 보라).
  경계선적 개인들에게서는 혼돈스럽고 원시적인 성격 요소들이 두드러지게 나타난다. 이들은 분열이라는 기제를 사용하여 자기와 다른 사람들을 경험하고, 강렬한 격노를 경험하는 경향성과 깊은 의존의 경향성이 혼합된 형태의 심리적 특징을 보인다. 또한 이들은 임상적으로 편집-분열 양태와 자폐-접촉적 양태를 두드러지게 보인다. 경계선 성격장애는 모든 성격장애들 중에서 가장 많이 연구되었고 가장 많은 관심을 끌었다. 건더슨(Gunderson, 1989)은 치료받는 환자들(외래, 입원) 중의 15-25%가 경계선 성격이라고 추정했다. 경계선 병리에 대해 더 깊이 알고자 하는 독자들은 건더슨(1989), 컨버그(Kernberg, 1975), 컨버그와 그 동료들(1989), 스톤(Stone, 1990a,b)을 참고하라.

DSM-IV

  <표 12-3>은 경계선 성격장애의 진단을 위해 DSM-IV가 제시하는 기준이다.

<표 12-3> **경계선 성격장애의 진단기준**(DSM-IV code 301.83)

대인관계, 자기 이미지 및 정동의 불안정성과 현저한 충동성의 패턴이 만연되어 있고, 다양한 상황에서 발견되고, 초기 성인기부터 시작되는 것으로서, 다음에 제시되는 것들 중 다섯 가지(혹은 그 이상)가 해당되어야 한다.

1. 현실 속의 유기나 상상 속의 유기를 피하려는 극도의 노력(주의: 기준 5에 포함되는 자살 혹은 자해행동은 포함되지 않음)
2. 이상화와 평가절하의 양 극단 사이를 오가는 특징을 지닌 불안정하고 강렬한 대인관계 패턴
3. 정체성 장애: 자기 이미지 혹은 자기감이 두드러지게 그리고 지속적으로 불안정함
4. 잠재적으로 자신에게 손상을 입힐 수 있는 최소한 두 가지 영역에서의 충동성(예: 소비, 성, 약물남용, 무모한 운전, 폭식) (주의: 기준 5에 포함되는 자살 혹은 자해행동은 포함되지 않음)
5. 되풀이 되는 자살행동이나 제스쳐, 위협, 또는 자해행동
6. 기분의 현저한 변화로 인한 정서적 불안정성(예: 보통 몇 시간 정도 지속되고 간혹 며칠 동안 지속되는 저조한 기분, 과민성 또는 불안)
7. 만성적인 공허감
8. 부적절하고 강렬한 격노 혹은 분노 통제의 어려움(예: 빈번하게 화를 냄, 지속적인 격노 상태, 반복되는 신체적 싸움)
9 스트레스와 관련된 일시적인 편집증적 사고 또는 심각한 해리 증상

임상가들은 경계선 환자들을 자신과 전혀 다른 사람들이라고 여기고 싶은 유혹을 받기 쉽다. 그러나 경계선 환자의 행동 유형은 인간에게 보편적으로 존재하는 원시적이고 혼란스러운 성격의 측면이 극화된 것이라고 보는 것이 더 정확하고 더 유용하다. 경계선 성격장애에서 드러나는 모습은 매우 변덕스럽고 변화무쌍한 것이며, 그런 이유로 이 장애는 구체적으로 규정된 적이 없었다. 관계의 불안정성, 자기감과 기분의 빠른 변동, 충동성, 강한 의존성, 격노 경향, 자해를 하겠다는 생각이나 행동, 자살에 대한 생각 및 행동 등이 이런 환자에게서 발견되는 특징들이다. 이 장애는 2:1의 비율로 여성에게서 더 많이 발견되며(Gunderson, 1989), 청소년 후기, 그리고 성인 초기에 흔히 발병하는 것으로 알려져 있다(Stone, 1990a). 이 환자들은 부정적인 치료 반응을 보이는 비율이 높고, 40%가 치료를 중도에 그만두는 것으로 보고되었다. 그러나 놀랍게도, 경계선 환자의 67%가 일단 30대가 되면 정상적인 생활을 하는 것으로 보고되었다(Stone, 1990a).

임상 사례 I : 다이앤(Diane)

나는 6장, 8장, 9장에서 32세의 기혼 여성인 다이앤과 했던 총 25회기 치료에 대해 자세히 묘사한 바 있다. 그녀는 고용주에게서 수천 달러를 훔쳐 체포된 뒤에 자살을 생각하는 위기 상황에 처해 있었다. 치료의 증상 초점은 그녀가 체포된 후 자신이 사법절차 중에 있음을 알게 되었을 때 느꼈던 자살 충동과 불안 그리고 우울에 맞추어졌고, 역동 초점은 때로는 책임감 있는 엄마와 아내가 되고자 하고, 때로는 충동적이 되어 자신과 가족에게 파괴적으로 변하는 분열되고 불연속적인 성격 특성에 맞추어졌다.

다이앤은 DSM-IV 진단 기준 아홉 가지 가운데 여섯 가지가 해당되었다. 그녀의 대인관계는 불안정하고 강렬한 것이었고, 이러한 특징은 현재 어머니, 남편 그리고 친구들과의 관계에서, 과거에는 아버지 및 남자친구와의 관계에서 특히 두드러졌다(2번). 그녀는 절도, 과소비, 섭식 장애 등에서 충동적 특징을 보이고 있었다(4번). 그녀의 기분은 몇 분 혹은 몇 시간마다 행복에서 우울, 공포로 바뀌었다. 또 이러한 변화는 대수롭지 않은 사건에 의해서도 유발되곤 했다(6번). 그녀는 만성적인 공허감을 느끼고 있었는데, 자신이 책임을 지려고 분주하게 애쓰지 않는 잠깐 동안 고통스러운 내적 공허감을 느끼곤 했다(7번). 다이앤은 백화점에서 판매원을 실제로 때렸을 때처럼 강렬하고 통제되지 않는 격노를 보이곤 했다(8번). 그녀에게는 해리 증상이 있었다. 그녀가 저질렀던 절도 사건은 해리 상태에서 일어난 것이었다(9번).

다이앤은 버림받지 않기 위해 필사적으로 노력했지만(1번), 이것이 그녀의 거절받는 두려움을 다루는 특징적인 방식으로 보이지는 않았다. 이와 마찬가지로, 비록 그녀가 가지고 있는 역할 이미지가 그녀의 성격 안에 있는 분열들로 인해 흔들리고 혼란스러워졌지만, 그녀는 어머니와 아내의 역할을 중심으로 명확한 자기 이미지를 가지고 있었기 때문에 정체성 혼란과 관련된 3번 기준에는 해당되지 않았다. 또 내가 처음 그녀를 만났을 때, 그녀는 자살충동에 사로잡혀 있었고 다른 때에도 자살충동을 한번 느낀 적이 있다고 했지만, 이러한 느낌들이 계속해서 반복되는 것은 아닌 것 같았다(5번).

치료를 시작하고 나서 몇 주가 지나자, 다이앤은 더 이상 자살충동을 느끼지 않았다. 치료를 받는 동안, 그녀는 불안과 우울의 감소를 경험했고, 자신의 성격 안에 있는 불연속성과 행동화에 대한 통찰력을 얻었다. 치료는 법원의 결정에 따라 그녀가 다른 주로 이사하는 바람에 종결되었다. 나의 권고와 법원의 요구에 따라 그녀는 그곳으로 이사한 후에 장기치료를 시작했다(그녀의 치료에 대한 자세한 설명은 6장, 8장, 9장을 보라).

임상 사례 II: 수잔(Susan)

이 사례는 경계선 성격장애의 치료에서 연쇄적인 최단기 치료가 갖는 한계를 보여준다. 나는 수잔과 2년 반 동안 세 번에 걸친 연쇄적인 단기치료를 수행했다. 치료는 매번 EAP가 허용하는 최대 회기인 3회기 동안 이루어졌다. 그녀는 경계선 성격장애 진단 기준의 모든 항목에 들어맞았다.

내가 수잔을 처음 만났을 때, 그녀는 23세의 이혼녀로서, 혼자 아이를 키우면서 직장을 다니고 있었다. 직장에서 그녀는 금융기관의 고객서비스 일정을 조정하는 일을 맡고 있었다. 그녀의 매니저인 케이트는 그녀가 고객과 전화로 다투는 것이 걱정되어 수잔과 이야기를 나누었는데, 그때 수잔은 울면서 자신이 몸무게 때문에 고민하고 있고(그녀의 몸무게는 정상이었다), 자꾸 토하게 되고, 자신의 인생에 압도당하는 느낌에 시달리고 있으며, 죽고 싶다고 말했다. 케이트는 곧 그녀를 나에게 의뢰했다.

수잔은 자신이 몸무게 때문에 항상 고민하고 있고 청소년기에는 많이 뚱뚱했다고 말했다. 그녀의 어머니는 아주 말랐었고 아버지는 수잔에게 "뚱땡이"라는 별명을 붙여주었다. 그녀는 최근에 일어난 여러 사건들로 인해 압도당한다는 느낌을 가지고 있었다: 이혼, 자신을 사랑해주던 할머니의 죽음, 업무 스트레스, 혼자서 8개월 된 아이를 돌보아야 한다는 것. 우리는 그녀가 압도되거나 혼자라는 느낌이 들 때, 몸무게에 대한 그녀의 고민이 증폭되는 패턴이 있다는 것을 알아냈다. 이것이 유용한 통찰인 것처럼 보였지만, 치료는 거의 전적으로 지지적인 방식으로 진행되었고, 나는 그녀로 하여금 자신의 역동에 호기심을 갖도록 만들지 못했다. 그럼에도 불구하고, 지지적이고 실제적인 치료 분위기는 그녀의 스트레스를 줄이고 기능을 향상시키는 데 도움을 주었다. 나는 그녀에게 장기치료를 받거나 아니면 섭식장애 프로그램에 참여할 것을 권했지만, 그녀는 기분이 훨씬 좋아져서 더 이상 토하지 않는다면서 다른 치료를 원치 않는다고 말했다.

이 최단기 치료를 하는 동안, 나는 내 안에서 느껴지는 몇 가지 반응들에 주목했다. 첫째, 나는 처음에 그녀가 많은 압력들과 장애물에 직면하여 분투하고 있는 것에 매우 감동을 받았다. 둘째, 다이앤과의 작업에서 그랬던 것처럼, 나는 그녀가 가진 많은 문제점들과 증상들로 인해 압도당하는 느낌이었다. 셋째, 나는 문제를 항상 남의 탓으로 돌리는 그녀의 집요한 투사(모든 잘못이 고객들, 케이트, 그리고 전 남편의 몫이었다)와 나의 권고를 단호히 거절하는 것에 화가 났다. 나는 그녀가 단지 매니저의 기분을 맞추기 위해 치료를 받으러 온 것이 아닐까 하고 의심했다. 몇 개월 후 케이트는 나에게 수잔이 일을 매우 잘하고 있으며, 심리치료가 그렇게 효율적인 것에 놀랐다고 말했다(나 자신도 놀라웠다. 나는 그 치료가 그렇게 효율적일 것이라고는 생각하지 않았었다).

15개월 후에 나는 다시 수잔을 만났는데, 그녀는 케이트에 의해 다시 내게로 보내졌다. 그녀는 회사 주차장에서 발생한 사건으로 인해 근신 중이었다. 그녀는 운전을 하다가 누가 우선권을 갖는가의 문제로 다른 운전자에게 욕설을 퍼붓고, 주먹으로 자동차 유리창을 두드리며 "네 면상에 한방 먹여줄 테야"라며 소리쳤다. 이번의 3회기 치료도 이전과 마찬가지로 지지적인 치료를 수행했다. 그러나 그녀는 분노 조절과 관련된 심각한 사건으로 일자리를 잃을지도 모르는 상황에 처했음에도 불구하고, 계속해서 치료를 받으라는 나의 권고를 거절했다. 그럼에도 불구하고 그녀는 이번 치료에서 자신이 처음 치료를 받기 시작했을 때보다 훨씬 더 좋아졌고 자신을 더 잘 조절할 수 있게 되었다고 느꼈다. 두 번째 단기치료를 종결하면서 내가 느꼈던 감정은, 수잔이 자신의 심각한 상황을 직면하도록 돕는 데 실패했다는 무능감과 실망감이었다("신경쓸 게 뭐야. 어차피 그녀는 제멋대로 할 텐데").

 4개월 뒤, 수잔은 위기 상황에서 다시 나에게 전화를 걸었다. 직장에서는 좋았지만 사생활은 그렇지 못했다. 이번에는 자신의 약혼자 조와 심한 말다툼을 한 후에 자발적으로 나를 찾았다. 그녀는 분노가 극에 달한 상태에서 다음과 같은 행동들을 했다: 조가 아끼는 물건들을 부숴버렸고, 그의 개를 풀어놓아 도망가게 했으며, 수족관에 독약을 풀어 물고기들을 죽게 했다. 그녀는 여전히 조를 많이 비난하고 있었지만, 결국은 자신의 분노조절에 심각한 문제가 있음을 깨달았다. 수잔은 조가 자신을 떠날까봐 두려워했다. 나는 그 두 사람이 냉각기를 갖는 게 좋겠다고 제안했다. 그녀는 나의 제안을 받아들였고, 종결 개방형 치료를 시작했다. 버림받을지도 모른다는 두려움과, 만약 자신이 약혼자에게 그렇게 통제력을 잃을 수 있다면, 자신의 자녀에게도 그렇게 할 수 있을 것이라는 두려움이 그녀가 장기치료를 받아들이게 한 동기로 작용했다.

 위기 상황이 갖는 상승작용이, 특히 약혼자를 잃을지도 모른다는 두려움이 결국 그녀로 하여금 치료를 받게 만드는 일차적인 촉매제의 역할을 했다. 그 외에도, 안정된 좋은 대상으로서의 나의 역할도 도움이 되었던 것으로 보인다. 특히, 나와 가진 긍정적인 경험, 내가 편하게 그녀를 대해준 것, 그리고 종결 개방형 치료를 받으라고 일관되게 권고한 것은 수잔에게 도움이 되었을 것이다. 그러나 그녀가 짧은 치료 기간 동안에만 나를 만날 수 있었던 것은 좌절스런 경험이었을 것이다(비록 그녀가 부인했지만).

수잔의 이야기는 해피엔딩으로 끝나지 않았다. 수잔은 매우 경험이 많은 치료자와 상담을 시작했는데, 그가 그녀에게 주 2회의 치료를 제안했지만 그녀는 그 제안을 거절했다. 그녀는 주 1회 치료자를 만났고 리튬이라는 약물을 처방받았지만, 한 달 후에 약 복용을 중단했다. 수잔은 3개월 뒤 치료를 종결했다. 나와 치료를 종결하고 나서 6개월 후에, 나는 그녀가 자주 회사에 빠졌고 그녀의 매니저인 케이트의 인내심이 바닥이 나서 결국 해고되었다는 소식을 들었다. 이 시기 동안에 수잔은 조와 결혼했다(나는 그들의 미래에 대해 낙관할 수 없었다).

나는 경계선 환자와의 작업에서 경험할 수 있는 스트레스와 좌절을 설명하기 위해 이 사례를 묘사했다. 나는 이 사례를 실패한 사례라고 평가한다. 물론 나와의 치료가 그녀의 고통을 줄이고 기능을 개선하는 데 일시적으로 도움이 되었고, 그녀에게 계속해서 치료를 받도록 하는 데까지는 성공적이었다. 그러나 그녀의 위기 상황은 계속 증폭되었고 그녀는 치료를 그만두었다. 나는 그녀가 나와 진정으로 연결되지 못했고, 그녀가 나와 형성했던 치료동맹은 단지 그녀의 고통스러운 감정을 즉각적으로 감소시키고 다른 고통들을 잊게 할 뿐이었다고 느꼈다.

혹여 시간이 좀더 지나면서, 수잔은 우리가 함께 시작했던 치료를 다시 시도할런지도 모른다. 저항이 심한 경계선 환자들은 몇 번의 위기와 실패를 겪은 후에야 진정으로 치료에 참여하는 경향이 있다. 나는 그녀에 대해 절망하고 있는 나 자신을 발견한다. 물론 이 사례가 많은 비관적인 요소를 갖고 있는 것이 사실이지만, 내가 느끼고 있는 이 절망감은 그녀가 느끼는 절망과 공허에 대한 일치적 동일시의 산물일 것이다. 그녀는 혼란스럽고, 요구적인 부분 외에도 상당한 힘을 가진 젊은 여성이다.

치료시 고려사항

전이의 관리와 치료자의 일관성 있는 접근은 최상의 치료적 요소가 될 수 있다

경계선 환자들은 자기애적인 환자 이상으로 치료자에게 "영향력을 행사하는" 능력을 가지고 있는 것으로 보인다. 다시 말해서, 이들은 치료자의 자기 개념에 영향을 미치는 역전이를 불러일으킨다. 앞 부분에서 기술한 자기애적 환자의 치료에서 발생하는 역전이 감정들 중 어떤 것이라도 경계선 환자의 치료에서 발생할 수 있다. 경계선 성격구조의 일부를 구성하고 있는 내적 혼돈, 강한 의존적 욕구, 원시적 격노는 관계를 힘들게 만들고, 치료자와 환자 모두를 곤경으로 몰아넣을 수 있다. 건더슨(Gunderson, 1989)은 "치료적 관계를 발달시키고자 하는 노력이 환자의 적대감과 조종에 부딪쳐 무력감과 격노 사이를 오가게 되는 치료자의 경험에 관해 설명한다"(p. 1387).

단기치료에서 경계선 환자의 성격구조를 변화시키는 것은 기대하기 어렵다. 우리가 희망하는 것은 한정된 증상 초점과 역동 초점과 관련해서 얼마의 진전을 이루는 것이다. 그리고 이런 목표를 성취하지 못했을 때조차도, 우리는 환자가 치료자와 새로운 유형의 관계 경험(옛 경험에 대한 새로운 종결)을 한 것만으로도 치료적 경험이 발생했다고 말할 수 있다. 이들과의 관계에서 강렬하고도 원시적인 투사적 동일시가 발생하기 때문에, 사람들은 종종 그들을 구출하거나, 학대하거나, 철수하거나, 아니면 학대당하도록 강요받는 느낌을 갖게 된다. 치료자도 종종 이런 방식으로 반응하도록 이끌리게 되는데, 임상적 문헌들은 치료자들이 어떻게 환자의 내면 세계에 있는 원시적인 요소들을 무의식적으로 재연하게 되는지를 보여주는 많은 예들을 제시하고 있다(예컨대, Kernberg, 1975, Kernberg와 그 동료들, 1989). 단기치료에서 적대감을 관리하는 문제가 결정적인 중요성을 갖는다는 스트럽과 빈더(1984)의 발견은 특히 경계선 환자들에게 잘 적용된다.

치료자는 치료 기간 동안 경계선 환자들과 가능한 한 친밀하고 지속적인 연결을 유지할 수 있는 창조적이고도 유연한 방법을 찾아낼 필요가 있다. 만약 치료 중에 환자가 자신과 함께 머물러 있으면서도 구출하고, 학대하고, 철수하거나 학대당하지 않는 누군가와 관계를 경험할 수 있다면, 그는 많은 것들을 성취할 수 있을 것이다. 환자는 아마도 처음으로 새로운 유형의 관계를 치료자와 경험할 것이다. 마지막으로, 치료자는 불가피하게 자신이 환자의 병리적인 재연에 참여하고 있다는 것을 깨닫게 된다—그것은 자체의 영역을 가지고 있다. 치료자는 그러한 병리적 재연에 젖어든 다음 그것을 깨닫게 된 후에, 그것에서 빠져나오는 작업을 해야 한다(Strupp and Binder, 1984).

짧음, 초점, 명료함을 통해 퇴행을 관리하라

단기치료에서 안아주고 담아주는 능력은 매우 제한되어 있다.

단기치료자는 경계선 환자의 퇴행 경향성을 치료적 경계 안에 담아내도록 세심한 주의를 기울일 필요가 있다. 2장에서 언급했듯이, 치료의 초점은 퇴행을 제한하는 데 유익하다. 또한 치료자는 경계선 환자들에게 무엇을 할 수 있고 무엇을 할 수 없는지를 반복해서 알려주는 것이 중요하다. 마찬가지로, 시간이 제한되어 있음을 알려주는 것이 그들을 안아주고, 그들이 사실적 시간 영역(실존적 시간과 대조되는)에서 더 잘 기능하도록 돕는 데 유용하다.

경계선 환자와 작업하는 단기치료자는 모호성이 미치는 퇴행적이고 혼란스런 영향력에 민감해야 한다. 치료자는 감정적 전이가 계속해서 깊어지는 것을 허용하기보다는 반복해서 현실검증을 촉진하는 전략을 사용해야 한다. 많은 경계선 환자들은 통제되지 않는 격노의 가능성이 매우 크기 때문에, 치료자는 환자가 화가 났다는 초기 징표를 알아차림으로써 그리고 적대감을 명료화하고, 해석하고, 직면시키고, 또는 다른 방식으로 개입함으로써 환자의 적대감을 통제하는 데 주의를 기울여야 한다. 물론 치료자 자신의 격노 가능성에 대해서도 알고 있어야 한다.

이러한 모든 방법들은 통제되지 않는 악성 퇴행의 위험을 줄여줌으로써 경계선 환자들의 단기치료를 가능하게 해준다. 내 경험에 의하면, 경계선 환자들은 장기치료에서보다 단기치료에서 덜 퇴행하고 덜 행동화하는 경향이 있다. 이들의 치료에서 요구되는 창조적인 균형은 악성 퇴행을 최소화하면서 무의식적인 자료의 표현과 탐구를 촉진할 수 있도록 단기치료의 틀을 적절하게 관리하는 것이다(단기치료에서 시간이 갖는 역할에 대해서는 4장을 보라).

확고하면서도 따스하게 치료적 경계를 유지하고
고통을 인내해야 할 필요성을 전달하라

경계선 환자들은 흔히 치료적 경계를 확장하거나 조종하려고 시도한다(예컨대, 특별 회기나 연장 회기, 비상 연락, "특별 대우" 등을 요구함으로써). 이러한 역동들에 대해 치료자는 온화하면서도 확고한 태도를 유지해야 한다. 환자는 그러한 요구들이 거절될 때 실제로 고통과 좌절을 느낄 수 있다. 경계선 환자들(그리고 다른 환자들)이 아주 빈번하게 자신들은 결코 고통받아서는 안 된다는(종종 의식적인) 환상을 갖고 있는 것은 매우 인상적이었다. 한 경계선 성격장애 환자는 그에게 펙(Peck)의 "덜 알려진 길"(The Road Less Traveled, 1978)이라는 책을 권한 친구에게 매우 화를 냈다. 그는 "나는 한 문장도 읽을 수가 없었어요. '인생은 힘든 거라고?' 제기랄! 인생은 힘들면 안 되지!"

치료자는 환자가 삶의 일부인 고통의 불가피성을 인식하도록 도울 뿐만 아니라, 환자 자신이나 자신의 관계가 나쁘다거나 자신의 인생과 미래가 이미 정해져 있는게 아니라는 것을 깨닫도록 도와야 한다. 수잔을 좌절하게 했던 요인들 중의 하나는 자신이 고통받아서는 안 되며 그 고통이 즉시 멈추어야 한다는 믿음이었다.

"새로 발생하는 위기"에 흔들리지 말고 초점을 유지하라

경계선 환자들과의 단기치료에서 치료자가 해야 하는 주요한 과제 중의 하나는 환자의 삶이 지닌 혼란스러운 특성에 직면해서도 초점에 대한 작업을 그대로 유지하는 것이다. 그들에게는 거의 매주 새로운 문제가 생기거나 위기가 발생한다. 여기에는 고려해야 할 몇 가지 전략들이 있다.

첫째, 서로 별개의 문제들로 보이는 것들을 연결시켜주는 근저의 역동 주제를 찾아보라. 예컨대, 다이앤의 경우, 낮은 자존감으로 인해 스스로 박탈감을 부과하는 패턴이 다양한 충동의 문제들(격노, 섭식장애, 과소비 그리고 훔치는 행동) 근저에 놓여있었다. 다른 한 환자는 아주 강렬한 정서 상태로 나를 찾아왔고, 3회기의 치료를 받게 되었다. 처음에 그녀는 상관의 평가에 대해 매우 불안해했다. 다음 주에, 그녀는 지난 회기에 했던 민감하지 못한 반응에 대해 심하게 화를 냈다. 세 번째 회기에서, 그녀는 남자친구와 싸운 일로 우울해하며 흐느껴 울었다. 3회기 동안 우리는 이 모든 위기들 안에 자리 잡고 있는 거절받는 것에 대한 환자의 민감성에 초점을 맞추어 작업했다.

둘째, 보다 최근의 위기들에 관해 이야기하는 것과 초점을 유지하는 것에 대한 문제를 드러내놓고 대화하라.

셋째, 한 회기 내에서, 진행 중인 초점을 다룰 시간과 현재의 위기를 다룰 시간을 따로 가져라.

넷째, 초점을 변경하거나 수정해야 할 수도 있다는 사실을 고려하라. 초점은 치료가 진행됨에 따라 변경되고 발달하는 지침으로 보아야 하며, 치료자가 경계선 환자에게서 치료의 방향을 바꾸어야 한다는 긴박감을 느낀다면, 치료자는 이러한 발달의 의미를 세심하게 살펴보아야 한다.

예를 들어, 이것은 환자로 하여금 어떤 행동을 끝까지 해내지 못하게 하는 패턴의 표현인가? 치료의 한계를 다루기 어려워하는 문제의 표현인가? 현재 사건으로 인해 압도당하는 환자의 경험을 다른 방법으로 도울 수는 없는가?

직접적이고 즉각적으로 비협력적인 태도의 문제를 다루라

심리치료와 약물치료 모두에서 경계선 환자들이 보이는 공통적인 문제 중의 하나는 비협력적인 태도이다(Stone, 1990a, b). 계속해서 치료를 받으라는 나의 권고를 수잔이 거부했던 것을 주목하라. 단기치료에서 환자의 비협력적인 태도는 즉각적으로 다루는 것이 중요하다. 이런 상황에서 치료자는 다음의 전략들을 고려할 필요가 있다: 첫째, 환자의 거부할 수 있는 권리를 명료하게 인정해줌으로써 비생산적인 힘싸움을 피하라. 둘째, 비협력적인 태도에 따르는 결과들을 검토하라. 셋째, 비협력적인 태도가 전이에서 오는 자동적인 행동 패턴일 수 있는 가능성을 탐색하라. 그럴 경우, 그러한 패턴에 대한 해석을 고려하고, 그것을 행동화하기보다는 선택할 수 있는 가능성을 강조하라.

경계선 장애 환자는 치료의 종결을 의존적 성격장애 환자만큼이나 중요하게 경험한다는 사실을 인식하라

의존성 성격 환자의 종결에 대한 논의에서 언급되었던 모든 내용들이 경계선 환자의 종결에도 그대로 적용된다. 부가적으로, 경계선 환자들은 종결을 부인하거나 막기 위해 조종적 행동(예컨대, 자살 위협과 다른 퇴행 행동)을 할 수 있는 가능성이 더 많다. 단기치료에서 이런 환자들과의 종결 작업은 치료 기간 내내 진행될 필요가 있다. 나는 이것이 환자가 종결을 준비하고 종결에 대한 스트레스를 조절하도록 돕는 최선의 방법이며, 따라서 치료가 병리적인 흥분시키는 대상 경험이 되지 않게 할 수 있는 좋은 방법이라고 본다. 이러한 한계에 대한 관리가 매우 중요하다. 다이앤의 사례에서, 그녀는 어느 누구에게도 작별인사를 한

적이 없고, 나와의 관계에서도 마지막 회기를 몇 분전에 취소함으로써 자신의 패턴을 반복했다. 내가 그녀에게 전화를 걸어 전화상담을 한 것이 그녀의 과거 패턴을 바꾸어 놓는 계기가 되었다. 그때 수잔은 나와의 이별을 힘들어하는 것 같지 않았다(다시 돌아오기는 했지만). 아마도 엄격한 시간 제한에 대한 그녀의 좌절감이 나와 친밀한 관계를 맺지 못하도록 방해했던 것 같다.

13장

대상관계 단기치료와 관리의료:
치료 기간의 짧음과 치료의 온전성

단기치료는 합법적인 이론과 기법을 가지고 있음에도 불구하고 결코 보편적인 치료 양태는 아니다.
스티븐 스턴(Steven Stern), 1993

"얼마만큼의 치료가 충분한가?"라는 질문에 대한 가장 단순한 대답은 환자가 원하는 만큼일 것이다.
글렌 가바드(Glen O. Gabbard), 1995

단기치료는 관리의료의 일부가 아니다. 관리의료 조직이 단기치료와 최단기치료의 발달을 촉진시키기는 했지만, 단기치료는 관리의료 운동보다 먼저 생겨난 것이다. 내가 관리의료와 단기치료라는 장을 따로 마련한 이유는 두 가지이다. 하나는, 관리의료가 단기치료 실제에 의미 있는 영향을 미쳤기 때문이고, 다른 하나는, 관리의료가 임상가들과 일반 대중들이 단기치료를 보는 방식에 영향을 미쳤기 때문이다. 오늘날 미국의 정신보건 분야에서 관리의료 운동만큼 강한 반향을 일으킨 것은 없다. 그것은 악마적인 것으로 여겨지기도 하고 이상적인 것으로 여겨지기도 했다. 본 장에서 나는 관리의료를 정의하고, 그것이 단기치료에 끼친 부정적 영향과 긍정적 영향에 대해 언급한 후에, 관련된 몇 가지 문제점들을 지적할 것이다.

관리의료에 대한 정의

관리의료는 하나의 실체가 아니라 건강보험 프로그램의 일환으로 시작해서 계속 발전해온 일련의 전략들을 말한다. 관리의료 옹호자들은 관리의료 모델이 치료 비용을 억제하고 치료의 질을 개선시키기 위해 고안되었다고 말한다. 관리의료에는 주요한 세 가지 전략이 있다(Stern, 1993):

1. 보건관리기구(HMO) 혹은 스태프(staff) 모델: 심리치료를 제공하는 치료자들은 HMO에 소속되어 있다.
2. 연간 총액수나 회기 수의 제한(예, 1000달러 혹은 25회기): 이때 "관리 대상이 되는 것"은 임상 작업이 아니라 초과 비용이다.
3. 치료는 사전-보증으로 우선 제공되고, 진료 내역이 검토된 후에 보험금이 지불된다. 선호지불기구(Preferred Provider Organizations—PPOs)라고 불리는 위원회의 결정에 의해 어떤 치료의 보험금은 지급이 제한되기도 한다. 또한 보험과 연결되어 있지 않은 다른 전문가들에 의한 치료가 허용되기도 한다. 그러나 이때는 지급되는 보험금이 감액될 수 있다.

진료내역 검토와 관련된 위의 3번 항목은 논쟁의 여지가 가장 많다. 나는 본 장에서 이 부분을 강조해서 다루겠다. 나는 진료내역 검토가 이점과 결함을 모두 가진 체계라고 본다.

관리의료가 심리치료 실제에 끼친 긍정적인 영향

혁신

이것이 관리치료가 가져다준 가장 중요한 유익이다. 관리의료의 영향은 치료자들로 하여금 치료 목표를 좀더 빨리 달성하도록 유도했다. 치료결과를 빨리 획득하면, 환자와 제3의 지불자는 치료비용을 줄일 수 있고 환자는 더 빨리 정신건강을 회복할 수 있다. 요즘 단기치료에 대한 관심과 연구 그리고 훈련이 급증한 것은 부분적으로는 관리의료 덕분이라고 말할 수 있다.

장기치료에서 환자와 치료자가 공모하는 것에 대한 감시

분명히 어떤 심리치료는 환자에게 효과가 없거나 심지어는 환자에게 해로운 데도 불구하고 계속될 수 있다. 치료자와 환자는 현 상태를 유지하는 데 만족하는 무의식적이고 안이한 관계를 발달시킬 수도 있다. 사설 치료센터에서, 이러한 문제에 대한 해결은 치료자의 성실성 및 치료자와 환자의 인식 능력에 달려 있다. 따라서 모든 치료는 그 과정에 대한 지속적인 전문가의 조언과 주의 깊은 임상감독을 필요로 한다. 임상감독을 받은 내가 아는 치료자들은 그러한 자기-검열이 매우 효과적이었다고 말한다. 그럼에도 불구하고, 나는 치료가 치료자의 재정적인 욕구와 돌보고자 하는 욕구가 환자의 유아기적 의존 욕구와 맞물리면서, 여러 해 동안 무익하게 지속된 경우를 본 적도 있다. 그렇기 때문에 제3의 지불자는 종종 장기치료 제공자를 신뢰하지 못하고, 그들의 성실성이 재정적인 또는 다른 이기심에 오염되지 않았을까 하고 의심한다. 진료내역에 대한 신중한 검토는 이러한 사례들의 발생을 사전에 예방하고, 차선책을 찾을 수 있게 해준다.

책임성

이것은 위의 문제와 관련이 있다. 사설 치료센터에서, 치료자들은 스스로(물론 환자에 대해서도) 직업적인 책임을 져야 한다. 진료내역 검토는 치료의 필요성, 효율성과 유익성을 정확히 살펴보기 위한 것이다. 이 질문들에 우선 치료자들과 환자들이 대답해야 할 필요가 있다. 그러나 그 대답이 별도의 객관적 자료 없이 해당 치료자와 환자에 의해서만 이루어진다면, 거기에는 병리적이거나 적응하지 못하는 무의식적인 과정이 그 대답을 왜곡할 가능성이 있다.

비용 감소

일반적으로 환자의 치료횟수가 짧아지면 환자와 제3 지불자가 지불해야 할 치료비용도 줄어든다. 관리의료가 심리치료 비용과 전반적인 지출을 감소시키는 데 효율적이라는 것은 부인할 수 없는 사실이다. 그러나 문제는 이렇게 줄어든 비용의 대부분이 사전-보증이나 사례 검증과 같은 행정체계를 유지하는 비용에 의해 상쇄되었다는 데 있다(Stern, 1993).

건강보험 회사들이 환자의 건강과 의료 서비스의 사용에 영향을 미치는 심각한 병리의 치료에만 보험을 적용시키고자 하는 것은 이해할만 하다. 그러나 보험회사들의 이러한 시도는 두 가지 점에서 타당성을 갖지 못하고 있다. 첫째, 많은 연구결과들이 단기 심리치료가 실제로 다른 의료서비스의 이용을 감소시켰다고 보고하고 있다(Cummings and VandenBos, 1981). 둘째, 정신적인 스트레스는 건강에 매우 중요한 역할을 담당하고 있으며, 심리치료는 그러한 스트레스를 조절하는 데 매우 효과적이다(VandenBos and DeLeon, 1988).

보험회사는 "의료적 필요성"(medical necessity)이 있는 심각한 병리의 심리치료에만 보험을 적용한다는 엄격한 방침을 세워놓고 있다. 그러나 환자들은 실제로 증상 완화나 적절한 기능 회복 이외에도 다른 많은 이유들로 심리치료를 받으러 온다. 환자들은 개인적인 성장, 자기 탐색과 자기 실현, 그리고 훈련과 교육을 위해서도 심리치료를 받고자 한다. 그러나 관리의료는 이러한 치료들에 대해서는 보험금을 지불해주지 않는다. 그러한 치료가 더 이상 보험회사에 의해 "보험료 지급을 받지 못하게 되면," 보험회사의 비용은 감소할 것이다(그리고 환자 본인의 부담은 증가할 것이다).

심리치료에 관리의료가 끼친 부정적 영향

치료가 아니라 비용을 관리하는 문제

불행하게도, 관리의료는 실제로 치료의 질보다는 비용을 우선적으로 관리한다. 치료자가 가능하면 제3자 지불자로부터 많은 치료비를 받아내고자 하듯이, 제3자 지불자는 치료비의 지불을 가능한 한 줄임으로써 재정적 이득을 취하려고 한다. 그 외에도 치료의 질(예, 치료적 관계의 질, 증상 개선의 정도, 삶의 질 등)보다는 비용을 측정하는 것이 훨씬 더 쉽다는 문제가 관련되어 있다. 여기에서 중심적인 문제는 비용과 치료 사이에 갈등이 존재한다는 것이다: "서비스를 감소시켜서 이익을 얻고자 하는 모든 체계는 반드시 기준 이하의 서비스 제공을 결과로 가져온다" (Berman, 1992, p. 41). 물론, 더 많은 서비스 제공이 더 많은 경제적 이익을 가져온다고 해도 또 다른 갈등이 생길 수 있다. 그때에는 아마도 과도한 치료를 촉진시킬 것이다.

스턴(Stern, 1993)은 대부분의 정신의료 비용은 입원환자와 다른 장기환자 치료에 지불되고 있으며, 관리의료는 그것들을 감독하는 것이 더 바람직하다고 주장하였다. 그는 또 외래환자 심리치료에 대한 관리의료의 관심과 동기에 대해서도 의문을 제기했다. "대다수의 심리치료(75-90%)는 단기치료이고(25회기 미만), 그 단기치료 중에서도 최단기치료(10회기 미만)가 가장 많다는 사실에 비추어볼 때, 외래환자의 정신보건을 담당하는 제3자 지불자가 가장 중요하게 생각하는 것이 과연 비합리적인 비용의 동결인지 아니면 단순히 비용의 최소화인지 의심이 간다"(p. 170).

침범

사적 비밀에 대한 상세한 정보를 빈번하게 요청하는 것과 치료적 틀 전체를 통제하는 것은 치료적 관계를 힘든 것으로 만들고 변형시키는 침범이 될 수 있으며, 이는 치료 효과를 감소시킬 수 있다.

치료를 불안정한 것으로 만드는 배급제

치료 회기의 수가 2회기, 4회기, 6회기로 배정될 경우, 그것은 치료의 안아주기 환경을 불안정하게 만들고, 그로 인해 환자는 안전하지 않다고 느끼게 될 것이다. 환자와 치료자는 치료가 얼마나 오래 지속될지 알지 못한다—또 한번의 4회기나 8회기 혹은 그 이상이 될지? 이 경우, 치료는 더욱 피상적이 되어 환자를 고통스럽게 만드는 핵심적인 문제에 도달하는 것이 어렵게 된다. "조금만 더 했더라면, 완성할 수 있었을 텐데"라는 환자의 이야기를 주의 깊게 들어야 한다.

효율적인 치료보다 조급한 치료

2장에서 나는 단기치료가 치료과정을 피상적이고 조급한 것으로 만들 수 있다는 것에 대해 기술한 바 있다. 피상적이고 조급한 접근은 환자와 치료자의 수용능력을 제한하고, 무의식적인 자료가 떠오르는 것을 방해한다. 그런데 관리의료는 바로 이런 문제를 악화시킬 수 있다. 초점에 대한 이른 확인(진료내역 보고서에 기록된)은 치료자와 환자가 그 초점에만 머무르게 할 수 있고, 그 초점이 어떻게 변화되고 전개될지에 대해 마음을 열지 못하게 만들 수 있다. 문제가 무엇인지를 속히 결정하고 구체적인 치료 계획에 즉시 헌신해야 한다는 압력은 역동적 심리치료의 중심적인 요소인 발견과정을 방해한다.

스턴(1993)은 보험사가 정해 놓은 기간 안에 치료를 마치지 못할 때, 환자는 자신을 결함 있는 사람으로 느낄 수 있다고 지적했다. 그는 또 치료 종결에 대한 관리의료의 지침은 치료자로 하여금 환자의 욕구보다는 관리의료의 압력 때문에 치료를 종결하게 함으로써 치료과정을 방해한다고 주장했다. 이것은 직접적으로 치료자의 성실성 문제를 야기한다. 캐런(Karon, 1992)이 언급한 바와 같이, "유능하고 윤리적인 심리치료자에게는 환자의 안녕이 최우선적인 고려 사항이며, 이것은 비용의 효율성과는 아주 다른 기준이다"(p. 58).

심리치료의 "비전문화"와 질적 저하

관리의료에서 말하는 대부분의 심리치료는 최단기치료나 위기개입이다. 위기가 지나갔거나 환자의 증상이 줄어들었다면, 치료의 지속적인 효과와 상관없이 치료를 종결하라는 압력이 가해진다. 나는 환자에게 최단기치료가 제공되거나 제안되는 것을 문제시하는 것은 아니다. 최단기치료는 종종 환자의 고통을 빨리 감소시키는 데 유용하기도 하다. 그러나 단기치료가 마치 심리치료가 제공할 수 있는 전부라는 메시지(은밀한 것이든 공개적인 것이든)에는 문제가 있다("그것이 전부인가?"라는 경고문을 보라). 이것은 심리치료에 대한 대중의 인식에 나쁜 영향을 미칠 수 있고, 궁극적으로는 심리치료가 실제보다 훨씬 더 빈약한 개입만을 제공하는 것으로 비쳐질 수 있다.

내 경험에 따르면, 비용을 최소화해야 하는 압력 때문에 덜 훈련되거나 부적절하게 훈련된 사람들이 치료내역을 검토하고 치료 계획을 결정하는 경우들이 있다. 또는 박사급 치료자가 제공하는 서비스보다 학사급이나 석사급 치료자들이 제공하는 서비스만을 제공하게 되는 경우도 있다. 어떤 경우에는 비용-효율적이 아니라는 이유로 정신과 의사가 제공하는 심리치료에 대해서 보험적용을 제외하기도 한다.

웨스터마이어(Westermeyer, 1991)는 주요한 정신병적 위험 상태에 놓여있는 환자 7명의 약물치료와 심리치료 사례를 토대로 이 문제에 관해 경종을 울리는 논문을 발표했다. 이 환자들 중 5명은 자살했고, 한 명은 정신병을 앓게 되었으며, 다른 한 명은 항구적인 장애를 갖게 되었다. 웨스터마이어는 이러한 비극적인 결과는 예방될 수 있었다고 결론지었다. 이 환자들에게 부적절한 치료가 제공되었고, 충분히 훈련받지 못한 진료내역 검토자가 치료를 감독한 것으로 드러났다. "다섯 환자의 죽음은 의사와 환자 사이에 이미 존재하고 있는 치료적 관계를 무시하고 다른 어떤 치료자들로 얼마든지 대체될 수 있다고 생각하는, 즉 공공적 유용성만을 생각하는 건강보험의 개념이 잘못된 것임을 보여준다"(Westermeyer, 1991 p. 1223).

내가 이 책에서 제시하고 있는 효율적인 단기치료는 장기치료에서보다 더 많은 기술을 요한다. 비전문화되고 질적으로 저하되는 이러한 경향은 치료적 악순환을 형성한다. 만약 심리치료의 "유용성"이 단지 위기 개입과 짧은 횟수의 지지적 치료만을 제공하는 것으로 약화된다면, 또는 숙련되지 않은 치료사가 제공하는 낮은 수준의 심리치료를 의미하게 된다면, 결국 심리치료는 덜 숙련된 치료자들에 의해서 수행되는 결과를 가져올 것이다.

대상관계적 접근에 역행하는 심리치료의 "산업화"

몇몇 학자들(예컨대, Shore, 1995)은 미국의료보험(건강보험)이 점점 더 "산업화"되어가고 있다고 언급해왔다. 산업적 접근은 비용의 효율성, 표준화된 운영과정과 체계, 동일한 서비스와 동일한 생산품, 서비스와 제품 생산자들의 호환성 등을 중요하게 생각한다. 이러한 기준들이 현재 관리의료 접근에도 그대로 적용되고 있다. 분명히 이러한 기준들 중 얼마는 존중할 만한 것이겠지만,

이 책에서 다룬 대상관계적 접근, 즉 환자의 개별성에 대한 존중, 치료 관계와 그 관계의 고유성에 대한 강조, 알지 못하는 상태에 대한 인정과 발견과정에 대한 존중 등을 특징으로 하는 접근에는 역행하는 것이다. 산업화와 대상관계적 접근은 전혀 다른 배경을 가지고 있다. 그러나 나는 관리의료 전문가들과 대상관계 치료자들이 성공적으로 함께 작업할 수 있다고 믿는 사람 중의 하나이다. 다만, 그러한 작업에는 서로에 대한 존중이 요구된다. 이러한 존중 부족으로 인해 발생하는 갈등은 양 진영 사이의 논쟁에서 잘 드러나고 있다. 그들의 논쟁적 글에서, 관리의료 직원이 "전체주의 조직"의 일원으로 묘사되는가 하면(Shore, 1995), 산업화 모델에 저항하는 심리치료자들은 시대착오적인 "공룡"으로 묘사되고 있다(Haas and Cummings, 1991).

교훈적 사례들

다음의 사례들은 관리의료 체제에서 치료를 수행하는 단기치료자들이 실제로 겪게 되는 몇 가지 딜레마와 문제점을 보여준다.

심리치료자가 결정과정에서 배제되는 문제

나는 18개월간 매주 한 번씩 카알라(Karla)를 치료했다. 치료를 시작할 때 그녀는 극도로 우울했고, 심각한 자살 시도가 있었으며, 여전히 자살충동을 갖고 있었다. 내 생각에, 이 17세의 여고생은 단기간의 입원—완전한 입원 치료가 어렵다면, 주간 입원만이라도—을 필요로 했다. 카알라를 만나본 주치의는 그녀가 신체적으로는 별 문제가 없다고 했다. 하지만 그녀와 그녀의 가족 그리고 나는 좀더 집중적인 심리치료가 필요하다고 여겼고, 보험회사의 승인을 기다리고 있었다. 카알라의 어머니인 레노어(Lenore)는 치료 내역 검토자로부터 전화를 받았다. 그는 레노어에게 집중적인 심리치료에 대한 이야기를 나누고 싶다고 했다. 레노어는 "일년 반 동안 카알라를 치료한 스타터박사와 통화하고 싶지 않으세요?"라고 그 조사관에게 물었다. 그의 대답은 놀랍게도 '필요없습니다'였고, 레노어와의 통화 내용만을 근거로 치료 가능성 여부를 결정하고자 하였다. 그리고 10분 후, 그 조사관은 카알라에게 완전 입원이 아닌 일주일 동안의 주간 입원만을 허가해주었다.

논평

조사관이 이 사례에 대해 내린 결정은 최소한 환자의 위급 상태와 관련해서는 적절한 것이었다. 나는 장기적으로 볼 때 단기간의 완전 입원이 더 유익할 거라고 생각했지만, 2주간의 주간 입원만으로도 그녀의 자살충동 위기를 넘길 수는 있다고 보았다. 그러나 (자살과 약물남용 예방을 위한) "의료적 필요성"이 분명히 있었음에도 불구하고 조사관이 승인해주지 않았기 때문에, 카알라의 부모는 보험적용이 되지 않는 나머지 병원비를 자비로 부담해야만 했다.

환자를 만난 적도 없는 조사관이 담당 치료자와 상담도 하지 않고 환자 어머니와 10분에 걸친 구조화된 전화상담만으로 치료에 대한 결정을 내린다는 것은 믿기지 않는 일이었다. 다행히도, 나는 카알라와 그녀의 부모와 좋은 치료적 관계를 맺고 있었다. 하지만, 내 역할을 폄하하는 조사관이 치료자-환자 관계에 미치는 영향력을 상상해보라. 이 일은 환자-치료자 관계에 대한 조사관의 인식부족과 그러한 관계 때문에 제공할 수 있는 고유한 정보에 대한 인식부족의 예를 단적으로 보여준다. 그것은 상황의 특수성, 환자의 개별성, 치료자의 수행능력(병원 밖에서 위험에 처해 있는 환자를 돕는 데 가장 중요한 요소인) 등을 고려하지 않고 표준 운영 절차만을 따르는 사업상의 결정이었다. 다행히 이 사례에서는 아무런 문제가 발생하지 않았지만, 이런 방식의 접근법은, 웨스터마이어(Westermeyer, 1991)가 그의 논문에서 밝히고 있듯이, 비극적인 결과를 초래할 수도 있다.

치료를 조금만 더 했더라면 성공했었을 텐데

나는 프랭크(기혼, 47세)를 거의 1년 동안 상담했다. 몇 해 후에, 그는 결혼생활에 관해 상담을 하고 싶다며 전화를 걸어왔다. 나는 사전 승인을 얻기 위해 그의 보험사로 전화를 걸었고, 그 보험사는 평가를 위한 상담으로 2회기를 승인했다. 그의 어려움에 대해 의미 있는 작업을 하기 위해서는 10회기의 치료가 필요하다고 생각했기 때문에, 나는 10회기를 요구했다. 그러나 보험사는 나의 제안이 일리는 있지만, 4회기 안에 끝내보라면서 4회기만을 승인했고 나머지 4회기를 더 승인 받으려면 별도의 서류를 제출하라고 했다.

논평

이 책에서 여러 번 논의했듯이, 단기치료에서 안아주는 환경은 매우 중요한 치료적 요소이므로, 이것을 제한하면 단기치료자와 환자는 어려움을 겪게 된다. 치료자와 환자가 치료 작업을 하는 데 필요한 10회기가 주어진 경우와 그것이 분명히 정해지지 않은 경우, 그리고 4회기, 4회기, 2회기로 분배되는 경우에, 그 10회기 치료가 각각 어떻게 경험될 지를 생각해보라. 처음부터 10회기의 치료가 주어지지 않을 경우, 치료의 안아주기 환경은 흔들릴 것이고, 환자가 충분히 안전하다고 느끼면서 자신의 문제에 직면할 가능성이 줄어들 것이며, 따라서 문제들을 탐색할 수 있는 심리적 공간이 줄어들 것이다. 순전히 비용-효율적인 측면에서 생각할 때조차도, 4회기를 위해 진료내역의 검토를 매번 거쳐야 하는 것이 정말 비용을 절약하는 방법인지 의문이 간다.

프랭크는 자신의 치료가 완전하지 않은 상태에서 서둘러 끝내야 하는 상황을 원치 않았다. 그래서 그의 보험사가 전체 10회기를 허가하지 않았지만, 그는 자신이 치료비를 지불하기로 하고 10회기를 계약했다. 그는 그런 방법으로 치료에 필요한 안정된 안아주기 환경을 지켰다. 이번 사례와 이전 사례 모두에서, 환자들은 적절한 치료를 받을 수 있었지만, 그렇게 하기 위해 그들(카알라의 사례에서는 가족들)은 관리의료 조사관이 승인해주지 않은 초과 회기에 대한 비용을 지불해야 했다. 그렇다면, 그렇게 치료비를 지불할 능력이 없는 환자들은 어떻게 해야 하는가?

치료자는 얼마든지 다른 치료자로 대체될 수 있다?

HMO와 계약을 맺고 있는 치료자들은 새 환자를 만나면 주 1회씩 총 12회기의 단기치료 계약을 맺는다. 이들은 직접 환자 스케줄을 관리하지 않고, 정신보건국에서 치료자와 환자의 상담 약속을 주관한다. 환자가 스케줄 담당자에게 가서 치료자와의 다음 주 약속 시간을 정한다. 환자는 다음주에 자신의 치료자가 일을 하지 않을 경우, 다른 치료자와 상담 예약을 할 수 있다는 말을 듣게 된다. HMO 정책에 따르면, 현재 치료자가 스케줄상 문제가 있을 때 환자에게 다른 치료자를 예약해줄 수 있다. 혼란스러워진 환자가 주저하면서 자신의 치료자와 언제 상담이 가능한지를 묻게 된다. 그 환자는 2주 후에 자신의 치료자와 상담을 배정받았다.

논평

이 현상은 심리치료란 치료자가 바뀌어도 상관이 없다는 매우 혼란스러운 생각에서 온 것이다. 이것이 심리치료의 산업화와 비인격화에 따른 결과의 한 예이다. 나는 다른 일반적인 의료 실제에서도 여러 명의 의사로부터 처방을 받기보다는 한 명의 의사로부터 처방을 받는 것이 더 편하고, 안전하고, 질 높은 치료를 제공받는 데 도움이 된다고 믿는다. 하물며 심리치료의 만남에서 편안함, 안전감, 신뢰의 문제는 훨씬 더 중요하다. 여러 명의 다른 의료인이 환자에게 앨러지 억제제를 주사한다고 해도 별로 문제가 되지 않을 것이다(그러나 이 경우에도 치료 계획을 감독하는 앨러지 전문의 한 사람이 고정적으로 있어야 한다). 그러나 심리치료에서 치료자가 계속 바뀌면서 환자의 배우자 문제나 자존감의 문제를 다루는 것은 심각한 문제가 될 수 있다. 그때 치료는 거의 불가능해질 것이다.

따라서 이러한 기본 원리에 근거해서, 나는 심리치료에서 개인적 관계의 중요성을 부인하는 모든 조처에 반대한다. 관계의 중요성에 대한 부인은 심리치료 자체에 대한 부인이다. 역동적인 관점에서, 이러한 HMO 방식은 분열적인(schizoid) 것으로 보인다. 게다가 이것은 다른 실제적인 문제들과도 관련되어 있다. 그것은 한 치료자를 계속 만나는 것에 대해 양가감정을 가지고 있는 환자에게 어떤 영향을 미칠 것인가? 예컨대, 한 여성환자는 치료에 대한 일반적인 양가감정을 가질 수도 있고, 남자 치료자와 자신의 문제점에 대해 이야기하는 것이 불편하다고 느낄 수도 있으며, 자신의 아버지나 남자친구에게 가졌던 감정을 치료자에게 전이시킬 수도 있다. 이러한 문제점들은 치료 회기에서 탐색되어야 한다. 이 경우 다른 치료자와 상담할 수 있다는 제안은 환자에게 저항과 회피의 빌미를 제공할 것이며, 치료 상황에서 이 문제점들을 철저히 다루는 것을 어렵게 만들 것이다. 이렇게 되면 환자는 치료를 포기할 것이고, HMO는 비용을 줄일 수 있을 것이다 (단기적으로는).

최소가 최선이라는 생각

어떤 세미나에서 국립 EAP(피고용인 지원 프로그램) 감독관이 자신들의 프로그램을 나에게 설명했다. 회사의 피고용인들(혹은 그들의 가족들)은 전화 평가 후 최단기치료(최대 6회기)를 제공하는 EAP 산하의 지역 치료자에게 의뢰된다. EAP는 자신들과 연계된 치료자들이 제공하는 심리치료를 추적하기 위한 치료 제공자 관리체계(PPS; Provider Profile System)를 구축하였다. 그 감독관은 EAP가 가장 "선호"하는 그래서 환자를 가장 많이 의뢰하는 치료자들은 환자에게 평균적으로 최소의 치료 회기를 제공하고 장기치료 의뢰를 가장 적게 하는 사람들이라고 말했다.

논평

나는 이 사실에 대해 두 가지 심각한 우려를 갖고 있다. 첫째, EAP가 가장 "선호하는" 치료자가 바로 가장 나쁜 치료자일 수 있다는 것이다. 최대 회기를 6회기로 제한하는 EAP는 평균 4.5 회기에 치료를 끝내는 치료자들과 평균 2.5 회기에 치료를 끝내는 치료자들을 비교하고 있다. 평균 계약 회기가 낮은 치료자들에게 다시 치료받기를 원하는 환자 수가 많지 않다는 것은 놀라운 일이 아니다. 환자가 다시 치료로 돌아오지 않게 하는 것은 결코 어려운 일이 아니다(Budman and Gurman, 1988). 게다가 치료자들이 이러한 내용을 알고 있고, 자신들이 어떻게 평가 받고 있는지를 알고 있으면서도, 이렇게 EAP에 "선호되는" 치료자가 되기 위해 환자에게 필요 이하로 더 적은 회기의 치료를 제공함으로써, 궁극적으로는 심리치료에 대한 임상적 신뢰를 훼손시킬 수 있다.

이와 유사하게, 어떤 경우에 최단기치료보다 더 많은 치료가 제공되어야 하는지에 대한 물음은 열려 있어야 한다. 그러나 치료자가 장기치료에 대한 필요성을 환자에게 언급할수록 자신에게 적은 환자들이 의뢰된다는 것을 알게 된다면, 치료자는 치료자로서의 성실성과 경제적 이익 사이에서 갈등을 느끼게 된다. EAP 사업의 중요한 목표들 중의 하나는 건강보험 비용의 지출을 줄이는 것이다. 따라서 EAP는 자신들과 계약한 심리치료자들이 환자들에게 건강보험급여 비용의 지출을 야기하는 장기치료를 권고하지 않기를 바라고 있다.

다른 한편, 나는 치료자의 성실성과 경제적 이익 간에 갈등이 있을 수 있음을 알고 있다. 그것은 환자가 장기치료에 더 오래 머무를수록 치료자의 수입이 많아지기 때문이다. 하지만, 그런 일이 EAP에서 가능할지 의문스럽다. 왜냐하면 EAP는 환자에게 확장된 치료의 제공을 허용하지 않기 때문이다. 이러한 상황에 처한 치료자들은 장기치료가 필요한 환자를 다른 치료자에게 의뢰함으로써 이 문제를 해결한다.

이것이 심리치료가 할 수 있는 전부인가?

개인치료 분야에서 매우 윤리적이고 유능한 한 치료자가 관리의료 서비스를 제공하게 되었다. 그렇게 해서 한 환자가 그에게 의뢰되었고, 그 치료자는 12회기의 단기치료로 그 환자를 치료했다. 이 치료 기간 동안 환자의 심각한 우울 증상은 없어졌지만, 치료자는 환자가 자기애적 성격구조를 가지고 있음을 알게 되었고 또 그것이 어떻게 그 환자의 고통과 대인관계 문제에 영향을 미치는지도 알게 되었다. 그 치료자는 이번의 지지적 단기치료가 환자에게 도움이 되긴 했지만, 아직도 남아있는 성격의 문제가 환자의 삶에서 문제들을 다시 일으킬 것이라고 평가했다.

그 치료자는 환자의 성격구조와 대인관계 유형에 대해서는 언급하지 않기로 작정했는데, 그 이유는 이 부분은 그들에게 주어진 한정된 시간 안에 달성할 수 없는 것이기 때문이었다. 그 외에도, 그 치료자는 그러한 성격적 문제를 지적하거나 더 깊은 치료를 제안하지 않았는데, 그 이유는 그렇게 한다면 보험사와 자신이 속한 그룹의 계약을 위태롭게 할 수 있다고 여겼기 때문이었다. 치료자와 보험사의 협상 내용 안에는 가능한 한 단기치료를 제공한다는 것이 분명하게 언급되어 있었다. 보험사는 환자들이 자신들에게 필요한 만큼 정신의료 보험을 적용받을 수 있다는 인상을 받기를 원했다. 보험이 적용되지 않는 부가적 치료의 의뢰는 환자로 하여금 보험에 대한 불만족을 느끼게 하는 원인이 될 수 있기 때문이다. 이러한 여러 가지 이유로, 그 환자는 성격의 문제점과 부가적 치료에 대한 의뢰는 논의조차 허용되지 않은 상태에서, 증상의 감소에만 만족한 채 치료를 떠날 수밖에 없었다.

논평

여기에서는 보험사와 합의한 내용 중에는 치료자의 성실성을 위협하고, 심리치료의 잠재적 가능성을 제대로 알리지 못하게 하는 부정적 요소가 포함될 수 있다는 문제가 제기되고 있다. 이러한 경우, 치료자는 다음과 같이 말하는 것조차도 어려워 할 것이다: "나는 지금 당신이 처음 만났을 때보다 좋아진 것 때문에 많이 기쁩니다. 우리가 이미 이야기를 나누었듯이, 당신이 자신 및 다른 사람들과의 관계에서 또 다른 문제들을 가지고 있고, 그런 점에서 당신은 보다 심층적인 치료를 필요로 합니다. 하지만 당신의 보험은 단기간의 치료 비용만을 지불해주기 때문에 치료비는 직접 부담하셔야 합니다. 그래도 원하신다면, 몇 분의 치료자를 추천해 드릴 수 있습니다."

캐런(Karon, 1992)은 부가적 치료(부가적 단기치료를 포함한)의 필요성과 이점이 감추어지는 다양한 방식에 대해 서술했다. 예컨대, 어떤 HMO 상황에서는 "약물은 종종 치료가 6회기 이상이 되는 것을 방지하기 위해 처방될 필요가 있다"라는 주장이 통용되고 있다. 그러나 이런 경우에, 정신과 의사나 심리학자들은 비용을 줄이기 위한 목적으로 삶의 질이란 측면을 무시한 채, 심층적인 심리치료를 바람직한 대안으로 여기지 않고 있다 (Karon, 1992, p. 61).

캐런(1992)은 미시간 주의 개인 심리치료자들 사이에 관리의료의 영향력이 증가한 현상을 서술하면서, 관리의료를 도입한 후 처음 얼마 동안은 개인 심리치료자들에게 보내는 부가 치료 의뢰가 감소했지만, 그것은 일년 안에 보통 수준으로 되돌아 갔다고 보고했다. 그녀는 그 이유에 대해서 다음과 같이 설명했다: "환자들이 모든 심리치료가 6회기만으로 가능한 것이 아니고, 6

회기의 치료만으로도 적당하다고 생각하는 치료자들은 수준있는 치료자들이 아니며, 따라서 도움을 받기를 원한다면, 관리의료는 피해야 한다는 것을 배웠기 때문이다"(p. 61).

산업화 시대의 치료적 관계

치료자로서 우리가 관리의료를 "피할" 필요는 없다. 오히려, 우리는 우리의 성실성을 그리고 심리치료가 지닌 치유와 발달을 촉진하는 능력을 보존하는 방식으로 관리의료에 대처해야 한다. 우리는 비용 유지나 재정적 이익에 대한 문제들을 도외시해서는 안 된다. 나는 클리닉을 운영하거나 개인적으로 환자들을 치료할 때에도 이 문제를 무시하지 않는다. 따라서 나는 치료자들이 관리의료와 연계해서 일할 때, 비용의 문제를 무시해야 한다고 생각하지 않는다. 이러한 문제를 고려하는 것은 정당하고 필요한 것이다. 내가 말하고 싶은 것은, 적절한 치료를 결정할 때 무엇보다도 환자의 행복(well-being)이 최우선시 되어야 한다는 것이다.

치료자들은 심리치료의 비용과 관련된 현실을 수용할 필요가 있으며, 그러한 비용을 줄이고자 하는 제3 지불자의 의도를 이해해야 할 필요가 있다. 동시에 우리는 치료적 관계의 핵심 요소인 안정적인 안아주기와 담아주기의 중요성에 대해서도 계속해서 주장할 필요가 있다. 우리는 부가 치료를 포함해서 치료에서 할 수 있는 것을 분명하고도 반복적으로 설명해야 한다. 우리는 심리치료가 창백한 그림자처럼 허약해지는 것을 방치해서는 안 된다.

관리의료 체계를 책임지고 있는 사람들은 산업화의 규칙과 "만병통치" 개념이 심리치료에는 적용되지 않는다는 사실을 인식할 필요가 있다. 스턴(Stern, 1993)은 다음과 같이 언급했다. "단기치료의 효력과 광범위한 유용성에 대한 이견은 없다(Butcher and Koss, 1978); 그러나 단기치료가 전체 인구를 대상으로 행해질 때, 관리의료 심리학자들에 의해 적절하게 다루어질 수 없는 심각한 문제들이 발생하게 될 것이다"(p. 163). 관리의료는 치료의 비용뿐 아니라 치료의 질에 좀더 관심을 기울일 필요가 있다. 무엇보다도, 치료의 질이 단순히 심각한 증상의 제거로 규정되어서는 안 된다. 흥미롭게도 스트레스에 대한 심리치료의 효율성과 다른 의료 서비스를 이용하는 것에 대한 연구결과는, 내가 제안하고 있는 것에 관심을 갖는 것이 장기적으로는 치료 비용을 줄일 수 있다는 점을 시사해준다(Karon, 1992, Stern, 1993).

14장

에필로그

나는 이 책을 쓰는 과정에서 그리고 독자는 이 책을 읽는 과정에서 서로 만나는 시간을 가질 수 있었다. 그 만남이 독자에게 의미 있는 시간이었기를 희망한다. 독자가 이 책을 읽었다는 것은 나와 함께 상호 주관적인 공간을 만들어냈다는 것을 뜻한다. 나는 내가 생각했던 것과는 달리, 자신의 방식대로 이 책을 읽는 독자를 상상해본다. 또한 독자가 이 책을 읽으면서 나에 대한 표상을 형성할 거라고 상상해본다. 이러한 경험은 과연 우리를 어디로 인도할까?

이 책을 쓰면서 나는 단기치료에 있어서 치료적 관계가 지닌 강력한 힘과 중요성을 새롭게 인식하게 되었다. 처음부터 끝까지, 기간의 길고 짧음과 상관없이, 심리치료는 결국 인간관계이다. 나는 현재의 관리의료 모델이 치료적 관계에 해를 끼칠 수 있는 높은 가능성을 갖고 있다고 본다. 이미 우리의 문화 안에는 관계를 방해하는 많은 요소들이 스며들어 있는 것으로 보인다.

나는 단기치료에서 해석이 특히 까다로운 영역이라고 생각해 왔다. 이것이 논쟁적인 영역이라는 것은 놀랄 일이 못된다. 어떤 단기치료 환자들에게는 항구적인 변화를 가져오는 해석의 힘이 과장될 수 없을 정도로 중요하다—특히 환자의 자기에 관해 전이에 기초해서 이루어지는 해석일 경우. 그러나 어떤 강력한 개입도 그럴 수 있듯이, 해석 또한 치료를 손상시킬 수 있는 커다란 잠재력이 있다(7장에서 보듯이). 따라서 해석의 영역은 고도의 기술과 훈련이 요구되는 영역이다. 단기치료에서 해석의 문제는 더 깊이 연구될 필요가 있다.

	나는 많은 치료자들이 점점 더 단기치료와 장기치료의 효율성과 적절성을 사려 깊게 고려하지 못하고 있다는 인상을 받아왔다(그것은 나를 힘들게 하는 요소였다). 이 문제는 매우 정치화됨으로써 빈번히 우울적 양태의 성찰보다는 지배적으로 편집-분열적인 양태의 사고를 야기하곤 했다. 일부 단기치료 옹호자들은 단기치료가 모든 사람들이 원하는 것이고 장기치료는 시간 낭비라고 주장하는 반면, 일부 장기치료 지지자들은 오만한 태도로 단기치료를 피상적이고 하찮은 것으로 무시하고 있다. 이러한 두 입장들은 모두 망상적이다. 나는 이 책을 통해서 장기치료에서 온 풍부한 관점들이 단기치료자들에게 많은 정보를 줄 수 있고, 그들의 치료에 적용될 수 있다는 점을 밝히려고 했다. 마찬가지로, 나는 이 책에서 논의한 내용의 일부를 장기치료자들이 받아들임으로써 그들의 치료를 가속화하는 데 사용할 수 있기를 희망한다.

	마지막으로, 나는 단기치료에서 작업동맹의 특성과 발달에 미치는 치료자의 영향력(긍정적이든 부정적이든)을 더욱 예리하게 인식하게 되었다. 이 작업동맹에 미치는 치료자의 공헌은 아주 드물게만 언급되고 있는데(Binder와 그 동료들, 1987), 나는 몇몇 사례에서 치료동맹을 위해 내가 어떤 노력을 했고 또 그 노력이 치료동맹에 어떤 영향력을 미쳤는지를 전달하려고 했다. 나는 "치료자가 환자의 방어기제 뒤에 있는 사람을 발견할 때 그리고 환자가 치료자의 방어기제 뒤에 있는 사람을 발견할 때에만, 진정한 심리치료가 일어난다"(p. 352)고 한 건트립(Guntrip, 1969)의 견해에 동의한다. 비록 그 정도는 다를 수 있겠지만, 나는 그것이 단기치료에도 적용된다고 본다.

물론 이것이 치료자가 항상 친절하고 지지적이어야 한다거나 "변함없이 자신의 일을 할 수 있다"는 것을 의미하지는 않는다. 그것은 치료자가 자신을 현명하고 숙련된 기술을 사용하는 중립적이고 비인격적인 기술자로 생각하는 착각에 빠져서는 안 된다는 것을 의미한다. 만약 치료자가 비인격적인 방식으로 환자와 상호작용한다면, 그것은 환자에게 특정한 영향을 미칠 것이고, 환자 또한 그런 방식으로 다른 사람들과 상호작용하는 대상관계 패턴을 형성할 것이다. 내가 1977년에 타비스톡 클리닉의 존 서더랜드(J. D. Sutherland)가 주관한 워싱턴 정신의학 세미나에 참석했었을 때, 서덜랜드는 대상관계 치료자는 "감상주의적인 감정"과 "기계적인 사고" 사이를 헤치면서 나아가야 한다고 강조했다. 더 이상 무슨 말이 필요하겠는가!

어느 한 시점에서, 특정한 치료자와 환자가 빠르게 강한 작업동맹을 형성할 수 있을 때, 그들은 단기치료에서 참으로 놀라운 것을 창조해내고 성취해낼 수 있을 것이다.

참고문헌

Alexander, F. (1956). Two forms of regression and their therapeutic implications. Psychoanalytic Quarterly 25:178-198.

Alexander, F.,and French, T. M.(1946). Psychoanalytic Therapy. New York: Ronald.

American Psychiatric Association (1994). Diagnostic and Statistical Manual of Mental Disorders, 4th ed. Washington, DC: American Psychiatric Association.

Anderson, W. T. (1990). Reality Isn't What It Used to Be. San Francisco: Harper and Row.

Baekeland, F., and Lundwall, L. (1975). Dropping out of treatment: a critical review. Psychological Bulletin 82:738-783.

Balint, M. (1957). The Doctor, the Patient and His Illness. New York: International Universities Press.

____(1968). The Basic Fault. London: Tavistock.

Balint, M, and Norell, J. S., eds. (1973). Six Minutes for the Patient: Interactions in General Practice Consultation. London: Tavistock.

Balint, M., Ornstein, P. H., and Balint, E. (1972). Focal Psychotherapy. London: Tavistock.

Barber, J.P., and Crits-Christoph, P.(1991). Comparison of the brief dynamic therapies. In Handbook of Short-Term Dynamic Psychotherapy, pp. 323-355. New York: Basic Books.

Bennett, M. J.(1989), The catalytic function in psychotherapy. Psychiatry 52: 351-364. ,

Berman, W. H.(1992). The practice of psychotherapy in managed health care. Psychotherapy in Private Practice 11(2): 39-45.

Bick, E.(1986), Further considerations on the function of the skin in early object relations. British Journal of Psychotherapy 2:292-299.

Binder, J. L.(1977), Modes of focusing in psychoanalytic short-term therapy. Psychotherapy: Theory, Research, and Practice 14(3): 232-241.

____(1979). Treatment of narcissistic problems in time-limited psychotherapy. Psychiatric Quarterly 51: 257-280.

Binder, J. L., Henry, W.P., and Strupp, H. H.(1987), An appraisal of selection criteria for dynamic psychotherapies and implications for setting time limits. Psychiatry 50:154-166.

Binder, J. L., and Strupp, H. H.(1991), The Vanderbilt approach to time-limited dynamic psychotherapy. In Handbook of short-term Dynamic Psychotherapy, ed. P. Crits-Christoph and J. P. Barber, pp. 137-165. New York: Basic Books.

Bion, W. R.(1961), Experiences in Groups. New York: Basic Books.

____(1967), Second Thoughts. London: Heinemann.

Bloom, B. L.(1981), Focused single-session therapy: initial development and evaluation. In Forms of Brief Therapy, ed. S. Budman, pp. 167-216. New York: Guilford.

____(1992). Planned Short-Term psychotherapy: A Clinical Handbook. Needham Hts., MA: Allyn & Bacon.

Bollas, C.(1987). The shadow of the Object. New York: Columbia University Press.

____(1989). Forces of Destiny: Psychoanalysis and Human Idiom. London: Free Association Books.

Bowlby, J.(1969). Attachment and Loss. Volume 1: Attachment. New York: Basic Books.

Breuer, J., and Freud, S.(1895). Studies on hysteria. Standard Edition 2: 125-134.

Budman, S. H.(1990), The myth of termination in brief therapy: or it ain't over till it's over. In Brief Therapy: Myths, Methods, and Metaphors, ed. J. K. Zeig and S. G. Gilligan, pp. 206-218. New York: Brunner/Mazel.

Budman, S. H., and Gurman, A. S.(1988). Theory and Practice of Brief Therapy. New York: Guilford.

____(1992). A time-sensitive model of brief therapy: the I-D-E approach. In The First Session in Brief Therapy, ed. S. H. Budman, M. F. Hoyt, and S. Friedman, pp. 111-134. New York: Guilford.

Budman, S, H., and Stone, J.(1983), Advances in brief psychotherapy: a review of recent literature. Hospital and Community Psychiatry 34:939-946.

Burke, J. D., White, H. S., and Havens, L. L.(1979). Which short-term therapy? Archives of General Psychiatry 36: 177-186.

Burns, D. (1980). Feeling Good. New York: Morrow.

Butcher, J. N., and Koss, M. P.(1978). Research on brief and crisis-oriented therapies. In Handbook of Psychotherapy and Behavior Change, ed. S. Garfield and A. E. Bergin, 2nd ed., pp. 725-768. New York: Wiley.

Butler, S. F., Strupp, H. H., and Binder, J. L.(1992). Time-limited dynamic psychotherapy. In the First Session in Brief Therapy, ed. S. H. Budman, M. F. Hoyt, and S. Friedman, pp. 87-110. New York; Guilford.

Crits-Christoph, P.(1992). The efficacy of brief dynamic psychotherapy: an meta-analysis. American Journal of Psychiatry 149(2): 151-158.

Crits-Christoph, P., & Barber, J.P., eds.(1991). Handbook of Short-Term Dynamic Psychotherapy. New York: Basic Books.

Cummings, N. A.(1990). Brief intermittent psychotherapy throughout the life cycle. In Brief Therapy: Myths, Methods, and Metaphors, ed. J. K. Zeig and S. G. Gilligan, pp.169-184. New York: Brunner/Mazel.

Cummings, N. A., and VandenBos, G. R.(1979). The general practice of psychology. Professional Psychology 10: 430-440.

_____(1981). The Twenty year Kaiser Permanente experience with psychotherapy and medical utilization: implications for national health policy and national health insurance. Health Policy Quarterly 1(2): 159-179.

Davanloo, H., ed.(1978). Basic Principles and Techniques in Short-term Dynamic Psychotherapy. New York: Spectrum.

_____(1980). Short-term Dynamic Psychotherapy. New York: Jason Aronson.

_____(1991). Unlocking the Unconscious. New York: Wiley.

Eisenstein, S.(1980). The contributions of Franz Alexander. In Short-term Dynamic Psychotherapy, ed. H. Davanloo, pp. 25-41. New York: Jason Aronson.

Engelman, T. C., Day, M., and Durand, S.(1992). the nature of time and psychotherapeutic experience: when treatment duration shifts from time-limited to long-term. In Psychotherapy for the 1990s, ed. J. S. Rutan, pp.119-137. New York: Guilford.

Fairbairn, W. R. D.(1940). Schizoid factors in the personality. In An Object Relations Theory of the Personality, pp. 3-27. New York: Basic Books, 1952.

_____(1952). An Object Relations theory of the Personality. New York: Basic Books.

_____(1958). On the nature and aims of psycho-analytic treatment. International Journal of Psycho-Analysis 39:374-385.

_____(1963). Synopsis of an object-relations theory of the personality. International Journal of Psycho-Analysis 44:224-225.

Ferenczi, S.(1926). The further development of an active therapy in psychoanalysis. In Further Contributions to the Theory and Technique of Psycho-analysis, ed. E. Jones, pp. 198-217. London: Hogarth, 1950.

Flegenheimer, W. V.(1982). Techniques of Brief Psychotherapy. New York: Jason Aronson.

Follette, W., and Cummings, N. A.(1967). Psychiatric services and medical utilization in a prepaid health plan setting. Medical Care 5:25-35.

Frances, A., and Clarkin, J. F. (1981). No treatment as the prescription of choice. Archives of General Psychiatry 38: 542-545.

Freud, S.(1917). Mourning and melancholia. Standard Edition 14: 243-258.

____(1918). From the history of an infantile neurosis. Standard Edition 17:7-122.

____(1920). Beyond the pleasure principle. Standard Edition 18:7-64.

____(1923). The ego and id. Standard Edition 19:12-66.

____(1937). Analysis terminable and interminable. Standard Edition 23:209-253

Fromm-Reichmann, F. (1950). Principles of Intensive Psychotherapy.

Chicago: University of Chicago Press.

Gabbard, G. O. (1995). How much therapy is enough? Menninger Letter 3(2):7.

Garfield, S. L. (1978). Research on client variables in psychotherapy.

In Handbook of Psychotherapy and Behavior Change, ed. A. E.

Bergin and S. Garfield, 2nd ed., pp. 191-232. New York: Wiley

Goldsmith, S. (1986). Psychotherapy of People with Physical Symptoms:

Brief Strategic Approaches. Lanham, MD: University Press of America.

Good, M. I. (1992). Factors affecting patient dropout rates. American Journal of Psychiatry 149:275-276.

Goulding, M., and Goulding, R. (1979). Changing Lives through Redecision Therapy. New York: Grove.

Greenberg, J. R. and Mitchell, S. A. (1983). Object Relations in Psychoanalytic Theory. Cambridge, MA: Harvard University Press.

Grotstein, J. (1981). Splitting and Projective Identification. New York: Jason Aronson.

Groves, J. E. (1992). The short-term dynamic psychotherapies: an overview. In psychotherapy for the 1990s, ed. J. S. Rutan, pp. 35-59. New York: Guilford.

Gunderson, J. G. (1989). Borderline personality disorder. In Comprehensive Textbook of Psychiatry/V, ed. H. I. Kaplan and B. J. Sadock, pp. 1387-1395. Baltimore: Williams & Wilkins.

Guntrip, H. (1961). Personality Structure and Human Interaction: The Developing Synthesis of Psychodynamic Theory. New York: International Universities Press.

____(1969). Schizoid Phenomena, Object Relations and the Self. New York: International Universities Press.

Gustafson, J. P. (1981). The complex secret of brief psychotherapy in the works of Malan and Balint. In Forms of Brief Therapy, ed. S. H. Budman, PP. 83-128. New York: Guilford.

____(1986). The Complex secret of brief psychotherapy. New York: Norton.

Haas, L. J., and Cummings, N. A. (1991). Managed outpatient mental health plans: clinical, ethical, and practical guidelines for participation. Professional Psychology: Research and Practice 22:45-51.

Hartlaub, G. H., Martin, G. L., and Rhine, N. W. (1986). Recontact with the analyst following termination: a survey of seventy one cases. Journal of the American Psychoanalytic Association 34:895-910.

Hildebrand, H. P. (1986). Brief psychotherapy. Psychoanalytic Psychology 3:1-12.

Hoglend, P. (1993a). Personality disorders and long-term outcome after brief dynamic psychotherapy. Journal of Personality Disorders 7(2):168-181.

_____(1993b). Transference interpretation and long-term change after dynamic psychotherapy of brief to moderate length. American Journal of Psychotherapy 47(4):494-507.

Horowitz, M. J. (1986). Stress Response Syndromes, 2nd ed. Northvale, NJ: Jason Aronson.

_____(1988). Introduction to Psychodynamics: A New Synthesis. New York: Basic Books.

_____(1991). Short-term dynamic therapy of stress response syndromes. In Handbook of Short-term dynamic Psychotherapy, ed. P. Crits-Christoph and J. P. Barber, pp. 166-198. New York: Basic Books.

Horowitz, M. J., Marmar, C., Krupnick, J., et al. (1984). Personality Styles and brief Psychotherapy. New York: Basic Books.

Howard, K. I., Kopta, S. M., Krause M. S., and Orlinsky, D. (1986). The dose-effect relationship in psychotherapy. American Psychologist 41:159-164.

Hoyt, M. F. (1990). On time in brief therapy. In Handbook of the Brief Psychotherapies, ed. R. A. Wells and V. J. Giannetti, pp. 115-143. New York: Plenum.

Hoyt, M. F., Rosenbaum, R., and Talmon, M. (1992). Planned single session therapy. In The First Session in Brief Therapy, ed. S. H. Budman, M. F. Hoyt, and S. friedman, pp. 59-86. New York: Guilford.

Jones, E. (1955). The Life and Work of Sigmund Freud. New York: Basic Books.

Joyce, A. S., and Poper, W. E. (1993). The immediate impact of transference interpretation in short-term individual Psychotherapy. American Journal of Psychotherapy 47(4):508-525.

Karon, B. P. (1992). Problems of psychotherapy under managed health care. Psychotherapy in Private Practice 11(2):55-63.

Kernberg, O. (1975). Borderline Conditions and Pathological Narcissism. New York: Jason Aronson.

Kernberg, O., Selzer, M., Koenigsberg, H., ed al.(1989). Psychodynamic Psychotherapy of Borderline Patients. New York: Basic Books.

Klein, M. (1948). On the theory of anxiety and guilt. In Envy and Gratitude and Other Works, 1946-1963, pp. 25-42. New York: Delacorte, 1975.

____(1958). On the development of mental functioning. In Envy and Gratitude and Other Works, 1946-1963, pp. 236-246. New York: Delacorte, 1975.

____(1964). Contributions to Psychoanalysis, 1921-1945. New York: Mcgraw-Hill.

____(1975). Envy and Gratitude and Other Works, 1946-1963. New York: Delacorte.

Kohut, H. (1968). The psychoanalytic treatment of narcissistic Personality Disorders: outline of a systematic approach. Psychoanalytic study of the Child 23:86-113. New York: International Universities Press.

____(1971). The Analysis of the Self. New York: International Universities Press.

____(1977). The Restoration of the Self. New York: International Universities Press.

Kopta, S. M., Howard, K. I., Lowry,J. L., and Beutler, L. E. (1994). Patterns ot symptomatic recovery in psychotherapy. Journal of Consulting and Clinical psychology 62:1009-1016. New York: Wiley.

Koss, M. P., and Butcher, J. N. (1986). Research on brief therapy. In Handbook of Psychotherapy and Behavior Change: An Empirical Analysis, ed A. E. Bergin and S. Garfield, 3rd ed., pp. 627-670. New York: Wiley.

Kupers, T. A. (1986). The dual potential of brief psychotherapy. Free Associations 6:80-99.

____(1988). Ending Therapy: The Meaning of Termination. New York: International Universities Press.

Laikin, M., Winston, A., and McCullough, L.(1991). Intensive short-term dynamic psychotherapy. In Handbook of Short-Term Dynamic Psychotherapy, ed. P. Crits-Christoph and J. P. Barber, pp.80-109. New York: Basic Books.

Langs, R.(1973). The Technique of Psychoanalytic Psychotherapy, vol. 1. New York: Jason Aronson.

Leibovich, M.(1981). Short-term psychotherapy for the borderline personality disorder. Psychotherapy and Psychosomatics 35:257-264.

Luborsky, L.(1984). Principles of Psychoanalytic Psychotherapy: A Manual for Supportive-Expressive Treatment. New York: Basic Books.

Luborsky, L., Barber, J.P., and Crits-Christoph, P.(1990). Theory-based research for understanding the process of psychotherapy. Journal of Consulting and Clinical Psychology 58: 281-287.

Luborsky, L., and Crits-Christoph, P. (1990). Understanding Transference: The CCRT Method. New York: Basic Books.

Luborsky, L., and Mark, D. (1991). Short-term supportive-expressive psychoanalytic psychotherapy. In Handbook of Short-term Dynamic Psychotherapy, ed. P. Crits-Christoph and J. P. Barber, pp. 110-136. New York: Basic Books.

Malan, D. H. (1963). A Study of Brief Psychotherapy. London: Tavistock.

―――(1976). The Frontier of Brief Psychotherapy. New York: Plenum.

―――(1979). Individual Psychotherapy and the Science of Psychodynamics. London: Butterworth.

―――(1980). The most important development since the discovery of the unconscious. In Short-term Dynamic Psychotherapy, ed. H. Davanloo, pp. 17-23. New York: Jason Aronson.

Malan, D., Heath, E., Bacal, H., and Balfour, F. (1975). Psychodynamic changes in untreated neurotic patients. II: Apparently genuine improvements. Archives of General Psychiatry 32:110-126.

Mann, J. (1973). Time-Limited Psychotherapy. Cambridge, MA: Harvard University Press.

―――(1981). The core of time-limited psychotherapy: time and the central issue. In Forms of Brief Therapy, ed. S. Budman, pp. 25-43. New York: Guilford.

―――(1991). Time-limited psychotherapy. In Handbook of Short-term Dynamic Psychotherapy, ed. P. Crits-Christoph and J. P. Barber, pp. 17-43. New York: Basic Books.

Mann, J., and Goldman, R. (1994). A Casebook in Time-Limited Psychotherapy. Northvale, NJ:Jason Aronson. Originally published, New York: McGraw-Hill, 1982.

Marziali, E A, (1984). Prediction of outcome of brief psychotherapy from therapist interpretive interventions. Archives of General psychiatry 41:301-304.

Marziali, E A,, and Sullivan, J. M. (1980). Methodological issues in the content analysis of brief psychotherapy. British Journal of Medical Psychology 53:19-27.

Masterson, J. F. (1978). New Perspectives on Psychotherapy of the Bor-derline Adult. New York: Brunner/Mazel.

Meltzer, D. (1975). Adhesive identification. Contemporary Psycho-analysis 11:289-310.

Merikangas, K. R., and Weissman, N. M (1986). Epidemiology of DSM-Ⅲ Axis Ⅱ personality disorders. In Psychiatry Update: American Psychiatric Association Annual Review, vol. 4, ed. A. J. Frances and R. E. Hales, pp. 258-278. Washington, DC:Ameri-can Psychiatric Association.

Mitchell, S. A (1988). Relational Concepts in Psychoanalysis: An Integration. Cambridge, MA:Harvard University Press.

____(1993). Hope and Dread in Psychoanalysis. New York: Basic Books.

Neilsen, G., and Barth, K. (1991). Short-term anxiety-provoking psy-chotherapy. In Handbook of Short-Term Dynamic Psychotherapy, ed. P. Crits-Christoph and J. P. Barber, pp. 45-79. New York: Basic Books.

Nuland, S. B. (1994). How We Die. New York : Knopf.

Ogden, T. H. (1982). Projective Identification and Psychotherapeutic Technique. New York: Jason Aronson.

____(1986). The Matrix of the Mind. Northvale, NJ:Jason Aronson.

____(1989). The Primitive Edge of Experience. Northvale, NJ:Jason Aronson.

____(1994). Subjects of Analysis. Northvale, NJ:Jason Aronson.

Oremland, J. D. (1976). A curious resolution of a hysterical symptom. International Review of Psycho-Analysis 3:473-477.

____(1991). Interpretation and Interaction: Psychoanalysis or Psycho-therapy. hillsdale, NJ: Analytic Press.

Pardes, H., and Pincus, H. A. (1981). Brief therapy in the context of national mental health. In Forms of Brief Therapy, ed. S. H. Budman. new york: Guilford.

Peck, M. S. (1978). The Road Less Traveled. New york: Simon and Schuster.

Perry, J. C., and Vaillant, G. E. (1989).Personality disorders. In Comprehensive Textbook of Psychiatry/V, ed. H. I. Kaplan and B. J. Sadock, pp. 1352-1387. Baltimore: Williams & Wikins.

Phillips, E. L. (1985). A Guide for Therapists and patients to Short-term Psychotherapy. Springfield, IL: Charles C Thomas.

Pine, F, (1990). Drive, Ego, Object, Self: A Synthesis for Clinical Work. New York: Basic Books.

Piper, W. E. Azim, H. F. A., Joyce, A. S., and McCallum, M. (1991a.). Transference interpretations, therapeutic alliance, and outcome in short-term individual psychotherapy. Archives of Gen-eral Psychiatry 48:946-953.

Piper, W. E. Azim, H. F. A., Joyce, A. S., et al. (1991b.). Quality of object relations versus interpersonal functioning as predictors of therapeutic alliance and psychotherapy outcome. Journal of Nervous and Mental Disease 179(7):432-438.

Piper, W. E. Azim, H. F. A., McCallum, M., and Joyce, A. S. (1990). Patient suitability and outcome in short-term individual psychotherapy. Journal of Consulting and Clinical Psychology 58(4):475-481.

Piper, W. E., de Carufel F. L., and Szkrumelak, N. (1985). Patient predictors of process and outcome in short-term individual psychotherapy. Journal of Nervous and Mental Disease 173:726-733.

Piper, W. E., Joyce, A. S., McCallum, M., and Azim, H. F. A. (1993). Concentration and correspondence of transference interpretations in short-term psychotherapy. Journal of Consulting and Clinical Psychology 61(4):586-595.

Pollack, J., Flegenheimer, W., and Winston, A. (1991). Brief adaptive psychotherapy. In Handbook of Short-Term Dynamic Psychotherapy, ed. P. Crits-Christoph and J. P. Barber, pp. 199-219. New York: Basic books.

Racker, H. (1968). Transference and Countertransference. New York:International Universities Press.

Rand, O. (1929). Will Therapy. New york:Knopf, 1936.

Reich, J. H., and Green, A. J. (1991). Effect of personality disor-ders on outcome of treatment. Journal of Nervous and Mental Disease 179:74-82.

Reich, W. (1945). Character Analysis, 3rd ed. New York:Simon and Schuster.

Rosenbaum, R., Hoyt, M. F., and Talmon, M. (1990). The challenge of single-session therapies: creating pivotal moments. In Handbook of the Brief Psychotherapies, ed. R. A. Wells and V. J. Giannetti, pp. 165-189. New York:Plenum.

Rubenstein, E. A., and Lorr, M. (1956). A comparison of terminators and remainers in outpatient psychotherapy. Journal of Clinical Psychology 12:345-349.

Schacht, T. E., Binder, J. L., and Strupp, H. H. (1984). The dynamic focus. In Psychotherapy in a New key: A Guide to Time-Limited Dynamic psychotherapy , ed. H. H. Strupp And J. L. Binder, pp. 65-109. New York:Basic Books.

Schacht, T. E., and Strupp, H. H. (1989). Recent methods of psychotherapy. In Comprehensive Textbook of Psychiatry/V, ed. H. I. Kaplan and B. J. Sadock, pp. 1556-1562. Baltimore:Wil-liams & Wilkins.

Scharff, D. E. (1982). The Sexual Relationship: An Object Relations View of Sex and the Family. London: Routledge and Kegan Paul.

____(1992). Refinding the Object and Reclaiming the Self. Northvale, NJ: Jason Aronson.

Scharff, D. E., and Scharff, J. S.(1991). Object Relations Couple Therapy. Northvale, NJ: Jason Aronson.

Scharff, J. S.(1992). Projective and Introjective Identification and the Use of the Therapist's Self. Northvale, NJ: Jason Aronson.

____, ed.(1994). The Autonomous Self: The Work of J. D. Sutherland. Northvale, NJ: Jason Aronson.

Scharff, J. S., and Scharff, D. E.(1992). Scharff Notes: A Primer of Object Relations Therapy. Northvale, NJ: Jason Aronson.

Shectman, F. (1986). Time and the practice of psychotherapy. Psychotherapy 23:521-525.

Shore, K.(1995). Managed care as a totalitarian regime. The Independent Practitioner 15:73-77.

Sifneos, P. E.(1972). Short-term Psychotherapy and Emotional Crisis. Cambridge, MA: Harvard University Press.

____(1987). Short-term Dynamic Psychotherapy: Evaluation and Technique, 2nd ed. New York: Plenum.

____(1989). Brief dynamic and crisis therapy. In Comprehensive Textbook of Psychiatry/V, ed. H. I. Kaplan and B. J. Sadock, pp.1562-1567. Baltimore: Willians & Wilkins.

Smith, M. L., Glass, G. V., and Miller, T. I.(1980). The Benefits of Psychotherapy. Baltimore: Johns Hopkins.

Stadter, M.(1993). Brief therapy with personality disorders. Audio Library Presentations. Silver Spring, MD: American Healthcare Institute.

Steenbarger, B. N.(1992). Toward science-practice integration in brief counseling and therapy. The counseling Psychologist 20:403-450.

____(1994). Duration and outcome in psychotherapy: an integrative review. Professional Psychology: Research and Practice 25:111-119.

Stern, S. (1993). Managed care, brief therapy, and therapeutic integrity. Psychotherapy 30(1): 162-175.

Stewart, H.(1993a). Discussion comments on "brief therapy from an object relations perspective" by M. Stadter. presented at the Washington School of Psychiatry Object Relations Theory Training Program Conference, April 17.

____(1993b). The work of Michael Balint. presented at the Washington School of Psychiatry Object Relations Theory Training Program Conference, April 17.

Stolorow, R. D., and Atwood, G. E.(1992). Context of Being: The Intersubjective Foundations of Psychological Life. Hillsdale, NJ: Analytic Press.

Stone, M. H.(1990a). The Fate of Borderline Patients. New York: Guilford.

____(1990b). Treatment of borderline patients: a programatic approach. Psychiatric Clinics of North america 13(2): 265-285.

Strupp, H. H.(1993). the Vanderbilt psychotherapy studies: synopsis. Journal of consulting and Clinical Psychology 61:431-433.

Strupp, H. H., and Binder, J. L.(1984). Psychotherapy in a New Key: A Guide to time-Limited Dynamic Psychotherapy. New York: Basic Books.

____(1992). Current developments in psychotherapy. The Independent practitioner 12: 119-124.

Sullivan, h. S.(1953). The Interpersonal Theory of Psychiatry. New York: Norton.

____(1954). The Psychiatric Interview. New York: Norton.

Talley, J. E.(1992). The Predictors of Successful Very Brief Psychotherapy. Springfield, IL: Charles C Thomas.

Talmon, M.(1990). Single-session Therapy: Maximizing the Effect of the First (and Often Only) Therapeutic Encounter. San Francisco: Jossey-Bass.

Tustin, F. (1986). Autistic Barriers in Neurotic Patients. New Haven: Yale University Press.

VandenBos, G. R., and DeLeon, P.(1988). The use of psychotherapy to improve physical health. Psychotherapy 25:335-343.

Wenstermeyer, J.(1991). Problems with managed psychiatric care without a psychiatrist-manager. Hospital and Community Psychiatry 42(12): 1221-1224.

Winnicott, D. W.(1945). Primitive emotional development. In Through Paediatrics to Psycho-Analysis, pp. 145-156. New York: Basic Books, 1958.

____(1951). Transitional objects and transitional phenomena. In Through Paediatrics to Psycho-Analysis, pp. 229-242. New York: Basic Books.

____(1958). Through Paediatrics to Psycho-Analysis. New York: Basic Books.

____(1960). Ego distortion in terms of true and false self. In The Maturational Processes and the Facilitating Environment, pp. 140-152. New York: International Universities Press, 1965.

____(1962). The aims of psycho-analytical treatment. In The Maturational Processes and the Facilitating Environment, pp. 166-170. New York: International Universities Press, 1965.

____(1963). the development of the capacity for concern. In The Maturational Processes and the Facilitating Environment, pp. 73-81. New York: International Universities Press, 1965.

____(1965). The Maturational Processes and the Facilitating Environment, New York: International Universities Press.

____(1971). Therapeutic Consultations in Child Psychiatry. New York: Basic Books.

____(1977). The Piggle: An Account of the Psychoanalytic Treatment of a Little Girl. Madison., CT: International Universities Press.

Winston, A., Laikin, M., Pollack, J., et al.(1994). Short-term psychotherapy of personality disorders. American Journal of Psychiatry 151(2):190-194.

Winston, A., Pollack, J., McCullough, L., et al.(1991). Brief psychotherapy of personality disorders. Journal of Nervous and Mental Disease 179(4): 188-193.

Wolberg, L. R.(1965). Short-term Psychotherapy. New York: Grune & Stratton.

Wolf, E.(1988). Treating the Self. New York: Guilford.

색 인

가

갈등 삼각형에 대한 해석 159-160
강요적인 전이의 해석 223
개인차(종결과) 280
개입의 순서(성격장애 환자를 위한) 349
검사, 심리검사를 보라
게슈탈트 치료 167-168
결과, 효율성을 보라
경계선 성격장애 384-399
경계선 환자의 비협력적 태도의 문제 398
고용인 지원 프로그램(EAP) 모델 309-311
공감
 우울 양태와 70-71
 자기애적 성격장애와 381-383

과거 경험(대상관계 이론에서) 164-167
관리의료 400-419
 단기치료에 대한 저항 요인으로서의 33-34
 에 대한 개관 400-401
 의 긍정적 효과 402-404
 의 난국에 대한 임상사례 409-416
 의 부정적 효과 404-409
 의 정의 401-402
 치료적 관계와 418-419
교정적 정서경험 166
극복과정 또는 훈습(단기치료의 한계로서의) 50-52
기능 수준(초점 설정에 있어서의) 191

나

내력, 환자 내력을 보라
내사적 동일시(정의) 73-74
내적 자기 56-58

다

단기치료
  과 대상관계 이론 27-30, 53-101
  과 환자 내력 18-21
  를 위한 환자 선택 138-148
    배타적 학파 138-142
    일반적인 138
    지침들 179-183
    포용적 학파 142-146
단기치료(계속)
  양태들 사이의 공통점 129-137
  부정적 영향 134-135
  에서 시간의 의미 130-133
  초점 129-130
  치료자의 계획 136-137
  치료자의 유연성 137
  치료자의 활동 135
  에 대한 수요 21-22
  에 대한 저항 31-42
  과 치료자의 자기애 35-37
  관리의료와 33-34
  문화적 가치 43
  신념체계 34-35
  어려움 40-42
  일반적인 내용 31-33
  재정적 요인 37
  추후확인 38-39
  효율성 38
  에서 작업동맹의 발달 197-202
  에서의 변화 205-206
  에서의 전이와 역전이 206-208
  에서의 종결 예상 231-233
  에서의 최단기 치료 295-334
  에서의 해석 421
    강제적인 223
    과 역동 215
    과 역전이 219
    과 행동 214-215
    실제적 사용 224-226
    실험적 215-215
    양적 문제 211-213
    일반적인 208-211
    임상사례 219-223
    지속성 224
    추론적인 217
    패턴들 217-218
  와 관리의료 400-419
  와 비정신역동적 기법 227-231
  와 성격 장애 335-366
  와 성격장애 환자 367-399
단기치료(계속)
  의 발달사 102-129
  의 유행 22-23
  의 임상 사례 233-250
  의 정의 23-24
  의 종결 251-294
  의 한계 43-52
  수용적인 공간의 제한 44
  일반적인 내용 43

제한된 극복과정
퇴행을 적절히 담아주지 못하는 문제 46-47
피상성 49-50
핵심 자료가 종결에 임박해서 드러나는 문제 47-49
흥분시키는 대상 경험 45-46
의 효율성 24-27, 421
초점 설정 183-196
초점 유지 204-205
한정된 시간의 역동적 심리치료 206-208
단기치료에 대한 저항으로서의 신념 체계 34-35
단일 회기 모델 298-307
담아주기, 안아주기와 담아주기를 보라
대상 선택 59-60
대상 어머니(대상관계 이론에서의 전이) 85-87
대상 표상 56-58
대상관계 심리치료 149-178
 과거 경험과 164-167
 대상관계 이론과 150-154
 비정신역동적 기법 167-168
 에서의 초점 154-158
 에서의 해석 158-164
 의 요소들 149-150
 연쇄적 단기치료 169-176
 종결 251-294
 추후확인 회기 176-178
대상관계 이론 53-101
 경험 양태 63-72

내부세계를 외부세계에 투사하기 58-59
내적 자기와 대상 표상 56-58
내적 표상에 따라 행동하도록 타인에게 영향을 미치기 60-61
단기치료와 27-30
대상 선택 59-60
대상관계 이론(계속)
 대상관계 심리치료와 150-154
 성격장애와 339-341
 수용능력 100-101
 심리내적 체계 87-93
 리비도적 자아-흥분시키는 대상 90-91
 반리비도적 자아-거절하는 대상 89
 일반적인 내용 87-89
 임상사례 91-93
 중심 자아-이상적 대상 89
 안아주기와 담아주기 83-85
 에 대한 개관 53-56
 에서의 종결을 위한 기준 255-258
 우울 양태 69-72
 일반적인 내용 63-64, 65
 자기와 98-100
 자폐접촉적 양태 64-67
 퇴행한 리비도적 자아 94-98
 투사적 동일시 73-83
 의 기능 78-82
 의 정의 73-74
 임상사례 74-78
 편집-분열적 양태 67-69
 환경 어머니와 대상 어머니 전이 85-87

대인관계
 대상관계 이론과 54
 심리내적 세력과 투사적 동일시 80-81

라

리비도
 심리내적 체계 87-88
 퇴행한 리비도적 자아 94-98
 리비도적 자아-흥분시키는 대상 90-91

마

문화적 가치(단기치료에 저항하는) 43
미국정신의학협회 337, 376-378

바

반리비도적 자아-거절하는 대상 89
발달사 102-129
 1세대(프로이트, 알렉산더 그리고 프렌치) 103-106
 2세대(말란, 대번루, 시프노스 그리고 만) 106-115
 3세대(호로위츠, 스트럽과 빈더) 115-121
 실용적 모델(블룸, 벗맨과 거맨) 에 대한 개관 102-103
 창조적 스타일의(발린트와 위니캇) 126-129

배타적 학파에서의 환자 선택 138-142, 179
변화
 단기치료와 205-206
 의 효율성 24-27
 최단기치료에서의 332-333
보건관리기구(HMO), 관리 의료를 보라
분열성 성격장애(단기치료에서) 368-375
비밀보장과 관리의료 405
비역동적 기법
 과 대상관계 이론 167-168
 단기치료와 227-231
비용의 감당과 관리의료 403-404
비협력적 태도(경계선 성격장애에서의) 398

사

산업화
 관리의료와 408-409
 치료적 관계와 418-419
삼각형(대상관계적 해석의) 159-164
성격장애 335-366
성격장애 환자 367-399
 대상관계 이론과 339-341
 를 위한 개입 순서 349
 를 위한 연쇄적 단기치료 342
 에 관한 문헌 343-348
 에 대한 개관 335-337
 의 개념 337-339
 의존적 성격 350-366

환자의 치료 목표들 348-349
환자의 치료를 위한 지침 349-350
수용능력
　단기치료에서 공간의 한계 44-45
　대상관계 이론에서의 100-101
수용능력을 위한 공간의 제한 44
순환적 부적응 패턴 187-188
시간의 의미(단기치료 모델들 사이의 공통 요소로서의) 130-133
실용적 모델(단기치료의 발달사에서) 121-125
실험적 기초(해석의) 215-217
실험적 초점들(초점 설정에 있어서의) 191-192
심리검사(초점 설정을 위한) 192
심리내적 체계 87-93
　리비도적 자아-흥분시키는 대상 90-91
　반리비도적 자아-거절하는 대상 89
　일반적인 내용 87-88
심리내적 체계(계속)
　임상사례 91-93
　중심자아-이상적 대상 89
　투사적 동일시 80-83

아

I-D-E 접근(벗맨과 거맨)
　초점 설정 185-187
　최면 229
안아주기와 담아주기
　대상관계 이론에서의 83-85

퇴행을 안아주고 담아주지 못하는 단기치료의 한계 46-47
약물치료 398
역동적 요소들
　대상관계 심리치료에서 초점으로 삼는 154-158
　자기애적 성격장애의 381-382
　해석과 215-217
역전이, 또한 전이를 보라
　경계선 장애와 393-394
　단기치료와 206-208
　와 해석(양적 문제) 212-213
　의존적 성격과 363- 365
　자기애적 성격장애와 379-374
　작업동맹의 발달과 197-198, 200-202
　전이 해석과 219
　종결과 25-262
욕동 이론의 관점 54
우울 양태 69-72
의존적 성격장애를 위한 단기치료 350-366
인지치료 167-168
연쇄적 단기치료
　대상관계 심리치료에서의 169-176
　성격장애를 위한 342
　종결과 268-274

자

자기
　대상관계 이론과 98-100
　해석의 삼각형에서의 162-164
　자기심리학의 관점 54

자기애적 성격장애에 대한 단기치료 375-384
자아 심리학의 관점 54
자폐접촉적 양태 64-67
작업동맹
 과 강제적인 전이 해석 223
 의 발달 197-202
 최단기치료에서의 329
재정적 요인(저항의 원인으로서의) 37
전문직(관리의료와 관련된) 407-408
전이, 또한 역전이를 보라
 단기치료와 206-208
 의 해석
  강제적인 223
  실제적인 사용 224-226
  실험적 기초인 215-217
  역동과 215
  역전이와 219
  의 양적 문제 211-213
  의 지속성 224
  의 패턴 217-218
  일반적인 내용 208-211
  임상사례 219-223
  추론으로서의 217
  행동과 214+215
  자기애적 성격장애의 383-384
  작업동맹의 발달과 200-202
  종결과 259-262
  환경 어머니와 대상 어머니의 85-87
종결 251-294
 경계선 성격장애의 398-399
 과 다시 돌아오는 환자들 254-255
 과 연쇄적 단기치료들 268- 274

과 추후확인 회기들 274-275
단기치료 시 종결에 임박했을 때 핵심자료가 드러나는 경우 47-49
를 위한 지침 275-280
에 대한 개관 251-253
에서 중간대상으로서의 치료자 267-268
에서 치료자 요인들 264-266
에서 치료적 진전을 위한 목표들 253-254
에서 환자의 요인들 263-264
에서의 외적 요인들 262- 263
을 위한 대상관계적 기준 255-258
의 단계 동안에 발생하는 전이와 역전이 259-262
의 목표들 258-259
의 예상 231-294
의존적 성격장애의 364-366
임상사례 266-267, 280-294
중간 대상(종결 과정에서 치료자를 ... 으로 사용하기) 267-268
중심자아-이상적 대상 89
중요한 타인들(내적 대상처럼 행동하도록 다른 사람들에게 영향을 미치는) 60-61
대상 선택 59-60
증후(대상관계 심리치료에서 초점을 두는) 154-158

차

책임성과 관리의료 403

초점
 단기치료 양태들의 공통 요소인 129-130
 대상관계 이론에서의 154-158
 의 유지 204-205
 작업동맹에서 ... 의 발달 198-199, 200-201
 최단기치료의 328-329
초점 설정 183-196
 순환적 부적응 패턴 187-188
 아이-디-이(I-D-E) 접근 185-187
 에 대한 개관 183-184
 에 대한 복잡하지 않은 사례 192-193
 에 대한 복잡한 사례 194-196
 을 위한 지침 188-192
초점 전이(환경 어머니 및 대상 어머니와의 관련에서) 86-87
최단기치료 295-334
 2회기 계약 311-316
 3회기 고용인 지원 프로그램(EAP) 모델 309-311
 7회기 이하의 307-309
 단일회기 모델 298-307
 에 대한 묘사 298-300
 임상사례 301-307
 를 위한 지침 328-334
 에 대한 개관 295-296
 의 유행 297
 의 효율성 297-298
 추후확인 회기를 갖는 3회기 모델 316-328
최면
 단기치료에서의 229

대상관계 심리치료와 167
추론(해석을 위한) 217
추후 확인 회기
 의 종결 274-275
 최단기치료에서의 316-328
치료동맹, 작업동맹을 보라
치료자의 융통성(단기치료 모델들의 공통 요소인) 137
치료자의 자기애(단기치료에 대한 저항 요인으로서의) 35-37
치료적 관계, 대상관계 심리치료를 보라
 관리의료와 408-409, 418-419
 단기치료 135-137
 삼각형(해석의) 161-164
 종결 단계에서 치료자를 중간대상으로 사용하기 267-268
 초점 설정 191

타

퇴행
 경계선 성격장애의 394-395
 단기치료에서의 부적절한 담아주기 46-47
 퇴행한 리비도적 자아 94-98
 퇴행한 리비도적 자아 94-98
투사(내부세계를 외부세계로 투사하기) 58-59
투사적 동일시 73-83
 의 기능 78-83
 의 정의 73-74
 임상사례 74-78

파

패턴(해석의) 217-218
편집-분열적 양태 67-69
포용적 학파(단기치료에서 환자 선택에 대한) 142-146, 179-180
표준 진단편람(DSM) IV
 경계선 성격장애 385-387
 분열성 성격장애 368-370
 성격장애들 337-339
 의존적 성격장애 353
 자기애적 성격장애 377-378
피상성(단기치료의 한계) 49-50

하

한정-회기 역동 심리치료
 에 대한 묘사 206-208
 의 종결 251-253
해석
 강제적 223
 단기치료와 421
 대상관계 이론에서의 158-164
 실제적 사용 224-226
 예비 215-217
 역동과 215
 역전이와 219
 의 양적 문제 211-213
 의존적 성격과 363-364
 의 일관성 224
 의 일반적인 내용 208-211
 의 임상사례 219-223
 자기애적 성격장애와 383-384

추론으로서의 217
 의 패턴 217-218
 행동과 214-215
행동
 과 해석 214-215
 자기애적 성격장애의 382
행동치료 168
환경 어머니(전이에서의) 85-87
환경 전이
 환경 어머니와 대상 어머니 86
환자 선택
 을 위한 지침 179-183
 일반적인 내용 138
환자의 내력
 작업 동맹의 발달 199-200
 초점 설정 190-191
효율성
 단기치료에 대한 저항의 원인으로서의 38
 단기치료의 24-27, 421
흥분시키는 대상 경험
 단기치료의 한계로서의 45-46
 최단기치료에서의 329

Object Relations Brief Therapy

by Michael Stadter
Copyright ⓒ1996 by Jason Aronson Inc.
Translation copyrightⓒ2005
by Korea Psychotherapy Institute

본 저작물의 한국어판 저작권은
한국심리치료연구소가 소유하고 있습니다.
저작권법에 의하여 보호를 받는 저작물이므로
무단전제와 무단복제를 금합니다.

대상관계 단기치료

발행일: 2006년 2월 25일
지은이: 마이클 스타터
옮긴이: 이재훈/김도애
펴낸이: 이재훈
펴낸곳: 한국심리치료연구소
· 등록: 제 22-1005호(1996년 5월 13일)
· 주소: 서울시 종로구 새문안로5가길 28
(광화문플래티넘) 918호
· Tel: 02)730-2537, 2538 · Fax: 02)730-2539
www.kicp.co.kr   kicp21@naver.com

값 20,000원

ISBN 89-87279-45-6
(ISBN 978-89-87279-45-9 93180)

이 도서의 국립중앙도서관 출판시도서목록(CIP)은 홈페이지
(http://www.nl.go.kr/cip/php)에서 이용하실 수 있습니다.
(CIP 제어번호:2006000318)

한국심리치료연구소 총서

한국심리치료연구소는 한국심리치료 분야의 질적 향상을 위해서 이 분야의 고전 및 최신 서적들을 우리말로 번역 출판하고 있다. 본 연구소는 순수 심리치료 분야와 기독교 신앙과 관련된 심리치료 분야의 책들을 출판하며, 순수 심리치료 분야의 책들은 대상관계이론과 자기심리학을 포함한 현대 정신분석이론들과 융 심리학에 관한 서적이다.

순수 심리치료 분야

놀이와 현실
Playing and Reality
by D. W. Winnicott / 이재훈

울타리와 공간
Boundary & Space
by D. Wallbridge
& M. Davis / 이재훈

유아의 심리적 탄생
Psychological Birth
of the Human Infant
by M. Mahler & F. Pine / 이재훈

꿈상징 사전
Dictionary of Dream Symbols
by Eric Ackroyd / 김병준

그림놀이를 통한 어린이 심리치료
Therapeutic Consultation
in Child Psychiatry
by D. W. Winnicott / 이재훈

자기의 분석
The Analysis of the Self
by Heinz Kohut / 이재훈

편집증과 심리치료
Psychotherapy
& the Paranoid Process
by W. W. Meissner / 이재훈

멜라니 클라인
Melanie Klein
by Hanna Segal / 이재훈

정신분석학적 대상관계이론
Object Relations
in Psychoanalytic Theories
by J. Greenberg & S. Mitchell / 이재훈

프로이트 이후
Freud & Beyond
by S. Mitchell & M. Black
/ 이재훈 · 이해리 공역

성숙과정과 촉진적 환경
Maturational Processes
& Facilitating Environment
by D. W. Winnicott / 이재훈

참자기
The Search for the Real Self
by J.F. Masterson / 임혜련

내면세계와 외부현실
Internal World & External Reality
by Otto Kernberg / 이재훈

자폐아동을 위한 심리치료
The Protective Shell in Children and
Adult by Frances Tustin / 이재훈 외

박탈과 비행
Deprivation & Delinquency
by D. W. Winnicott / 이재훈 외

교육, 허무주의, 생존
Education, Nihilism, Survival
by D. Holbrook / 이재훈 외

대상관계 개인치료 I · II
Object Relations Individual Therapy
by Jill Savege Scharff & David E.
Scharff / 이재훈 · 김석도 공역

정신분석 용어사전
Psychoanalytic Terms and Concepts
Ed. by Moore and Fine / 이재훈 외

하인즈 코헛과 자기심리학
H. Kohut and the Psychology of the Self
by Allen M. Siegel / 권명수

대상관계 부부치료
Object Relations Couple Therapy
by Jill Savege Scharff & David E.
Scharff / 이재훈

대상관계 이론과 임상적 정신분석
Object Relations
& Clinical Psychoanalysis
by Otto Kernberg / 이재훈

성격에 관한 정신분석학적 연구 Psychoanalytic Studies of the Personality by Ronald Fairbairn/이재훈 나의 이성, 나의 감성 My Head and My Heart by De Gregorio, Jorge /김미겸 환자에게서 배우기 Learning from the Patient by Patrick J. Casement/김석도 의례의 과정 The Ritual Process by Victor Turner/ 박근원	대상관계이론과 정신병리학 Object Relations Theories and Psychopathology by Frank Summers /이재훈 정신분석학 주요개념 Psychoanalysis : The Major Concepts, by Moore & Fine/이재훈

앞으로 출간될 책	
소아정신의학에서 정신분석학으로 Through Paediatrics to Psychoanalysis by D. W. Winnicott 대상관계 가족치료 Object Relations Family Therapy by Jill Savege Scharff & David E. Scharff 대상관계 단기부부치료 Short Term Object Relations Family Therapy by James Donovan	자기의 회복 The Restoration of the Self by Heinz Kohut 자기의 치료 How Does Analysis Cure? by Heinz Kohut

기독교 신앙과 관련된 심리치료 분야

종교와 무의식
Religion & Unconscious
by Ann & Barry Ulanov / 이재훈

희망의 목회상담
Hope in the Pastoral Care
& Counseling
by Andrew Lester / 신현복

살아있는 인간문서
The Living Human Document
by Charles Gerkin / 안석모

인간의 관계경험과 하나님경험
Human Relationship
& the Experience of God
by Michael St. Clair / 이재훈

신데렐라와 그 자매들
Cinderella and Her Sisters
by Ann & Barry Ulanov / 이재훈

현대정신분석학과 종교
Contemporary Psychoanalysis
& Religion
by James Jones / 유영권

살아있는 신의 탄생
The Birth of the Living God
by Ana-Maria Rizzuto / 이재훈

인간의 욕망과 기독교 복음

Les Evangiles au risque
de la Psychanalyse
by Françoise Dolto / 김성민

신학과 목회상담
Theology & Pastoral Counseling
by Debohra Hunsinger
/ 이재훈 · 신현복

성서와 정신
The Bible and the Psyche
by E. Edinger / 이재훈

목회와 성
Ministry and Sexuality
by G. L. Rediger / 유희동

상한 마음의 치유
Healing Wounded Emotions
by M. H. Padovani 외 / 김성민 외

예수님의 마음으로 생활하기
Living From the Heart Jesus Gave You
by James. G. Friesen 외 / 정동섭

신경증의 치료와 기독교 신앙
Ministry and Sexuality
by G.L.Rediger / 김성민

전환기의 종교와 심리학
Religion and Psychology in Transition
by James Johns / 이재훈